中国新经济发展报告

2023—2024

中国科学院大学动善时新经济研究中心　主编

電子工業出版社
Publishing House of Electronics Industry
北京 · BEIJING

图书在版编目（CIP）数据

中国新经济发展报告. 2023—2024 / 中国科学院大学动善时新经济研究中心主编. — 北京：电子工业出版社，2023.5

ISBN 978-7-121-45531-5

Ⅰ. ①中…　Ⅱ. ①中…　Ⅲ. ①中国经济－经济发展－研究报告－2023-2024　Ⅳ. ①F124

中国国家版本馆 CIP 数据核字（2023）第 077576 号

责任编辑：李筱雅
印　　刷：天津画中画印刷有限公司
装　　订：天津画中画印刷有限公司
出版发行：电子工业出版社
　　　　　北京市海淀区万寿路 173 信箱　　邮编：100036
开　　本：787×1 092　1/16　印张：27　字数：520 千字
版　　次：2023 年 5 月第 1 版
印　　次：2023 年 5 月第 1 次印刷
定　　价：189.00 元

凡所购买电子工业出版社图书有缺损问题，请向购买书店调换。若书店售缺，请与本社发行部联系，联系及邮购电话：（010）88254888，88258888。

质量投诉请发邮件至 zlts@phei.com.cn，盗版侵权举报请发邮件至 dbqq@phei.com.cn。

本书咨询联系方式：（010）88254134。

《中国新经济发展报告 2023—2024》
编　委　会

卷首语

我们曾经在前两期的《中国新经济发展报告》卷首语中指出："过往四十多年我国经济社会巨变的历史经验告诉我们：唯有坚定不移地走改革开放和创新发展之路，才能实现国家富强、社会进步、人民幸福，这是历史的必然规律。加快发展新经济，既是改革开放和创新发展的着力点，也是实现经济高质量发展的动力源，没有科学技术的强大就没有新经济的强大，没有新经济的强大就没有国家的强大，这已经成为全社会的共识。"对此我们再次强调并深信不疑。

在全面实现社会主义现代化的进程中，新经济产业具有战略性、基础性、扩张性和先导性等无可替代的重要作用。我国发展新经济产业既有优势，也有短板。优势在于拥有全球覆盖领域最广、最完整的产业链，拥有最广泛的试验场景和最大的消费市场，拥有众多的科研机构和企业的创新人才，还拥有从中央政府到地方政府的政策引导和鼓励。短板在于我国新经济产业发展面临关键核心技术的"卡脖子"困境，规模化、普遍性的高精尖技术研发和成果转化还显不足。

近年来，在中央政府、地方政府和众多新经济企业的共同努力下，我国新经济产业呈现快速、多元、融合和集群发展的新趋势。当前，国际形势不稳定不确定性明显增多，后疫情背景下世界经济滞胀风险明显增大，全球产业链供应链面临重构，新经济产业成为国际竞争博弈的主要战场。还特别要看到加快发展新经济产业既是增强我国综合经济实力和国际竞争力的必由之路，也是解决当下经济运行减速等突出问题的有效举措。

党的二十大报告指出："建设现代化产业体系。坚持把发展经济的着力点放在实体经济上，推进新型工业化，加快建设制造强国、质量强国、航天强国、交通强国、网络强国、数字中国。实施产业基础再造工程和重大技术装备攻关工程，支持专精特新企业发展，推动制造业高端化、智能化、绿色化发展。巩固优势产业领先地位，在关系安全发展的领域加快补齐短板，提升战略性资源供应保障能力。推动战略性新兴产业融合集群发展，构建新一代信息技术、人工智能、生物技术、新能源、新材料、高端装备、绿色环保等一批新的增长引擎。构建优质高效的服务业新体系，推动现代服务业同先进制造业、现代农业深度融合。加快发展物联网，建设高效顺畅的流通体系，降低物流成本。加快发展数字经济，促进数字经济和实体经济深度融合，打造具有国际竞争力的数字产业集群。优化基础设施布局、结构、功能和系统集成，构建现代化基础设施体系。”这些都为我国新经济产业发展指明了前行方向、规划了重点任务。今后一个时期发展新经济产业的国际环境较之以往更加趋紧和恶劣。我们必须按照党的二十大报告提出的要求，面对现实、把握重点、脚踏实地、融合发展，用比以往更加远见卓识、更加坚忍不拔、更加开放包容的精神，勠力同心发展新经济产业。推进新经济产业发展，必须强化企业主体地位，加快创新链、产业链、资金链、人才链深度融合，不断提高科技创新成果转化水平，打造具有全球影响力的新经济产业创新发展中心。

呈现在读者面前的《中国新经济发展报告 2023—2024》，是继前三年报告之后的第四部关于中国新经济产业发展的精品“蓝皮书”。全书分为宏观综合篇、产业发展篇、金融服务篇、区域发展篇、政策法规篇五个篇目。全书汇集了国家部委有关部门负责同志、著名专家学者、优秀企业家和重要机构市场负责人等 60 多位撰稿人关于发展新经济的深入思考和真知灼见。我们衷心期望能够与广大读者，特别是与关心新经济发展的朋友分享这些理论和实践成果，衷心希望本书能够为我国新经济产业的健康、快速发展贡献绵薄之力。

《中国新经济发展报告 2023—2024》编委会

2023 年 4 月 2 日

目　录

01　宏观综合篇

02　产业发展篇

新一代信息技术

集成电路、人工智能

新能源、碳中和

现代物流、供应链

高端装备制造

生物医药、新型医疗器械

03　金融服务篇

04 区域发展篇

05 政策法规篇

01　宏观综合篇

在稳字当头、稳中求进的总基调下，进一步健全宏观经济治理体系，提振新经济发展信心，解决好经济运行突出问题。重点抓好建设社会主义科技强国、制造强国、质量强国、贸易强国、交通强国、网络强国、数字中国等。加快创新链、产业链、资金链、人才链深度融合，不断提高科技创新成果转化水平，打造具有全球影响力的新经济产业创新发展中心。本篇刊载领导和专家的研究成果，期望给读者带来新的启发和思考。

加强科技基础能力建设　筑牢新经济发展根基

中国科学院　　白春礼

科技基础能力建设是新经济由大转强的发展根基，也是实现科技自立自强的战略选择。本文系统梳理了我国新经济发展中科技基础能力建设的成效与挑战，结合我国国情从治理制度、创新组织体系、科技基础设施、创新文化与教育体系等方面提出了相关建议。

一、新经济发展中科技基础能力建设的重要性

当前，世界已进入大科学时代，基础研究是技术创新的源头，是把握新一轮科技革命和产业变革机遇的关键。在全球经济新旧动能转换的阶段，经济社会结构发生了深刻改变。习近平总书记指出，世界正在进入以信息产业为主导的新经济发展时期。新经济体系的典型特点是由新一代信息技术革命驱动、以高新科技产业为支撑、以科技创新为主要载体，不仅包括集成电路、新一代通信技术、物联网、云计算等信息产业，还包括生物制药、智能制造、现代农业等新兴业态，是引领经济高质量发展的重要引擎。近年来，我国已经建立了现代科技与实体经济融合发展的新经济体系，然而，在新经济发展中我国也逐渐暴露出基础研究能力薄弱、科技原始创新能力不足、关键技术“卡脖子”等问题。加强新经济发展中的科技基础能力建设，既是实现科技自立自强的迫切需要，也是加快建设科技强国的战略之举。

（一）科技基础能力建设是实现新经济由大转强的坚实根基

党的二十大报告明确指出，要加强科技基础能力建设。科技基础能力建设

是促进科技创新、实现新经济由大转强、推动新经济高质量发展的坚实根基。

当前，全球经济社会发展格局正处于深刻变革期，人类生产生活方式被重构，科技赋能千行百业，新技术、新产业、新业态、新模式层出不穷。从全球新经济发展情况来看，中国新经济发展水平与美国等发达国家仍存在一定差距，“大而不强”的问题较为明显。以数字经济为例，据中国信息通信研究院统计，2021 年我国数字经济规模已达到 45.5 万亿元，占 GDP 的比重达 39.8%，这一数字仍显著低于发达国家的占比（60%以上）。在新经济的发展中，我国存在关键基础材料、先进基础工艺、产业技术基础等方面的短板，尤其在高端芯片、操作系统、人工智能等核心技术上还经常受制于人，反映出我国在新经济关键领域的基础研发能力不足等问题。

因此，只有加强科技基础能力建设，推动新经济基础研究的突破，才能真正发挥科技创新在新经济发展中的引领作用，更好地支撑新产业、新业态快速发展的需要，实现以科技创新为驱动的内涵型增长经济。

（二）科技基础能力建设是实现新经济核心技术自立自强的关键所在

习近平总书记深刻指出，历史经验表明，那些抓住科技革命机遇走向现代化的国家，都是科学基础雄厚的国家。可见，我国要在新经济领域占据国际竞争的制高点，必须高度重视基础研究，加强科技基础能力建设，这也是实现新经济核心技术自立自强的关键所在。

一方面，科技创新已成为国际竞争和大国博弈的主战场，科技基础能力建设为科技创新提供了物质技术保障和制度文化环境，在科技事业发展中发挥着战略性作用。主要发达国家都把科技基础能力建设作为抢占科技制高点的战略选择，纷纷采取加强科技基础设施建设力度、建立一流的科技创新平台、打造高水平新经济产业集群等举措。

另一方面，近年来美国对我国新经济发展的关键技术屡次采取遏制策略，违背市场规律对我国重点高科技企业进行制裁和打压。面对日益激烈的科技战，我国只有补齐科技基础能力的短板，才能突破美国的技术封锁，提高我国新经济发展和技术创新的抗压能力、应变能力、对冲能力和反制能力，实现科技自立自强和把握发展的主动权，筑牢科技安全和国家安全防线。

（三）科技基础能力建设是推动新经济产业变革的战略举措

当前，移动互联网、大数据、人工智能、区块链、云计算等新一代信息技术与传统产业加速融合演进，新经济进入大发展时期，科技创新与生产生活的联系日益紧密，科技创新的复杂度越来越高，创新到转化的周期大幅缩短，科研组织方式、政策安排、制度文化等正在深刻重构。核心技术的突破和重大创新成果的涌现均离不开科技基础能力的支撑。我国必须把新经济发展中的科技基础能力建设作为一项前瞻布局的战略性举措，将具有先导性、颠覆性、引领性的关键核心技术作为推动产业变革的引擎，以科技基础能力建设为根基促进科技创新与产业发展的联结，培育壮大新一轮科技革命和产业变革中的经济发展新动能。

此外，新经济体系具有明显的高人力资本投入、高科技资本投入、高隐形资产的“三高”特性。加强新经济发展中的科技基础能力建设，对于高水平技术人才的培养和聚集、科技资源配置的优化、重大科技成果的转化等也具有重要意义。

二、新经济发展中科技基础能力建设的成效与挑战

党的十八大以来，以习近平同志为核心的党中央把发展经济作为第一要务，高度重视新经济的发展，把加强科技基础能力建设作为事关长远发展的一项重大战略举措，强化顶层设计和整体统筹，坚定不移走高质量发展之路，充分调动各方面的积极性，践行新发展理念，系统布局、协调推进。总体上看，我国新经济发展中的科技基础能力建设取得了一系列历史性成效。

（一）包容审慎的监管政策为新经济创造了良好的发展环境

新经济代表着新的生产力，也可能伴随着巨大的不确定性，我国各级政府提出并健全对新经济和新业态包容审慎监管制度，坚持以保护和激励创业创新为导向，不断创新监管方式，提升监管效能，对新兴产业实施更具弹性的监管治理方式，营造了鼓励创新的生态环境。同时，我国各级政府还不断强化知识产权保护，在重点产业、重点领域开展一系列知识产权侵权违法行为集中整治。

科技体制改革持续深化，在强化国家战略科技力量、科技人才队伍建设等方面，出台一系列重大改革举措，重点领域和关键环节改革取得重要突破，一些长期制约科技发展的堵点难点问题得到有效解决，科技创新政策体系进一步优化，有效激发了各类创新主体的积极性、创造性。例如，在数字经济领域先后颁布的《国务院办公厅关于促进平台经济规范健康发展的指导意见》《国家发展改革委等部门关于推动平台经济规范健康持续发展的若干意见》等，围绕更大激发市场活力，聚焦平台经济发展面临的突出问题，提出了创新监管的理念和方式，探索适应新业态特点的公正监管办法，促进平台经济的健康可持续发展。

（二）新经济相关的科研机构与创新平台建设取得显著成效

科技创新平台是优质创新资源的聚集地，也是建设世界一流企业的关键支撑。我国在新经济科研创新平台建设方面取得了显著成效。

一是加快培育产业平台化创新发展生态，打造集聚全球高端资源的平台标杆，企业创新能力快速提升，涌现出一批具有全球竞争力的科技领军企业，如华为在 5G 标准必要专利的全球专利申请人中排名第一、阿里巴巴的阿里云 IaaS 基础设施在全球排名第一等。

二是科技创新平台能级进一步提升，重点领域原始创新能力得到提高。例如，国家并行计算机工程技术研究中心研制的神威·太湖之光超级计算机是国内第一台全部采用国产处理器构建的超级计算机，在全球超级计算机 500 强中名列前十。

三是通过推动重大科技创新平台项目、基地、人才一体化配置，形成了重大科技基础设施集群优势，以关键核心技术的持续突破提升科技创新平台核心竞争力。例如，网络通信领域的新型科研机构鹏城实验室面向技术前沿开展基础研究和应用研究，建成了以“鹏城云脑”“鹏城靶场”为代表的若干重大科技基础设施与平台，发布了“丝路”多语言机器翻译平台、“鹏程·盘古”中文预训练语言模型等一系列重大应用，在满足基础研究需要的基础上，进一步推动了数字经济发展。

四是国家技术创新中心、产业创新中心、工程研究中心等创新平台布局日趋完善，新型研发机构、众创空间、孵化器等大量涌现，推动产学研深入合作和科技成果高效转移转化。

（三）新经济相关的基础设施与研发体系建设日趋完善

科技基础设施体系是经济社会发展的重要支撑。通过不断优化基础设施布局、结构、功能和发展模式，我国在进一步构建现代化基础设施体系中取得了积极成效。新一代信息基础设施建设取得重大进展，大数据中心、人工智能、工业互联网等领域发展迅速。在硬科技方面，5G 基建成为信息经济的核心引擎，半导体产能转移释放出庞大需求；在软科技方面，云计算加速渗透，物联网构建万物互联互通体系，新型基础设施建设进一步成为经济稳增长的关键。国家科学数据中心、国家生物种质与实验材料资源库等科技基础条件平台相继布局，国家超算中心、生物信息中心、科技图书文献中心等一批科技服务设施建设完成，进一步带动了我国科技服务业的发展，新型科技服务组织和服务业态不断涌现，服务质量和能力稳步提升。国家重大科研仪器研制项目、基础科研条件与重大科学仪器设备研发等专项计划深入实施，一些重点领域高端科学仪器设备逐步实现国产替代，高端科学仪器商业化取得进展，进一步推动高端科研仪器产业发展。

（四）我国新经济科技基础能力建设面临的挑战

在充分肯定我国新经济发展中科技基础能力建设取得成绩的同时，也要看到我国面临的一些挑战。

首先，科技创新法律制度仍须完善，为高水平科技自立自强提供进一步的法治保障。同时，监管方式的创新性有待进一步提高，监管的弹性和包容性需要进一步改善。

其次，在一些战略高新技术上存在明显短板。部分新兴产业发展的关键核心技术掌握在发达国家手中。全球互联网标准主要由美国主导；芯片设计的电子设计自动化工具要依赖国外；高端光刻机仍被国外公司垄断；95%的高端专用芯片、70%以上的智能终端处理器及绝大多数存储芯片依赖进口。特别是中美贸易摩擦加剧后，美国对我国的科技发展进行全面压制，而我国在应对美国的强行脱钩时，技术准备不足。

再次，科技创新基础设施的保障能力和开放共享水平还须提高。科技基础条件保障能力建设相对薄弱，为科研创新提供手段和支撑的能力有待加强。科技资源开放共享服务的整体水平仍较低，为全社会科技创新活动提供支撑服务的能力有待提高。

最后，创新文化建设有待进一步加强。当前在创新文化建设方面存在着创新意识不强、创新目标不清、思想不够解放、创新动力不足、对创新文化建设规律的认识不到位、对创新文化建设理论的研究还不深入、对创新文化建设的途径认识不明确等问题。

三、加强新经济发展中科技基础能力建设的重要举措

加强新经济发展中的科技基础能力建设是一项长期性、系统性工程，既要遵循新科技发展的客观规律和特点，着眼于世界科技发展前沿，加强前瞻性研判，也需要立足我国新经济发展的实际情况，立足世界科技强国建设目标，加强全局性谋划，围绕高水平科技自立自强加强战略性布局，按照全国一盘棋的要求系统推进，加快落实科技基础能力建设的各项重点任务。

（一）以发展为目标，不断完善新经济法律法规和治理制度

对于新经济和新业态的发展，应强调发展与治理双向驱动，监管和治理制度的建立是为了营造更规范健康的发展生态，培育具有全球竞争力的企业。

一是健全和完善新经济相关科技创新法律法规，加强人工智能、生物科技等新兴前沿领域立法，保障科技创新主体和广大科技人员的合法权益。

二是加大科技创新政策供给力度，深化科技评价和收入分配制度改革，大力支持促进科技成果转移转化和产学研用融通，加大多元化科技投入，优化金融支持科技创新的政策。

三是深化科技体制改革，加快构建关键核心技术攻关和支持颠覆性技术创新的体制机制，优化问题导向、需求导向的选题机制，提升科技投入效能。

四是加强知识产权法治保障，持续推进知识产权创造保护运用，强化质量导向和价值导向的知识产权资助激励政策，健全知识产权侵权行为惩罚性赔偿制度，完善知识产权服务体系建设。

（二）以国家和社会发展重大任务为牵引，加快构建高水平创新组织体系

创新组织是开展新经济科技创新活动的载体，也是基础能力建设的人才支

撑。新经济在发展中需要学科交叉渗透，也需要不同科技力量协同合作。需要强化国家战略科技力量的骨干引领作用，加强各类创新主体统筹协同，提升我国新经济创新体系整体效能。

一是加强顶层设计，优化各类国家战略科技力量的定位和布局，充分发挥各自优势和特色，形成优势互补、协同攻关的有机整体，共同履行好解决国家重大需求的使命任务。

二是强化国家战略科技力量与各类创新主体的有机衔接和紧密配合，通过构建创新联合体、组建创新联盟等有效协作机制，加快原始创新和关键核心技术突破，提升创新链、产业链能力水平。

三是引育并举打造高水平的新经济核心技术研究队伍，充分发挥国家战略科技力量的核心平台作用，加快建设世界重要人才中心和创新高地，并依托高水平创新机构吸引全球优秀科研人员开展合作研究，深度融入全球创新网络。

（三）以统筹布局和开放共享为重点，优化完善新经济科技基础设施体系

重大科技基础设施是实现新经济技术突破的重要基石，也是开展科技创新活动的物质技术基础。面向新一轮科技革命和产业变革的重大方向，并结合我国社会经济的发展需求，统筹布局新经济科技创新的基础设施平台和共享服务网络建设。

一是加强新经济相关的重大科技基础设施战略研究，在高新技术产业重点领域系统布局技术领先、运行高效、支撑有力的重大科技基础设施体系。

二是紧密结合不同区域、不同行业的创新特点，统筹推进超算平台等科技基础设施的体系化、集约化布局建设。

三是完善新经济数据中心布局建设，提高各行业、各部门数据高效汇聚和分析服务能力，加快推进数据和人工智能驱动的科研范式变革，打造安全可靠的科学数据资源体系和科技创新基础设施体系。

（四）以优化基础学科教育为核心，深入推进中国特色创新文化体系建设

科技基础能力的提高需要强大的基础研究后备力量作为支撑，基础学科教

育体系的优化是高层次人才培育的关键，一方面要充分发挥高校基础研究人才培养主力军的作用，另一方面也要发挥新经济龙头企业应用型人才培养的优势，创新校企合作模式，加强国家急需领域的创新人才培养。此外，还需要加强创新文化体系建设，创新文化是滋养创新精神、强化创新动力、激发创新活力的根基和土壤。

一是培育创新文化。培育敢为人先、勇攀高峰、开放包容的文化底蕴，引导激励广大科研人员提出新理论、开辟新领域、探索新路径，在独创独有上下功夫。

二是弘扬科学家精神。我国几代科技工作者通过接续奋斗铸就了“两弹一星”精神、载人航天精神、探月精神、新时代北斗精神等，塑造了中国特色创新生态，成为支撑基础研究发展的不竭动力。广泛宣传优秀科技工作者的精神和事迹，激励更多科研人员树立家国情怀，将个人学术追求主动融入全面建设社会主义现代化国家的伟大事业中。

三是营造创新氛围。深入实施新经济相关的技术科普和全民科学素质行动，激发青少年的好奇心、想象力、探求欲，形成崇尚创新的氛围，培育更多愿意投身科学研究的青少年群体。

【作者简介】

白春礼先生，中国科学院院士，中国科学院大学和中国科学技术大学名誉校长，“一带一路”国际科学组织联盟（ANSO）主席，发展中国家科学院、美国国家科学院、英国皇家学会、欧洲科学院、俄罗斯科学院等院士。曾任中共中央委员、中国科学院院长、中国科学技术协会副主席、发展中国家科学院院长等职务。

提振平台经济发展信心　解决经济运行突出问题

中国国际经济交流中心　　杨伟民

2020—2022 年，我国经济年均增长 4.6%。在新冠疫情冲击和复杂严峻的国际环境中，取得这样的成绩实属不易。尽管如此，这种增速低于我国的潜在增长率，不符合我国经济长期向好的基本面，也不是我国经济发展的常态。鉴于这种情况，2022 年的中央经济工作会议提出了推动经济运行整体好转的总体要求，并围绕这一要求对 2023 年经济发展的主要目标和重点任务做出整体部署。

贯彻落实中央经济工作会议精神，推动经济运行整体好转，既要努力实现 5%左右的经济增长目标，也要解决好以平台经济增长放缓为代表的新经济新动能放缓问题，完善和调整产业政策，用数字化、信息化、智能化等新经济手段扭转居民消费萎缩、房地产业衰退、民营经济预期转弱、进出口增速下滑等关系当前经济运行的突出问题。这些问题是关系我国经济长期向好的关键点，应作为今后经济政策和经济工作的着力点。

一、促进平台经济健康发展

包含平台经济的数字经济是新经济的主体，是经济增长的重要动力源泉，也是未来经济发展的主要形态，谁在数字经济领域占有先机，谁就能在未来的国际经济竞争中赢得主动权。2010—2020 年，作为数字经济核心产业的信息传输、软件和信息技术服务业年均名义增长 17.6%，在所有 42 个大行业中排名第二，仅次于研究和实验发展，而研发的快速增长，也同数字经济特别是平台经济在创新领域走在前列密切相关。互联网是信息技术服务业的核心产业，自 2017 年单列统计至 2020 年，互联网增加值年均名义增长高达 36%，有力拉动了信息技术服务业和信息产品制造业的大发展。信息技术服务业还创造了大量就业岗位，2010—2020 年累计新增就业岗位 300 万个，增长 110%，增速在所有行业中排名第二，对缓解就业压力特别是大学生就业问题发挥了重要作用。在新冠疫情期间，信息技术服务业也是增长最快的行业，对经济恢复发挥了重要支撑作用，成为新经济的关键支撑部分。

这样好的发展势头，却在 2021 年一季度后出现明显的减速趋势，到 2020 年四季度，信息技术服务业增加值增长速度降至 11.5%，2022 年二季度降至谷底的 7.6%，三、四季度有所回升，分别增长到 7.9%和 10%。这种一个行业的腰斩式减速是不多见的，也不全是受新冠疫情影响。

党中央高度重视平台经济的预期问题，2022 年 4 月 29 日，中共中央政治局召开会议，分析研究当前经济形势和经济工作，审议《国家“十四五”期间人才发展规划》，提到“要促进平台经济健康发展，完成平台经济专项整改，实施常态化监管，出台支持平台经济规范健康发展的具体措施”。2022 年 7 月 28 日，中共中央政治局召开会议，分析研究当前经济形势，部署下半年经济工作，审议《关于十九届中央第九轮巡视情况的综合报告》，提到“要推动平台经济规范健康持续发展，完成平台经济专项整改，对平台经济实施常态化监管，集中推出一批‘绿灯’投资案例”。时隔三个月，中央政治局就两次专门提到平台经济，而且三句话是重复的，说明党中央对平台经济健康发展高度关注。党的二十大报告提出“加快建设网络强国、数字中国等”“加快发展数字经济”。2022 年年底的中央经济工作会议，不仅对平台经济和企业高度关注，而且赋予了其新功能，提出“支持平台企业在引领发展、创造就业、国际竞争中大显身手”。这是平台企业的新的功能定位，对引领平台企业未来发展、提振新经济发展信心具有重大指导意义。

近年来，对互联网进行监管是必要的，也是及时的。但在完善监管的同时，也要把握好三对关系，防止对新经济形态发展形成过度制度性约束。一要把握好垄断与创新的关系，技术创新带来的暂时性垄断有利于激励创新和技术进步，对此不宜单纯由市场占有率来界定垄断地位并进行限制，应依照是否或在多大程度上采取不公平手段阻碍竞争进行判定。二要把握国内与国际的关系，在一些领域，仅就国内市场来看，可能形成了寡头垄断，但在国际市场上可能是充分竞争的，若为了防止国内垄断而拆分或限制国内企业扩张，在充分竞争的国际市场上，会让我国企业处于不利地位，对国家竞争力的提升及整体发展不利。

三要把握好文件与法律的关系，市场经济是法治经济，企业要依法经营，政府也要依法监管，要逐步减少甚至防止按照文件监管。

二、着力扩大居民自主消费

2008 年，为应对国际金融危机冲击，我国实施了扩大内需战略，期望经济发展更多依靠内需特别是居民消费拉动。政策实施效果是，2010—2020 年，在最终使用中，外需比重下降 6 个百分点，内需比重提高 6 个百分点；内需中，投资比重下降 2 个百分点，最终消费提高 8 个百分点，这些都是我们期待的政策效果。把最终消费看作一个整体，2010—2020 年，居民消费比重由 70.18%降低到 69.04%，降低了 1.14 个百分点，政府消费比重相应提高了 1.14 个百分点。

扩大内需的初心不是要提高政府消费的比重，但却意外地起到了提高政府消费比重、降低居民消费比重的效果。从居民消费与政府消费对经济增长的贡献率看，2020 年，政府消费对经济增长的贡献率是 23%，居民消费对经济增长的贡献率是-0.03%。当然，2020 年具有特殊性，居民消费受新冠疫情冲击出现负增长，政府消费因防疫支出而增加较多。但区分居民消费和政府消费是有意义的，可以看到最终消费的不足，到底是哪个主体的消费不足。

新冠疫情以来，需求端受影响最大的是居民消费。2021 年以来，社会消费品零售总额增速逐月下滑，2022 年 12 月，降至-1.8%。2022 年四季度，居民人均消费支出同比增长-0.2%。2022 年 12 月，商品房销售额同比下降 26.7%。居民消费包括三部分，一是实物消费，主要看社会消费品零售总额；二是服务消费，可以通过居民人均消费支出反映；三是购房消费，主要看商品房销售额。从上述数据可以看出，2022 年居民总消费出现了收缩。

目前，需求收缩主要是居民消费收缩，内需不足主要是居民消费不足。居民消费，无论是短期还是长期，都是需求端影响经济增长的最主要因素。

坚持以人民为中心的发展思想，坚持在经济发展基础上改善民生，用什么来检验呢？改善民生目前主要把握就业、分配、教育、医疗、社保、人口等领域的政策方向，这些主要是公共服务，确实需要政府加强，但公共服务不能全面检验人民生活水平的提高。居民收入是检验民生改善的重要标准，但若居民消费受限，居民自主的消费难以随着收入增加而增加，就很难说人民生活水平提高了。总之，是不是坚持了以人民为中心的发展思想，是不是改善了民生，最终都要看居民消费是不是增长了。我们既要看到居民消费对经济增长的拉动作用，更要看到居民消费才是经济发展的根本目的。

中央经济工作会议提出要把恢复和扩大消费摆在优先位置。这里的优先，是相对于投资而言的，要把扩大消费摆在扩大投资之前。要将长期以来扩大内需就是扩大投资的思维，转变到以扩大居民消费为主上。要提高居民收入占国民收入的比重，改变居民、企业、政府的分配结构，降低政府收入占国民收入的比重，降低金融和房地产收入占企业部门收入的比重。实行给居民让利的金融政策，降低个人信贷成本，包括降低居民的存量房贷成本。实行给居民减税降费和加大转移支付的财税政策，减少对居民的罚款等。这些都属于利益格局调整的分配制度改革，很难，但应该下决心，并坚定地推进。同时，要改革在住房、汽车及部分服务领域抑制消费的政策，让居民自主消费、自由消费。

三、保障房地产业平稳发展

最近十几年，我国逐渐形成了以房价上涨为龙头，房地产企业、金融机构、地方政府三个主体相互促进、相互支撑拉动经济增长的格局。2010—2020 年，房地产及与房地产密切相关的金融、建筑行业的年均名义增长分别是 13.0%、14.8%、10.5%。在供给端，金融、房地产、建筑行业对经济增长的贡献率合计是 26.4%，远大于制造业的 19.4%。房地产、金融、建筑三个行业占 GDP 的比重合计提高了 4.5 个百分点。同期，工业占 GDP 的比重下降了 9.3 个百分点，制造业占 GDP 的比重下降了 8 个百分点。

目前，人口总量达到峰值，特别是跨区域的流动加大，房价上涨这个龙头动力减弱；房地产企业、金融机构、地方政府的风险敞口增多；多年来对房地产的行政性调控加上“三条红线”等严监管。在上述多重因素的作用下，房地产出现行业性衰退。2021 年三季度至 2022 年四季度，房地产增加值已连续 6 个季度出现负增长。2022 年，房地产增加值占 GDP 的比重为 6.1%，其他行业很难填补，房地产的稳定成为经济稳定的一个关键点。

房地产在中国还不是夕阳产业。按照“七普”数据，只有城镇家庭户人均居住面积达 38.6 平方米，户套比达 1∶1，我们才可以认为人均居住面积、户套比和发达国家差不多了，但住宅是不可移动的商品，不能随着人口流动而搬走。居民住宅的供需峰值，不能仅看静止的总量，如一户一套，更要看人口流动后的区域、城市间的结构性供需状态。由于农村人口流入城市，所以农村住宅可能是过剩的，城市住宅可能是不足的；由于中小城市的人口流入大城市，所以中小城市住宅可能是过剩的，大城市住宅可能是不足的；西部地区、北方地区住宅可能是过剩的，东部地区、南方地区住宅可能是不足的，等等。因此，居民住宅，无论是租还是购，在今后一个时期仍有刚需。稳步扩大居民住宅的供应量，仍是房地产发展的重要任务之一。对于房地产业，不宜按达峰进行调控。

中央经济工作会议要求，确保房地产市场平稳发展，扎实做好保交楼、保民生、保稳定各项工作，支持刚性和改善性住房需求，解决好新市民、青年人等住房问题，探索长租房市场建设。党的十九大报告首次提出“加快建立多主体供给、多渠道保障、租购并举的住房制度，让全体人民住有所居”。房地产问题不仅是一个短期调控和风险管控的问题，更是一个住房制度的重建问题。应该瞄准新的住房制度，尽快多部门协同制定综合性、长期性、制度性的房地产新政，明确相关的土地、税收、金融、公积金、预售、租赁、租售同权等制度安排。

四、助力民营经济发展壮大

民营经济贡献了我国 50%以上的税收、60%以上的 GDP、70%以上的技术创新、80%以上的城镇就业、90%以上的企业数量，在促进发展、推动创新、提高税收、扩大出口、创造就业、实现共同富裕方面发挥着不可替代的作用。

2021 年以来，民营经济预期明显减弱，2021 年的中央经济工作会议指出，我国经济发展面临“三重压力”，其中的预期转弱主要指民营经济的预期转弱。2022 年 2 月起，民间投资增长放缓到 11.4%，并开始慢于国有及国有控股投资增长的 14.1%，但差距还不大，只有 2.7 个百分点，之后，民间投资增长一路下滑，到 2022 年 12 月已经降至 0.9%，而国有及国有控股投资增长全年基本保持在 10%左右，增幅差距扩大到约 9 个百分点。新冠疫情以来，在绝大多数月份，私营工业企业营业收入增长快于国有工业企业营业收入增长，但 2022 年下半年以来出现逆转，8—12 月，私营工业企业营业收入增长一直慢于国有工业企业营业收入增长，12 月放缓至 2.9%。私营工业企业营业收入占全部工业营业收入的 39%，若加上股份制工业企业中私人控股的民营经济，则私营工业企业营业收入约占全部工业企业营业收入的 50%。因此，民营经济的预期及其行动也是经济增长重回合理区间的关键点。

党的二十大报告首次提出促进民营经济发展壮大的方针，中央经济工作会议明确要求，针对社会上对我们是否坚持“两个毫不动摇”的不正确议论，必须亮明态度、毫不含糊，表明了中央鲜明的立场和敢于斗争的决心。要求从制度和法律上把对国企民企平等对待的要求落下来，从政策和舆论上鼓励支持民营经济和民营企业发展壮大，各级领导干部要为民营企业解难题、办实事。这些要求落实下去，将有效改善民营经济预期，促进民营经济发展壮大。

需要思考的是，为什么在我国屡屡出现否定民营经济的论调，为什么这些非主流的论调会导致民营经济的预期转弱。从长期看，一要进一步明确民营经济地位和作用。民营经济是实现中国式现代化的重要主体，是我们党长期执政的重要力量。对此，既要在理论上讲清楚，也要在实践中采取行动，比如，开展民营经济政策落实大督察，召开支持民营经济发展壮大会议，建立企业家荣誉制度等。二要进一步完善产权保护制度。国家应建立公有制经济财产权不可侵犯、非公有制经济财产权同样不可侵犯的产权保护制度。依法保护各种所有制企业的所有权，并同等程度保护所有权派生的使用权、承包权、经营权、收益权、继承权、处置权，以及知识产权、数据产权。完善从宪法到物权法及相关法律法规条款。继续甄别和纠正侵害企业产权的错案冤案，对一些民营企业历史上曾经有过的一些不规范行为，要按照罪刑法定、疑罪从无的原则处理。三要进一步规范民营经济准入范围。民营经济同国有经济应该平等进入市场经济各个领域。要尽快明确民间投资的“红灯”，依法加强对民间资本准入的监管。废除对民营经济不公平的法律法规条款、文件和监管。破除民营经济在可准入领域事实上存在的隐性壁垒。鼓励民营企业参与国有企业改革和重组。四要进一步完善政商沟通机制。制定重大政策要坚持听取企业家的意见，有关部门和地方制定涉及民营经济的政策，应事先征求民营企业家的意见。建立领导干部联系企业制度。完善政策发布、解读、宣传和咨询制度。完善公职人员问责追责机制，解除服务民营企业的心理负担。

五、扩大高水平对外开放

在中央提出构建新发展格局后，各方面对国内大循环的主体地位非常重视，但也要防止宣传解读出现偏差。例如，不能简单用“三驾马车”的分析方法来看待国内循环、国际循环的地位。2020 年，我国货物和服务净出口占 GDP 的比重是 2.6%，但不宜由此断定，国内大循环对我国经济的拉动作用是 97.4%，国际循环对我国经济的拉动作用是 2.6%。

全面看待国内国际循环，既要看需求，也要看供给；既要看出口，也要看进口。2020 年，我国进口总量为 16 万亿元，其中 12 万亿元用于中间使用，也就是用于生产过程。2017 年、2018 年、2020 年进口产品占我国中间使用的比例分别为 7.92%、8.09%、7.14%，如果没有进口，即使不考虑产业链的因素，我国的国内总生产或国内总供给将缩减 7%～8%，远大于净出口占 GDP 的比重。生产、分配、消费是一个相互关联的循环系统，若国内总生产减少，则国民收入也将减少；若国民收入减少，国内总需求也会相应减少，国内大市场也会相应萎缩。而且，12 万亿元的进口产品已经在当年 365 天的生产过程中融入了国内大循环。没有进口，就没有目前的生产规模，也就没有目前的国内市场规模。因此，国内大循环或国内大市场本身就是国内国际双循环相互促进的结果。从行业看，2020 年，石油加工业进口产品占其中间使用的 38%，若没有进口原油，石油加工业的生产将减少 38%。

拉长过程来看，2001—2020 年，我国经济总量从 10 万亿元增加到 100 万亿元，增加了 10 倍。与此同时，我国初级产品的进口量也成比例增加。从 2001 年到 2020 年，煤炭进口量增加至 122 倍，棉花进口量增加至 36 倍，大豆进口量增加至 7.2 倍，铁矿石进口量增加至 12.7 倍，铜矿砂进口量增加至 9.6 倍，原油进口量增加至 9 倍，等等。如果没有这些初级产品进口量的成倍增加并融入国内大循环，我国经济总量也不会增加 10 倍。我国的资源禀赋决定了我国必须大量进口产品；我国总供给大于总需求的经济结构决定了我国有能力大量出口产品。

2020 年和 2021 年我国出口再创新高，同时，进口也大幅度增加，对前两年的经济恢复发挥了重要作用。2022 年以来，随着全球形势变化，进出口率进入减速通道。2022 年 3 月开始，进口率先减速，8 月后，出口率开始个位数增长，10 月后，进出口率双双负增长。2023 年前两个月，按美元衡量，进出口继续延续负增长格局。但如前所述，进出口在我国发展中的地位相当重要，进口减少意味着生产的减少，出口减少意味着产能过剩，生产也会减少。因此，进出口的恢复增长也是 2023 年经济重回合理区间及长期向好的关键点。对此，要高度关注，既要采取政策措施支持出口，同时，也要通过促进国内消费需求的稳定增长带动进口的增长。

中央经济工作会议要求，要继续发挥出口对经济的支撑作用，稳住对发达国家出口，扩大对新兴经济体出口，扩大服务贸易，发展数字贸易。要求依托我国超大规模市场优势，既要把优质存量外资留下来，还要把更多高质量外资吸引过来。这些部署具有极强的针对性。

在推进中国式现代化的全过程中，要学会在复杂严峻的国际环境中扩大开放，想方设法抓住机遇、扩大开放。要主动营造有利于扩大开放和扩大进出口的国内国际环境，坚定不移地扩大开放，特别是扩大规则、规制、管理、标准等制度型开放，从而引领进出口和投资的进一步壮大，以更大力度的开放推动经济规模的进一步扩大和经济质量的不断提升。

【作者简介】

杨伟民先生，中国国际经济交流中心副理事长。曾任国家发展改革委规划司司长、秘书长，中央财经领导小组办公室副主任，全国政协常委、经济委员会副主任。参与了党和国家一系列重要文件、重大政策等起草，主持编制了“十五”计划纲要、“十一五”规划纲要等国家经济社会发展规划。

瞄准高端化智能化绿色化
加快推动装备制造业高质量发展

工业和信息化部装备工业一司　　王卫明

装备制造业是国之重器，具有产业关联度高、吸纳就业能力强、技术资金密集等行业特征，是我国综合竞争力的集中体现，是实体经济的重要组成部分，同时也是高新技术产业化、集成化的重要载体。党中央、国务院高度重视装备制造业高质量发展。高质量发展是“十四五”时期我国经济发展的必由之路，制造业特别是装备制造业高质量发展是我国经济高质量发展的重中之重，要努力把关键核心技术和装备制造业掌握在我们自己手里。党的二十大报告提出，要推动制造业高端化、智能化、绿色化发展。装备制造业作为制造业的脊梁，必须率先推动实现高端化、智能化、绿色化发展，以支撑高质量发展，促进制造强国建设。

一、我国装备制造业取得的历史性进展

（一）产业规模快速增长

2012—2022 年，我国装备制造业增加值从 5.6 万亿元人民币增加至 12.6 万亿元人民币，占规模以上工业增加值的比重从 28%提高到 31.8%，年均增长速度达 8.4%，高于全部规模以上工业平均水平 1.4 个百分点。2022 年，装备制造业增加值比 2021 年增长了 5.6%，对全部规模以上工业增长贡献率达 50.3%，有力支撑了工业增长稳步回升。从行业看，2022 年专用设备、汽车、电气机械及器材、仪器仪表制造业增加值分别同比增长 3.6%、6.3%、11.9%、4.6%。从产

品看，2022 年新能源汽车产量达 705.8 万辆，比 2021 年增长 96.9%，各月均保持高速增长。

（二）产业结构持续优化

2022 年，装备制造业中战略性新兴产业相关行业营业收入达 23.1 万亿元人民币，同比增长 13.0%。其中，造船三大指标保持领先，国际市场份额连续 13 年位居世界第一。汽车保有量从 2012 年的 1.2 亿辆增长到 3.2 亿辆，新能源汽车产销量连续 8 年位居世界第一。工业母机行业形成了完整的产业体系，为国防安全和制造强国建设提供了有力支撑。火力发电装机容量占比已由 2012 年的 71.4%降至 2022 年的 52.0%。

（三）重点装备取得突破

在重大技术装备领域，“嫦娥五号”首次实现我国地外天体采样返回，首架 C919 大飞机正式交付，首艘国产航母“山东舰”正式列装，“奋斗者”号载人潜水器在万米海沟成功坐底，全球首座高温气冷堆核电站并网发电。在通用装备领域，五轴联动数控机床填补空白，大型高速冲压生产线国际领先，8 万吨模锻压力机投入使用，工业机器人减速器、伺服电机、控制器等一批关键零部件打破了国外垄断。在专用装备领域，时速 350 千米的“复兴号”动车组批量投入运营，骨科手术机器人、第三代人工心脏临床应用，无人驾驶电动拖拉机、多功能联合收获机、智能六行采棉机研制成功。

（四）智能化发展加快

新一代信息技术与装备制造业加速融合，数字化、网络化、智能化正在成为引领装备制造业实现高质量发展的新引擎。目前，我国已建成 2100 多个高水平的数字化车间和智能工厂，其中有 209 个是示范标杆工厂，经过智能化改造，工厂的产品研发周期缩短了 20.7%、生产效率提升了 34.8%、产品的不良率降低了 27.4%、碳排放减少了 21.2%。装备制造等离散型工业的产品迭代速度和交付能力得到了大幅提升，钢铁冶炼、石油化工等流程型工业的本质安全水平和绿色发展水平显著增强。

（五）骨干企业发展壮大

截至 2022 年年底，装备制造业规模以上企业达 11.1 万家，比 2012 年增长近 53.5%；营业收入、利润总额分别达到 28.9 万亿元人民币和 1.8 万亿元人民币，比 2012 年增长 61.5%、45.2%。从世界 500 强企业榜单来看，2022 年中国上榜企业数量蝉联世界榜首，数量达 145 家，较 2012 年接近翻倍，其中制造业企业有 65 家入围，装备制造业企业上榜 19 家，占比 13.1%，企业创新发展培育不断释放新的优势。

（六）国际竞争力持续增强

近年来，我国装备制造业广泛应用新技术、新材料、新装备、新工艺，一批重点产业的国际竞争力不断提升。新能源汽车、消费级无人机等重点产业已跻身世界前列，工程机械、高铁、核电装备、海洋工程装备、输变电设备等一大批产业领域的高端品牌走出国门，装备制造业成为中国新的出口优势产业。机械工业进出口贸易额从 2012 年的 0.6 万亿美元增长到 2022 年的 1.07 万亿美元，连续两年突破万亿美元大关，其中船舶工业国际市场份额连续 12 年位居世界第一，自主设计建造的主流船舶与海洋工程装备达到世界先进水平；工程机械产品 2022 年进出口总额达 470.3 亿美元，贸易顺差达 415.7 亿美元。

总体来看，我国装备制造业处于向高端迈进的关键时期，对经济社会的支撑作用更加突出，但尚不能很好地满足经济社会高质量发展的需求，还存在高端装备发展不足、产业基础薄弱、产业链供应链存在断链风险、产业发展环境尚须改善等突出问题。

二、我国装备制造业发展面临的挑战和机遇

当今世界正经历百年未有之大变局，新一轮科技革命和产业变革深入发展，国际力量对比深刻调整，加之新冠疫情影响广泛深远，世界进入动荡变革期，我国已转向高质量发展阶段，装备制造业发展面临前所未有的机遇和挑战。

一是全球经济结构和布局深刻调整，推动装备制造业国际竞争空前加剧。装备制造业向来是全球经济竞争的焦点，当前，全球经济面临重大调整转型，

产业结构和产业布局正在加速重构，世界主要经济体围绕高端制造、智能制造和产业链供应链展开新一轮竞争博弈。美国、德国、日本等工业发达国家强化制造业战略布局，纷纷在装备制造业上发力，相继提出"先进制造业国家战略""工业 4.0""互联工业"等战略举措，支持重点装备创新发展。随着大国之间博弈加剧和我国创新发展加速，我国利用国际创新资源推动装备制造业跨越发展的难度空前加大。必须将装备制造业作为制造业高质量发展的重中之重，率先推动实现做大做强。

二是新一轮科技革命和产业变革加速演进，为装备制造业高质量发展提供新动能。新一代信息技术、新材料、新能源等领域加快技术突破和融合应用，产品和生产的智能化、绿色化加速推进，为装备制造业塑造发展新优势提供了重要机会窗口。装备制造业作为引领科技创新的策源地和重要载体，要想实现高质量发展，必须加快与前沿新兴技术的融合创新，锻造新的产业竞争优势，带动制造业抢占全球产业竞争制高点。我国必须抓住新一轮科技革命和产业变革的重大历史机遇，加快推动以数字技术为代表的新兴技术与装备制造业的融合创新，努力开辟装备数字化、智能化发展这一新领域、新赛道。

三是构建新发展格局，为装备制造高质量发展创造历史性机遇。我国已开启全面建设社会主义现代化国家新征程，加快新型工业化进程，保持制造业比重基本稳定，建设制造强国、航空强国、航天强国、海洋强国，以及实现国防现代化，对制造业高质量发展提出了更高要求，提供了强大需求力量。实施扩大内需战略同深化供给侧结构性改革有机结合，畅通供需循环，打通断点堵点，为加快装备制造业创新产品推广应用创造了良好环境。实现碳达峰、碳中和，构建清洁低碳、安全高效的能源体系，推进重点行业领域减污降碳和绿色制造，极大地带动清洁能源装备、节能环保装备等的发展，绿色低碳用能装备发展成为新的增长点。同时，装备制造业集成创新、突破发展，为解决产业短板瓶颈、提升产业基础能力和产业链现代化水平提供了必要条件。

三、我国装备制造业发展的思路和举措

坚持以习近平新时代中国特色社会主义思想为指导，深入贯彻党的二十大精神，立足新发展阶段，完整、准确、全面贯彻新发展理念，坚持系统观念、问题导向，以推动装备制造业高端化、智能化、绿色化发展为主线，以创新驱动

为关键动力，发挥重大工程和重点领域需求的牵引作用，加快锻长板、补短板、强基础，着力加快高端装备创新突破，着力提高产业链韧性和安全水平，着力推动装备数字化、智能化发展，着力促进绿色低碳化发展，全面提升装备制造业体系现代化水平，为建设制造强国、推进新型工业化提供强力支撑。

一是加快高端装备创新突破。依托国家重大科技专项，加快关键核心技术攻关，推动一批高端装备实现重大突破。组织实施重大技术装备攻关工程，面向国家战略需求和重大工程建设需要，研制一批具有自主知识产权、达到国际先进水平的装备产品，构建一批重点产业链，持续增强高铁、电力装备、新能源汽车、通信设备等领域的全产业链优势，培育一批生态主导型企业、单项冠军企业和专精特新企业。

二是提高产业链自主可控能力。聚焦工业母机、航空航天装备、高技术船舶和海洋工程装备、医疗装备、农机装备、高端仪器等高端装备创新发展，找准关键核心技术和零部件薄弱环节，完善“揭榜挂帅”等市场化机制，充分发挥“链主”企业作用，集中优质资源合力攻关，积极对接用户需求，促进创新成果推广应用，提升重点领域产业链韧性和安全水平。

三是着力提升产业基础能力。实施产业基础再造工程，围绕重点装备创新发展需求，聚焦基础零部件、基础材料、基础软件、基础工艺和产业技术基础，在核心基础零部件和基础制造工艺领域布局一批产业基础共性技术中心，培育若干国家制造业创新中心，积极发挥重点实验室作用，加快突破一批关键急需的基础零部件产品，推动“一条龙”应用示范，持续满足重点装备领域整机配套需求。

四是深入推进装备数字化。深入实施智能制造工程，支持智能制造装备、工业软件、系统解决方案等智能制造核心产业发展。大力推动装备数字化，研究出台专项政策，聚焦重点领域数字化发展需求，推动数字技术与装备制造业融合创新，集中力量突破装备数字化关键支撑技术，加快智能装备的设计研发、工程化和产业化应用，集成智能部件、核心软件，融合新机理、新材料、新工艺，研制一批新型智能装备，通过嵌入传感器、控制器、通信模组等智能部件或装置，改造一批在役装备。引导装备制造业企业从单纯的提供装备产品，向为用户提供系统设计、系统成套、工程承包、远程诊断维护、再制造、租赁等服务延展。

五是推动重点装备绿色低碳化。巩固新能源汽车产业发展优势，加快新体系电池、车规级芯片等关键技术攻关和产业化，提升关键零部件供给能力和资源保障能力，开展公共领域车辆全面电动化先行区试点。加快碳捕集利用和封存技术突破、煤电机组超低排放和节能升级改造、复杂难度固液气废弃物回收处理利用、中低品位余热余能回收利用、多污染物协同处置、战略性资源规模化高值化回收利用、海水淡化成套等。完善绿色制造规范和标准体系，加大清洁生产技术和设备的更新改造，研发和推广一批绿色低碳技术装备。推广再制造表面工程、增材制造等技术工艺，发展装备再制造。

六是营造良好应用生态。充分发挥重大工程、重大项目的应用牵引作用，支持行业组织、第三方机构搭建供需对接平台，加强产学研用交流对接。面向传统产业改造升级需求，依托重点产业集聚区、行业骨干企业，推动装备规模化更新换代。建设首台（套）重大技术装备试验验证平台，突出应用验证，推动产品迭代升级。完善保险补偿机制、应用激励机制和免责机制，推动首台（套）重大技术装备示范应用。

七是深化国际交流合作。发挥多双边合作和高层对话机制作用，推进与相关国家的规划对接、政策磋商、项目合作。吸引更多外资投向装备制造业领域，支持境外企业在华设立研发机构和创新中心。紧抓“一带一路”共建、区域全面经济伙伴关系等发展机遇，深入推进国际产能和装备制造合作，推动电力装备、先进轨道交通装备等优势领域产品、技术、品牌、标准系统“走出去”。鼓励企业加强与国际组织的交流合作，积极参与装备制造业领域国际规则和标准的制修订。

【作者简介】

王卫明先生，工业和信息化部装备工业一司司长，曾任工业和信息化部原装备工业司副司长、科技司副司长等职务，挂职任北京市海淀区人民政府副区长。

坚持科技创新驱动　加快建设交通强国

交通运输部科技司　　岑晏青

交通运输是国民经济的基础性、先导性、战略性产业和重要的服务性行业。党的十九大报告提出要“建设交通强国”，党的二十大报告明确要“加快建设交通强国”，充分体现了交通运输在贯彻新发展理念、构建新发展格局、推动高质量发展中的重要作用。加快建设交通强国，必须坚持以科技创新为第一动力，实现交通运输发展由依靠传统要素驱动向依靠创新要素驱动转变。

一、交通强国的内涵与实现路径

（一）交通强国的内涵

《交通强国建设纲要》明确指出，要“建成人民满意、保障有力、世界前列的交通强国”。“人民满意”，就是要坚持以人民为中心的发展思想，建设人民满意的交通，真正做到人民交通为人民、人民交通靠人民、人民交通由人民共享、人民交通让人民满意，不断增强人民群众的获得感、幸福感、安全感。“保障有力”，就是要为国家重大战略实施、现代化经济体系构建和社会主义现代化强国建设提供有力支撑。“世界前列”，就是要全面实现交通现代化，使我国的交通综合实力进入世界前列。三者有机统一，是我们党的初心和使命在交通运输领域的具体体现。

（二）交通强国的目标与实现路径

根据《交通强国建设纲要》《国家综合立体交通网规划纲要》，建设交通强国，要分阶段实现基本目标。到 2035 年，要基本建成交通强国，现代化综合交通体系基本形成，人民满意度明显提高，支撑国家现代化建设的能力显著增强。到21世纪中叶，全面建成人民满意、保障有力、世界前列的交通强国。

建设交通强国，基础设施网络是重要基础，要着力实现基础设施布局完善、立体互联；交通运输装备体系是关键环节，要着力实现交通装备的先进适用、完备可控；运输服务是交通运输供给的最终产品，要着力实现运输服务便捷舒适、经济高效；科技创新是第一动力，要着力实现科技创新富有活力、智慧引领；安全是基本前提，要实现安全保障完善可靠、反应快速；绿色是基本底色，要着力实现绿色发展节约集约、低碳环保；开放合作是为了开辟战略新空间，要着力实现开放合作面向全球、互利共赢；人才队伍是第一资源，要着力实现人才队伍精良专业、创新奉献；现代治理体系是制度保障，要着力实现治理体系完善、治理能力提升。

（三）科技创新是交通强国建设的第一动力

建设人民满意的交通强国，增强人民群众的获得感，迫切需要发挥科技的牵引性作用。随着我国的主要矛盾转化为人民日益增长的美好生活需要和不平衡不充分的发展之间的矛盾，人们的出行需求也由“有没有”转变为“好不好”，出行和物流服务也要更加安全、便捷、高效、绿色和经济。我们要坚持人民交通为人民的发展理念，以提升人民群众获得感为基点，依靠科技创新，创造新的供给，牵引新的需求，推动质的提升，加快实现零排放、零距离、零库存的发展愿景。

建设保障有力的交通强国，服务国家重大战略，迫切需要发挥科技的支撑性作用。交通是兴国之要、强国之基。从服务区域协调发展战略，到服务乡村振兴战略，再到服务“一带一路”倡议、构建“全球123快货物流圈”，交通运输科技创新都要全面发挥支撑作用，着力突破复杂环境基础设施建设，自动检测、精准养护及高效应急，突破远海建港、远洋无人货船、深远海航行安全保障等领域关键技术与重大装备。

建设世界前列的交通强国，把握科技革命红利，迫切需要发挥科技的战略性作用。在以智能、绿色、泛在为特征的新一轮科技革命影响下，交通基础设施将更趋数字化、网联化、绿色化，载运装备将更趋清洁化、智能化、高效化，运输服务将更趋人本化、便捷化、高效化。我们必须加快前沿技术布局，借助科技革命的红利，加快促进交通运输转型升级，抢占国际标准制高点，掌握未来交通创新主动权、产业发展主动权。

二、交通强国建设有力促进新经济发展

自党的十九大报告提出要“建设交通强国”以来，交通运输行业加快推进智慧交通、绿色交通发展，各类交通新业态、新模式、新产业不断涌现，交通运输行业已经成为创新实践活动最为活跃的领域之一，数字交通已经成为数字经济背景下的主要建设场景，乃至数字经济体系下新的增长极。

（一）智慧绿色交通发展为新经济发展拓展新空间

在“数字交通”和“双碳”目标的指引下，智慧绿色交通发展为新经济发展拓展了新空间。在基础设施建设方面，上海洋山港自动化码头、实现自动驾驶控制的京张高铁、京雄智慧高速公路、北京大兴国际机场等一批标志性智慧、绿色基础设施工程相继建成，以智慧公路、智能铁路、智慧港口和智慧综合交通运输枢纽为代表的交通新型基础设施建设正在逐步成为我国新经济发展的重要基础。在运输服务方面，利用“云大物移智”等新一代信息技术，积极推进电子运单一票制、一单制，提升客货运输服务水平，积极推进国家公共物流信息平台建设，提升物流供应链的服务效率，积极推进“公转铁”“水转铁”等运输服务信息共享，提升多式联运效能，积极推进城市网约车服务和物流配送服务，在提升交通运输效率、减少拥堵、节能降碳、绿色出行方面发挥了巨大作用。

（二）交通新业态、新产业为新经济发展开创新局面

随着与新经济的融合发展不断加速，交通运输行业已经成为新业态、新产业等创新实践最为活跃的领域。在新业态方面，近年来，网约车、网络货运、无人配送、交旅融合、交能融合等新业态蓬勃发展，各类客货运输出行平台企业如雨后春笋般出现，平台企业基于其资源集聚能力、网络开放连接能力、资金运作能力、就业接纳能力等，积极支撑了我国客货运输的转型升级。在新产业方面，根据我国智能交通协会统计预测数据，2020 年我国智慧交通市场规模为

1658 亿元，2017—2020 年年均复合增长率达 14%，预计到 2023 年我国智能交通市场规模将达 2432 亿元。交通运输领域新型基础设施重大工程的推进，基础设施网与运输服务网、信息网、能源网的融合发展，数字交通感知体系、综合交通大数据中心体系等的积极建设，智能网联车路协同的积极推进，为新经济发展开创了新局面。

三、科技创新驱动建设交通强国的举措

《交通强国建设纲要》指出，“到 2035 年，基本建成交通强国。现代化综合交通体系基本形成，人民满意度明显提高，支撑国家现代化建设能力显著增强”“交通科技创新体系基本建成，交通关键装备先进安全，人才队伍精良，市场环境优良”。为实现这些目标，交通运输科技创新必须坚持自立自强、深化改革，必须坚持人才引领、协同融合，必须坚持创新驱动、数据赋能，不断提升创新能力和效力。

（一）坚持自立自强

世界交通强国的竞争，核心是科技创新能力的竞争。必须把高水平自立自强作为交通运输科技创新的主路径，作为加快建设交通强国的主引擎。坚持自立自强，绝不是闭关自守，而是要更加主动地向世界先进水平学习，尽最大努力寻求国际合作。坚持自立自强，必须坚持问题导向，奔着最紧急、最紧迫的问题去，在原创性和引领性科技攻关、关键核心技术攻坚、应用基础研究等领域优先实现自主创新，切实把加快建设交通强国的战略性、前瞻性、关键性、基础性创新放在自己力量的基点上。

（二）坚持深化改革

深化改革、扩大开放是交通运输科技创新大踏步前进的关键，必须长期坚持。要着力深化科技体制改革，加快形成支持全面创新的基础制度，支持科研事业单位探索试行更灵活的薪酬制度，稳定并强化从事基础性、前沿性、公益性研究的科研人员队伍。要给予科研单位更多自主权，打破科研单位和科研人员身上烦琐、不必要的体制机制束缚。要着力构建开放的创新生态，更加主动

地融入全球创新网络，用好标准这个世界通用的技术语言，规范和引领行业科技创新。

（三）坚持人才引领

科技创新本质上是人的创造性活动，创新驱动实质上是人才驱动。加快建设交通强国，当好中国现代化的开路先锋，必须在育才、选才、引才、用才改革创新上走在各行各业前列。必须坚持人才引领、教育为先，坚决破除人才培养、使用、评价等方面的体制机制障碍，破除“官本位”、行政化的思维。要坚决打破行业藩篱，不求所有、但求所用，凡是对加快建设交通强国有用的，都要“聚天下英才而用之”。

（四）坚持协同融合

面对新一轮科技革命和产业变革带来的学科交叉融合、技术与经济加速渗透，必须协同创新、融通创新。要着力推动创新链协同，强化技术研发、成果转化、平台建设、人才培养、机制创新的协同推进，构建“政产学研用”协同创新体系，打造一批创新联合体。要着力推动政企间的协同创新，推动有效市场和有为政府更好结合，强化企业创新主体作用，更好发挥政府作为重大科技创新组织者的作用。部属科研院所要在战略科技、基础研究、关键核心技术上成为“顶梁柱”，发挥不可替代的作用。要着力推动跨领域协同融合创新，深化部门协同、部省联动，推动跨领域、跨部门、跨区域资源融合。

（五）坚持创新驱动

交通运输是对科技革命最敏感的先导应用领域之一。加快建设交通强国，必须紧紧抓住全球新一轮科技革命和产业变革的重大历史机遇期，特别要抓住信息革命和能源创新这两个最直接、最深远影响交通新一轮现代化的重点领域，集中优势力量优先发展智慧交通和绿色交通，加快在交通运输发展的新领域、新赛道形成新动能、新优势。要加强顶层设计和战略谋划，着力用好党的领导这个政治优势、集中力量办大事的制度优势、超大规模内需牵引的市场优势，坚持科技创新与制度创新“双轮驱动”，奋力成为新一轮世界交通现代化的引领者。

（六）坚持数字赋能

交通网是线下的互联网，互联网是线上的交通网，只有大数据、人工智能、区块链等新技术与交通行业深度融合，才能实现两网交融，从而发挥出巨大潜力。我们要坚持以数字化、网络化、智能化为主攻方向，大力发展智慧交通和智慧物流；坚持数据资源赋能交通运输发展，构建综合交通大数据体系，推进国家综合交通运输信息平台建设；大力发展运输服务一票制、一单制、一箱制，加速交通基础设施网、运输服务网、能源网与信息网融合发展；坚持统筹发展和安全，大力推进安全可控技术应用，在全行业牢固树立网络和数据安全意识，建立健全安全管理体系。

四、科技创新驱动建设交通强国的展望

未来 5 年是全面建设社会主义现代化国家开局起步的关键时期，也是交通运输迈上加快建设交通强国、努力当好中国现代化开路先锋新征程的关键 5 年。在新征程上，交通运输科技创新要锚定加快建设交通强国的目标，强化资源统筹，着力攻坚克难，强化协同融合，着力优化环境，奋力构建并加快建设与交通强国相适应的交通运输科技创新体系。

（一）抓好重大科技攻关，持续提升交通运输科技创新“硬核”实力

要加快构建有组织的科研机制，形成政、产、学、研合力抓重大科技攻关的新局面。各级交通运输主管部门要树牢交通运输高水平科技自立自强的理念，以国家战略性、前瞻性研究和关键核心技术攻关为重点，着力抓好系统布局、牵头组织、跨界集成。交通运输企业要发挥科技创新主体作用，着力打造交通运输原创技术策源地，推动创新链、产业链、资金链、人才链深度融合。高等院校要强化创新人才培养、基础研究和应用基础研究职能，着力围绕加快建设交通强国形势要求和任务部署，及时调整和完善学科布局，加快建设有中国特色、世界一流的大学和交通优势学科，强化高质量人才供给。科研事业单位要强化公益性、战略性研究职能，着力围绕行业重大战略科技、应用基础理论、关键共性技术等开展攻关，培养交通运输战略科学家。

（二）抓好产业应用带动，不断增强交通运输服务经济的发展能力

要立足交通运输作为技术应用型产业的特点，坚持以产业为土壤、以需求为牵引，聚焦国家重大战略和重大工程，着力实施交通基础设施数字化工程、交通运输关键核心技术攻坚工程、智能交通先导应用试点工程等科技工程，推进人工智能、新一代信息技术、先进制造、新材料、新能源等前沿技术与行业深度融合，加快北斗导航、5G 等在行业全面应用，在自动驾驶、智能航运、智能建造等领域形成一批标志性成果，引领交通运输业向产业链高端迈进。

（三）抓好人才培养使用，充分挖掘人才作为“第一资源”的潜力

要不拘一格遴选人才，持续实施交通运输行业科技创新人才推进计划，发现和培育一批青年拔尖人才、科技领军人才和创新团队。要搭好平台来培养人才，重点支持建设一批全国和行业重点实验室及新型研发机构，推动项目、人才、基地“三位一体”发展，让英雄有用武之地。要从五湖四海引进人才，完善人才引进政策，加强人才国际交流，加大海外人才引进力度。要科学合理评价人才，深化以创新能力、价值、贡献为导向的人才评价体系建设。要创造条件用好人才，充分发挥行业各领域专家为行业发展建言献策的作用。

（四）抓好创新生态构建，多措并举激发交通运输各领域的科技创新活力

完整、准确、全面落实中央科技和人才相关要求，着力打通基础研究、技术研发、人才培养、成果转化等方面的堵点障碍。着力深化改革，完善科技创新制度。建立和完善科研院校科技创新绩效考核评价制度，明确奖惩措施。着力扩大开放，构建国际化创新网络。实施交通运输国际科技创新合作计划，实化、细化交通领域国际科技合作任务，打造具有全球影响力的交通运输开放创新体系。着力整合资源，完善高水平科技创新平台。稳步推进行业科技创新平台的优化整合，支持企业、高校、科研院所整合优势资源，申报建设国家级科技创新平台。着力厚植创新文化，营造科技创新的浓厚氛围。大力弘扬科学家精神，讲好科研人员故事，讲好新时代中国交通创新故事，在行业营造崇尚科

学、崇尚创新的浓厚氛围。

（五）抓好组织实施保障，为交通运输各类主体创新活动提供持续动力

要全面加强党的领导。完善科技创新协同联动机制，加强部门之间、行业上下的联动，完善跨部门协同工作机制，强化行业上下联动、协同创新。要加大科技创新投入，各地方、各单位要利用各种渠道加大科技创新经费投入，用好重点基建项目工程研究试验费等专项资金。国有交通运输企业要立志建设世界一流企业、打造原创技术策源地，切实加大科技创新与标准化投入，积极联合国家、地方自然科学基金委等推动设立基础研究基金，积极支持民营交通运输企业创新发展。

【作者简介】

岑晏青先生，交通运输部科技司司长，研究员，曾任交通运输部公路科学研究院副院长、中国交通通信信息中心副主任。长期从事智能交通、交通新基建等领域技术、政策研究，以及交通运输科技管理等工作。

强化科技创新引领支撑　推动新经济高质量发展

科技部高技术研究发展中心　　史冬梅

新一轮科技革命和产业变革加速演进，科技创新成为当今国际经济竞争的焦点。2016 年，习近平总书记在全国科技创新大会、两院院士大会、中国科协第九次全国代表大会的讲话指出，“实现‘两个一百年’奋斗目标，实现中华民族伟大复兴的中国梦，必须坚持走中国特色自主创新道路，面向世界科技前沿、面向经济主战场、面向国家重大需求，加快各领域科技创新，掌握全球科技竞争先机。”党和国家将科技创新摆在前所未有的高度，坚持科技创新在我国现代化建设全局中的核心地位，“十三五”期间，我国科技创新能力全面提升，引领中国新经济取得重大进展。“十四五”期间，我国将围绕构建新发展格局，坚持创新驱动发展，部署引领新经济发展的重大任务，多措并举为新经济高质量发展提供重要支撑。

一、科技创新引领新经济发展的重要进展

“十三五”以来，党和国家高度重视科技创新工作，加快实施创新驱动发展战略，加大科技创新投入，提升科技创新能力，推动科技实力跃上新台阶，推进我国进入创新型国家行列。科技创新支撑战略性新兴产业发展壮大，国家高新区加速发展，助力我国形成具有国家竞争优势的产业，走出一条从科技强到产业强、经济强、国家强的创新发展新道路，科技创新成为新经济发展的重要引擎，为推动我国新经济高质量发展奠定了坚实基础。

（一）科技创新能力和国际竞争力全面提升

“十三五”以来，我国加大科技创新的投入，研发经费总投入、国家财政科

技支出、研发经费投入强度一直呈稳定上升趋势，与发达国家的差距逐年缩小。全社会研发经费总投入从2016年的15676.7亿元提高到2021年的27956.3亿元，国家财政科技支出从2016年的7760.7亿元增加到2021年的10766.7亿元，基础研究投入从2016年的822.9亿元提高到2021年的1817.0亿元，占全社会研发投入的比例从5.2%提升到6.5%，研发经费投入强度从2016年的2.11%提升到2021年的2.44%。我国科技创新能力大幅度提升，进入创新型国家行列。世界知识产权组织（WIPO）发布的全球创新指数报告显示，我国全球创新指数排名从2016年的第25位上升到2021年的第12位、2022年的第11位，连续多年稳步提升，进入创新型国家行列。我国科技实力正在从量的积累迈向质的飞跃、从点的突破迈向系统能力的提升，科技创新取得了新的历史性成就。在深海、深空、深地、深蓝等领域积极抢占科技制高点。例如，“天问一号”开启火星之旅，“海斗一号”全海深潜水器打破多项世界纪录，“奋斗者”号成功坐底，北斗卫星导航系统全面开通，中国空间站天和核心舱成功发射，世界最强流深地核天体物理加速器成功出束，“墨子号”实现无中继千公里级量子密钥分发。

（二）科技创新支撑战略性新兴产业发展壮大

战略性新兴产业是发展新经济、培育新动能的关键支撑。“十三五”以来，我国加快实施创新驱动发展战略，国家科技计划加大了对新一代信息技术、新材料、新能源、高端装备等战略性新兴产业科技创新的稳定支持，取得了重大技术突破和进展，支撑战略性新兴产业发展壮大。5G通信技术率先实现规模化应用，使我国在全球移动通信领域形成引领态势。新型显示技术创新链和产业链融合发展，产业规模达到世界第一。人工智能技术应用占全球市场近三成，促进人工智能产业加快发展。电动汽车技术达到国际先进水平，在产业规模上也达到国际领先水平，新能源汽车产销量连续7年居世界首位。新能源技术不断突破，引领我国光伏、风电装机容量，以及储能、制氢规模居世界首位，2021年年底，我国光伏（含光热）累计装机规模达3.06亿千瓦，连续7年稳居全球首位，风机容量达32848千瓦。高速铁路、高原铁路、高寒铁路、重载铁路技术达到世界领先水平，智能铁路技术创新取得重大突破，复兴号高速列车投入运行，时速600千米的高速磁浮样车成功下线，高铁成为我国自主创新的成功范例，在国际上树立了标杆。

（三）国家高新区成为新经济发展重要引擎

“十三五”以来，国家高新区持续构建创新引领、协同发展的现代化产业体系，成为高质量发展先行区和创新高地，集聚了全国约 1/3 的高新技术企业，培育壮大了人工智能、大数据、区块链等数字经济产业，形成了一批具有国际竞争力的特色产业集群。中关村新一代信息技术、武汉东湖光电子、张江集成电路、天津风能产业的规模分别占全国的 17%、50%、35%和 30%。国家高新区诞生了超过半数的“中国生物医药百强”企业、90%的“中国互联网百强”企业和 67%的科创板上市企业，华为、腾讯、宁德时代等头部企业锐意创新，成长为世界一流企业，大疆、科大讯飞、海康威视等科技领军企业厚积薄发，科技竞争力和综合实力显著提升。国家高新区总数从 2016 年的 146 家增长到 2021 年的 169 家，增长 15.8%，生产总值从 2016 年的 8.77 万亿元增长到 2021 年的 15.3 万亿元，增长 74.5%；营业总收入从 2016 年的 27.6 万亿元增长到 2021 年的 48 万亿元，增长 73.9%。2021 年，国家高新区以全国 2.5%的建设用地创造了 13.4%的 GDP，区内企业发明专利有效量占全国的 44.0%。2022 年，177 个国家高新区内的企业达 40 万家，集聚了全国 35.9%的科技型中小企业、36.2%的高新技术企业、67.4%的科创板上市企业，人均劳动生产力为全国平均水平的 2.7 倍，国家高新区成为新经济发展的重要载体和重要引擎。

二、科技创新引领新经济发展的重大任务

“十四五”以来，科技创新工作围绕构建新发展格局，实现高水平科技自立自强，坚持“四个面向”的战略导向，积极贯彻党的二十大精神对科技创新工作的新要求、新目标，坚持科技是第一生产力、人才是第一资源、创新是第一动力，深入实施创新驱动发展战略。围绕我国战略性新兴产业和经济高质量发展进行重大任务部署，开辟发展新领域、新赛道，不断塑造发展新动能、新优势。

（一）围绕产业链供应链部署创新链

近年来，新冠疫情、国际贸易保护和俄乌冲突叠加影响，全球产业链供应链受到冲击，高新技术产业链供应链安全成为各国政府关注的重要议题。在新

的国际形势下，提升产业链供应链安全成为推动我国经济高质量发展、构建国内国际双循环发展格局的关键途径。国家科技计划围绕产业链供应链部署创新链，针对新一代信息技术、新材料、新能源、高端装备、生物医药等战略性新兴产业发展，从国家紧迫需求出发，精准部署一批重点专项和关键核心技术攻关项目，加快突破基本原理、基础软硬件、关键零部件和装备、关键基础材料、关键仪器设备等瓶颈制约，引导产业链上下游联合攻关，解决一批“卡脖子”技术问题，增强关键共性技术自主可控能力，提升产业链供应链韧性，不断壮大发展新动能，支撑我国战略性新兴产业安全和新经济稳定发展，使我国在全球产业链供应链中的竞争力和地位持续攀升，不断提升我国发展的独立性、自主性、安全性。

（二）助力数字经济和低碳经济发展

数字经济在全球快速发展，催生新产业、新业态、新模式，开辟新经济发展的新赛道。科技创新为数字经济注入关键动力和可持续动力。面向网络通信、大数据、云计算、区块链等重点领域，深入实施国家重点研发计划，提高数字经济的技术基础研发能力。率先实施科技创新 2030——新一代人工智能重大项目，面向经济主战场，着力攻克关键核心技术，为经济高质量发展提供新方案，面向重点细分行业建设 16 个国家人工智能开放创新平台，在智能制造、智慧医疗等领域进行创新示范应用，推动产业升级，支撑数字经济发展。在北京等地区建立 17 个国家新一代人工智能创新发展试验区，以促进人工智能与实体经济深度融合为主线，推动人工智能创新发展先行先试，探索人工智能赋能实体经济、支撑引领高质量发展的新模式。启动支持建设新一代人工智能示范应用场景工作，以国家科技计划项目成果为主要基础，以国家新一代人工智能创新发展试验区为主要依托，首批支持包括智能工厂等 10 类示范应用场景建设，推动人工智能应用，培育新的经济增长点。

当前，发展低碳经济成为各国应对全球气候变化的国际共识，也是实现未来碳中和的必然要求和新经济的发展趋势。科技创新是实现低碳经济的重要手段。《科技支撑碳达峰碳中和实施方案（2022—2030 年）》提出能源绿色低碳转型科技支撑行动、低碳与零碳工业流程再造技术突破行动等 10 项具体行动。强化部署碳达峰碳中和科技创新重大任务，统筹推进大气污染联防联控、煤炭清洁高效利用、可再生能源技术、新能源汽车等碳达峰碳中和相关重点专项，新设“碳达峰碳中和关键技术研究与示范”重点专项，加快推进碳达峰碳中和技术成果在相关产业的应用推广。

（三）开辟新经济发展新领域新赛道

新一轮科技革命和产业变革加速演进，科技创新成为当今国际经济竞争的焦点，世界各国都在加紧部署重大前沿领域科技创新，努力抢占未来科技和产业竞争先机。为加快中国式现代化建设、把握新一轮科技革命和产业变革重大机遇，我国“十四五”科技创新工作加强了原创性、引领性科技攻关部署，努力下好前沿科技创新的“先手棋”，培育催生战略性新兴产业的增长点。在人工智能、量子信息、脑科学等前沿科技领域，加快实施一批前瞻性、战略性国家重大科技项目，在信息、生物医药等领域的国家科技计划中部署一批颠覆性技术项目。举办全国颠覆性技术创新大赛，聚焦人工智能、未来网络与通信、生物技术、新材料、新能源及交叉学科等可能产生重大颠覆性突破的技术领域，推动颠覆性技术创新与突破，带动我国原始创新能力和产业竞争力提升，助力开辟和发展新领域、新赛道。在前沿科技和产业变革领域前瞻谋划未来产业发展布局，开展未来产业科技园建设试点，包括空天科技、国防与信息安全、未来能源与智能机器人、自主智能、未来网络、光电与医疗装备、生物医药与新型移动出行、未来轨道交通、空天动力、航天高端装备、量子等领域。发挥高水平研究型大学的国家战略科技力量作用，打造一批科技创新和孵化高地，为我国培育未来产业和发展新经济提供重要支撑。未来产业代表新经济的发展趋势，我国将进一步加强前沿性和颠覆性技术部署，加快实施未来产业孵化与加速计划，以赢得大国竞争的新赛道。

三、科技创新引领新经济发展的重大举措

根据党的二十大精神对科技创新的新要求，以及“十四五”科技创新重点目标和任务，充分发挥我国社会主义制度优势，健全核心技术攻关新型举国体制，充分发挥企业的创新主体作用，促进产学研深度融合，建立加快科技成果转化的新机制，为实现科技支撑、引领新经济高质量发展提供组织和制度保障。

（一）健全核心技术攻关新型举国体制

“十四五”期间，深入贯彻落实党中央和国务院科技创新的决策部署，围绕

“四个面向”，国家重点研发计划70多个重点专项全面启动实施，以重大预期成果为牵引，加强体系化、集群式部署，并不断完善和健全核心技术攻关新型举国体制，充分发挥国家实验室、国家科研机构、高水平研究型大学、科技领军企业4支国家战略科技力量的作用，加快实施一批具有战略性、全局性、前瞻性的国家重大项目，着力解决事关产业核心竞争力、整体自主创新能力和国家安全的重大科学问题、重大共性关键技术和产品研发问题。加强项目、基地、人才、资金一体化配置，提升创新供给的质量和效率。优化科研攻关组织机制，探索“揭榜挂帅”“赛马制”“首席科学家负责制”等新模式，“十四五”首批国家重点研发计划中部署实施了80多项“揭榜挂帅”项目，充分发挥相关行业部门的作用，积极推动重大研发任务更多由产业界出题，强化重大创新成果的实战性，突出最终用户的作用。加强重大科技任务的“央地协同”，结合国家重大战略部署和区域产业发展重大需求，在新一代信息技术、新材料、新能源等领域，采取部省联动方式，与浙江省、广东省、江苏省等实施一批国家重点研发计划的相关重点专项，地方出台专门政策承接项目成果，推动国家科技计划实施，助力地方新经济高质量发展。

（二）提高科技成果转化和产业化水平

提高科技创新源头供给能力，促进科技成果向现实生产力转化，是实现科技与经济紧密结合的关键。“十四五”时期，通过加强顶层设计，多措并举推动提高科技成果转化和产业化水平。建立的京津冀、长三角、粤港澳大湾区3个综合类国家技术创新中心及多家参与全球竞争的细分关键技术的重点领域类国家技术创新中心，在促进科技成果转化和产业化方面发挥了重要作用，提升了三大重要经济区域的协同创新能力和新经济的支撑力，以及关键技术领域的产业创新能力和国际竞争力。建立的河北•京南、宁波等12家国家科技成果转移转化示范区，作为创新科技成果转化机制的试验田，培育了一批新兴产业和创新型产业集群，助力我国新经济重点区域的高质量发展。《“十四五”技术要素市场专项规划》提出到2025年要着力实现的具体目标，如国家科技成果转移转化示范区达到20家等。2022年，启动“国家科技计划成果路演行动”，搭建科技项目成果与风险投资、产业需求对接的高水平平台，通过新一代信息技术、新材料、高端装备、生物技术和医疗器械、新能源汽车和可再生能源等专场路演活动，推动一批科技成果转化落地，助力我国新经济高质量发展。

（三）强化企业科技创新主体地位

强化企业科技创新主体地位，全方位支持企业技术创新，充分发挥企业在创新决策、研发投入、科研组织和成果转化中的主体作用。2021 年企业投入研发经费规模超过 2 万亿元，在全社会投入的研发经费中占比 76.9%，国家科技计划项目积极支持企业参与关键核心技术攻关。“十四五”国家重点研发计划围绕生物医用材料、智能传感器等 10 个重点专项设立科技型中小企业研发项目，精准支持科技型中小企业技术创新。支持领军企业聚焦国家重大需求，牵头组建体系化、任务型创新联合体，承担国家科技计划等重大任务。推动中央企业建设科技领军企业，打造原创技术策源地、现代产业链“链长”，努力打通从科技强到企业强、产业强、经济强的通道。《企业技术创新能力提升行动方案（2022—2023 年）》提出引导企业加强关键核心技术攻关、支持企业前瞻布局基础前沿研究、促进中小企业成长为创新重要发源地等多项提升企业技术创新能力的措施。科技型中小企业加速成长，2022 年年底，全国科技型中小企业入库数量达 45 万家，比 2021 年增长 37%。通过构建“众创空间—孵化器—加速器—产业园”科技型创新创业生态体系，为科技型中小企业提供专业化、精细化的技术创新服务。强化金融助力，全面推广“企业创新积分制”科技金融产品，建立对科技型中小企业评价的新标准，将科技型中小企业、制造业企业研发费用加计扣除比例提高到 100%。设立 4000 亿元科技创新再贷款，撬动社会资金促进科技创新。通过系列举措，促进企业成为创新重要发源地，提升新经济发展主体的创新能力，助力我国现代化产业体系建设。

【作者简介】

史冬梅女士，科技部高技术研究发展中心技术总师，研究员，博士后合作导师，享受国务院政府特殊津贴专家，曾任北京新材料发展中心副主任。长期从事国家科技计划项目管理、高新技术领域发展战略和科技政策研究等工作，荣获国家科技进步奖三等奖、国防科技进步奖二等奖等奖项。

推进中国式现代化需要数实融合的产业体系

中国科学院大学经济与管理学院　洪永淼　刘　颖

数字经济和实体经济深度融合，为现代化产业培育了新动能，是新时期中国式现代化建设的重要抓手。本文将梳理数实融合推动现代化产业体系建设的内在逻辑，分析现代化产业建设面临的制约和挑战，从完善数据基础制度建设、提高产业基础能力和科技含量、改善产业发展不平衡不充分问题、创新政府与市场协同治理机制四个方面提出政策建议。

一、数实融合的产业体系是中国式现代化建设的重要抓手

党的二十大报告指出，从现在起，中国共产党的中心任务就是团结带领全国各族人民全面建成社会主义现代化强国、实现第二个百年奋斗目标，以中国式现代化全面推进中华民族伟大复兴。中国式现代化既有各国现代化的共同特征，也有基于自己国情的中国特色，是人口规模巨大的现代化，是全体人民共同富裕的现代化，是物质文明和精神文明相协调的现代化，是人与自然和谐共生的现代化，是走和平发展道路的现代化。

构建现代化经济体系是实现中国式现代化的重要物质基础，而现代化产业体系是现代化经济体系建设的核心抓手。改革开放以来，我国产业发展取得历史性成就，产业规模不断壮大，配套设施不断完善，科技实力不断增强，产业体系更加健全，实现了量的稳步增长和质的显著提升。我国已成为享誉世界的产业大国，农业增加值和工业增加值排名世界第一，服务业增加值排名世界第二，但与此同时我们也应看到，我国距离世界产业强国仍存在不小差距，“大而不强”“全而不优”问题比较突出，主要体现在关键技术“卡脖子”问题时有发

生、自主创新能力不强、高端产业优势不明显等方面。

在新一轮科技革命和产业革命重塑世界格局的背景下，世界各国纷纷将发展数字经济作为振兴实体经济、推动经济动能转换、抢占产业发展主导权的重要战略。在新时代，我国构建现代化产业体系一方面要牢牢把握新科技发展的趋势，加快关键核心技术的研发突破，另一方面要充分立足我国实际国情，正如党的二十大报告强调的，要“坚持把发展经济的着力点放在实体经济上，推进新型工业化，加快建设制造强国、质量强国、航天强国、交通强国、网络强国、数字中国”“加快发展数字经济，促进数字经济和实体经济深度融合，打造具有国际竞争力的数字产业集群”。可见，数字经济和实体经济的深度融合，是党的二十大后中国经济发展的主旋律，也是新时期中国式现代化的重要内涵之一，有助于推动农业现代化、新型工业化、服务业现代化的同步发展，助力我国在全球产业变革中抢占竞争制高点，提高产业链的竞争力和经济发展的质量。

二、数实融合赋予现代产业新内涵和新动能

数字技术的应用普及使实体经济的内涵和外延发生了重大变化，数字经济正在以高创新性、强渗透性、广覆盖性深刻变革着实体经济的生产模式与发展理念。正如习近平总书记在十九届中央政治局第三十四次集体学习时所指出的，要“推动制造业、服务业、农业等产业数字化，利用互联网新技术对传统产业进行全方位、全链条的改造，提高全要素生产率，发挥数字技术对经济发展的放大、叠加、倍增作用”。随着数字经济和实体经济融合的日益深化，数字要素使传统产业要素不断升级跃迁，极大拓展了实体经济发展的空间和潜力，各产业之间的融合更加频繁和紧密，经济形态和产业属性也发生了巨大变革。数实融合不断提升产业链的知识密度、科技含量和附加值，从以下三个方面夯实了现代化产业体系建设的基础。

（一）数实融合开辟了现代产业科技创新的新模式

“创新驱动发展战略”“完善科技创新体系”是党的二十大报告中的重点词汇。数字经济和实体经济融合，有助于促进传统创新体系的数字化重构。一是

变革创新价值创造流程。数据成为创新主体寻求创新灵感、研判市场趋势、优化研发布局的有力工具。创新活动不再是循序渐进的固定流程，而是强调开放创新、持续迭代优化的动态交互流程。创新主体借助数字技术快速获取对创新产品的反馈，降低创新活动的不确定性，激励更多创新活动的开展。二是助推科技创新开放融合。数字技术依托互联网信息交流平台，消除政府、高校、企业等创新主体的交流壁垒，有效促进科技交流与知识流动，促进产学研协同。创新要素的跨界渗透促进科技创新资源的合理化配置，进一步扩大科技创新开放合作的范围，促进创新体系的协同发展。

（二）数实融合培育了现代产业发展的新动能

数实融合的发展模式既坚持了实体经济的主体地位，也发挥了数字经济的赋能作用。一是提升了企业生产效率，数实融合不仅开辟了新的经济增长点，也是助推实体经济提质增效的支点。数据要素成为新的企业生产要素，以极低的成本促进企业资源的有效配置，实现生产体系的降本增效。数字技术变革改善企业生产体系，打通实体经济中生产、经营、流通、服务等环节，以数字技术驱动和改进企业价值创造模式。二是助推了产业跨界融合，数实融合开拓了实体经济发展新空间，实现了产业间技术的渗透融合。数字经济以其强渗透性和广覆盖性突破产业界限，为不同产业中的经济主体创造产业和业务融合的机会，促使原本分散、孤立的实体经济通过融合的方式做大做强，营造开放融合、分工协同的产业发展新格局。

（三）数实融合畅通了国内国际双循环的新路径

加快构建以国内大循环为主体、国内国际双循环相互促进的新发展格局，是我国应对国际环境复杂变化的战略举措。数实融合的市场资源配置模式有利于构建更加安全、可控、富有弹性和韧性的经济体系，实现生产要素良性顺畅的循环。一是提高市场资源配置效率，数字经济依靠以互联网平台为基础的信息网络，让企业以信息和数据作为生产原料，实现产业体系跨时空虚拟集聚的新模式。依托大数据管理的市场体系有助于网络化对接需求供给，打通市场主体间的信息阻隔，降低市场资源配置的匹配成本和选择成本。二是扩大实体经济发展前景，数字经济发展不仅以扩大内需为战略核心，而且在不断推动产业链现代化水平的提升，实现党的二十大报告中“把实施扩大内需战略同深化供给侧结构性改革有机结合起来”的任务。数实融合为实体经济发展提供了充分的市场空间，也为构建国内国际双循环体系释放了更多动力。

三、现代化产业体系建设面临的挑战

当前，我国产业发展正处于由传统生产方式向现代生产方式转变、由浅层工业化向深度工业化转型的关键阶段，构建数实融合的现代化产业体系依然面临产业建设中要素协同不畅、产业链核心竞争力不强、产业基础研发能力不足等制约和挑战。

（一）产业建设中要素协同不畅

产业发展需要要素的投入，要素协同是数实融合的前提条件。工业经济下的生产活动主要依靠土地、劳动力等传统要素，而数字经济背景下的数据作为新型生产要素，能够赋能其他生产要素，已融入生产、分配、流通、消费和社会服务管理等各环节，深刻改变着人们的生产方式和价值创造模式。虽然我国具有数据要素规模的优势，根据测算，预计到 2025 年我国产生的数据总量将达到 48.6ZB，约占全球数据总量的 27.8%，但是由于数据质量不高、数据价值低、数据要素共享与流通机制尚未形成等问题，我国多数产业仍处于数据应用的起步阶段，覆盖供应链、价值链、产业链的数据资源体系尚未构建，数据要素存在流通壁垒和协同不畅等问题，难以发挥其支撑重要管理决策的潜在价值，在促进产业科技要素集聚和转型升级中的实用性还不高。

（二）产业链核心竞争力不强

产业链和供应链是经济循环畅通的关键，也是构建新发展格局的重要物质基础。我国拥有全部工业门类，已形成规模庞大、配套齐全的完备产业体系，但产业层次较低、质量效益不高、环境污染严重、区域发展不平衡等问题也比较突出。“十四五”期间，为突破经济转型攻坚期，我国虽然不断深化供给侧结构性改革、持续推进产业转型升级和自主创新工作，但是工业总体上仍处于全球价值链的中低端，产业体系的质量和效率还难以满足高质量发展的要求，进一步提升产业链现代化水平还须解决一系列难题。面对开启全面建设社会主义现代化国家新征程的新要求，我国提升产业链现代化水平和竞争力的重要性日益凸显。

（三）产业基础研发能力不足

产业基础研发能力主要是指对产业发展至关重要的核心基础零部件、关键基础材料、先进基础工艺、工业基础软件、产业技术基础、创新环境等的关键支撑能力。目前，我国产业基础研发力量还比较薄弱，多数产业技术研发投入不足且较为分散，基础性技术积累不足，部分产业链的关键环节存在自主可控能力弱，核心零部件、关键材料和设备等长期依赖进口的情况，关键技术难免处于受制于人的被动局面。因此，如何提升我国现代化产业体系的基础能力，是决定国家产业竞争力的关键，也是保障国家经济安全的核心。

四、数实融合赋能现代化产业建设的政策建议

（一）完善数据基础制度建设，持续优化现代化产业发展环境

完善数据基础制度建设是事关国家发展和安全大局、释放数据要素红利、促进数字经济与实体经济融合发展的战略选择。习近平总书记在主持召开中央全面深化改革委员会第二十六次会议时强调：“要维护国家数据安全，保护个人信息和商业秘密，促进数据高效流通使用、赋能实体经济，统筹推进数据产权、流通交易、收益分配、安全治理，加快构建数据基础制度体系。”为我国建设数字中国、发展数字经济指明了方向。完善数据基础制度建设，重点在于兼顾发展与安全，助力数字基础设施更加广泛地融入人们的生产和生活中，营造良好的营商环境和现代产业发展生态，打造开放、公平、公正的数字治理体系，使数据要素更好地发挥增进民生福祉的作用。基于良好数据要素制度，围绕人工智能、高端装备制造、生命健康等重点行业发展需求，建设现代化产业公共服务平台，实现产业数据资源的动态整合和高度集成，支撑产业链企业开展研发创新、检验检测等核心业务，促进产业专业化、智能化、生产柔性化升级。

（二）提高产业基础能力和科技含量，提升我国在全球产业链中的竞争力

数实融合打通产业链和创新链，深化产业基础研发和产业链创新机制，培育支持以龙头企业为引领，产学研协作、产业链上下游协同的创新联合体。加大对企业基础研究投入的政策支持，鼓励中长期资本对产业链创新的投资支持，建立人才培养与产业链创新协同联动的机制。充分发挥数字技术和数据要素潜力，提升产业链的竞争力，一是变革制造业研发创新范式，在研发设计环节，基于数字孪生及人工智能等技术的设计仿真可通过避免重复进行物理原型测试并改进质量，降低产品设计研发成本；网络化组织与数据驱动极大地缩短创新周期、减少创新成本，甚至突破研发工程师现有的认知边界。二是变革生产方式，通过全面感知、机器视觉和智能分析等技术，实现大规模个性化定制的精准、自主、柔性生产。例如，围绕重点设备、质量、能耗等高价值生产环节，基于大数据分析，最大化挖掘能够进一步压缩成本的空间。三是优化资源组织方式，实现订单、产能、设计、金融等产业链资源的网络化集聚和动态优化配置。通过数实融合推动我国产业体系的研发创新、生产制造，以及资源组织的全方位变革，提高产业体系的科技附加值与国际竞争力，从而提升我国在全球产业链中的定价权。

（三）改善产业发展不平衡不充分问题，打造具有国际竞争力的数字产业集群

我国虽然已经建成世界上较完整的产业体系，但是产业发展中的不平衡不充分问题仍然存在，产业体系中人力、资本、技术、数据等要素有机组合的质量和效益仍亟待提高。以科技创新为依托，打造具有国际竞争力的数字产业集群，形成具有中国特色的数字与实体融合的现代化产业体系，或将从根本上解决这些问题。数字产业集群需要以市场为主导，以数实融合为依托，充分发挥市场在资源配置中的决定性作用，更好发挥政府作用，构建现代化基础设施体系，优化基础设施布局、结构、功能和系统集成，充分发挥现代化基础设施的共享协同作用，健全现代公共服务体系和营商环境，通过大数据等智能技术化解市场的不确定性，进而提升产业体系的发展韧性与创新能力。

（四）强化安全体系建设，创新政府与市场协同治理机制

现代化产业体系是融合各类高新技术的产业升级新形态，其安全体系建设尤为重要。需要树立新的安全管理理念，将安全体系建设融入现代产业规划、运营、管理全过程，充分考虑复杂环境、新技术集成存在的各类风险隐患，建立与之相适应的安全体系建设标准，针对不同产业特点制定全生命周期的安全管理规范和保障政策。以数字政府为抓手创新监管方式，秉承包容审慎的监管原则，保障各种所有制市场主体权利平等、机会平等和规则平等，通过制度激励更多企业主体承担社会责任，创新“政府+市场”的协同治理机制。政府应牵头整合公共数据资源，汇集政府数据、产业数据、企业数据，根据数据的重要程度和风险等级，对数据实施分类分级的差别化监管标准，建立健全数据共享制度、数据管理制度、数据有序开发利用制度和数据安全制度。

【作者简介】

洪永淼先生，中国科学院大学经济与管理学院院长，中国科学院特聘研究员，发展中国家科学院院士，世界计量经济学会会士，国际应用计量经济学会（IAAE）会士，教育部高等学校经济学类专业教学指导委员会副主任委员。曾入选东方网、美国侨报“中国留学生的 40 年”代表人物。

刘颖先生，中国科学院大学经济与管理学院院长助理、副教授。斯坦福大学访问学者，北京大学大数据分析与应用技术国家工程实验室技术委员会委员。

发挥交易所市场功能
推进科技和产业融合发展

上海证券交易所　　刘绍统

坚持创新在我国现代化建设全局中的核心地位，加快实施创新驱动发展战略，推动创新链、产业链、资金链、人才链深度融合，是实现科技自立自强的必然要求。要实现科技创新和产业发展，需要建设高质量资本市场，充分发挥资本市场枢纽作用，促进创新资本形成，激发市场主体创新创造活力，推进科技、产业、资本融合发展。上海证券交易所（以下简称“上交所”）按照党中央、国务院决策部署，在中国证监会的领导下，以设立科创板并试点注册制为引领，不断完善体制机制建设，为服务创新驱动发展战略，形成产业发展新格局提供重要支撑。

一、科技、产业、资本的融合发展

科技创新是推动产业升级、引领经济发展的引擎，是高质量发展的第一动力。科技创新成果产业化应用是科技转化为生产力的关键环节，建设现代化产业体系是推动高质量发展的必然要求。资本是产学研合作的桥梁，可以通过有效配置资源推动科技与产业发展。资本市场是推动科技、产业、资本高水平循环的重要环节。

科技创新是推动产业发展的第一动力。理论上，科技创新能够提升生产效率，推动形成高效的产业供给体系。实践中，科技创新能够推动工业革命，引发产业变革。牛顿力学体系的建立和蒸汽机的发明引发了第一次工业革命，将人类从铁器时代带入蒸汽时代，推动了棉纺织业、钢铁工业和交通运输业的诞生。电磁力的发现和电力的广泛应用带来了第二次工业革命，电力取代蒸汽动力成为机器大生产的主要动力，电力等行业接连出现，交通运输业快速升级。信息技术的发展开启了第三次工业革命，涌现出互联网、计算机、智能设备等新兴产业。当前，以大数据、人工智能等为代表的数字技术向经济社会各领域全面渗透，推动数字经济时代加速到来。

产业发展是推动科技创新转化为现实生产力的关键环节。科技创新成果产业化应用能够促进科技转化为生产力。原始科技创新如果只在自然科学范畴里不断论证，就无法转变为现实生产力。科技成果只有通过产业化落地，与现实生活相结合，才能在国民经济各个领域得到广泛应用，从而转化为现实生产力，推动人类发展。当前，新兴产业的快速发展进一步带动了原始科技创新。科技创新成果的产业化会形成具有一定经济规模的产品，带来丰厚回报，满足科技创新持续投入的资金需求，从而进一步催生新技术、新产业，形成科技与产业之间的良性互动。

资本是推动科技创新与产业发展的重要生产要素。科技创新始于技术，成于资本。科技创新企业的经济行为不同于成熟型产业，往往面临商业模式新、技术迭代快、投资风险大等诸多挑战，融资会受到较多约束。资本市场具有风险共担、利益共享的独特机制，更加适应创新企业的特性和内在需要，能够有效支持创新企业、激发创新活力。资本市场有效发挥优化资源配置功能，通过股权债权融资、并购重组等制度安排，将社会闲置资金高效转化为创新资本，精准匹配不同生命周期的科技创新企业的融资需求，助推科技创新企业做大做强，加速产业转型升级，实现产业链和资金链深度融合。同时，资本市场打通了风险资本“募投管退”的堵点，提升了风险资本的周转效率，更好地促进了创新资本的形成，畅通科技、资本与实体经济的高水平循环，推动形成资本市场服务科技创新和产业发展的良好生态。

二、运用多种金融工具服务科技创新的具体实践

近年来，上交所以设立科创板并试点注册制为引领，统筹推进股票、债券、基金、衍生品等市场建设，积极推动科技、产业、资本融合发展，全方位提升服务高水平科技自立自强的能力。

（一）积极支持科技创新企业股权融资

坚持主板、科创板双轮驱动，更好地支持科技自立自强。截至 2022 年年底，上交所共有上市公司 2169 家，市值超 46 万亿元，市值规模居全球交易所第三位；全年 IPO 筹资额达 3589 亿元，居全球第一位，有力地支持了实体企业的融资发展。

主板蓝筹市场积极助力国民经济转型发展。积极支持新经济企业上市融资，助力主板蓝筹企业实现创新发展，企业数量和融资规模不断上升。2022 年，沪市主板 IPO 企业中的“新蓝筹”（属于新一代信息技术、生物医药、高端装备、新能源、新材料和节能环保等新兴产业的企业）数量和融资额占比均超六成。股权融资渠道有力地促进了产业升级不断演进，持续提升主板公司的创新能力，带动产业向高端化、智能化方向升级，一批具有自主创新能力的龙头企业脱颖而出。目前，主板市场已经汇聚了一大批国之重器、行业龙头和细分领域冠军企业，涵盖国民经济主要支柱产业。信息技术、生物、新能源等领域一批企业的竞争力进入国际市场第一方阵，高铁、通信、航天装备、核电设备等关键领域实现突破。此外，工业机器人产业链、光伏产业链、动力电池产业链等也初显规模。

科创板服务“硬科技”企业发展成效初步显现。3 年多来，稳步推进科创板建设和注册制改革试点，在支持和服务科技创新方面取得了积极成效。坚守科创板“硬科技”定位，支持和鼓励“硬科技”企业上市。截至 2022 年年底，科创板共有上市公司 501 家，总市值达 5.8 万亿元，IPO 融资总额近 7600 亿元，占同期 A 股市场 IPO 融资总额的 40%以上。建立多元包容的发行上市制度，一大批在原有制度下无法登陆 A 股市场的“硬科技”企业成功登陆科创板，目前已有 46 家上市时未盈利企业、8 家特殊表决权架构企业、6 家红筹企业在科创板上市。科创板已成为我国“硬科技”企业上市首选地，产业集聚和板块示范效应逐步增强，已上市企业集中在高新技术产业和战略性新兴产业，覆盖了集成电路、生物医药、新能源、新材料等多个领域。科创板持续加大对先进制造业的服务力度，服务“制造强国”建设。目前，科创板共有 246 家国家级专精特新“小巨人”企业，分别占专精特新“小巨人”企业上市总数的 23%和注册制下专精特新“小巨人”企业上市总数的 62%；23 家科创板公司获评制造业“单项冠军示范企业”，24 家科创板公司产品获评制造业“单项冠军产品”。

（二）推进上市公司持续提升科技创新能力

持续优化再融资和并购重组制度，积极支持上市公司转型升级，推动上市公司持续提升科技创新能力。

推动主板公司转型升级。加大产业升级类并购重组支持力度，推动主板公司借助并购重组盘活存量资产、实现业务整合、促进转型升级。2016 年以来，沪市主板公司共披露重大资产重组方案 700 余单，涉及交易金额约 3 万亿元，其中产业类并购占比超七成，在智能制造、信息技术、新能源等领域实现创新突破，促进主板蓝筹企业提质增效。

打造高质量科创板公司群体。将提高上市公司质量作为科创板建设的重中之重。科创板公司上市后持续加大研发投入，加速推进自主创新，近 3 年研发支出年化增长率达 29%，年均研发投入强度约 13%，平均每家公司拥有发明专利 120 项，创新成果竞相涌现。持续完善再融资制度，畅通上市公司融资渠道，提高融资便利性。目前，共有 142 家次科创板公司推出再融资方案，合计拟募资约 2157 亿元。持续优化市场化并购重组制度，在并购重组条件及标准、股票发行价格、审核程序与时限等方面采取针对性措施，强调标的资产应当符合科创板定位且具有协同效应，11 家公司正在筹划或发布发行股份购买资产方案。建立灵活包容的股权激励制度，新增第二类限制性股票制度，大幅优化激励对象、规模和价格限制，提升股权激励机制灵活性与市场化程度。284 家科创板公司推出 373 单股权激励计划，覆盖员工超 7 万人，让人才“引得进、留得下、干得好”。

（三）大力支持科技创新债券融资

积极推动债券市场建设，加快推动产品创新，充分发挥债券市场支持科创企业融资的积极作用。

持续优化债券体制机制建设，提升市场服务水平。深入推进债券发行注册制改革，持续完善公司债券注册制配套制度。截至 2022 年年底，上交所债券市场托管量达 15.9 万亿元，占国内交易所市场的 80%以上；筹资额达 4.5 万亿元，为实体经济提供了有效支撑。同时，多措并举促进产业债投融资对接，提升市场服务水平。2022 年以来，中央国有企业、地方重点国有企业、民营企业累计发行产业类债券 8229 亿元，同比增长 5%，发行规模占上交所公司债券总发行规模的 25.5%，同比增长 2.1 个百分点。

积极推动债券产品创新，创新债融资规模不断扩大。推出创新创业公司债、低碳转型债、绿色债券等创新产品。截至 2022 年年底，共发行创新创业公司债 183 只，发行金额超 1500 亿元，其中科创债 88 只，发行金额超 1000 亿元，大力支持创新企业债券融资发展。扩大绿色债券发行规模，更好地满足绿色低碳产业融资需求，截至 2022 年年底，累计发行绿色债券 3400 多亿元，最新推出的低碳转型挂钩债券发行 239 亿元。

（四）着力打造科技创新投资生态

持续优化二级市场生态，积极引导创新资本投资科创企业，努力打造创新要素有序流动和高效循环的生态环境。

持续完善二级市场生态，充分发挥市场在创新发展中的引导作用。先后推出科创 50 指数及芯片、生物医药等一系列行业主题指数，以及科创 50ETF 等创新产品，引导长期投资、价值投资和理性投资，引导资金向创新产业聚集。目前，科创板已成为 A 股指数化程度最高的板块，指数基金的流通市值占比超 5%。专业机构持有科创板流通市值占比 45%，专业投资者交易占比接近 90%。外资机构持仓科创板股票流通市值近 1000 亿元，50 只科创板股票纳入富时罗素、MSCI、标普指数，12 只科创 50ETF 产品在境外多地上市。成功推出科创板做市商交易机制，14 家证券公司获得做市商资格，进一步提高了市场定价效率和流动性水平。

引导创投资本聚焦“硬科技”，促进资本良性循环。科创板的推出，激发了创投机构对于科技企业的投资热情，引导社会资本“投早、投小、投科技”，打通了创投在科技创新行业“募投管退”的全环节。约 97%的科创板公司在上市前获得了创投机构投资，平均每家获投约 9.3 亿元，较科创板推出前显著增长。科创板独有的询价转让制度，为创投退出提供了更多选择，实现了创投资本与机构投资者的有序“接力”。目前，已有 31 家科创板公司的 53 批股东完成询价转让，总成交额达 255 亿元，公募基金、QFII 等机构投资者是主要受让方，为创新资本高效循环提供了有益补充。

（五）积极推进高水平对外开放

主动融入开放潮流，以市场互联互通为抓手，广泛开展形式多样的国际合作，积极推进资本市场对外开放，为进一步实现资本市场高水平开放奠定坚实基础。

推进金融市场互联互通，实现“交易通、融资通、产品通”。在交易通方面，2014 年率先推出沪港通。目前，沪港通外资自开通以来净流入 1.7 万亿元，外资日均交易占比近 10%。在融资通方面，2019 年推出沪伦通，同年沪伦通西向业务通航，首只全球存托凭证（GDR）产品在伦敦证券交易所发行上市。2022 年，沪伦通进一步扩展为互联互通存托凭证制度，涵盖瑞士和德国。在产品通方面，2019 年以来成功推出中日 ETF 互通，开展中法跨境 ETF 合作，推出境内首只中韩合编指数产品——中韩半导体 ETF；拓展债券产品互通范围，境外发行人发行熊猫债券和“一带一路”债券累计超过 1000 亿元。

三、进一步支持科技创新的主要举措

在建设中国式现代化的新征程上，上交所将在中国证监会的领导下，以党的二十大精神为指引，贯彻新发展理念，抓住支持创新这个关键点，坚守科创板“硬科技”定位，突出主板大盘蓝筹特色，持续推进市场建设和体制机制改革，支持科创企业做强、做优、做大，不断提升服务高水平科技自立自强的能力和水平。

（一）把支持科技创新放在更加突出的位置

上交所将主动融入和服务国家战略，加强统筹协调与政策对接，加强与各方的沟通协作，更好地对接国家产业政策和重点支持领域，完善服务创新驱动发展战略的制度安排，推动更多符合国家战略需求的企业融资发展。同时，坚守科创板“硬科技”定位，提升服务科创企业能级。持续完善上市审核标准，不断优化“硬科技”企业筛选机制。深入推进“开门办审核”，进一步提高审核公开、透明、可预期水平。

（二）充分把握科技创新的特点和规律

科技创新的内涵广泛，并无行业界限，也无国际界限，任何细分领域、任何地方都可能产生创新技术突破。因此，需要不断完善资本市场制度和工具，拓宽服务科技创新的范畴，提升服务能力。科技创新是持续积累的过程，由 0 至 1 的原始创新并非常态，多数情况下科技创新是逐步迭代升级的过程。因此，资本市场需要不断完善再融资、并购重组等制度，大力支持传统行业转型升级。科技研发具有较高的不确定性，科技成果转化具有较长周期，技术和市场突破都具有较高风险。因此，资本市场需要充分发挥风险共担、利益共享的独特机制优势，适应创新企业特性和内在需要，激活发展动力，激发创新活力。

（三）大力提升上市公司创新能力和质量

持续发挥科创板改革试验田功能，提高人力、技术、资本等资源要素的创新研发效率。优化股权激励制度，助力上市公司吸引、留住、激励人才。完善再融资和并购重组相关制度，支持上市公司整合资源、提升核心竞争力，畅通科技、资本和实体经济的循环机制。持续强化上市公司主体责任意识，引导上市公司切实承担起信息披露、规范发展、提高质量的主体责任，推动提高上市公司治理水平，完善退市相关制度，进一步提高上市公司质量。

（四）强化科技创新风险管理，健全风险预防预警处置全过程制度体系

提高事前全面监测能力，跟踪前沿技术和行业发展动态，做好科技创新风险识别，加强风险预研预判。提升事中风险揭示效率，持续优化信息披露制度，发现风险时第一时间启动风险提示程序，及时披露科技创新风险。完善事后处置机制，及时采取针对性措施，保护投资者合法权益，全力维护资本市场平稳健康发展。

【作者简介】

刘绍统先生，中国金融期货交易所副总经理，曾任上海证券交易所副总经理，长期从事交易所债券市场、股票市场、期货市场建设，对发挥资本市场功能、服务实体经济和科技创新有着丰富的经验，2017 年被评为“沪上金融行业领军人物”。

聚焦新经济三大领域　培育壮大增长新动能

深圳证券交易所　　唐　瑞

在加快实现产业体系升级发展的进程中，先进制造、数字经济、绿色低碳三大领域是关键赛道。深圳证券交易所（以下简称“深交所”）深入分析全球科技革命、产业变革的一般规律与中国特色国情，立足本所优势，提出“坚持服务科技创新，聚焦先进制造、数字经济、绿色低碳三大领域”的战略定位，有针对性地推出优化市场培育与企业准入机制、完善企业持续成长制度、打造优胜劣汰良性循环生态等系列举措，着力培育一批世界一流的成长型、创新型企业，不断壮大经济增长新动能。

一、三大领域是新经济关键赛道

历史上，每一轮科技革命及产业变革都会驱动人类社会的物质能源结构、信息交换机制及生产生活方式等发生巨大变化，并创造出该时代的新兴主导产业，进而改变世界政治经济格局，决定国家兴衰成败。业已发生的蒸汽机革命、电力和内燃机革命、信息技术革命，分别产生了纺织业、汽车、计算机等主导产业。当前新一轮科技革命，正在以新一代信息技术的加速突破及其与制造业、服务业等的深度融合为主导，叠加数据成为新型生产要素，清洁能源技术带来全方位能源革命，推动生产生活方式向智能化、数字化、绿色化跃迁。由此，先进制造、数字经济、绿色低碳三大领域成为当今时代新经济、新产业的关键赛道，在新经济、新产业中具有先导性和支柱性作用，创新活动最活跃，创新溢出效应最强，是新一轮国际科技竞争的主战场，是壮大国家战略博弈力量的关键。

当前，全球新一轮科技革命和产业变革与我国转型发展形成历史性交汇。

结合我国制造大国、能源大国及具有超大规模市场等的发展特征及优势，以三大领域为突破口，占领新兴主导产业制高点，将成为我国经济实现突破性、跃升式发展的重要机遇。

第一，先进制造是发展实体经济和推进新型工业化的重要方向。工业是实体经济的核心，是国家经济的命脉。改革开放以来，我国以工业年均10.3%的增速带动了GDP年均9.2%的增速，当前500多种主要工业品中，超过四成产品的产量位居世界第一，制造业增加值位居世界第一，占全球比重由22.5%提高到30.0%。新冠疫情期间，工业生产率先复苏，展现了强大活力和韧性，尤其是高技术制造业，无论是产值还是投资都呈现逆势增长的强劲势头。我们也要看到，我国工业发展还存在大而不强、全而不优的问题，部分关键领域还受制于人。为此，要加快提升产业基础高级化、产业链现代化水平，着力发展高端制造、智能制造等先进制造业，走出一条科技含量高、经济效益好、资源消耗低、环境污染少、人力资源优势能得到充分发挥的新型工业化道路。

第二，数字经济是引领经济高质量发展的新引擎。数字化发展浪潮已席卷全球，是本轮科技革命和产业变革的重点突破方向。数字经济具有高创新性、强渗透性、广覆盖性，既是新的经济增长点，也是改造和提升传统产业的战略支点。新时代十年，我国数字经济取得了举世瞩目的发展成就，总体规模连续多年位居世界第二，占GDP的比重由接近20%提升至40%。在数字产业化方面，已建成220多万个5G基站，全国所有地级市和县域城区实现了全覆盖。在产业数字化方面，工业企业关键工序数控化率、数字化研发设计工具普及率分别达55.7%、75.1%，比2012年分别提升31.1个百分点和26.3个百分点。我们也要看到，我国数字经济还存在关键领域自主创新能力不足、产业数字化转型深度不够等问题。立足我国超大规模市场，有效发挥用户数量、数据资源、应用场景等全方位优势，加快数字技术、数字经济发展步伐，促进数字技术和实体经济深度融合，未来还将催生更大规模、更加多元、更具活力的新产业、新业态、新模式。

第三，绿色低碳是未来生产和生活方式的普遍形态。绿色是高质量发展的底色，形成绿色生产和生活方式是经济社会可持续发展的必要条件。新时代十年，通过政策引导和科技创新，我国绿色、循环、低碳发展迈出坚实步伐。2013—2021年，我国以年均3%的能源消费增长支撑了年均6.6%的GDP增速，能源消费强度在9年里下降了26.2%，相当于少排放近30亿吨二氧化碳。绿色低碳产业积累了先发优势，水电、风电、光伏、生物质发电装机均位居世界第一，新能源汽车 2022 年的产销量双双翻番，均位居世界第一，锂电池出货量占全球市场的六成。在实现人与自然和谐共生的中国式现代化进程中，我国生产和生活方式将迎来广泛而深刻的变革，绿色低碳相关产业拥有广阔前景。

二、深交所服务三大领域取得显著成绩

深交所长期深耕先进制造、数字经济和绿色低碳三大领域，截至 2022 年三季度（下同），已聚集 1139 家三大领域上市公司，约占深市公司总数的 42.3%，形成电子通信、生物医药、新能源汽车等多个有代表性的优势产业集群。

第一，先进制造上市公司面广质优，夯实“制造强国”发展基石。深市共有先进制造上市公司 450 家，市值合计 6.0 万亿元[1]，约占深市公司总数和市值总量的 16.7%和 18.7%。从细分产业看，深市先进制造上市公司包括新一代信息技术、高端装备、新能源设备、新能源汽车储能与动能装置、新材料、生物科技 6 个产业大类和 25 个产业次类（见图 1）。深市先进制造上市公司盈利能力强、研发投入高，近 3 年营业收入复合增长率为 10.5%[2]；净利润复合增长率为 15.5%，比深市总体水平高 7.5 个百分点；平均研发投入为 1.8 亿元，是深市总体水平的 1.3 倍；平均研发强度为 4.1%，较深市总体水平高 1.2 个百分点。

第二，数字经济上市公司持续创新突破，筑牢“数字中国”发展底座。深市共有数字经济上市公司 402 家，市值合计 5.0 万亿元，约占深市公司总数和市值总量的比例分别为 14.9%、15.6%。从细分产业看，深市数字经济上市公司包括基础层、服务层、应用层 3 个产业大类（见图 2）。其中，基础层包括半导体、网络与通信、物联网硬件、人工智能、数字终端 5 个产业次类，服务层包括大数据、物联网、云科技 3 个产业次类，应用层包括数字民生、数字金融、数字城市、数字政务、工业互联网 5 个产业次类。深市数字经济上市公司不断加码研发投入，夯实发展基础，近 3 年营业收入复合增长率为 11.9%；净利润复合增长率为 6.5%；平均研发投入为 2.2 亿元，是深市总体水平的 1.6 倍；平均研发强度达 7.0%，较深市总体水平高 4.1 个百分点。

1 市值取 2022 年 12 月 30 日收盘价计算而成，其余数据同理。

2 由于写作时数据更新到 2022 年三季报，故近 3 年复合增长率由 2020—2022 年各年的三季报数据计算而成，其余数据同理。

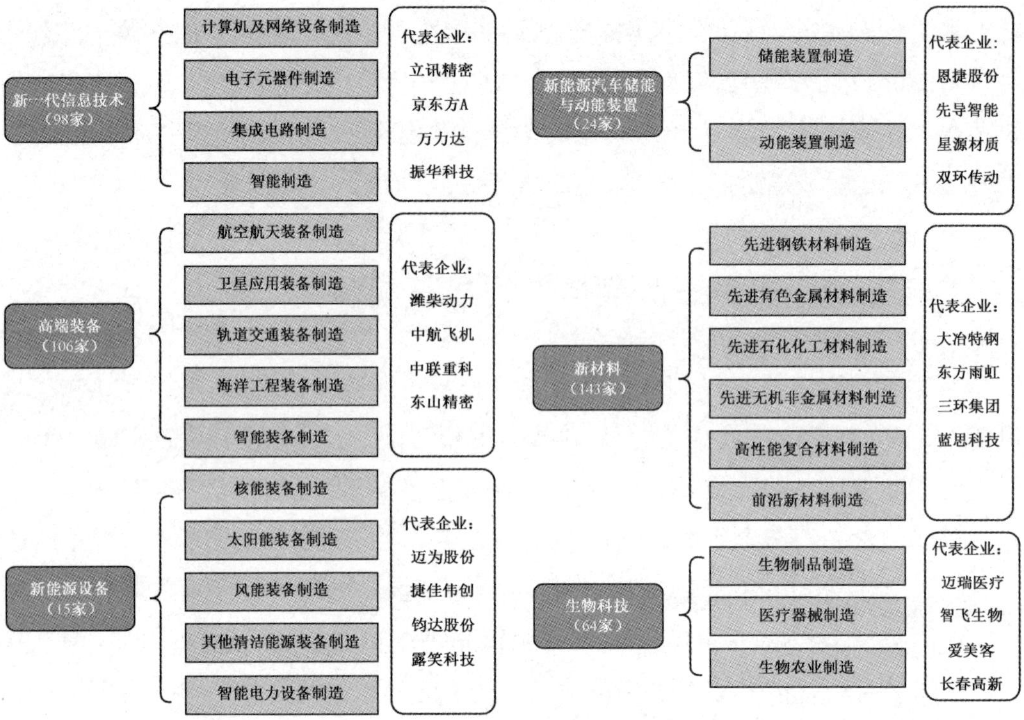

图1　深市先进制造上市公司的细分行业分布情况

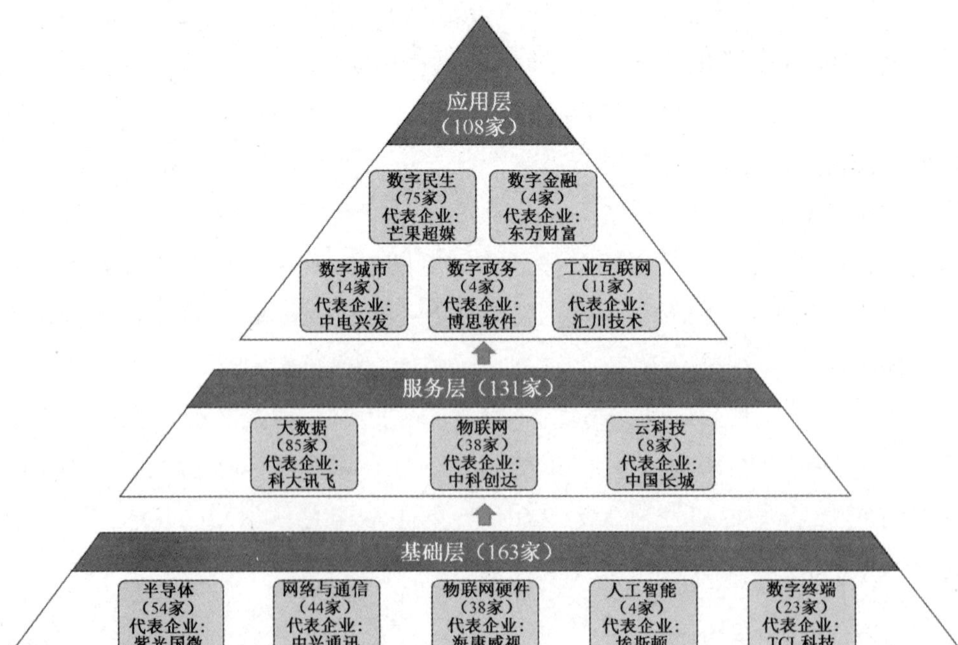

图2　深市数字经济上市公司的细分行业分布情况

第三，绿色低碳上市公司初具规模与特色，壮大“碳达峰碳中和”战略力量。深市共有绿色低碳上市公司 287 家，市值合计 5.7 万亿元，占深市公司总数和市值总量的比例分别约为 10.6%和 17.8%。从细分产业看，深市低碳上市公司包括节能环保、新能源、新能源汽车 3 个产业大类（见图 3）。其中，节能环保包括环保装备、环保材料、环保工程、资源回收及循环再利用 4 个产业次类，新能源包括风电、太阳能、生物质发电、水电、核电、其他清洁能源、智能电网 7 个产业次类，新能源汽车包括新能源汽车整车制造、新能源汽车零部件、其他相关服务 3 个产业次类。近 3 年，深市绿色低碳上市公司的营业收入和净利润复合增长率分别为 20.6%和 28.0%，均高于深市总体水平；平均研发投入为 2.14 亿元，约为深市总体水平的 1.5 倍；平均研发强度为 3.5%，较深市总体水平高 0.6 个百分点。

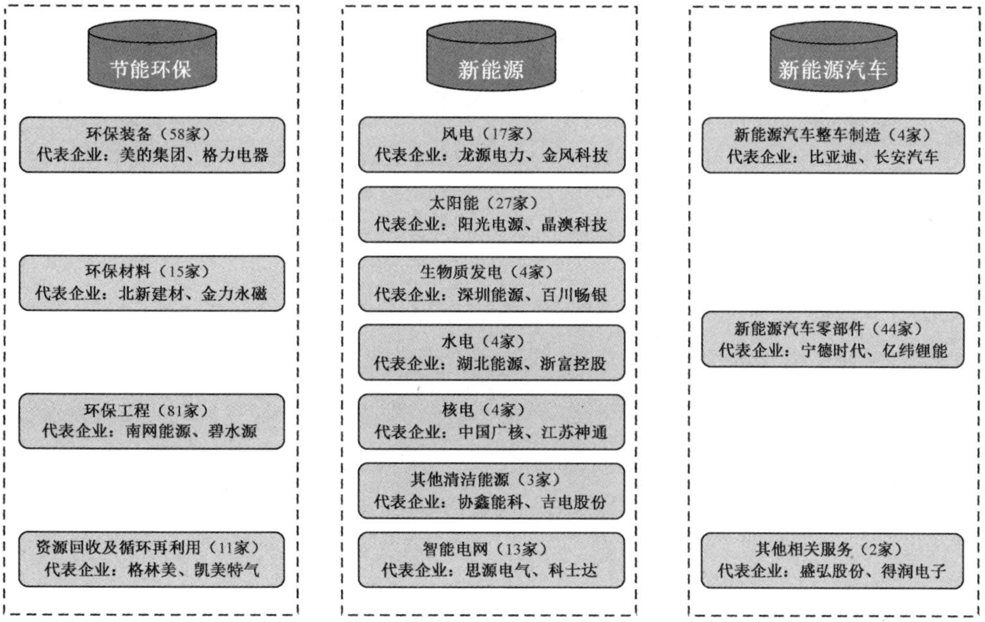

图 3　深市绿色低碳上市公司的细分行业分布情况

除了培育出高质量上市公司群体，深交所还着力打造匹配三大领域投融资需求的产品体系。在债券方面，截至 2022 年年底，深交所累计发行 75 只、581 亿元绿色公司债券，以及 21 只、269 亿元绿色 ABS，募集资金主要用于清洁能源、生物质发电、环境治理等领域。在指数方面，深交所全资子公司深圳证券信息有限公司已推出 2 只先进制造领域指数（深证高端装备制造指数、创业板创新药与创新医疗器械指数）、3 只数字经济领域指数（深证数字经济指数、创业板数字经济指数、创业板新一代信息技术指数），以及 32 只绿色低碳领域指数，涵盖环保、责任、治理等 ESG 主题，助力深市碳中和 ETF、低碳 ETF 及 ESG ETF 等多只产品落地。

三、进一步打造支持三大领域企业持续发展的新高地

深交所在服务三大领域、利用资本市场做优做强做大上取得了积极成效，积累了丰富经验。当前，习近平总书记指出要加快建设现代化产业体系，这对我们提出了新任务、新要求。一是进一步提高培育服务的精准性，扩大服务覆盖面。例如，数字经济领域涌现出大量新模式企业，亟须提供更具包容性的资本市场服务。二是进一步完善促进企业持续成长的制度机制。例如，制造业企业转型升级需要利用再融资、并购重组、股权激励等多种资本市场工具，须提高相关制度机制的灵活性和适应性。三是进一步提升产品体系与创新企业特征的契合度。例如，深交所近年来相继推出科技创新债、碳中和专项债等创新产品，取得了较好成效，相关经验做法值得推广。四是进一步支持企业用好国内国际两个市场。例如，新能源企业及新能源汽车企业开拓境外业务的需求激增，资本市场需要进一步畅通和拓宽企业境外上市融资渠道。

深交所将在证监会的统一领导下，乘资本市场全面深化改革东风，找准服务三大领域的有效需求，着力完善培育体系、制度体系、产品体系，不断深化高水平制度型双向开放，积极引导社会资本向三大领域聚集，促进投融资两端协同发展，为现代化产业体系建设提供更有力的支持和服务。

一是延伸服务链条，深入挖掘和培育三大领域优质企业。高质量建设知识产权与科技成果产权交易中心，向前畅通成果转化通道，促进中早期投融资对接。迭代升级“科融通”“培育通”“报辅通”“成长通”等平台，在各平台形成合力，畅通企业全生命周期，利用资本市场路径。强化科技赋能，着力提高三大领域各发展阶段企业特征识别度和优质企业挖掘精准度，提升中小型、早中期企业服务质效。

二是完善关键制度，促进三大领域上市公司持续发展壮大。全面实行股票发行注册制改革，聚焦三大领域，发挥指导性案例的作用，推动制定更有针对性、更加精细化的企业评价标准、信息披露指引和审核工作机制，打造高成长、

高创新企业优选上市地。推动形成更具适应性的并购重组、再融资等业务规则，完善符合科技创新企业要求、更加灵活的股权激励制度和员工持股制度，支持上市公司带动产业链上下游融通创新发展。

三是加快投资端建设，健全支持三大领域发展的产品体系和制度机制。持续推广科技创新债、绿色债券等创新产品，大力发展 REITs 产品。推出深证先进制造指数、深证数字经济指数、深证绿色低碳指数等系列指数，研究探索绿色债券评级及开发绿色债券指数，着力打造三大领域指数群，丰富三大领域权益类 ETF 产品。稳步完善符合创新市场特点的交易制度，发展多样化风险管理工具。

四是推进高水平双向开放，助力三大领域企业用好国内国际两个市场。不断优化深港通机制，支持三大领域符合条件的公司纳入互通标的。拓展存托凭证互联互通业务，为企业境外融资提供常态化服务。探索与境外机构合作开发深市特色指数，推动相关产品开发和境外挂牌。积极参与国际可持续金融标准制定，以制度话语权增强市场竞争力和吸引力。

【作者简介】

唐瑞女士，深圳证券交易所党委委员、副总经理。先后就职于原深圳证券登记公司（现中国证券登记结算有限责任公司深圳分公司）、深圳证券交易所，长期从事证券市场一线监管、交易所金融产品发展等工作。

高质量建设发展北交所　助力中小企业科技创新

北京证券交易所　　李永春

2022 年，是党和国家历史上极为重要的一年，党的二十大胜利召开，描绘了以中国式现代化全面推进中华民族伟大复兴的宏伟蓝图。北京证券交易所（以下简称“北交所”）自开市以来，坚持以习近平新时代中国特色社会主义思想为指引，深入学习宣传贯彻党的二十大精神，深刻认识打造服务创新型中小企业主阵地的历史使命，在建设中国特色现代资本市场的总体布局下，坚守定位、突出特色，系统研究推进关键制度创新，着力提升北交所市场活力和投融资功能，努力打造有品牌影响力的一流交易所，提升资本市场支持民营经济和中小企业发展、助力科技创新的能力和水平。

一、资本市场对支持中小企业科技创新能够发挥重要作用

党的二十大报告提出，必须坚持科技是第一生产力、人才是第一资源、创新是第一动力。加快实施创新驱动发展战略，加快推进高水平科技自立自强，开辟新领域、新赛道，塑造发展新动能、新优势。作为经济发展的进阶形态，新经济以高新技术、知识经济为代表，以新技术、新产品、新模式满足市场需求为核心，以高技术产业为支柱，通过新技术的应用重塑生产关系，通过数字赋能有效改变产业模式，正在成为推动经济发展质量变革、效率变革和动力变革的关键因素。

作为最活跃的市场创新主体，中小企业贡献了我国 70%以上的技术创新，也是新经济中最具代表性的群体。由于中小企业在科技创新过程中，创新成果产出和自身经营具有一定不确定性，而资本市场可通过存量交易实现价格发现和风险管理，引导市场化资源配置，通过增量交易促进资本形成，满足中小企

业资本性融资需求，因此资本市场的本质特征与中小企业的发展特点高度契合，能够有效支持企业创新，激发创新活力。近年来，随着创新驱动发展战略的深入实施，在我国经济结构转型升级的背景下，需要进一步准确把握中小企业科技创新对资本市场的需求，具体体现为“四个更加”。

一是更加依赖直接融资。在传统工业时代，企业资金来源主要依靠利润留存的内源性融资或银行贷款的间接融资，而中小企业在寻求技术突破和转型升级的过程中，需要大量的资金投入，同时也会面临创业失败、经营不稳定和收益不确定的风险，因此具有较强容错能力和风险承受能力的直接融资，可以更好地支持创业阶段、成长阶段的中小企业科技创新。二是更加需要提升市场包容度。创新型中小企业“轻资产、高科技、快发展”的特点更加突出，需要资本市场丰富创新评价维度，设置多元化上市标准，支持不同类型的中小企业获得上市融资的机会，提升创新资本形成的规模和活力。三是更加关注定价的公允性和有效性。中小企业所处领域相对细分、可比对象少，在资本循环过程中的定价依据相对不足，需要资本市场通过交易形成公允有效的市场定价，降低信息搜集和交易谈判成本，并为企业融资、并购重组交易价格提供重要参考，提高中小企业科技创新的资源利用效率。四是更加重视激发技术创新人员的创业热情。人才是创新的关键要素，不同于传统企业，中小企业依托于核心技术、知识产权的轻资产属性明显，对创始人和团队的依赖度更高。资本市场的股权激励制度可以将员工利益与企业未来收益相融合，不仅能够充分激发企业的创新活力，又能够减轻创新企业的薪酬支付压力，是中小企业吸引人才、维持创始团队和核心技术人员稳定的重要工具，让企业始终保持核心竞争力。

二、服务中小企业科技创新是北交所的使命责任

北交所是资本市场支持中小企业科技创新的一次全新探索，肩负着打造服务创新型中小企业主阵地的重要使命，围绕企业创新的切实需求形成全链条、全方位制度体系，助力实现技术、人才、资本的高效循环。北交所设立一年多来，坚持以市场规模建设为中心，统筹推进市场功能强化、产品体系完善等各项工作，服务中小企业科技创新取得了阶段性成果。

一是坚持错位发展，服务中小企业、支持“专精特新”的聚集效应逐渐形成。针对中小企业形态复杂多样、成长周期较长、不确定性较高等特点，北交

所设置了四套并行的上市标准，关注盈利能力、成长性、市场认可度、研发能力等方面，兼顾不同类型、不同特征企业。坚持以信息披露为中心，建立了协同高效、透明可预期的审核机制，大力加强在地化、管家式服务，企业受理至过会平均约 133 天，最短耗时 37 天。截至 2022 年年底，北交所上市公司达 162 家，较开市时翻了一番。其中，中小企业占比超八成、专精特新“小巨人”企业占比超四成、高新技术企业占比超九成，部分公司突破“卡脖子”技术，实现进口替代或拥有国际领先的技术专利。科创板服务“硬科技”、创业板服务“三创四新”、北交所服务“专精特新”的错位发展格局初步形成。

二是强化资源配置功能，助力企业扩大资本规模、实现价值发现和稳定聚集人才。支持中小企业科技创新的关键是畅通资本市场配置资源的渠道，提高创新资本形成效率。在融资端，北交所发行制度灵活多元，允许公开发行、定向发行、授权发行、储架发行、自办发行，既可支持企业大额高效融资，又可支持小额灵活融资。在投资端，匹配竞价交易、大宗交易、协议转让等多种交易方式，提供混合做市、融资融券业务，推出北证 50 指数，为进一步优化市场博弈机制、形成创新类中小市值股票合理定价奠定基础。在激励端，允许将股权激励的股票总量上限设置在 30%，并在总量前提下对单人激励比例不设限制，给企业创造了充分利用人才智慧的条件。截至 2022 年年底，北交所公开发行融资累计 379 亿元，平均每家公司融资约 2 亿元，为企业持续科技创新提供了源头活水。合格投资者超 526 万户，公募基金、社保基金、QFII 等均已入场，“投早投小投新”生态逐步形成。超 30 家上市公司实施股权激励，激励计划覆盖 2300 余人，为企业留住人才，促进管理层、技术人才和资本所有者形成利益共同体发挥了积极作用。

三是深化多层次市场互联互通，全链条服务中小企业成长壮大，畅通风险投资循环。从北交所开市以来，私募创投机构作为战略投资者参与了近 90 家企业发行上市，新申请挂牌公司中 35%的企业有私募创投持股。累计 800 余家区域性股权市场企业到新三板挂牌，推动形成了“创投基金和股权投资基金—区域性股权市场—新三板—交易所”的全链条融资服务体系。

三、持续提升北交所支持中小企业科技创新的能力

作为新时代成立的证券交易所，社会各方对北交所的发展给予了较高预期。

随着北交所的顺利开市和平稳运行，也对其发挥市场功能提出了更高要求。党的二十大报告对提高直接融资比重、支持中小微企业发展等提出了明确要求，这为北交所的创新发展指明了方向。下一步，北交所将坚持开门办市场，深刻理解和把握中小企业的资本市场需求，深入了解投资人和市场中介的核心关切，从投融两端协同发力，集市场各方资源，更好地支持中小企业科技创新，更好地服务新经济发展，助力高水平科技自立自强。

一是扎实推进高质量扩容，提升对中小企业科技创新的包容度和适应性。北交所仍处于规模建设起步期，体现市场风格特色的标杆企业较少，尚未形成板块聚集效应，高质量扩容仍是市场建设的“牛鼻子”工程。北交所将聚焦“科技”“中小”“民营”三个关键，加大市场服务力度，优化上市审核机制，在思维方式、审核理念上进一步提升对创新风险的包容度，吸引和培育一批具备一定规模、行业赛道好、创新属性优的优质上市公司。聚焦“专精特新”，加强对数字经济、先进制造、低碳环保、新能源等领域企业的精准服务。

二是着力改善市场流动性水平，提高估值定价能力。只有资本市场定价合理高效，才能把优质资源合理引导到实体经济最需要的领域。北交所当前的估值和流动性水平对优质企业和投资者的吸引力还不足，需要进一步完善投资交易相关制度，促进一、二级市场平稳协调发展。在融资端加强对发行承销工作的组织管理，提升发行定价效率，促进一、二级市场均衡发展；在制度端加大交易制度供给，推动北交所做市商资质扩容，扩大融资融券标的覆盖度；投资端针对性地开展投资者动员，持续做好走近投资者品牌活动，引入更多适配北交所投资风险的增量群体，激励市场机构加大对中小市值股票的配置，促进交投活跃。

三是完善创新企业服务体系，支持上市公司做优做强。北交所既要有好企业来，也要让企业发展好，其中一个关键是要塑造创新友好型的市场服务体系，为企业提供全链条、全过程服务，推动创新链与资本链有机融合。北交所将坚持服务兴市，研究制订提升服务质量行动计划，聚焦企业创新所需所盼，提升服务的精准度和直达力，做市场的“贴心人”。实施《推动提高北交所上市公司质量三年行动方案（2022—2025）》，支持上市公司规范治理、聚焦主业、整合资源，加强投资者关系管理，培育一批企业发展壮大，发挥对中小企业创新发展的示范引领作用。

四是凝聚形成各方支持合力，推动形成更好服务中小企业科技创新的市场生态。要破解资本市场支持中小企业科技创新的“难题”，不能单靠商业逻辑、利益驱动，还要注重发挥社会各方的作用，针对市场发展的特定阶段，强化沟通引导，贯彻普惠金融政策导向，共同营造良性生态。北交所将进一步推动行业内机构发挥带头作用，持续完善激励约束机制，引导证券公司、公募基金等加强对中小企业科技创新的关注力度、服务力度和投资力度。增强与科技、产业、财税等各方面政策协同，引导资本、人才等创新要素向中小企业、初创企业聚集，向科技研发、成果转化早期延伸，创造有利于中小企业科技创新的更加公开、透明、可预期的政策环境。

【作者简介】

李永春先生，北京证券交易所副总经理，全国中小企业股份转让系统有限责任公司党委委员、副总经理。曾就职于中国证监会办公厅。深度参与新三板和北交所市场建设等工作。

数据交易的基本理论与法治实践

上海市锦天城律师事务所　顾功耘　孙一杰

2020年4月，《中共中央 国务院关于构建更加完善的要素市场化配置体制机制的意见》发布，提出要“加快培育数据要素市场”。2022年12月，《中共中央 国务院关于构建数据基础制度更好发挥数据要素作用的意见》发布，提出要“充分认识和把握数据产权、流通、交易、使用、分配、治理、安全等基本规律，探索有利于数据安全保护、有效利用、合规流通的产权制度和市场体系，完善数据要素市场体制机制，在实践中完善，在探索中发展，促进形成与数字生产力相适应的新型生产关系”。数据交易、数据产业已成为新经济体系中备受瞩目的重要模块。

数据是信息通信技术的底层驱动力之一，扮演着“生产要素”和“战略资源”的双重角色，[1]我国亟须搭建更优化的数据交易运行架构，在适配算力资源发展的基础上，推进数据交易的顺畅运营，护航数据资源的高效利用，推进数字产业的可持续发展，回应数字时代的法律关系需求。

一、数据交易的基本法理

（一）可交易数据的基本特征

比尔·施马佐的数据经济定律认为，“重要的不是数据本身，从有关客户、产品和运营的数据中收集的趋势、模式和关系才是有价值的”。因此，面对信息化时代产生的大量数据，其“可交易”的价值并非数据本身，而是在将原始数据预处理后，嵌入生产活动、并转化为生产力的“数据可用性”。从这一视角出发，可交易的数据具备客观性、可机读性、质量标准三个基本特征。

1. 客观性

根据《中华人民共和国数据安全法》中对数据的定义，数据是指任何以电子或者其他方式对信息的记录。数据是对客观事物存在、发展、消灭、运行过程的一种形式转化，再通过其“量”上的规模性或“质”上的关键性被分析、加工，从而满足数据买方的特定目标。这一过程实现了数据与描述对象的分离，使其成为可供处理的数据，再经过进一步分类、汇集等预处理，基于不同的目的进行选择性提取、组织和汇集，从而形成数据集。数据在进入交易环节之前，应是对不同对象、不同属性的客观记录，而分析加工后的数据（如行业研究报告、产业分析研究等），则应纳入著作权的保护范畴——数据的客观性是其可交易的前提，而非经数据处理者基于主观意愿和特定目的而予以加工并产生分析结论的数据集合。

2. 可机读性

面对数据智能时代的数据交易需求，只有具备“可机读性”的数据，才能被软件应用程序识别、提取，进行组合和存储，实现数据元素的交易化。当可机读数据支撑的数据智能成为愈加重要的知识产生方式时，数据的价值就集中体现在支撑机器学习、进行知识生产或辅助决策行动的“可机读性”上。[2]例如，就当前爆火的 AIGC 和 ChatGPT 概念而言，其持续发展的动力在于“数据推动、算法推动、算力推动”的综合作用，只有具备“可机读性”的数据才能成为这一人工智能时代的机器学习支撑。

3. 质量标准

客观的可机读数据具备可被使用的基本质素，但其具体效果如何，则取决于其是否满足相应质量标准。事实上，虽然许多机构掌握了丰富的数据，但这些数据不可避免地存在结构不统一、类型不准确、真实性存疑等质量问题，从而导致大量数据无法被有效利用，甚至产生不真实的分析结论。其根本原因在于，大数据本身存在的多源异构性使得不同的异构来源生成的大量非结构化数据本身就需要治理才可被使用。[1]这大大降低了数据的使用效率。因此，只有数据满足了一定的质量标准，才能具备可交易资格。

（二）数据交易主体——政府、企业及个人

数据要素权益主体相互关系如表 1 所示。

表 1 数据要素权益主体相互关系 [1]

	个人	企业	政府
个人	以信息传递为主	保障个人信息权益	保障个人信息权益
企业	以收集数据为主	数据共享、数据交易	提供数据、请求开放数据
政府	收集数据、数据开放	收集数据、委托处理、数据开放	数据共享

要确认数据交易主体，需要将数据交易主体置于数据流通的不同阶段和不同场景进行分析。个人与其他相对方的互动以信息传递、个人信息权益保障为主，其利益诉求通常体现在限制企业使用其个人信息、要求政府部门更正其个人信息等方面；[3]企业与其他主体之间的数据法律关系类型多样，包括数据的收集、交易及共享等多种形式。企业通过向用户提供服务作为对价，获取大量用户的个人信息，一方面用于指导企业战略目标的制定与实现，另一方面作为数据资源与其他企业进行交互，从而实现数据增值；政府与其他主体之间的数据法律关系以数据开放、数据共享为主，在履行职责的过程中收集个人信息或获取企业数据，并基于公共服务、政府管理等特定目的对数据进行梳理汇总，形成公共数据资源，或委托数据处理公司整合、分析、利用数据资源等。[4]政府间的数据法律关系则更多体现在各部门间的数据共享上，以数据驱动国家治理能力现代化建设。

（三）数据交易客体——可转让的数据权益

当前立法中尚未将数据权利作为法定权利进行固定，转而从将数据作为一种新型利益的角度予以规制，由此，以“数据权益”作为交易客体进行表述更具统摄性和适当性。[2]就目前来看，学界及实务界主要从数据用益权、数据竞争性权益和数据知识产权等角度对其内涵展开探讨。

1. 数据用益权

在信息时代，数据用益权制度的基本架构为数据交易客体扩展至数据提供了基础，包括对物进行全面支配的占有、使用、收益、处分等在内的所有权，由

1 数据来源：中国信息通信研究院。

2 参见中国信息通信研究院政策与经济研究所、中国网络空间研究院信息化研究所、北京市金杜律师事务所于 2022 年 7 月发布的《数据治理研究报告——数据要素权益配置路径》。

此构成数据用益权的源权利；数据用益权可分享所有权的使用和收益等内容。将这一思想扩展至数据领域便意味着，数据用益权制度特有的“所有权—用益权”二元结构，能够让数据权益在原发者和处理者之间形成合理的分配。[5]与一般财产权的权能相类似，数据用益权同样包括积极权能和消极权能两方面。其积极权能体现在为权利主体创造价值的功能上，包括数据控制权、开发权、许可权、转让权等类型权利；其消极权能则体现在对他人侵害的排除上，主要是免受他人干涉、窃取和破坏的安全权利。

2．数据竞争性权益

数据竞争性权益是指数据所有人/数据处理者享有的对第三方的限制性权益。[6]2022 年 11 月，市场监管总局发布的《中华人民共和国反不正当竞争法（修订草案征求意见稿）》第十八条规定，经营者不得以盗窃、胁迫、欺诈、电子侵入等方式，破坏技术管理措施，不正当获取其他经营者的商业数据，不合理地增加其他经营者的运营成本、影响其他经营者的正常经营；不得违反约定或者合理、正当的数据抓取协议，获取和使用他人商业数据，并足以实质性替代其他经营者提供的相关产品或者服务；也不得披露、转让或者使用以不正当手段获取的其他经营者的商业数据，并足以实质性替代其他经营者提供的相关产品或者服务。这些数据既包括企业自行产生的商业数据，也包括作为数据交易主体的企业在经营过程中收集的数据集合，该文件体现了明确并保障数据竞争性权益的立法倾向。

3．数据知识产权

“数据资源”的性质决定了其可采用类比著作权的保护模式和方法，区别在于著作权保护的是著作权人发挥主观能动性所产出的文学、艺术及科学作品，是对人的精神成果的保护；数据权益则侧重于对客观数据集合的保护。以知识产权的思路对数据进行保护，可追溯至 1996 年欧盟通过的《数据库法律保护指令》（*Directive on the Legal Protection of Database*），根据其规定，对于原创型数据库，给予完全保护；对于非原创型数据库，则给予更为宽松的保护。我国《“十四五”国家知识产权保护和运用规划》也提出，“研究构建数据知识产权保护规则”“完善开源知识产权和法律体系”“完善知识产权法律政策体系”。

二、数据产业的法治现状

（一）数据产权立法与政策扶持

《中华人民共和国数据安全法》提出："国家建立健全数据交易管理制度，规范数据交易行为，培育数据交易市场。"与《中华人民共和国网络安全法》《中华人民共和国个人信息保护法》一起，框定国家安全、商业机密、个人隐私"三条红线"，并行成为数据保护的"三驾马车"，从而对数据交易市场的创设、运营和维度在立法上予以规范与指引。

数据交易的政策驱动大体可分为以下两个阶段。

第一阶段为数据交易的"酝酿阶段"。在 2014 年 3 月"大数据"首次写入政府工作报告之后，数据价值逐渐得到重视。2016 年 3 月，《中华人民共和国国民经济和社会发展第十三个五年规划纲要》发布，提出"实施国家大数据战略"，并于同年印发《大数据产业发展规划（2016—2020 年）》，用于指导产业实践。截至 2019 年 3 月，大数据连续 6 年被写入政府工作报告。国家大数据战略的实施以及对于数据应用产业的政策扶持，极大地推动了数据资源"质"与"量"的提升，为数据交易实践创造了前提条件。

第二阶段为数据交易的"落地阶段"。党的十九届四中全会首次增列数据为生产要素，要求建立由市场评价贡献、按贡献决定报酬的机制；2020 年 5 月，《中共中央 国务院关于新时代加快完善社会主义市场经济体制的意见》发布，提出要"加快培育发展数据要素市场"；2021 年 3 月，《中华人民共和国国民经济和社会发展第十四个五年规划和 2035 年远景目标纲要》发布，提出要"建立健全数据产权交易和行业自律机制，培育规范的数据交易平台和市场主体，发展数据资产评估、登记结算、交易撮合、争议仲裁等市场运营体系"；2022 年 1 月，《要素市场化配置综合改革试点总体方案》提出，"规范培育数据交易市场主体""规范发展大数据交易平台"；2022 年 4 月，《中共中央 国务院关于加快建设全国统一大市场的意见》发布，进一步要求"加快培育统一的技术和数据市场"。此后，数据交易活动迈入新的发展阶段。[7]

从地方来看，在国家政策的推动和鼓励下，众多省市对数据交易概念的落地进行了有益的探索，地方数字产业建设如火如荼。《浙江省数字经济促进条例》

《广东省数字经济促进条例》《上海市数据条例》《深圳经济特区数据条例》等地方文件先后出台，对数据权属进行分类，筛选可进行商业化、交易的数据，全国各地在“数据交易”领域规范化动作频频，探索小而精、专题式的地区性数据交易模式。

（二）数据交易产业的实践

截至目前，数据交易模式的发展主要经历了三个阶段。

第一个阶段是“数据撮合市场”模式阶段。2014—2015 年，国内第一批数据交易机构诞生，贵阳、武汉、安徽等地成立数据交易中心。此阶段数据交易机构的问题在于数据无法确权，仍旧采用“谁收集数据谁使用”的模式。数据交易机构由于没有确立平稳有序的运营模式，因此业务开展受到阻碍。

第二个阶段是以阿里“数加”、聚合数据等为代表的“数据超市”模式阶段。相较于第一阶段，优化了数据的来源渠道及确权问题，数据的合规性得以保障，但其并没有破解“数据应用的最后一公里”问题，受技术所限，买方容易绕过交易平台直接与卖方进行对接，交易中心无法实现规模化发展。[8]

第三个阶段是“数据联盟生态”模式阶段。以上海数据交易所、北京国际大数据交易所等为代表，依托数据交易中心构建数据交易新机制，交易中心负责提供公共技术服务，由政府投资，由于其暂不考虑盈利，因此不用担心自负盈亏问题，但并未形成健康的、可持续增值的数据交易运营模式。[9]

（三）数据交易司法——以温州市瓯海区人民法院数据资源法庭为代表

目前，我国数据交易市场还处于初级阶段，在实际运行过程中，支撑数据资源流通的交易体系并未被有效建立，数据资源存在难以界定权属、难以有效定价、难以可信流通的商品化短板，则难以避免地导致诸多纠纷的产生。从国内较早涉及数据竞争的“新浪诉脉脉案”，到近年来淘宝屏蔽百度搜索、顺丰与菜鸟物流数据接口争议、新浪与今日头条内容爬取争议等，这些事件的发生无不推动着数据资源司法保障的完善。在此背景下，2022 年 5 月，温州市瓯海区人民法院数据资源法庭获批设立，成为国内首个以受理数据资源案件为核心业务的专业法庭，通过刑事、民事、行政“三合一”审理模式，帮助对数据不正当竞争行为认定中竞争关系的界定、商业道德标准和整体利益因素的适用性进行完善与调整，有利于为数据要素市场建设补齐关键一环。

三、数据交易与数据产业发展的法治对策

数据交易是新经济产业发展的基本内容之一，我国数据产业尚处于起步阶段。数据作为新兴生产要素，与其他传统生产要素相比具有固有特征：一是数据本身的多维属性，如权能多样性、价值不确定性、非竞争和非排他性，使得数据交易客体作为一个集合性概念难以被清晰界定；二是数据的价值在流动中释放，而传统的静态赋权模式难以完全覆盖数据在不同处理环节的权益变动；[10]三是数据蕴含着多元主体权益，需要综合考量和平衡各方利益。为使数据交易产业健康发展，需要准确把握有关法律问题，通过法律手段予以规制和优化。

（一）强化数据立法，进一步推动数据要素利用

数据治理体系理应涵盖数据安全保障、用户权益保护，以及数据价值释放三大部分。当前，我国数据立法已基本完成前两个阶段目标。在数据安全保障体系方面，我国已出台《中华人民共和国国家安全法》《中华人民共和国网络安全法》《中华人民共和国数据安全法》及相关配套规定；在用户权益保护方面，已出台《中华人民共和国民法典》《中华人民共和国个人信息保护法》及相关配套规定；但在数据价值释放方面，规则设计尚显不足，缺乏系统的、可复制推广的促进数据要素价值释放的制度。因此，应当聚焦各部门在数据价值释放领域的衍生共性问题，整合传统部门要素，突破部门法壁垒，形成具有内生性、协同性的数据管理法律制度。

（二）推进数据市场标准化，降低流通壁垒与成本

数据交易机构、数据商、第三方服务机构、行业协会等各方主体应加强合作，并在数据市场环境下加强交流互动，在数据交易模式、数据交易流通标准规范、数据交易服务机制、数据交易技术应用等方面，坚持审慎创新、先行先试，探索形成可复制、可推广的经验做法。重点在数据资源管理规范、数据要素标准体系规范、数据交易技术安全规范等通用标准方面开展研究，推进市场

标准化工作，降低数据交易流通壁垒和成本。

（三）完善数据要素市场价格机制，探索多种分配机制

应当从公共数据、非公共数据两方面完善数据要素市场价格机制。对于非公共数据，引入第三方评估机构，探索形成第三方估价机制，通过建立估价模型，科学估计数据产品价值，为买卖双方提供议价基础参考。[11]可采用“数据提供方报价、第三方估价、买卖双方议价”相结合的价格生成路径。在市场成熟期，结合数据商或第三方专业机构对数据产品进行价值评估，逐步形成市场公允的定价模式。对于公共数据，可参照行政事业性事务或公共资源有偿使用的收费机制，以数据成本核算为参考，由市场主体在合理补偿的前提下进行公共数据的授权使用。此外，为鼓励市场主体共同开展公共数据、产业数据的开发利用和融合应用，可探索数据产品收益的成本分摊、利润分成、股权参与等多种分配机制。

参考文献

[1] 高富平，冉高苒. 数据要素市场形成论——一种数据要素治理的机制框架[J]. 上海经济研究，2022（9）：70-86.

[2] 戴双兴. 数据要素：主要特征、推动效应及发展路径[J]. 马克思主义与现实，2020（6）：171-177.

[3] 程啸. 论个人信息权益[J]. 华东政法大学学报，2023，26（1）：6-21.

[4] 钱玉林，钱坤. 互联网交易平台经营者的法律地位[J]. 扬州大学学报（人文社会科学版），2018，22（3）：15-22.

[5] 申卫星. 论数据用益权[J]. 中国社会科学，2020（11）：110-131，207.

[6] 陈兵，马贤茹. 数据要素权益配置类型化研究[J]. 科技与法律（中英文），2022（1）：1-9.

[7] 高敏，张玉洁. 数据资源归国家所有的权利构造研究[J]. 长江论坛，2020（6）：81-86.

[8] 何培育，王潇睿. 我国大数据交易平台的现实困境及对策研究[J]. 现代情报，2017，37（8）：98-105，153.

[9] 丁晓东. 数据交易如何破局——数据要素市场中的阿罗信息悖论与法律应对[J]. 东方法学，2022（2）：144-158.

[10] 何波. 数据权属界定面临的问题困境与破解思路[J]. 大数据，2021，7（4）：3-13.

[11] 丁晓东. 从公开到服务：政府数据开放的法理反思与制度完善[J]. 法商研究，2022，39（2）：131-145.

【作者简介】

顾功耘先生，上海市锦天城律师事务所主任，华东政法大学教授、博士生导师，兼任中国法学会商法学研究会、经济法学研究会副会长。曾获全国五一劳动奖章、上海市劳动模范、上海市领军人才等荣誉。编写《国有经济法论》《经济法教程》《中国证券法学》《公司法》等多部著作。

孙一杰先生，上海市锦天城律师事务所律师。

02　产业发展篇

深化供给侧结构性改革，畅通国内国际双循环，提升制造业核心竞争力，加快数字技术应用，推动产业转型升级，发展壮大新一代信息技术、集成电路、人工智能、新能源、碳中和、现代物流、高端装备制造、生物医药、医疗器械等新经济产业。本篇约请众多学者和企业家进行深入研讨，他们具有理论和实践的真知灼见，可与读者分享。

新一代信息技术

新一代信息技术产业是我国战略性新兴产业之一，主要包括下一代信息网络产业、电子核心产业、新兴软件和新型信息技术服务、互联网与云计算等。

筑牢数字安全屏障
为数字经济保驾护航

三六零安全科技股份有限公司　　周鸿祎

一、数字化催生经济新的增长点

数字化是工业革命以来最重要的生产力革命，将推动人类社会从工业文明时代进入数字文明时代。数字化改变世界，也促使数字经济迅猛发展。

数字经济为我国经济“稳增长”提供关键力量，为我国经济“调结构”提供新引擎，为我国经济“促转型”提供重要保障。要加快建成社会主义现代化强国、推动实现中华民族伟大复兴的中国梦，必须紧紧抓住数字技术变革机遇，抢占新一轮发展制高点。

（一）数字化已成为中国引领全球技术革命的新引擎

由于历史原因，我国并没有深度参与前三次工业革命，这深刻影响了我国在全球竞争格局中的地位。但在数字文明时代，我国加速了数字化革命的追赶进程，俨然走在了世界前列。

数字化对于世界的改变是随处可见的，政府、企业、个人无一不享受着数字化带来的便利。如果说在上半场的消费互联网中，数字化已经改变了个人的衣食住行，那么在下半场的产业互联网中，政府和企业则是被改变的主角。数字化将对社会各行各业进行重构。

数字化技术融入实体经济的各个领域，必将带来一场变革。这种变革带来了效率的提升、创新体系的重构，以及核心竞争力的提升。只有那些高度数字化、融入数字经济体系的企业，才能实现快速、高质量的增长。

（二）通过数字化推动实体产业升级成为必由之路

当前，数字经济已成为稳定经济增长的关键动力。

2021 年，我国数字经济规模约达 45.5 万亿元人民币，位居世界第二；数字经济占 GDP 的比重为 39.8%。中国信息通信研究院发布的最新研究报告预计，到 2025 年，我国数字经济规模将超过 60 万亿元人民币，数字经济占 GDP 的比重有望超过 50%。

党的二十大报告提到要“坚持把发展经济的着力点放在实体经济上”“加快发展数字经济，促进数字经济和实体经济深度融合，打造具有国际竞争力的数字产业集群”。这意味着实体经济将成为未来中国经济发展的重点，通过数字化转型推动实体产业升级，已成为经济高质量发展的必由之路。

数字经济将开启一个“量质齐升”的发展进程。5G、人工智能、云计算等都不再是孤立的技术，它们与各种服务深度结合，形成面向千行百业的解决方案，成为数实融合的产业支撑。通过数字化，中国实体产业必将焕发新的生机，抢占全球产业链、价值链的高端位置。

二、数字安全是数字经济高质量发展的底座

数字化是一把“双刃剑”，数字化程度越高，就意味着安全风险越大。

数字化有三大特征：一切皆可编程、万物均要互联、大数据驱动业务。随着数字化的推进，整个世界都将架构在软件之上，世界的安全脆弱性前所未有。此时，数字安全是一切数字文明的底座。

（一）一切皆可编程：漏洞无处不在

互联网连接的实质是什么呢？其实就是以各种软件为桥梁，与互联网进行“沟通”；而软件的本质就是程序代码。

在某种意义上，数字化社会使得“一切皆可编程”越发成为可能。数字化社会建立在数字化应用和场景基础之上，而代码只要是人编写的，都不可避免地会存在安全漏洞，甚至新技术用得越多，漏洞就越多，安全隐患就越大。就

平均数据而言，每 1000 行代码中至少会有 4～6 个不影响程序运行但存在安全隐患的漏洞。黑客若找到这些漏洞，便可以神不知鬼不觉地入侵到系统之中。

（二）万物均要互联：虚实边界变得模糊

万物互联的概念与技术为人类社会描绘出了一幅美好蓝图。但从安全的角度看，任何一个智能系统都有可能被攻击。

过去，我们谈及网络安全更多的是点对点防护，给每台设备、每个系统安装一个杀毒软件。然而，一座智慧城市中普通智能设备遇到的安全状况就难以计数，更不用说一些特殊场景中需要特殊防御的设备与设施遇到的安全状况。面对如此复杂的状况，我们难以准确定位攻击点。

物理世界与虚拟世界之间的屏障被彻底打破，这也是万物互联带来的另一个重大挑战，让以往只能在虚拟世界中"兴风作浪"的网络危害延伸到了现实世界中。所以，软硬边界会消失、人机边界会消失、内外边界会消失。

（三）大数据驱动业务：数据安全越发重要

在数字文明时代，大数据正逐渐成为驱动经济社会发展的新的生产要素，成为数字化的核心。大数据不仅是存储量很大的数据，它更为重要的特征是数据规模会随着业务不断增长、变化，实时产生海量的新数据。通过对这些数据进行挖掘，我们可以建立新的数据思维模型，完成对未来的预测，为社会治理、业务开展等提供指导。大数据真正的价值不在于数据本身，而在于其在数字经济中是一种核心战略资源，相当于农耕时代的土地、工业时代的石油。

数据是数字时代的重要资源，同时也不可避免地成为犯罪分子眼中的"财富来源"。从近年来的网络犯罪案件中不难看出，针对数据的网络攻击已经成为主流数字安全事件之一。对数据安全的防护，也就成为我们构建安全防御体系的重中之重。

（四）安全是数字经济、数字文明的底座

新一代网络技术的迅猛发展和普及应用，使得网络空间成为继陆、海、天、空外的第五空间。在进入数字文明时代后，网络空间一旦遭到攻击，在制造、金融、能源、城市运转、社会治理等全场景中造成的破坏，将是系统性、全局性的。

国际权威机构 Cybersecurity Ventures 的调研数据显示，2021 年全球因为网络攻击事件导致的经济损失高达 6 万亿美元。国际环境日趋复杂，网络安全事件也频繁发生，网络犯罪组织的攻击目标已经不再单纯地停留在个人、企业层面，甚至会对政府部门、城市发动网络攻击。

未来的安全问题不再只是从前的木马或病毒等小问题，数字文明时代的安全威胁已全面升级，且攻击的范围也更广。毫不夸张地说，风险潜藏于数字经济的全场景之中。在这种场景下，数字安全成为数字经济发展和数字文明时代的底座。

三、新经济新场景面临全新的安全挑战

随着数字化建设的不断深入，便捷高效的智慧城市、自动驾驶的汽车、高度自动化的无人工厂等场景背后隐藏的数字安全风险也越来越多。

（一）智慧城市场景带来的安全新挑战

在新经济的数字化场景中，智慧城市是重中之重。一直以来，我国都非常重视智慧城市的规划和建设，这场数字化变革正在中华大地上蔓延。

智慧城市营造了无限美好的想象空间，但风险也与日俱增。因为智慧城市是一个高度复杂的数字化环境，其组成部分不仅包括千千万万个联网的政府部门和事业单位，同时还包括一些重要的数字化基础设施，如智慧电网、智慧交通云和大数据中心，城市中难以计数的物联网设备、数字化终端和 IT 设备，以及其产生的以 EB 为存储单位的商业、政务、个人大数据。

城市整体架构在软件之上，将会面临城市生命线安全、数字政府安全、智慧交通安全、数字社会安全等方面的安全挑战。有趋势表明，城市已经成为网络犯罪组织攻击的重点目标，且攻击对象不再局限于设备、系统，而是扩展到了数据。

可以说，没有数字安全的防护，城市的社会治理、经济发展和日常生活的健康稳定也难以保障。

（二）工业互联网场景带来的安全新挑战

随着“新基建”概念的持续“走红”，工业互联网也将成为全球数字经济发

展的主战场。

工业互联网是新一代信息技术向传统产业渗透融合的必然结果，其本质是“软件重新定义工业企业、行业和产业”。数字文明时代中的工业互联网面临的挑战大致可以分为以下四种。

第一种是物联网安全。由于工业互联网场景中存在大量的传感器、生产设备和工控设备，工厂联网设备呈指数级增长，所以必然会使工业互联网的暴露面增大。

第二种是数据安全。除了大量传感器、工控设备日常运转产生的数据，企业的服务器里还储存着公司大量重要且敏感的信息与数据。一旦这些数据被破坏、加密或滥用，必然会给企业带来经济及品牌声誉上的严重损失。

第三种是云安全。公有云、私有云、混合云等架构共存，使得企业间的网络边界不复存在，物理边界的网络防护也很难再奏效。各地分支机构需要接入企业云端总部，远程办公、移动办公、客户接入需求常态化，云端身份认证的问题尤为突出，其带来的安全隐患也不容忽视。

第四种是供应链安全。打通供应链能够实现产业协同、提升效率，但也可能形成一损俱损的局面。比如某家供应商更新系统、使用开源软件，或者工厂中的某些设备被预置后门漏洞，都有可能导致整个产业链受到网络攻击。

（三）智能网联汽车场景带来的安全新挑战

近年来，我国智能网联汽车呈现强劲的发展势头。2021 年，L2 级及以上乘用车新车市场渗透率已超过 20%，预计到 2025 年将突破 50%，智能化、网联化已经成为汽车乃至交通行业未来发展的必然趋势。

汽车的数字化程度越来越深，其所面临的风险也将前所未有。汽车行业面临的新挑战主要有四个。

第一个挑战是代码量增加，车载系统安全缺陷激增。汽车配备计算中心后最直接的后果便是代码量成倍增加，未来带有自动驾驶功能的智能网联汽车可能需要 3 亿～5 亿行代码；而有代码就不可避免地存在漏洞。

第二个挑战是物联网增大了被攻击面，云端隐患直接威胁车辆安全。万物互联使汽车的受攻击面大大增加，为黑客提供了无数个攻击入口，无钥匙进入系统、移动 App、车载娱乐系统，甚至充电桩都可能成为攻击的入口。

第三个挑战是车企网联程度不断提高，供应链安全隐患巨大。一旦车企的网络防护被突破，整个车联网运营体系将面临瘫痪，所有与服务器相连接的智能网联汽车都会出问题。

第四个挑战是大数据驱动智能，数据安全风险攀升。一方面，自动驾驶、智能座舱等功能的提升依赖算法训练，一旦遭到攻击，车辆功能就会面临失效；另一方面，车主身份、通讯录、出行轨迹、车内语音录像等隐私数据存在泄露风险。

数字经济发展如火如荼，数字文明时代扑面袭来，传统的安全防御思路已经跟不上时代的需求，我们只有跟随技术和环境变化的脚步，形成由数字化思维支撑的新一代安全体系，才能确保新环境、新场景的数字安全。

四、我国数字安全发展展望

党的二十大报告中共提到“安全”这个词 91 次，习近平总书记也曾指出“没有网络安全就没有国家安全”。这些年，在国家的重视和关怀下，中国安全产业的规模扩大了不止十倍，进入了发展的快车道。安全也从过去信息化附庸的状态，走向与数字化系统同步规划的重要位置。

（一）“看见”是数字安全的核心和前提

网络安全具有很强的隐蔽性，一个技术漏洞、安全风险可能隐藏几年都无法被发现。由于攻击手法多样且隐蔽，所以“看不见”已经成为威胁国家网络安全、企业数字化转型的“卡脖子”问题。

能否“看见”风险和攻击是安全能力的“试金石”，是安全体系建设的核心。“看见”和“处置”是安全的一体两面，“看见”是“处置”的前提，只有“看见”风险和攻击，才能在其没有造成实质伤害前将其快速“处置”。

（二）构建国家数字空间“防空预警体系”

三六零安全科技股份有限公司（以下简称“360”）通过免费杀毒切入安全市场，以互联网模式做安全，基于过去 20 多年的积累，累计投入超 200 亿元人民币，建立了一套以“看见”为核心的安全运营服务体系，形成了一套“感知风险、看见威胁、抵御攻击”的安全能力。

这种“看见”全网安全态势的能力，最好的服务对象就是国家，能够帮助国家解决很多“看不见”的“卡脖子”问题，并针对各大监管部门，输出全网安全数据，进行数据赋能，构建国家数字空间的“防空预警体系”，全面支撑国家数字空间安全保障。

基于这套安全运营服务体系，360近年来已经捕获51个境外国家级黑客组织针对我国发动的数千次网络攻击。

实践证明，基于全网安全大数据进行综合分析研判，综合运用大数据、云计算、人工智能技术，构建以“看见”为核心的数字安全大脑，是一套行之有效的模式，但还需要在深度和广度上进行拓展，提升国家数字安全的整体能力。

（三）建设城市数字安全运营基地，保障城市数字化进程

城市作为经济、人口的集中地，未来将集聚全国80%的GDP和人口。一旦城市的关键基础设施遭受网络攻击，就会使城市业务停摆、经济停滞、社会混乱。

针对此问题，建议由地方政府和安全龙头企业联合建立集约运营的城市安全服务中心，为政府部门和企事业单位提供SaaS化的安全托管服务，解决城市建设安全能力分散、各自为战的问题，打造城市数字安全新模式，将安全能力送进千家万户。

一个值得信赖的城市安全网络能够使产业汇集、生态汇集、价值汇集，大幅度提升城市的治理质量和面貌。构建一个真正有效的城市数字安全运营基地，可以实现四个方面的安全保障。

第一个方面是保障经济安全，包括保障资源安全、金融安全、产业安全、财政安全、信息安全不受外来势力的威胁，稳步提升GDP的含金量。

第二个方面是保障产业安全，包括保障农业安全、工业安全和金融服务业安全，保证经济和社会全面、稳定、协调和可持续发展。

第三个方面是保障社会安全，包括保障社会治安、交通安全、生活安全、生产安全，为社会稳定和人民幸福持续助力。

第四个方面是保障治理安全，包括为智慧党建、疫情防控、城市管理、民生服务等城市治理领域提供持续安全赋能，让城市运营更加智能、安全、高效。

（四）以 SaaS 化安全服务，助力中小微企业数字化转型

截至 2021 年年底，我国有 4800 万家中小微企业，占企业总数的 99%，贡献了我国 60%的 GDP、50%的税收和 80%的城镇就业。不夸张地说，4800 万家中小微企业能否成功实现数字化转型，直接关系着我国数字化战略的成败。

然而，作为国家经济“毛细血管”的中小微企业，却面临着“掉队”的风险。大多数中小微企业的数字化处于盲区之中，深陷在没钱、没人、没技术、没效果、没保障的困境中。

SaaS 是最适合中小微企业的服务形式，能够帮助中小微企业高效实现数字化。SaaS 的本质是业务托管，它交付门槛低、技术难度低、使用成本低。中小微企业可以根据具体的需求，采购某项 SaaS 服务，而且可以按需选用、“拎包入住”。

建议国家把数字安全 SaaS 服务作为重点产业方向进行培育，孵化平台型企业和龙头企业，支持它们研发和提供相关服务。鼓励地方政府为中小微企业发放“数字化红包”，降低中小微企业采购数字安全服务的成本，推动数字安全渗透千行百业。

“安全是发展的前提，发展是安全的保障。”中国是数字文明的先行者，也是全球数字安全的领跑者。为应对新形势下的新挑战，我们更应该下好先手棋、打好主动仗，砥砺探索数字安全的中国方案，捍卫国家数字空间主权，为数字中国的建设保驾护航！

【作者简介】

周鸿祎先生，360 集团创始人，三六零安全科技股份有限公司董事长，全国政协委员，九三学社中央委员、北京市工商联副主席、北京市新的社会阶层人士联谊会副会长，获得全国劳动模范、国家高层次人才特殊支持计划人才（万人计划）、国家百千万人才工程有突出贡献中青年专家等称号。

加快制造业数字化转型
增强产业链供应链自主可控

易豹网络科技有限公司　　王卫东　　曹昌猛

后疫情时代，越来越多的国家认识到产业链供应链布局对各国参与国际分工、国内产业安全和国际经济增长的重要性。随着科技革命和产业变革蓬勃发展，各国纷纷开始把发展数字经济作为推动经济增长的重要途径。然而，新发展格局下国际产业链供应链的堵点问题和断点问题日益凸显。本文阐述当前国际供应链发展面临的新形势，深入分析当前国内产业链供应链现状及制造业数字化转型面临的难题，并根据实际提出增强供应链自主可控的策略及支持国际供应链新发展的举措，为我国制造业数字化转型升级提供可参考的资料。

随着数字化信息技术的不断更新发展，工业互联网、云计算、人工智能、大数据等数字技术开始影响人们生活的方方面面，在全球产业链布局的时代背景下，许多国家不再局限于生产本土集中化，而是综合资源、成本等因素，将生产的各个环节分散到全球各地，以达到合理配置资源、节约成本、提升效率的目的。全球密切联系的高度分工模式，在一定程度上能够合理优化资源配置，促进全球经济增长，但这种模式在受到不可控力影响时，其弊端也随之显化，一旦产业链供应链某个环节停摆，整个生产流程都将遭受影响。尤其是在新冠疫情冲击影响下的后疫情时代，单边主义、保护主义等逆全球化思潮逐渐呈现抬头趋势，越来越多的国家开始认识到产业链供应链自主可控及制造业数字化转型对国家经济发展、产业安全及资源保障的重要性。然而，新发展格局下制造业产业链供应链面临着技术创新难突破、产业链集群平台资源不足、产业链循环渠道单一、人才缺失等众多问题，这些问题将严重影响各国制造业数字化转型升级。如何突破当下国际产业链供应链的堵点问题和断点问题，是各国在探索制造业数字化转型发展过程中亟待解决的难题。

一、国内外供应链发展面临的新形势

在全球化市场竞争日趋激烈的今天，各国均在制造业数字化发展的探索中寻求提升核心竞争力的锚点。越来越多的国家开始注重将数字化技术和制造业深度融合，将数字化技术运用到产品研发设计、原料供应、生产组装、营销推广及售后服务中，实现数字化技术在制造生产各个环节的全面覆盖，进而达成产业链供应链的高效协同、资源配置优化，以及产业规范化、规模化。

随着信息技术的不断发展，国内外制造业均在加快产业链供应链的自主可控建设进程，新型供应链创新与应用试点不断拓展。大中小企业融通发展的格局正在形成，产业链供应链数字化、绿色化转型加速。但目前全球产业链供应链发展存在两大难题：一是各国产业链供应链与创新链发展不平衡，将影响产业链供应链转型升级；二是以美国为代表的西方发达国家，其供应链政策的极端化影响全球产业链供应链的稳定，全球治理体系不适应新技术变革要求，给产业链供应链的现代化进程带来不确定性。

近年来，我国涌现出一批具有全球影响力的制造基地和产业集群，成为全球重要的生产制造中心，贸易出口市场份额逐年稳步提升。然而，我国出口产品的竞争优势主要体现在规模经济上，真正的高端产品、核心技术产品相对较少，因此在新形势下，我国亟须提升产业链现代化水平，以保障国家经济安全。由此可见，夯实推进产业链供应链自主可控能力、提升产业链供应链现代化水平，是实现制造业数字化转型升级的核心内容，也是关系国家经济社会高质量发展和安全可持续发展的重要课题。《中共中央关于制定国民经济和社会发展第十四个五年规划和二〇三五年远景目标的建议》对“提升产业链供应链现代化水平”进行了全面部署，提到“产业基础高级化、产业链现代化水平明显提高”“坚持自主可控、安全高效，分行业做好供应链战略设计和精准施策，推动全产业链优化升级”。这就要求我国在应对产业链供应链风险中积极增强产业链供应链的自主可控能力，夯实基础竞争优势，发展核心竞争力，特别是发展高端产品，完善治理体系，构建以国内大循环为主体、国内国际双循环相互促进的新发展格局。

二、增强供应链自主可控的策略

一是统筹优化，做好产业数字化、供应链规划建设。产业链供应链自主可控主要体现在，在外部产品、技术、服务供应受到限制的情况下，企业能够有效监控预警信息，有备选的产业链供应来满足产业经济运转的基本需求。我国制造业产业规模大、范围广，虽然在一定时期已取得长足的进步，但技术自主创新能力较弱，对核心技术和环节依赖度较高；生产管理效率较低，信息资源共享和产业集群较为分散，以上问题正制约着我国制造业向智能化、数字化、绿色化发展。为更好地顺应数字经济时代发展的趋势，切实推动制造业高质量蓬勃发展，对产业数字化、供应链规划建设就显得尤为重要。

目前，我国大部分制造业企业仍处于较传统的发展模式，要实现数字化转型升级，须有效统筹优化，做好产业数字化、供应链规划建设，加强数字化生态环境建设。首先，应通过数字技术赋能，将产业链上下游进行梳理，以数据释放价值，加大数字化企业培养力度，有效统筹规划，加快行业供应链数字化等。其次，在企业数字化转型的背景下，打通5G信息网、工业互联网、智能制造、物联网、数字金融、数字监管等产业的链接，以市场为导向，构建自主性强、完整度高的产业链供应链。最后，在数字技术的环境下，加强实体经济、服务业与数字经济的深度融合，实现产业链供应链数字化生态的圈内循环有序发展，从而有效地促进产业数字化转型升级的规模发展、绿色发展和可持续发展。

二是协调处理好供应链自主可控与全球分工合作的关系。在经济全球化高度发展的今天，国际分工越来越多元化、复杂化，地区间、国家间的供应链依赖程度日益提升。发展供应链自主可控，并非一味将所有生产环节本土化，而应该妥善协调处理好“自主可控”和“全球分工”的关系，如此才能更有力地实现优势资源集中，提升效率。我国在实现供应链自主可控升级的进程中，应从全局思路发展，既要大力发展国内技术储备，培育科技力量，针对国外单边主义政策对核心技术“卡脖子”的环节，既要有集中资源实现技术突破的决心，又要从目前在技术、资源上对部分国家地区有所依赖的现状中寻找平衡。从国家层面来看，应加强与他国经贸战略合作，本着互利共赢、协调发展的原则，加强自贸协议、投资合作，多渠道、多备份发展国际合作关系，建立更紧密、更通达、更互补的供应链环境。从政府层面来看，加强制造业数字升级，加大力度扶持科技创新和产业升级，做好长期规划，通过政策扶持、资金投入等方式，先从基础入手，在坚实的产业基础上，带动产业链供应链技术提升，进而提升产业链供应链竞争力。从市场层面来看，未来数字化产业链供应链的每个环节都有望成为市场的蓝海，原材料、技术、产品、市场及售后服务等各个环节，都需要加快数字化进程，鼓励企业在各自的优势领域做大做强、不断创新。

三是完善资源配置，搭建供应链平台集群，增强自主可控能力。做好产业数字化供应链建设的前提是完善资源配置。以互联网服务与实体经济深度融合为前提，发挥优势、取长补短，搭建一套可实现链条循环的数字化供应链平台集群，以数据安全管理为指引，构建安全便利的国际互联网数据专用通道，推动贸易、物流、通关、仓储、金融、监管等数据集聚，实现供应链渠道内循环流通，打造数字服务贸易新产业、新业态、新模式。

供应链平台集群须集合各方力量，加强国际贸易的深度融合，通过“线上+线下”的方式，在数字化布局的背景下衔接生产、运输、营销、服务等各个节点，让海量的数据资源突破共享壁垒，真正发挥效用，推动供应链各环节数据汇聚互联和共享应用，最终打造具有全国影响力乃至全球影响力的国际贸易数字化平台，进而承接地区乃至国家在全球的发展战略和改革方案的落地实施，提升国家制造业的核心竞争力。

三、支持国际供应链创新发展的举措

一是积极培养创新型企业，加强创新型技术发展。企业是国际供应链运转最直接的运行环节，加快推动制造业企业转型升级是各国关注的重点。对于大多数企业而言，数字化转型面临的挑战繁多，从产业布局战略升级，企业理念、商业模式和业态的转变，数字化能力建设到人才培养，企业的数字化转型将是一项长期且艰巨的任务。这就需要国家、社会给予大力支持。

从战略角度来看，国家可出台相应政策，加强核心技术攻关，夯实技术基础，培育行业创新生态，通过流程主导变革、以人为中心的变革等路径来实现制造业企业数字化转型；强化对制造业企业创新的财税保障，加大对通信、网络、人工智能、核心器件、基础软件等领域的技术研发资助力度，通过技术改造贷款贴息、政府购买服务、产业引导基金投资等方式支持和鼓励企业进行数字化改造；从市场角度来看，应大力推广数字化供应链创新发展的新型模式，为制造业数字化转型提供服务和支撑，通过试点示范，培育供应链创新平台，鼓励、支持优势企业带动产业发展，从需求侧拉动技术发展，帮助新技术、新产品进入市场，推广网络化协同制造、服务型制造、大规模个性化定制等新模式、新业态。以市场为导向，引导企业认识到数字化转型是以技术为支点、以业务为核心的，其根本目的是提升产品和服务的竞争力，以数据驱动业务，实现业务发展智能化、数字化、创新化。从企业角度来看，数字化转型是以客户为中心，通过数字化技术推动自身业务重塑和转型的过程。这里的业务重塑和转型是指利用数字化技术进行全方位、多角度、全链条的改造过程，应积极推进研究导向型与应用实践型人才培养，通过数字化人才团队建设，打好企业数字化转型的基础。

二是建设国际贸易数字化平台，提升国际竞争力。供应链国际化是未来全球制造业的必然趋势。为顺应全球产业链、价值链和供应链重构趋势，深入探索国际贸易领域，我国可以数字化为主线，发挥“自贸区+特殊监管区+世界强港”叠加优势，打造国内一流的数字产业发展集聚区，率先探索构建数字监管新模式，打造全球供应链中心和数字贸易新高地，建设连接世界、服务全球的新型国际贸易平台。

我国地缘广袤、资源丰富，可选择适合的地区建设国际级数字化供应链平台，打造贸易、物流、通关、仓储、金融、监管等业务融通生态圈，以在线新经济作为数字经济的落脚点，推进人工智能、5G、互联网、大数据、区块链等技术与现代物流、国际贸易等深度融合，向全球进出口企业提供智能通关、智慧物流、数字化订舱、科技金融和大数据应用等服务，为进出口企业降本增效赋能，提升地区国际贸易中心、国际航运中心、国际金融中心的服务内涵和外延，助力国际物流供应链数字化转型，提升我国制造业产业链的业务吸引力、技术创造力和国际竞争力。

三是推进数字化资源共享，注重提升供应链安全性。在制造业数字化转型升级的大背景下，企业对外部数据的需求日益提升，包括产业链上下游企业信息、政府监管信息、公民基础信息等，大数据资源的有效整合利用能够产生巨大的经济效益，这就要求制造业须增强信息基础设施的支撑能力。因此，引导行业组织、企业研究制定工业数据的行业标准、团体标准、企业标准，梳理现有国家标准，推进数字化资源共享与开放进程，促进数据资源的高效利用势在必行。

然而，在产业竞争成为大国博弈重点的形势下，一些发达国家将我国视为

“敌对竞争对手”，对我国高技术产业发展进行围追堵截，使我国产业链供应链安全面临新挑战。工业数据涵盖设备、产品、运营、用户等多个方面，数据被泄露或被篡改，对整个生产过程影响重大，甚至会威胁关键基础设施乃至国家或地区的安全。因此，在推进数字化资源共享的进程中，应加强数据安全保护体系建设，建立健全社会数据采集、存储、交易等制度，通过数字化监管平台等模式，形成数字治理的聚合力量，助力数据资源监管可见、可测、可控，保障数据有序、规范、安全应用。

制造业数字化转型是国家参与国际分工、实现国内产业安全和国际经济增长的重要保障，产业链供应链的自主可控，是制造业加快实现转型升级的基础，需要全社会长期卓绝的努力，要围绕以国内大循环为主体、国内国际双循环相互促进的新发展格局，进一步优化调整我国产业链供应链布局。从产业链技术支撑、基础设施建设、标准体系设计、人才队伍培养等方面入手，加强国内产业链与全球产业链衔接，强化集群竞争优势。

【作者简介】

王卫东先生，易豹网络科技有限公司董事长，兼任浙江省口岸协会副会长，政府数字单一窗口平台及国际供应链领域专家，曾任杭州海关驻邮局办事处副主任、杭州海关技术中心副处长兼审单中心主任、杭州数据分中心主任、杭州海关副总工程师、浙江电子口岸有限公司董事长。

曹昌猛先生，易豹网络科技有限公司首席产品官，曾任微软 ERP 和 SAP 供应链行业资深顾问及项目总监，著有《国际航空货物运输实训教程》，有 20 余年国际物流及国际贸易数字化平台开发和建设经验，主导实施的易豹国际贸易数字化平台已服务 10 万余家进出口企业实现供应链数字化转型。

加快推进交通基础设施产业互联网平台建设

云基智慧工程股份有限公司　　蔡成果

交通基础设施建设是在国民经济全局中具有基础性、普遍性、战略性、先导性的重要产业。我国是交通大国，交通基础设施规模位居世界前列，建造技术达国际先进水平，但交通基础设施的数字化发展严重滞后，需要通过产业互联网建设加速产业数字化转型升级。当前，自主可控的三维图形平台技术实现重大突破，对加快交通基础设施产业互联网平台建设具有决定性作用，并在国内已初步取得实践成效，亟须加快全面推广应用。

一、交通基础设施产业互联网平台建设的重要意义

党的二十大报告指出，要加快建设交通强国、网络强国、数字中国，《数字交通“十四五”发展规划》也提到要实现“交通设施数字感知”。发展平台经济是实现产业数字化转型升级的重要路径，而交通基础设施建设具有公益性特征，且满足对公开性、统一性和规范性的要求，因此在交通基础设施领域天然适合建设产业级平台。建设交通基础设施产业互联网平台，是对数实融合场景需求的主动回应，可在行业数字化过程中发挥放大、叠加、倍增效应，在扩大交通基础设施投资增值带动空间、释放交通基础设施数据要素价值和增强交通基础设施数字化国际竞争力三方面具有重要意义。

（一）扩大交通基础设施投资增值带动空间

交通基础设施投资是我国全社会固定资产投资的重要组成部分，又因其产业链条长、乘数效应大，对我国经济增长的拉动作用明显。2017 年以来，我国

每年仅公路的固定资产投资额就在 2 万亿元以上，2021 年更是达到了 2.6 万亿元，约相当于同期 GDP 的 2.3%。在当下，交通基础设施投资更是对保持经济稳定增长、扩大国内需求、稳住经济大盘、尽快走出新冠疫情影响、实现经济复苏的重要支撑。借助产业互联网平台，可以全面提升交通基础设施投资、建设、运营的效率和精细化水平，实现产业上下游的高水平协同，进一步释放交通基础设施投资增值、拉动增长的价值潜力。

（二）释放交通基础设施数据要素价值

在数字经济日益蓬勃发展的今天，数据作为关键生产要素的战略价值已经得到越来越广泛的认可。2022 年 12 月，《中共中央 国务院关于构建数据基础制度更好发挥数据要素作用的意见》发布，开宗明义地指出要“充分发挥我国海量数据规模和丰富应用场景优势，激活数据要素潜能”。数据要素的价值在于其能够被广泛、高效地使用，而广泛的关键在于流动，高效的关键在于组织。《国家综合立体交通网规划纲要》明确提出，到 2035 年交通基础设施数字化率要达到 90%。随着数字化进程的深入，从规划设计，到建设，再到运营养护的完整生命周期，交通基础设施每时每刻都在产生海量数据，而这些数据的价值潜力远远未能充分兑现，这主要是因为各主体间的数据无法有序流通、高效共享。交通基础设施产业互联网平台是对海量数据进行汇聚、组织和交互流通的平台，可有效解决“数据孤岛”问题，充分释放交通基础设施数据要素的价值。

（三）增强交通基础设施数字化国际竞争力

当前大国博弈日趋尖锐、科技竞争日益激烈，交通基础设施数字化的能力是交通运输行业国际竞争力的重要组成部分。搭建自主可控的交通基础设施产业互联网平台，有利于形成行业数字化科技生态，进而加速推动云计算、大数据、物联网、人工智能、区块链等新一代信息技术等前沿技术在交通领域的应用落地。此外，通过产业互联网平台全面整合技术、工程、商业资源，实现工程全生命周期、全场景、全要素数字化集成，将系统性提升我国交通基础设施建设行业的竞争力，可更好地服务“一带一路”建设，为全球贡献交通基础设施数字化的“中国方案”。

二、交通基础设施产业互联网平台建设面临的突出挑战

虽然建设交通基础设施产业互联网平台已成为我国交通运输行业数字化发展的迫切需要，但是在平台建设过程中仍面临核心技术受制于人、系统架构短板明显、运营模式不可持续和现行制度创新滞后于技术发展的脚步四个方面的突出挑战。只有妥善解决以下技术、数据、运营模式和管理机制问题，交通基础设施产业互联网平台才能够实现自主、健康和可持续发展，充分发挥平台的经济价值和社会价值。

（一）核心技术受制于人

建筑信息模型（Building Information Modeling，BIM）引领了当下交通基础设施领域生产方式的一场重大变革，其本质以三维建模为基础，集成交通基础设施各类相关信息，并将这些相关信息作为唯一数据源应用于全生命周期业务。自主可控的三维图形平台是 BIM 的底层技术，也是交通基础设施数字化的“根技术”，更是构建我国交通基础设施产业互联网平台的先决条件。然而，我国三维图形平台技术长期依赖欧美发达国家，属于我国的“卡脖子”技术（属于“核心工业软件”领域）。国内软件企业、具备一定软件开发能力的大型设计单位和施工单位等，大多基于国外底层核心技术进行二次开发，使用成本高，技术延展性弱。俄乌冲突后，美国欧特克公司对俄罗斯禁用软件服务的事实证明，关键核心技术缺失必将导致产业数字化发展处于进退两难的尴尬境地，一旦与外部出现深层次“技术脱钩”，则内部的交通基础设施建设将受到影响。此外，由于 BIM 涉及各类路网数据、设施坐标、结构物状态等交通基础设施领域关键信息，其底层技术长期依赖国外，因此存在重大数据安全隐患。

（二）系统架构短板明显

交通基础设施建设全行业的数字化转型升级是典型的复杂巨系统再造，其专业性强、管理方法难、数字化技术应用深，且具备相关能力的复合型人才极端匮乏，导致现阶段整个行业运用系统工程论进行体系构建的软实力严重不足。其直接后果是交通基础设施领域数字化发展碎片化，从不同管理层级、不同管理主体和不同业务场景各自需求出发的各类系统、平台低水平重复建设问题严重。因此，建设交通基础设施产业互联网平台要同时应对打破行业碎片化发展

格局和加快人才梯队建设两方面的挑战。

（三）运营模式不可持续

交通基础设施的建设和运营目前在本质上仍主要依赖政府投资。然而，交通基础设施数字化建设初始投入大，且对持续性投入要求高，单靠政府投入难以为继。因此，需要通过产业互联网的平台经济路径创新商业模式。利用平台打通资本市场，在工程建设全生命周期引入社会资本，在尽量减少政府额外投资的前提下，形成投资价值变现长效机制，确保产业数字化发展可持续。

（四）现行制度创新滞后于技术发展的脚步

建设交通基础设施产业互联网平台，本质上是对交通基础设施领域生产方式的系统性重大变革。技术创新只是这场生产方式变革的起点，在传统生产模式下形成的相关法规、政策、制度都将面临数字化条件下的重构。虽然系统性的制度创新势在必行，但因其涉及的利益格局调整界面宽、工作量大，呈现出复杂度高、不确定性强的特征，这也使得现行制度创新的进度远远滞后于技术发展的脚步。然而，在政府通过规划、投资、监管等方式介入较深的交通基础设施领域，要建设产业互联网平台必须在制度创新方面实现破局。

三、交通基础设施产业互联网平台核心技术的重大突破

2017年，交通运输部组织认定了以云基智慧工程股份有限公司为依托单位，有高校、科研院所、工程建设单位和参建单位、软件企业、互联网企业等10家单位参加的BIM技术行业研发中心。面对国内外新形势，行业研发中心持续加大自主研发投入，以核心技术、应用场景为双轮驱动，在交通基础设施产业互联网平台关键核心技术方面形成重大突破，依托自主可控三维图形平台技术的城市级、区域级平台建设已在深圳、广东等地取得实践成效。

（一）国内企业成功实现自主可控三维图形平台技术重大突破

针对交通基础设施长条带状工程特征，发挥工程全场景业务优势，依托国家重大工程项目，通过应用带动基础研究，实现关键核心技术重大突破，BIM技术行业研发中心成功研发了国产BIM图形平台及参数化建模工具软件。该平

台具有 100%自主知识产权，关键技术指标已基本达到国外产品同等水平，实现国外同类产品国产化替代，基本解决“卡脖子”问题，满足交通基础设施全生命期 BIM 应用需要和数据安全需要，已具备全面推广条件。

（二）基于自主可控技术的交通基础设施产业互联网平台建设实践

基于自主研发的国产 BIM 图形平台，将新一代信息技术与行业特点深度融合，汇聚交通基础设施领域全生命周期、全业务、全场景、全要素生产活动时空数据，形成全面打通前期、建设、运营三阶段及监管、管理、操作三层级的数字化业务应用，为政府部门、业主单位、承包方、技术咨询方、供应商、开发者等众多相关方提供智能云协同服务。在此基础上，打造了涵盖底层基础平台、开发赋能平台、产品与解决方案生态的产业互联网平台，为加快推动交通基础设施领域产业数字化发展全面赋能。

目前，该平台已在广东省和全国多地付诸建设。在广东省，已完成全省 52847 座桥数字化在线及其 1519 座危桥整治工程应用，基于国产 BIM 图形平台的港珠澳大桥全桥数字化及维养系统，以及根据广东省交通运输厅印发的《关于支持自主可控 BIM 关键核心技术研究及推广应用的行动方案（2023—2024 年）》，汇聚行业资源力量，共同进行工具软件二次开发。在深圳市，已实现城市级平台体系运行，完成全市范围内的路网设施资产数字化建设，以及全市 182 个交通规划项目、402 个交通建设项目、5431 千米道路的全生命周期三维数字化管理，目前实现 786 家单位、1.2 万人以上的云端工作协同。在陕西省，平台支撑了交通强国试点的全面落地，全省新建和运营的高速公路项目在平台陆续上线。此外，根据《交通运输部办公厅关于开展在役干线公路基础设施与安全应急数字化试点工作的通知》，进一步在广东、新疆、重庆等省（自治区、直辖市）打造国产 BIM 三维数字化平台跨省运行典范。

四、交通基础设施产业互联网平台建设的主要举措

交通基础设施以政府投资为主的特征，决定了建设交通基础设施产业互联网平台离不开政府的主动作为。建议以自主可控三维图形平台技术的重大突破为契机，加快推进交通基础设施产业互联网平台建设，有效促进我国交通基础

设施领域数字化高质量发展。

（一）将交通基础设施产业互联网平台建设纳入国家相关政策及规划

将交通基础设施产业互联网平台建设作为落实数字经济、数字政府、交通强国、新基建等相关国家战略的具体举措，纳入国家相关重大规划和专项行动中。首先要凝聚共识，提升相关部委和各地方政府对建设交通基础设施产业互联网平台的重视程度；其次要提升认知，强化全行业对建设交通基础设施产业互联网平台必要性的理解，并调动全行业力量共同推动平台建设。

（二）开展全国交通基础设施产业互联网平台建设试点

充分发挥我国举国体制优势，建立“政府引导、企业为主”的机制，统筹推进基于自主可控关键核心技术的交通基础设施产业互联网平台建设。鉴于产业互联网平台建设工作的复杂性、系统性和专业性，应坚持试点先行的工作思路。通过在全国范围内开展交通基础设施产业互联网平台试点，加快三维图形平台技术国产化替代，打造自主可控产业互联网平台示范标杆，进而积累经验，面向全国推广。

（三）促进交通基础设施领域数据运营模式创新

根据《中华人民共和国国民经济和社会发展第十四个五年规划和 2035 年远景目标纲要》中提出的“开展政府数据授权运营试点，鼓励第三方深化对公共数据的挖掘利用”相关精神，依托产业互联网平台探索交通基础设施领域的数据运营模式创新。逐步确立交通基础设施领域数据资源持有权、数据加工使用权、数据产品经营权分置的产权运行机制，研究向产业互联网平台运营商授权的新模式，规范数据流通、交易制度，明确数据收益分配制度，充分激活交通基础设施数据价值，打破数据要素价值变现困局。

（四）以三维图形平台核心技术突破为契机持续推动工业基础软件关键技术攻关

目前，国产三维图形平台技术已经取得重大突破，为继续攻关更具基础性和通用性的工业基础软件关键技术打下了良好基础，并提供了重大契机。应强化国家和地方相关重大科技项目投入，通过建立开源科技创新基地、企业主导的国家重点实验室等，推动产学研进一步联合攻关工业基础软件关键技术。坚持应用带动基础研究的路径，通过强力推动国产三维图形平台的全面普及和应用，在工业基础软件领域，全面实现自主可控，彻底解决“卡脖子”问题，消除重大数据安全隐患，为实现交通强国、科技强国做出重大贡献。

（五）加强交通基础设施产业互联网平台建设相关政策保障

基于自主可控关键核心技术的交通基础设施产业互联网平台建设周期长、投入大，政府应率先加大在监管平台等方面对三维图形平台等国产化关键核心技术服务的采购与应用。同时，探索变革交通基础设施工程项目的数字化收费标准，促进数字化带来的降本、增效、提质、增值等方面价值的体现与转化。此外，为全面提升行业对数字化能力建设的重视程度、搭建交通基础设施产业互联网平台以创造良好行业氛围，应推动建立科学、权威的交通基础设施全行业和企业单位数字化能力评估和发布机制，并将评估结果广泛应用于工程项目招投标、行业创优评优、企业投融资等领域。

【作者简介】

蔡成果先生，云基智慧工程股份有限公司董事长、党委书记，深圳城市交通协会秘书长，长期专注于交通基础设施领域行业政策、标准，以及产业互联网等的研究与实践，具有交通基础设施设计、建造、运营和投资等方面的丰富经验。

“云网算”助力城市数字化转型

烽火通信科技股份有限公司

数字中国是新时代我国信息化发展的总体战略。2023 年 2 月 27 日，中共中央、国务院印发《数字中国建设整体布局规划》（以下简称《规划》）。《规划》指出，建设数字中国是数字时代推进中国式现代化的重要引擎，是构筑国家竞争新优势的有力支撑。加快数字中国建设，对全面建设社会主义现代化国家、全面推进中华民族伟大复兴具有重要意义和深远影响。当前，以“东数西算”为代表的新型基础设施建设工程已成为我国经济高质量发展的关键要素，算力、数据和算法正引领数字经济进入发展新阶段。同时，随着数字化、精细化、智能化的需求不断提升，城市治理也发展到了数字化新阶段，集 5G、千兆光网、云计算、大数据和智慧应用于一体的数字城市综合解决方案顺应时代发展的需要，通过构建全光接入、全域协同、精确判断和高效敏捷的数字化系统，提升城市的治理效率与可持续发展能力，赋能城市数字化转型。

一、“云网算”引领城市治理未来

习近平总书记指出，推进国家治理体系和治理能力现代化，必须抓好城市治理体系和治理能力现代化。数字经济与数字社会的建设，都与城市治理存在密切的联系。随着科技的发展，以云计算、物联网、大数据和人工智能为代表的数字化技术为城市治理带来了新的思路，可提供更加高效、便捷的治理方式，并更好地满足城市居民的需求，提升城市的综合竞争力。

近年来，城市数字化转型主要依靠三大引擎驱动。

（一）“全光网络”加速数字中国和智慧城市应用落地

以千兆接入、超大宽带、超低时延、先进可靠为主要特点的千兆光网，通过全光接入、全光锚点、全光交换、全光自动驾驶，打造全光智慧城市的“神经网络”。围绕全光智慧城市建设的超低时延圈、OTN 光节点密度等得到各地高度认同并逐渐落地，多省市积极打造全光智慧城市群、城市超低时延圈，以高质量连接构筑智慧城市，并不断向全光城市群、城市带、都市圈延伸，助力网络强国、数字中国建设，打通城市信息的“大动脉”。

（二）“云数底座”已成为数字城市建设的关键基础设施

以 5G、千兆光网为基础的数字技术正驱动数字城市和数字经济向纵深发展，实现“双千兆”网络深度覆盖，构建“云网融合、算网一体”的算力基础设施底座，是实现城市网络化、数字化和智能化的必要前提。通过健全的数字底座推动政务互通、城市管理、应急指挥等领域的“一网统管”，促进城市全领域、全要素、全时段的数据全覆盖，实现“共建共享+群防群治”的一体化治理模式。

（三）大数据平台为城市治理方式的变革提供基础性支撑

随着大数据的广泛运用，城市治理已由传统的粗放式、经验型向数据化、智能化转变，在城市资源配置等方面发挥强大的统筹作用，提供精细化管理与公共服务，并通过数据管理、数据服务、数据辅助决策使城市治理方式发生根本性变革。此外，大数据能够推动城市政务数据、社会数据、环境数据及经济数据的汇聚、融合与模型构筑，并进行全方位的监测及预警，为城市的平稳安全运行提供更高效、便捷的手段。

二、城市运行管理的现状与挑战

2022 年 4 月 19 日，中央全面深化改革委员会第二十五次会议召开，强调要全面贯彻网络强国战略，把数字技术广泛应用于政府管理服务，推动政府数字化、智能化运行，为推进国家治理体系和治理能力现代化提供有力支撑。此外，《规划》也强调，以数字化驱动生产生活和治理方式变革，为以中国式现代化全面推进中华民族伟大复兴注入强大动力，并提出要推进数字社会治理精准化，普及数字生活智能化，打造智慧便民生活圈、新型数字消费业态、面向未来的智能化沉浸式服务体验。

随着数字化转型工作的开展，信息化与大数据在各个行业都有了一定程度的应用，人们已对其带来的高效性和智能化有了相当的认识，因此人们对于政府在城市运行及治理方面也有了更高的要求，希望改变办事难、流程烦琐、管理机械等传统体验。

当前，城市运行管理的问题主要体现在以下三个方面。

（一）行政资源遇到瓶颈

城市社区越来越密集，而基层管理过度依赖行政资源，对社会资源、市场资源的整合能力不强；而且随着城镇化率的持续提升，基层人员无法应对资源不足的问题。一方面城市规模和功能持续拓展，另一方面数字化治理资源与手段运用不足，因此，传统的人海战术已经力有不逮，必须加快实现城市数字化转型。

数字化转型本质上是一项多领域、多主体、多环节的综合性系统工程，在超大城市这一复杂巨系统中，经济、社会、治理全方位的数字化转型才是实现高效能治理的题中之义，因此，需要政府、企业、社会组织等社会多元主体共建、共治、共享。数字化转型同时也是体制机制的变革、生产生活方式的转变，以及治理理念、思想的更新，只有多元参与，协同多方行为，平衡多方利益，才能保证多方良性互动，形成良性循环。

城市全面数字化转型将推动经济、生活和治理等各领域发生整体性转变，结合人民的急、难、愁、盼等问题，以及企业供给、社会服务，在政府的引导下，以社会、经济、治理的全方位数字化为超大城市强基健体，赋能精细化治理，最终实现追求高品质生活、实施高效能治理的目标。

（二）数据资源难以贯通

各部门的信息化建设在前期都是各自开展、机房分散的，数据互联互通相对较弱，导致无法有力支撑多维度的数据获取与实时分析。在向大数据治理转型的过程中，需要经历一个跨区域、跨层级、跨部门、跨业务、跨系统的政务信息和数据资源互联互通整合建设阶段。

从部门化整合转向跨部门整合是整体政府建设的重要跨越。参考城市运行管理中心模式，投入专职人力聚焦研究与思考变革。在建设初期跨部门投入一定资源，通过协同机制创新，增强政府部门之间的跨边界协同整合能力。

现代政府擅长科层化运作，强调基于部门的分工运作与科层协作整合体系建设，而平台化运作则更加强调基于平台的共享集成、联动赋能，以及端到端贯通。平台化运作同科层化运作并不冲突，平台化运作仍须侧重于科层制架构，推动整体政府建设思路从点位式、线面式升级至立体式，催生了中国特色整体城市治理新思路。

（三）相关人才培养不易

开展城市运行治理需要实现政府的平台化运作，需要既懂技术又懂治理的“跨界人才”，而人才不是凭空产生的，他们需要在组织、信息与技术的不断碰撞交融中成长，因此城市治理中大数据应用的成熟度要低于行业大数据应用的成熟度。

大数据应用推动了城市运行管理的进一步发展，未来技术仍然会不断向前发展。随着城市全域要素的数字化，虚拟世界将会建立与实体社会一模一样的孪生系统。通过精准映射、全息镜像实现城市立体化感知，通过“物理—数字”虚实融合交互，为数字世界带来丰富的想象空间，使人们完成在物理世界中不可能完成的工作，实现在物理世界中不可能实现的仿真与数据推演。

要实现以上形式的城市数字化转型，相应的人才培养尤为重要。参与大数据深化城市运行管理的人员，既要了解政务的治理模式及获取相应的数据，又能将大数据及相关技术不断地优化应用到特定的场景中。随着使用场景及解决方案的不断增多，人才的价值体现和独特优势更加明显。

三、数字化综合解决方案赋能城市治理

数字时代的超大城市和特大城市治理，不仅是网络强国和数字中国战略的重要组成部分，也是国家治理体系和治理能力现代化的重要标志。我国超大城市和特大城市数量在世界上首屈一指，城区人口超过 1000 万人的超大城市有 7 个，城区人口为 500 万～1000 万人的特大城市有 14 个。在数字时代，万物互联，海量的人口和系统设备带来了海量的数据，也带来了大量的安全隐患和治

理难题，这为超大城市和特大城市的治理带来了新挑战，同时也为我国的城市数字化转型带来了新机遇。

以上海市为例。据统计，上海市目前的常住人口超过 2487 万人，流动人口超过 500 万人，24 米以上的高层建筑超过 7 万幢，电梯超过 27 万台，每月出行 3 天以上的机动车超过 765 万辆，轨道交通里程达 831 千米，工作日地铁客流量超过 1100 万人次，地下管线达 12 万千米，市场主体达 321.6 万家。

通过大力建设千兆光网和千兆 5G 融合的“双千兆”网络，上海市打造了超大规模、泛在、超宽、开放、随需的云网数字底座，实现了 16 个行政区全面的“双千兆”覆盖，住宅小区和商务楼宇已全面实现光网“万兆到楼，千兆到户”，千兆宽带覆盖 1000 万个家庭。

在网络覆盖能力支撑城市数字化建设的同时，网络也由云网融合向云网算融合演进，且网络品质持续提升。烽火通信科技股份有限公司协同上海市电信有限公司打造城域节点间全光互联，并构建带宽资源池，实现光层“一跳入云”并降低绕转时延。例如，双方共同合作开发的超低时延产品，通过构筑直达国内、国际交易中心的低时延专线，为聚焦上海市的大量金融客户和互联网企业提供零等待、零接触、零中断的网络服务体验。

在城市数字化转型的过程中，云网的构建只是完成数字化转型的基本要素，云网与算力的深度结合、大数据的加持应用，才是发挥数据要素潜能价值、实现数字化治理成效的关键。上海市城市运行管理中心的“一网统管”项目，以“一网管全城”作为建设目标，构建整合城市数据、信息资源的统一机制，着力解决城市运行治理中需要面对的超大规模、超高密度、高复杂性、高不确定性等难题，这极大地展现了大数据应用的独特价值。

（一）数据拉通、一网统管

“一网统管”就是要构建线上与线下联通、横向与纵向协同、技术与价值兼顾的全流程城市治理模式，打造超大规模的城市创新实践。在实践视角下，“一网”既是由无数城市元神经构成的全覆盖数据信息收集网，也是城市治理主体尤其是政府部门间横纵贯通的协同行动网。“统管”建立在“一网”之上，既是对治理主体与资源的统筹协调，也是对治理对象的梳理分类，进而以智慧化方式形成超大城市的全生命周期管理。“一网统管”使政府在城市运行综合管理系统的基础上，得以重塑城市治理的业务规则与流程。

1. “一网统管”平台依靠广泛的数据终端灵敏感知城市的“一吸一呼”，着力实现智慧治理

通过各类环境信息传感器、图像采集器等数据采集终端，“一网统管”平台能够灵敏感知城市的细微变化。以上海市普陀区长征镇建成的“鹰眼图像智能比对技术”系统为例，执法人员通过智能巡检系统，能够对违建行为展开 360°全方位、全天候的巡查监控，并快速进行纠偏。

2. “一网统管”注重提升行政部门的协同水平

超大城市的治理事项大多有归口的管理部门，可是在现实生活中，出现问题时仅一个部门难以有效处理，往往需要多部门通力配合方能妥善解决。因此，应通过对采集的数据进行深度加工，并打上标签，匹配管理平台上成熟的行政管理逻辑，从而实现整个事务的多部门协同、工作配合的井然有序。

3. “一网统管”平台力求实现公共事项的多层级闭环处理

以上海市杨浦区“一网统管”系统为例，该系统通过构建高效联动的处置机制实现街道内部的联勤联动。当在杨浦区处理一个事件时，首先会根据事件的复杂程度进行分级，简单的事件在小循环内被解决；在小循环内无法解决的事件则上传至街道层面联动处理；若还是无法处理，则进入区级大循环层面进行解决。在每个层级的循环中，系统会将事件派给指定部门，这些部门在解决事件后会同时向系统和当事人进行反馈。“一网统管”在每个事件的具体处理过程和处理层级两个方面实现闭环，这种闭环能够保证每个事件都会得到有效解决。

“一网统管”为上海市的智慧城市建设与智慧治理发展开辟了一条特色之路。这套系统将“技术铁三角”（算力、算法、数据）转化为“管理铁三角”（思路、算法、方法），从整体视角出发，合理调配资源，满足群众时刻变化的需求。

（二）解决“人海战术”失灵难题

在传统的城市治理中，“人海战术”能够较好地落实治理责任，实现治理目标。但随着经济社会的快速发展与城市问题的日益复杂化，城市治理面临诸多挑战，“人海战术”越来越不适应现代城市治理的要求。

例如，新冠疫情防控初期，需要对户、人、房、街、楼等进行精细化管理，

实时掌握在家观察人数、居民健康状况、沿街商铺防疫情况等动态数据。同时，也需要公安、卫健、机场、铁路、运营商、互联网公司等单位开展数据对接，汇聚涉疫人员信息、出行、住宿、快递物流、发热门诊、感知端等数据要素。这样大规模信息的获取、分析与及时处理是“人海战术”无法完成的，况且政务的资金与人力资源也不是无限的。在“一网统管”系统中，通过算法模型，对各类数据进行挖掘以便判别相关数据，从而使疫情防控工作更加精确。

传统的“人海战术”在处理非紧急事务时的确有其价值，但在获取变化的数据、实时处理与同步反馈事务时就显得力不从心了，由于效率低下，新的问题还会像滚雪球一样不断出现，因此大数据技术的引入在城市运行治理方面不仅是效率提升的量变，也是从无法应对问题到有能力解决问题的质变。

（三）智能预警、提前处置

传统的城市管理更多的是在问题发生后再处置，而大数据的引入能够使系统更加智能化，该技术能够不断分析多方数据的关联性，也能对多种数据的变化采取实时仿真与推演，还能针对推演结果不断地对前向数据进行反馈再推演，最终通过设定合理的预警阈值，达到提前预警、提前处置的目的。

借助数字技术手段能够实现风险应对能力的逐步提升，尤其是能够显著提高应对重大突发事件的响应速度及处置效果。在岁末年初的寒潮应对中，某基层区域通过供水管网中的 3 万多个传感器，对将近 9000 个小区进行水量监控，通过大数据、人工智能等数字技术建立自动预警系统，在水流减缓、水压降低后，相关责任部门可以第一时间进行数据告警，并派抢修队伍到达现场，常常在接到市民电话前，抢修人员就已经出发赶往现场，真正做到“让预警跑在老百姓报修前”。随着事后处理到预警处置的思路在各领域深入探索，未来城市运行管理的工作流程将从根本上发生改变。

四、展望

《规划》提出，到 2035 年，数字化发展水平进入世界前列，数字中国建设取得重大成就。随着新型城镇化建设的深入实施和数字中国战略的持续推进，数字技术与实体经济的融合愈发紧密，我国城市数字化转型正以前所未有的速度向前发展。展望未来，算网一体、数字孪生、元宇宙和 AIGC（人工智能内容生成）等新技术的广泛应用，将不断推动更多城市智能场景的落地。尤其是算力中心与智能平台的结合，能进一步增强城市数字基础设施的支撑能力，通过构建完善的算力调度机制，打造可跨域、可调度、可分配、可交易、可追溯的城市智能算力中心，并与交通、能源、水利、园区和物流等城市设施充分融合，催生大量以技术融合创新为特征的城市数字化新场景。数据作为城市数字化的核心要素，将逐渐从资源化向资产化、资本化方向发展，城市发展将从“人口红利”逐渐转向更具潜力的“数据红利”，在为城市数字化转型提供强大发展动力的同时，也带来更多新的变革和机遇！

【作者简介】

烽火通信科技股份有限公司，是国际知名的信息通信产品与解决方案提供商，是科技部认定的光通信领域“863”成果产业化基地和创新型企业。公司秉承“最大限度挖掘数字连接价值，造福人类社会”的使命，全力构筑先进技术，不断贡献烽火智慧，让更多的人享受到信息通信带来的美好生活。

集成电路、人工智能

集成电路产业是信息技术产业的核心，是支撑经济社会发展和保障国家安全的战略性、基础性和先导性产业。集成电路产业主要包括芯片设计业、芯片制造业、封装测试业、专用集成电路设备、仪器及材料等。

人工智能是研究、开发用于模拟、延伸和扩展人的智能的理论、方法、技术及应用系统的一门新的技术科学。该领域的研究包括机器人、语言识别、图像识别、自然语言处理和专家系统等。

新形势下半导体产业高质量发展的路径

无锡产业发展集团有限公司　　姚志勇

半导体产业作为产业转型升级的“转换纽带”，影响整个电子信息产业的发展，既能支撑传统工业的数字化、信息化改造，亦可衍生出人工智能、移动互联网等新兴产业生态。从 20 世纪 80 年代日美半导体贸易战到近年日韩半导体争端，再到新冠疫情进一步加剧的全球“芯片焦虑”，随着后摩尔时代的来临，我国半导体产业面临新机遇和新挑战，必须明晰目标、找准定位，寻求产业创新和升级，加快探索高质量发展之路。

一、半导体产业发展环境

（一）国际发展现状

受通货膨胀加剧、地缘政治动荡及新冠疫情持续蔓延等多种因素的影响，以消费电子为代表的终端需求萎缩，半导体行业自 2022 年年初进入下行周期。根据美国半导体行业协会公布的数据，2022 年全球半导体虽然依旧实现了 5735 亿美元的销售额，但全年 3.2%的增速远低于 2021 年的 26.2%。按地区划分，美洲、欧洲及日本市场的销售额均呈现一定程度的增长，中国（不包括港澳台地区数据）相比 2021 年下降了 6.3%，但仍在全球半导体市场中占比约 32.5%。

半导体行业具备较强的周期性及成长性。回顾过去 50 年，受终端需求驱动，行业呈现出持续增长的趋势，年销售额自 1997 年的 35.5 亿美元增长至 2022 年的 5735 亿美元，年均复合增长率达 22.6%。从长远来看，汽车电子、人工智能等终端应用也将驱动半导体行业不断发展。因此，为抢抓发展机遇，美国出台了《芯片和科学法案》，吸引行业巨头在美投资设厂，并不断加大对本土产业的扶持力度，同时联合日本及欧洲部分国家对核心设备、技术实施出口管制，从而巩固其在半导体产业的领导地位。

（二）国内发展现状

近年来，得益于我国政府的大力支持，半导体产业取得了长足发展。根据中国半导体行业协会的统计数据，2021 年我国半导体产业销售额为 13837.4 亿元人民币，较 2020 年同比增长 17.1%，呈现出快速增长的趋势，各细分领域内也涌现出一批诸如华为海思、中芯国际、长电科技等具备国际影响力的企业。同时，5G 技术、数据中心、物联网、智慧城市及汽车电子等新技术的快速普及和应用，亦为我国半导体产业的持续发展增添了强劲动能。

但是，在严峻的国际形势下，我国半导体供应链的国产替代需求愈发迫切。根据研究机构 IC Insights 的预测，我国半导体芯片自给率到 2026 年将达到 21.2%，仍然处于低位。从进出口数据来看，2022 年我国集成电路进口规模为 4156.0 亿美元，占全部进口商品的比重为 15.3%，仍是我国第一大进口商品，对外依存度高。

二、半导体产业链发展态势

（一）半导体产业链的基本结构

半导体产业链一般涵盖上、中、下游 3 个主要环节。其中，在上游环节，主要制造半导体所需的原材料和设备；在中游环节，主要制造半导体，涵盖设计、晶圆制造及封装测试三大环节；在下游环节，则将半导体作为中间品嵌入终端应用中。

在上游环节，硅片作为价值最高的半导体材料，市场高度集中，而日本占据主导地位，国内硅片企业加速扩充 8～12 英寸产能，竞争力不断提升；在半导体设备上，国内厂商较国外龙头企业起步较晚，产品覆盖程度仍处在较低水平，部分诸如射频发生器、阀门等核心零部件的自给率低于 5%；在电子特气、掩模板、光刻胶、EDA 等材料上，我国也依旧面临着“卡脖子”问题。

在中游领域，国外龙头企业大多采用 IDM 模式运营，以更好地发挥内部资源整合优势；而在中国，大约 2810 家初创或中小型 IC 设计企业仅能依靠中芯国际及华虹两个代工厂。在制造制程工艺上，受制于光刻机，除台湾地区外，中国大陆与世界领先水平也存在差距。目前，台积电已实现 5nm 芯片的量产，并积极推进 3nm 工艺制程的量产计划，代工份额稳居全球第一，而中国大陆地区仍以 28nm 以上成熟制程为主，因此在存储、CPU、GPU 等核心产品上，仍与国际先进水平存在明显差距。在封装测试上，中国大陆企业通过加强自主研发及并购整合，不断夯实行业地位，长电科技、通富微电、华天科技常年位居全球前十。

（二）半导体产业战略布局特征

当前，国内半导体产业集群主要集中在以江苏、上海为代表的长三角地区和以广州、深圳为代表的珠三角地区。长三角地区已经基本形成沿江两岸的“硅走廊带”和苏南的“硅谷”基地，其中无锡作为微电子的发源地，是全国八大集成电路设计产业基地之一，也是国家两家微电子高技术产业基地之一。2021 年，江苏省集成电路销售收入合计 2708.04 亿元人民币，其中无锡半导体产业规模在省内位居第一，达 1246.21 亿元人民币。

珠三角地区已经形成以中山、深圳和广州为代表的半导体产业基地。这里的半导体产业集聚体系非常发达，具有较高的半导体生产能力。华为、中兴、乐鑫科技等许多世界级半导体生产商均聚集于此，它们拥有强大的半导体生产能力和设计能力，在国际半导体产业领域也有着显著的影响力。

三、半导体产业的挑战及短板

半导体产业作为全球的科技制高点，一直以来都是各国重点发展的核心技术领域。近年来，我国在半导体行业虽已取得重要进展，但依旧面临着诸多挑战和问题，主要表现为：政府政策引导不足；核心零部件依赖进口；国产高端芯片产能不足，自主可控加工能力欠缺；缺乏核心技术支撑及专业型人才。

（一）政府政策引导不足

美国作为我国在半导体行业最大的竞争对手，始终在战略上高度关注产业发展。近年来，为了实现弯道超越，我国已做出巨大努力，出台了大量政策，并取得了一定成效，但仍有提升空间。这是因为我国的政策主要是围绕产业发展和企业运营制定的，而产业发展更多依赖企业和市场的自身行为，因此，我国出台的政策对半导体行业的引导存在着诸如系统性欠缺、市场思维及前瞻性有待提升等问题。

（二）核心零部件依赖进口

由于我国半导体产业起步晚、发展时间短、人才培养体系不完善，导致核心设备及零部件长期处于被海外企业垄断的状态。第一，海外企业在核心设备及零部件市场上占据主导地位，市场份额高达 70%以上；第二，海外企业生产的核心设备及零部件技术含量高，具有明显的技术优势；第三，海外企业生产的核心设备及零部件经过大量厂商长期的使用验证后，不断优化改进，在行业内处于领先地位。

（三）企业创新能力不足

当前，新一轮科技革命和产业变革突飞猛进，基础研究转化周期明显缩短，国际科技竞争向基础前沿前移。但我国半导体企业基于基础研究的科技创新能力仍较弱。在研发支出方面，尽管我国半导体产业的规模在不断扩大，但企业对研发的投入却远远不够，对于技术的创新能力也不够强。根据 IC Insights 发布的数据，在 2021 年全球半导体行业的研发支出中，美国企业排名第一，合计投入约 450 亿美元，而中国（不包括港澳台地区数据）企业研发支出近 20 亿美元，远低于世界先进水平。在专利数量方面，与其他国家相比，我国半导体产业的专利数量相对较少。根据国家知识产权局数据，我国半导体领域的专利申请量与授权量截至 2021 年均不及美国，相关企业的品牌影响力也不如美国、欧洲等国家的企业。

（四）国产高端芯片产能不足，自主可控加工能力欠缺

我国半导体芯片产业目前整体布局不平衡，存在高端领域布局不足，特别是自主可控加工能力欠缺问题。一方面，据 IC Insights 统计，除台湾地区外，2021 年中国大陆晶圆代工厂产能约占全球份额的 8.5%，且晶圆代工厂主要覆盖 28nm 及以上节点；另一方面，美国不断收紧对我国半导体的出口管制，限制高

端芯片技术及设备的出口，中国大陆作为全球最大的半导体市场之一，在高端芯片领域，尤其是先进制程方面仍存在较大的缺口。

（五）缺乏核心技术支撑及专业型人才

近年来，全国各地为了加大对半导体行业高技能人才的吸引力度，采取各种优惠措施推动成熟设计企业在当地开设分支机构。从国家到地方，均加大了对集成电路领域的人才培养，但是在高端领域仍然缺乏高层次技术人才队伍，尤其是对技术类人才和应用型、复合型人才的培养存在明显不足。我国在集成电路领域培养的专业型人才，与市场需求存在一定差别，因此我国集成电路产业人才队伍建设仍有较大的提升空间。

四、半导体产业发展对策与建议

（一）充分发挥政府作用，加强产业布局

第一，国家层面应完善产业链发展规划的建设。从国家层面制定完善的行业规划体系，建立健全产业链协同机制，推动重点企业、产业和区域协同发展。第二，应建立有效的政策支持和配套保障机制。提供集成电路产业中重点企业的融资、财税、土地等配套支持，以及技术、人才、资金方面扶持，以实现核心技术掌握在自己手中。第三，应积极推动国际合作。鼓励境外投资企业在国内开展集成电路产业相关业务，探索国际合作模式，推动国内集成电路人才培养与交流，促进技术和产品国际化。

例如，无锡高新区采取各项措施，积极推动华虹无锡集成电路研发和制造基地一期项目落户该区，该项目带来的价值远远超出投资额本身，这不仅是产业技术和发展思路的巨大创新，更体现出当地政府对于半导体产业发展的积极引导作用。随着一期项目的顺利落地以及市场对于芯片日益旺盛的需求，在政府、企业双方的共同推进下，华虹二期项目也将落户无锡高新区，这也为当地半导体行业的发展添加了新的动力。

（二）发挥企业的市场主体作用，提升产业链协同效应

鼓励芯片企业结合芯片设计和生产工艺特点，开展基于新技术、新工艺的

研发工作，提升集成电路产品生产的规模化水平和竞争力。一方面，通过对新技术和新产品的推广，将其应用场景与需求紧密联系在一起；另一方面，推动芯片技术研发与应用场景深度融合。

此外，针对集成电路设计企业、封装测试企业、测试设备生产企业和软件企业等不同类型的主体开展相应政策扶持及服务体系建设工作，建立全产业链服务体系。针对产业链条中创新链、研发链及成果转化链上缺少“最后一公里”的问题，政府可以通过设立专门机构或者制定相关政策，来促进产业链条中各主体间的联系，发挥企业的市场主体作用，提升产业链协同效应。

（三）培育半导体行业自主创新体系与人才队伍

一方面，要加大人才培养力度，健全和完善培养、管理机制。积极引入集成电路行业的专业人才，加强行业内的专业技能培训，建立符合产业发展需求的、有利于吸引高层次芯片人才创新创业的制度和政策环境。另一方面，在芯片产业集群建设方面，要加大资金支持力度和政策保障力度。

在具体实施方式上，可以通过加强宣传、举办展会等方式加快产业集群建设，也可以通过组织芯片设计、制造及封装测试方面的行业交流等形式提高产业集群竞争力，同时鼓励推动集成电路产业人才培养改革，将“集成电路学科”设置为一级学科，推动高校、企业协同培养人才，以满足行业的实际需要。

（四）加强关键技术攻关，加快芯片国产化步伐

要科学规划布局前瞻引领型、战略导向型、应用支撑型重大科技基础设施，多方合作开展联合攻关，加大对科技的投入力度，重视创新能力培育，为提高创新能力提供资金支持与技术支持，努力实现经济增长从要素驱动、投资驱动向创新驱动转变。

要打好芯片产业国产化攻坚战，不断提升国产化替代水平和应用规模，实现“中国芯”，以适应我国经济社会发展对集成电路产品的需求，建议国家持续加大力度：一是国家从财政、税收、金融等多方面支持半导体行业发展，鼓励企业建立芯片生产基地和研发中心；二是政府要大力支持本土企业技术创新，在技术、资金、人才上给予全方位的支持；三是充分发挥市场机制的作用，调动各类投资机构、科研机构及高等院校等多方力量参与，并制定相应激励政策

推动其发展壮大；四是鼓励国内外企业开展合作研发并建立生产基地等创新平台；五是加快我国芯片产业的发展步伐，努力提高国内芯片的生产能力和质量，着力增强晶圆制造的自主可控能力，必须突破既有技术路线封锁，加快采用先进封测技术的运用，如2.5D、3D、Chiplet等高端技术。

（五）构建半导体产业生态

通过加快基础设施建设、出台投资激励政策、加强投资研发和创新、加强全球合作等方式，努力构建半导体产业生态圈，有效推动半导体产业的发展，并进一步创造价值。

无锡目前已初步形成全球最大物联网产业集群之一，同时，无锡正努力构建半导体产业集聚的超级生态圈，这个生态圈将集聚全球高端人才、技术，并涵盖设计、制造和封装等集成电路的全产业链环节，通过大企业主导，将产业链上的各类客户、供应商集聚在一起，吸引产业链配套企业落户当地。由无锡产业发展集团积极参与推动的华虹、海力士二期和中环领先集成电路用大直径硅片3个超百亿元项目落户无锡，通过引进国内外大型的集成电路企业，以产业集聚实现产业跨越式发展。这也是无锡集成电路企业数量快速突破、产值规模持续进阶的重要原因。后续无锡仍将借助该生态圈稳步推进产业升级，实现跨产业发展的“乘数效应”。

【作者简介】

姚志勇先生，无锡产业发展集团有限公司党委书记、董事局主席，高级经济师，江苏省人大代表。兼任中国企业联合会理事，无锡市企业家协会副会长，无锡市人大法制委员会委员。曾任国联证券董事长、华英证券董事长。曾荣获无锡市劳动模范、无锡市“五一劳动奖章”。

人工智能开放平台赋能数字经济稳定发展

科大讯飞股份有限公司　　吴晓如

面对全球经济增长乏力、不确定性不断增加的复杂局面，在传统经济低迷的同时，数字经济正在成为新的亮点。中国信息通信研究院发布的《全球数字经济白皮书（2022 年）》显示，2021 年，全球 47 个主要经济体数字经济规模为 38.1 万亿美元，较 2020 年增长 5.1 万亿美元，占 GDP 比重为 45.0%。2022 年 11 月，国务院新闻办公室发布的《携手构建网络空间命运共同体》白皮书显示，截至 2021 年，中国数字经济规模连续多年位居全球第二，中国数字经济规模达到 45.5 万亿元人民币，占国内生产总值的比重为 39.8%，数字经济已成为推动经济增长的主要引擎之一，成为国民经济重要的组成部分。

透过数字经济蓬勃发展的势头，可以看到人工智能等新技术发挥的支撑性作用，这些技术产生了溢出带动性很强的“头雁”效应。“十四五”期间，人工智能作为新型基础设施、关键技术、先导产业及赋能引擎，将为数字经济的发展提供源源不断的强劲动力。

一、人工智能开放平台搭建数字经济的技术底座

在人工智能向千行百业融合渗透的同时，越来越多的人工智能开放平台也涌现出来。从 2017 年 11 月科技部公布首批国家人工智能开放创新平台名单至今，国家新一代人工智能开放创新平台已覆盖自动驾驶、城市大脑、医疗影像、智能语音、智能视觉、AI 芯片、图像感知、视觉计算等十余个人工智能重点细分领域。

要促进数字技术向经济社会和产业发展各领域广泛深入渗透，必须要在横

向覆盖的“广度”和垂直渗透的“深度”两个方向上发力，构建人工智能开源社区及开放平台是必由之路。

首先，人工智能开放平台依托行业领军企业的核心技术优势，能够提升行业上下游整体的创新能力和基础软硬件服务水平，成为人工智能技术创新的“发动机”。由于掌握人工智能底层技术及算法具有很高的门槛，我国人工智能企业通过自主创新实现了人工智能多项关键技术的自主可控，并通过搭建开放平台让更多企业和开发者能够进入人工智能产业化赛道。以智能语音国家人工智能开放创新平台为例，平台以“低代码”或“零代码”的方式将 548 项人工智能核心技术开放给开发者，让开发者像利用水和电一样利用这些技术去开发人工智能相关应用。

其次，人工智能开放平台不仅连接了人工智能企业与开发者，还可以连接各行业龙头，共同搭建行业的数字基线系统，成为人工智能与行业融合的“立交桥”。智能语音国家人工智能开放创新平台汇聚了超过 390.2 万名开发者，仅 2022 年一年就新增了 121 万名开发者，推出了超过 162.2 万款 AI 应用，覆盖教育、医疗、金融、汽车等 10 多个行业。平台联合行业龙头与 1600 多家生态伙伴，将行业基线系统向生态圈推广落地，促进行业数字化转型升级。

最后，人工智能开放平台不仅提供技术支持，还延伸出数据、测试、资金、运营、孵化、上市指导等多元化服务，融合地方政府、产业界、科研院所、高校等资源，成为引导科技型中小微企业和开发者创新创业的“加速器”，构建全行业协同创新创业的良好生态。

我国正处于新旧动能转换的关键阶段，千行百业对新技术的需求十分旺盛，这也是人工智能开放平台强劲增长的内在逻辑。一方面，人工智能为行业数字化、智能化提供支撑；另一方面，丰富的行业实践提供了海量的用户数据，反哺了技术的迭代进化，从而形成技术进步与应用推广相互促进的良性循环。

过去一年中，人工智能开放平台上的技术发展呈现出“单技术突破+多技术融合创新”的特点。

在单技术突破方面，国内人工智能企业在国际语音识别大赛 OpenASR 中，包揽了 22 项第一；在图像识别、常识推理等比赛中，国内企业也获得了 10 余项世界冠军。

在多技术融合创新方面，首先，融合语音、视觉、触觉等技术的 AI 多模感知，能够增强机器对外部世界的感知，让人机交互更加自然和个性。即使在多人说话的强噪场景下，结合人脸、唇形、语音等多模态信息的互补，也能将主说话人的干净人声分离出来，显著提升识别效果。其次，融合语音、形象和情感的多维表达，通过少量的有监督数据，可以训练得到语义人设与音色空间的映射关系，实现语义可控的声音创造，让机器学会声情并茂地演讲，让用户感受到技术的温度。再次，通过机器学习将各种行业知识形成对知识图谱和理解体系的深度理解，使人们可以了解不同行业的知识。最后，基于多模态强化学习的运动控制算法，能够快速构建机器人的运动和交互能力，让机器人不仅能听会说，能理解会思考，而且能更灵活地运动。

随着人工智能技术的不断进步，人工智能开放平台的行业应用也呈现出三个发展趋势。

一是连接终端更加多元。从传统的手机、平板、电视，转变为汽车和机器设备等多元终端接入。尤其是我国人工智能企业自主研发的多语种语音交互技术，已经在多个国产汽车、家电品牌产品上得到应用，助力中国制造“出海”。

二是行业融合更加深入。人工智能开放平台不仅在传统互联网擅长的商业消费场景得到应用，在教育、医疗、工业、汽车等实体经济领域也打造了越来越多的示范应用。

三是虚实融合更加丰富。虚实融合包括人机深度协同、虚拟世界和实体经济的融合等，典型代表是 AI 虚拟人。随着语音合成、多模感知等技术的进步，我们不仅能让虚拟人做媲美真人的语音播报，还能使其兼具情感和个性，架起虚拟和现实的沟通桥梁，在传媒、金融、文旅、政企等众多场景中为人类提供切实的帮助。

二、人工智能开放平台赋能数字经济的行业实践

当前，人工智能已在教育、医疗、金融、城市、工业等行业深入落地融合。特别是在新冠疫情暴发后，各行业数字化、智能化应用加速，人工智能应用场景迅速铺开。

在教育领域，AI 赋能的精准教学成为“双减”背景下重要的解题思路。人工智能精准教学系统通过大数据与人工智能技术挖掘学生的学业数据，分析学生的常态化学情，帮助老师设计课堂教学重点，聚焦共性的薄弱知识点，有效提升教学效率。目前全国已有上万所学校部署此类精准教学系统，有效缩短了

教师的备课时间，减少了学生 50%以上无效、低效的做作业时间。

在医疗领域，人工智能全科辅助诊断系统已通过国家执业医师资格考试，在全国 30 个省市近 400 个区县常态化应用，服务了 5.6 万名基层医生，累计提供辅助诊断超 5.6 亿次，修正不合理诊断 125 万次，有效提升了基层诊疗水平，防止错诊漏诊。目前，行业正在探索将认知智能技术与运动智能技术融合，开发预问诊机器人、心理健康咨询机器人和养老陪伴机器人等产品，进一步赋能基层医疗、健康管理和养老等领域。

在城市领域，服务数字经济、政府治理、社会民生等成为智慧城市的重点发展方向，智慧城市利用新 IT 打破设备组织间的数据孤岛，打造城市超脑、一网统管、一网通办、疫情防控等创新解决方案，取得了良好的建设成效。

在金融领域，银行的 AI 智能客服已经可以分流 30%以上的人工工作量，让服务效率提高 50%以上。在风险防控、用户发展及营销等更多的流程里，人工智能技术也在加速渗透。

在工业领域，智能语音、人工智能技术已渗透到“研产供销服管”全域工业场景，覆盖电力、矿山、燃气、钢铁等多个行业，提供智能巡检、设备预测性维护、产品质检、安全生产、节能减排、智能排产、数字采购等解决方案，全面助力工业企业数字化改造。依托工业声纹 AI 技术构建的全矿井信息化和自动化双平台，覆盖了淮河能源集团矿井全业务流程，打通了数据孤岛，让工人从“来回跑”解决问题变成“动动手”解决问题，实现十余个岗位的少人化、无人化值守。

三、推动人工智能开放平台迈上新台阶

当前，我国正处于新旧动能转换期，房地产及重化工业等传统增长动能动力逐渐减弱。要实现经济高质量发展，需要人工智能等“新的增长引擎”迸发更为强劲的动力。

要让新的增长引擎持续带动千行百业，领航未来的高质量发展，就要遵循党的二十大报告提出的“推动战略性新兴产业融合集群发展”，瞄准世界科技革命和产业变革方向，充分激发自身的活力潜力，加强千行百业与新引擎的耦合关联。基于人工智能开放平台实现“人工智能企业+行业龙头+开发者”的三维合作模式，促进更大范围、更深层次的应用创新。

未来人工智能开放平台的发展需要从四个关键点入手：一是为实体经济和虚拟经济提供更强大的 AI 能力；二是实现场景智能需要运用更高效的行业知识，AI LAB 模型云可以帮助研发人员用更少的数据训练多场景模型；三是人机协同需要人更高效地使用 AI 工具，AI RPA 超自动化可以让合作伙伴更便捷地使用其开放平台工具；四是关注隐私保护、数据安全，以及 AI 使用的便捷性。

在人工智能开放平台的发展战略上，需要不断提升技术的领先度和平台开放能力，这一过程是 AI 技术走进千家万户、赋能千行百业的过程，更是百万开发者共同用创新助推数字经济发展的过程。未来，无论是个人应用还是行业应用，无论是蓬勃发展的虚拟数字人行业还是蓄势待发的实体机器人产业，都能够通过升级版的人工智能开放平台获得全方位的技术支持，为数实融合注入无限想象。

【作者简介】

吴晓如先生，科大讯飞股份有限公司联合创始人，现任科大讯飞总裁、董事，享受国务院政府特殊津贴专家，多次主持、参加国家“863”重点项目和国家自然基金项目，取得了丰硕的科研成果，曾获国家科技进步二等奖、信息产业重大技术发明奖等奖项。

加快汽车操作系统的创新与发展

中科创达软件股份有限公司　　赵鸿飞

自 1886 年世界上第一辆汽车诞生至今，整个汽车产业已经发生了翻天覆地的变化。我国汽车产业虽然起步较晚，但在党中央、国务院的领导下，在产业各方的共同努力下，我国汽车产业发展已取得举世瞩目的成就，2022 年我国汽车产销近 2700 万辆，汽车保有量达到 3.15 亿辆，其中新能源车销量超过 680 万辆，已连续 8 年稳居世界第一。汽车产业是国民经济的重要支柱产业，也是新技术应用最广泛、最深入的工业领域之一。

在数字经济时代，智能网联汽车将成为汽车产业创新发展的重要方向，智能网联汽车也呈现出强劲的发展势头，自动驾驶产业化应用的进程提速。江西、湖北、河北、上海等多个省市也将智能网联汽车加入“十四五”先导工程或前瞻布局的赛道。随着智能网联汽车的大规模量产落地，2022—2025 年，自动驾驶功能的渗透率将加速提升，汽车“智能化”将迈入新纪元。

一、汽车操作系统的概念及发展状况

随着汽车不断向智能化方向发展，以单片机为核心的传统分布式电子电气架构已经很难满足未来智能汽车产品的开发需求，汽车电子电气架构正在从传统分布式架构向域架构、中央计算架构转变，在软硬持续分离、软件重新定义汽车的背景下，汽车操作系统正在变得越来越重要。我国 IT 产业长期以来面临“缺芯少魂”的严峻局面，操作系统作为软件的灵魂，是产业链上最重要的基础软件，向上支撑服务应用软件，向下支撑、兼容所有硬件。如何突破操作系统关键技术，建立基于自主操作系统的生态环境，是我国科技产业亟待突破的关键课题之一，其中，汽车操作系统是行业竞争的焦点，也是引领汽车产业发展的战略制高点。

对比 PC（个人计算机）和智能手机的发展历史，在智能化过程中，智能设备发展到一定程度后一般都需要配备操作系统，操作系统在智能设备中负责智能应用和硬件之间的相互通信，是最关键的部分。汽车操作系统是运行于车内的系统程序集合，向上能够支撑汽车应用程序的开发、人机交互的设计、数据的传输，向下能够调动不同架构的硬件和底层软件，以最优的效率管理和调度包括主控芯片、传感器、执行器等在内的硬件资源，合理安排任务的优先级，确保多项智能化任务协调、安全、高效地进行。

汽车操作系统既是智能网联时代下主机厂定义差异化用户体验的基石，也是其构建软件价值链和生态圈的入口。因此，在智能汽车时代，在汽车操作系统起步阶段，要紧紧把握历史机遇，提前布局并培育相关能力，从而奠定我国在车用操作系统的领先优势。

汽车操作系统植根于传统汽车电子产品，是从传统汽车电子不断演变而来的。传统汽车电子产品可分为两类：一类是汽车电子控制装置，通过直接向执行机构（如电子阀门、继电器开关、执行马达）发送指令，控制车辆关键部件（如发动机、变速箱、动力电池）协同工作，这类装置一般统称为电子控制单元（ECU）；另一类是车载电子设备，如仪表、娱乐音响、导航系统、抬头显示（HUD）等，这类设备不直接参与汽车行驶的控制决策，不会对车辆行驶性能和安全产生影响，通常统称为车载座舱系统（Cockpit）。与此对应，按照《车用操作系统标准体系》划分，汽车操作系统分为两类，分别是车控操作系统和车载操作系统，车控操作系统主要面向经典车辆控制领域；车载操作系统主要面向信息娱乐和智能座舱领域。其中车控操作系统又分为安全车控操作系统和智能驾驶操作系统。

由于车控操作系统主要负责车身控制，包含车辆底盘控制、动力系统控制等，因此对安全性和实时性要求比较高，系统要求长时间稳定运行，任务调度周期也要在毫秒级。车载操作系统主要面向信息娱乐和智能座舱，安全性和可靠性要求相对较低，更注重生态资源的丰富性、服务和应用的多样性，从而满足用户的个性化需求。

没有统一标准、各自为战是目前车用操作系统的现状。所谓的自研操作系统，是指在 QNX、Linux 等基础型内核之上进行开发，并自研中间件和应用软件的操作系统。车企在选择操作系统内核时，主要考虑安全性、可靠性、开放性、可扩展性、易用性及成本等因素，再结合自身需求及能力体系来做权衡。例如，对于实时性、安全性好的操作系统 QNX、RT Linux 等，车企会优先考虑将其运用到对实时性、功能安全要求更高的驾驶域。然而对应用生态丰富度要求高的座舱域，车企可以在 Android、Linux 等开放性好的内核基础上打造座舱域操作系统。

国内 Android 生态环境较好且开发成本低，国内厂商偏好使用 Android 作为底层操作系统。对于车企而言，自研操作系统内核成本高，更多是在现有内核的基础上进行开发的。

二、我国发展汽车操作系统的机遇与挑战

（一）我国发展汽车操作系统的历史机遇

在政治上，汽车供应链安全，以及智能汽车的数据安全、网络安全、信息安全得到政府、主机厂等的关注，并获得政策、技术、人才资源的倾斜。近年来，受国际关系、疫情防控影响，汽车产业链各环节都面临着核心技术缺失、关键零部件断供等问题，供应链安全已成为政府及行业的首要关注点，相关技术、人才资源随之大量向薄弱环节倾斜，这也为车用操作系统领域实现技术突破提供了必备条件。同时，为了产业安全和大国担当，我们应该自主研究和开发车用操作系统。在过去的 70 年里，我国汽车产业向世界汽车产业学习，引进了大量先进技术，这符合产业规律和国际规则。现在，我国已成为世界汽车第一产销大国，科技投入、人才队伍都位居世界汽车产业前列，我国已有良好的汽车原创技术发展条件，理应自主开展车用操作系统研发工作，为世界汽车产业发展做出自己的贡献。

在经济上，我国汽车操作系统市场是一片蓝海，发展潜力巨大，特别是在数字经济的带动下，产业链各方都积极加大投入。随着智能网联汽车的高速发展，汽车增加了更多的智能传感器，需要对海量数据进行采集、处理和共享，而作为智能网联汽车的“大脑”，汽车操作系统的重要性愈发凸显。在内燃机时代，我国汽车的核心零部件技术一直被外资品牌主导。在电动车时代，我国起步早，市场规模领先，已经具备一定的先发优势。受国家大力支持新能源汽车

的影响，随着智能网联、自动驾驶等技术的不断进步，国家发展改革委联合工业和信息化部等 11 个部门联合印发了《智能汽车创新发展战略》等支持车载操作系统与自动驾驶发展的政策，全产业链齐发力，中国汽车操作系统迎来发展良机，为数字经济发展插上腾飞的翅膀。

在社会上，国内具备得天独厚的市场条件。首先，我国当前是全球新能源汽车最大的单一市场，为操作系统的发展提供了良好土壤。其次，相较于国外企业，本土企业在本土化应用生态资源获取、用户需求理解、场景理解和本土客户（主机厂及终端客户）支持等方面都有着得天独厚的地缘优势。最后，我国拥有特色的车路云一体化融合智能驾驶技术路线以及车云协同的信息安全战略，国产操作系统企业在对这些政策和技术路线的理解上拥有天然的优势。

在技术上，当下全球仍处于智能网联汽车普及阶段，国际上车用操作系统也没有发展成熟，特别是在智能驾驶和信息娱乐系统领域，市面上尚未形成在技术或市场份额上具有统治力的垄断企业或寡头企业，这也为我国企业的全球业务拓展提供了广阔的发展空间。同时，车用操作系统正由传统汽车电子向智能领域发展，随着汽车电子架构不断向集中化方向迭代升级，用一个中央计算单元控制整车成为趋势，未来融合各操作系统于一体的整车操作系统成为各车企目标。跨多个域、端的整套服务框架更加高效，更能实现多样化、差异化的功能和服务，会推动产业创新并发挥出更大的技术推动力。

在以上政治、经济、社会、技术的变化及驱动下，自主车用操作系统将成为车企研发和竞争的焦点，我国有望在车用操作系统领域打破传统核心零部件产业被外资企业主导的局面，面临难得的历史发展机遇。

（二）车用操作系统多元并存，亟须协同整合

在软件定义汽车的发展趋势下，车用操作系统的地位尤为重要。但是，当前我国车用操作系统的发展面临着一些突出问题。

一是关键核心技术仍受制于人。现有大部分车用操作系统是基于 QNX、Linux、Android 系统的二次开发，对其内核等核心技术掌握不足，操作系统开发需要的工具链、安全体系、程序库等主要被国外机构掌握。由于技术产品基础薄弱、专业人才不足、生态支撑能力差、市场拓展困难等因素，我国在车用操作系统特别是传统车控领域话语权仍然不强。

二是自主创新能力依然不足。我国车用操作系统的发展仍处于初期阶段，在智能车控、自动驾驶关键核心技术研发，以及软硬件兼容适配等方面缺乏自主创新能力。在车控、车载关键核心标准制定，以及应用软件、配套硬件供给方面与国外仍存在一定差距。

三是生态支撑能力有待加强。企业间、企业与科研机构间的技术合作、资本合作等合作模式有待探索，产学研用协同创新体系尚未形成。特别是由于国外操作系统已经形成较高的技术壁垒，自主操作系统很难快速打开市场，造成系统开发者、软件开发者和使用者等各主体难以有效聚集，尚未形成良性循环的生态圈。

三、我国车用操作系统的发展路径及展望

（一）我国车用操作系统的发展路径

从整车电子电气架构技术发展看，从分布式向集中式发展的趋势已经形成，当前汽车电子电气架构正逐步迈入跨域集中式阶段，显著特点是“域融合、区集中”，即车端功能逐步向几个主要功能域融合，传感器、执行器等逐步通过区域控制器进行区域集中化接入。未来，随着电子电气架构向中央计算平台进一步演进，硬件架构会越来越集中到一个或几个有限的、算力更加强大的计算单元上，智能驾驶、座舱、车身功能域将出现计算平台融合的发展趋势，因此融合架构的复杂车用操作系统应用会越来越广泛。

（二）我国车用操作系统的发展展望：自主可控，开放包容

首先是组织协同，即加强顶层设计，发挥政府、行业协会的引导作用。

操作系统研发技术门槛高、投入周期较长，需要长期的持续建设，应该从国家层面实施统一规划，加强顶层设计和组织协同，制定我国车用操作系统的发展纲领、产业政策、发展方向和准入原则与资质等，同时建议设立重大技术专项基金、产业引导和发展基金，组织和协调企业与科研院所进行核心技术攻关，鼓励和协调中国车用操作系统产业链的发展等。

我国汽车基础软件生态委员会和芯片联盟等行业组织，要为行业创新搭建平台，协商制定行业统一的技术框架，制定统一的行业标准，促进全行业协同

发展；要加快建立车用操作系统标准体系，涵盖接口、功能软件、信息安全、通信等标准规范制定。

其次是技术协同，即加强自主创新，提供开放、兼容的技术能力。

加强技术创新资金支持，通过核高基、国家重点研发计划等专项加大技术攻关投入，建议政府将汽车操作系统的研究开发列入国家级研究开发计划，并给予资金方面的支持，加强产业投资引导，鼓励社会资本重点投向车用操作系统等智能化关键技术研发领域。

夯实基础，补齐车用特别是车控操作系统短板。衔接核高基科技重大专项成果，加强跨行业的技术协同，在技术路径、体系架构等方面形成共识，提供开放、兼容的技术能力。

最后是生态协同，即加强产业链合作，建立可持续的生态体系。

加强生态协同和产业链合作，建立起统一的车用操作系统技术规范和标准，推动相关企业形成联盟，同时建立起产业发展部际协调机制，加强操作系统与整车、芯片等关键零部件，以及网络运营商等产业链各主体的协同创新发展，打造完整、可持续的产业生态。

支持车企与操作系统企业加强合作、加快布局，制定符合国产汽车硬件配置的车用操作系统行业标准，提升车用操作系统领域话语权。有优势的企业强强联合，如将整车企业、软件企业和芯片企业进行组合，各自发挥优势，打通软件、硬件和整车应用全链条。基于不同的操作系统分类进行产业链协同、分类施策，对标强项，补强弱项，以评促建补齐缺项。进行市场化运作，有优势的组合要发挥引领作用，相互竞争，相互借鉴，从而建立可持续的生态体系。

【作者简介】

赵鸿飞先生，中科创达软件股份有限公司创始人、董事长兼总经理。曾任恩益禧－中科院软件研究所有限公司销售部长、北大青鸟海外事业部副总经理。曾荣获“科技部 2013 年创新人才推进计划——科技创新创业人才”“中关村高端领军人才——创业未来之星”等奖项。

中国元宇宙发展现状与展望

浙江毫微科技有限公司　　孔剑平

2022 年是元宇宙相关产业井喷式发展的一年。在政策层面，各地方政府关注技术、应用场景，助力元宇宙发展。在政策加持下，各地元宇宙产业园、产业基金等不断完善，为元宇宙场景的最终形成奠定了基础。在产业链层面，技术、内容密集型企业成为元宇宙概念的搭建核心。在企业层面，各企业围绕自身需求，打造数字空间，发布数字藏品，聘用虚拟员工，期望通过元宇宙实现新一轮的营销与产业升级。本文结合元宇宙技术应用及我国元宇宙产业发展现状，对我国元宇宙产业发展进行展望。

一、元宇宙的预测：数实共生

数实共生，意味着将一切进行数字化，走进“3D 智能生活”，这是目前来看处于强劲攫升中的大趋势。在这一趋势中，分别有一些加速因子和制约因子。

加速因子 1 是通用人工智能（Artificial General Intelligence，AGI）/人工智能生成内容（Artificial Intelligence Generated Content，AIGC）。这是一个非常确定性的加速因子，数据的生产者从人类转移到了代码，以致 AI 可以自己生成代码。未来 3D 数据将大范围被 AI 驱动生产，同时为 AI 所用。

加速因子 2 是数字资产。这是一个高速增长的潜在加速因子，以金融科技为切入点，从传统银行的限制交易时间、清结算制度，到 24 小时不间断运营，甚至到去中心化金融（Decentralized Finance，Defi）的链上运营，全面重建新的金融规范。结合第三代互联网（Web3）、非同质化代币（Non-Fungible Token，NFT）等数字原生资产，使得传统金融市场体系得以迭代。

制约因子 1 是 AR（Augmented Reality，增强现实）智能眼镜。作为手机之后的下一代智能终端，一直在小型化等方面进展缓慢，同时在电池、能耗等方面也有显著的瓶颈。作为替代方案之一的裸眼 3D，目前也发展缓慢。

制约因子 2 是网络（物联网/算力网络）。在数实共生中，工业元宇宙、数字孪生走向双向交互，物联网的延时、安全性等问题没有得到系统解决；3D 实时交互的弹性算力网络，目前还没有实现大范围的应用，需要芯片、协议及大型基础设施的创新，从而进行突破。

制约因子 3 是社会规范的滞后。数字人与真实人是什么关系？作为机器人的特斯拉汽车，与其车主是什么关系？这一系列涉及数字伦理的问题，都没有得到普适性的解决。由此诞生出的如 AI 威胁论等，在某种程度上会抑制大模型的发展。

二、元宇宙技术和应用的框架

在元宇宙的底层（基建层），元宇宙算力（Meta Computing Power，MCP）是基础部件。从中央处理器（Central Processing Unit，CPU）到图形处理器（Graphics Processing Unit，GPU），再到数据处理器（Data Processing Unit，DPU）的超大规模异构计算网络模式，MCP 将成为新的基础设施，替代原先的信息通信技术（Information and Communications Technology，ICT）。

在元宇宙的中间层，AI（以 OpenAI 为代表）和金融（以 Defi 为代表）是新型部件。中间层向下穿透到底层，如 OpenAI 需要用到底层的云算力，向上可渗透到应用，如 OpenAI 赋能给搜索引擎 Bing、办公软件 Office 等。

在元宇宙的应用层，大量的行业应用是最终的实现目标。在媒体、娱乐、制造、服务等行业，皆出现了元宇宙相关产品。如元宇宙会议室，能够让人们身临其境地开会，减少了人们的通勤成本。

同时，在应用层的推进过程中，需要促进沉淀中间件、新型基础设施的创新，而不是应用项目制的旧模式。元宇宙的发展是非线性的，底层、中间层、应用层三层叠加，同时发展。这要求在设计的架构上，需要使用生态的思维，在制作应用的过程中，尽可能沉淀应用的底层能力，使其成为中间层、底层，减少重复的工作量，同时可服务于其他应用。

三、元宇宙的产业现状

（一）政府积极推进

全国各地都在出台各类积极的政策。例如，为落实《中华人民共和国国民经济和社会发展第十四个五年规划和2035年远景目标纲要》和八部门联合印发的《推进工业文化发展实施方案（2021—2025年）》，实施新时代中国工业形象塑造和对外传播工程，采用数字技术方式弘扬中国工业精神、传播中国工业文化，工业和信息化部工业文化发展中心筹建工业元宇宙服务平台，并于2022年推出首批工业文化数字藏品。《上海市培育“元宇宙”新赛道行动方案（2022—2025年）》提出到2025年“元宇宙”相关产业规模达到3500亿元人民币，培育10家以上具有国际竞争力的创新型头部企业和“链主企业”，打造100家以上掌握核心技术、高能级高成长的“专精特新”企业。2022年4月，粤港澳大湾区首个元宇宙专项扶持政策《广州市黄埔区 广州开发区促进元宇宙创新发展办法》发布，以期引领新一轮科技革命和产业变革，为广东省、广州市元宇宙领域产业发展提供试点经验和示范引领。2022年10月，工业元宇宙协同发展组织在京正式成立，会议通过了工业元宇宙协同发展组织章程和组织机构，并发布《工业元宇宙创新发展三年行动计划（2022—2025）》，着力推动工业元宇宙的技术储备、标准研制、应用培育和生态构建全方位健康发展。香港近期将会出台的Web3相关政策，也是一大利好。

（二）应用存在瓶颈

作为新一代互联网，数字资产以及游戏、互动内容，目前的创新性不够，受制于基建的限制，供给侧很难得以完善，从而难以充分给予用户较好的体验。例如，大型场景的多人同屏在线，容易出现延时、卡帧等情况，用户体验不佳。

（三）元宇宙可能的副作用

从现代服务业来看，金融中间件如何发挥作用这一问题没有得到很好的解决，同时失控的去中心化金融容易被不法分子利用，衍生出金融犯罪活动。另外，AI的出现也会为基层从业者带来就业难题，高盛曾报道AI将使得西方国家3亿人失业，放在国内来看可能会带来较大的民生问题。

（四）市场突破点

目前，我们可总结出几个市场突破点：①人与 AI 共生，利用 AI 加速生产能力；②实现 AR 的硬件落地、技术突破，并将其嵌入人们的现实生活中；③元宇宙内容生态重构，新的终端带来新的内容生态；④教育元宇宙可以在每个家庭中使用，在元宇宙中提供更好的教育服务等；⑤3D 打印技术的发展，使得数字 IP（Intellectual Property，知识产权）资产能够被物理化，从而深化人与数字资产的情感连接等。

四、元宇宙的发展展望

（一）潜在市场规模巨大

Meta 委托国际经济咨询公司 Analysis Group 编写了一份元宇宙白皮书，该报告以移动设备的发展为依据，预测了元宇宙技术对全球经济的影响；如果元宇宙技术从 2022 年开始被采用，那么到 2031 年，元宇宙技术将为全球 GDP 贡献 3 万亿美元，其中 1/3 来自亚太地区。

清华大学新媒体研究院发布《2023 年中国元宇宙产业全景图谱》，预测中国元宇宙行业市场规模在 2027 年将超过 2 万亿元人民币。此外，《中国元宇宙投融资数据报告》显示，目前中国元宇宙融资额达 54.6 亿元人民币，虚拟人企业达 16 万家，支持元宇宙的省市达 20 多个。德勤中国副首席执行官兼首席质量与转型官刘明华指出，2030 年，中国元宇宙市场规模将达 40 万亿元人民币，将达到 GDP 的 20%。

（二）数字化进程的深化与加速

在应用层，数字化快速渗透。移动互联网的渗透率已经见顶，其他行业的数字化正在全面加速。例如，全国各地的数字孪生等示范项目，如数字文旅，都在高速推进中。旅游这一活动也被赋予了新的含义，数实融合拓展了地理的边界。

（三）内容生态的重构

在内容的终端载体上，即将到来的智能眼镜等可穿戴设备，势必会带来全新的内容形式。这里有着 AR 元宇宙内容生态大爆发的机会。

同时，家庭娱乐中心、酒店、KTV 等线下各场景的元宇宙入口装置，也有着全新化内容生态的机会。例如，在家庭场景中，还有比较大的教育元宇宙的机会，通过元宇宙内容，提供更优质的教育服务，让儿童身临其境地学习，快速地掌握知识内容。

（四）基建的创新

在物理层，创新的设备、操作系统、开源模式等，可以带动智能物联网下一阶段的发展。将物理世界接入数字世界，实现可触达的元宇宙。

在计算层，如边缘计算等，可提供元宇宙底层算力。以 iPollo 为代表的分布式渲染网络、分布式 AI 计算网络构成的弹性计算网络，将成为元宇宙底层最重要的基建。分布式实时渲染网络，使得高精度画面、多人同屏的元宇宙得以流畅运行；分布式 AI 计算网络则将提供元宇宙 AIGC 的数据原料，大大提高元宇宙创造的生产力。

总之，中国元宇宙目前处于行业的巨大红利期，在底层、中间层、应用层都有着显著的创新机会。未来的元宇宙，将是人类社会深入数字化之后的终局，数实共生，人人将生活在元宇宙中，元宇宙也将服务于所有人。

【作者简介】

孔剑平先生，Nano Labs（纳斯达克代码：NA）创始人和首席执行官，浙江毫微科技有限公司董事长，香港数码港管理有限公司董事。曾任嘉楠科技（纳斯达克代码：CAN）董事会联合主席。长期从事企业经营管理和新技术创新管理工作，在区块链、AI 和元宇宙等领域商业化方面具有丰富经验。

我国协作机器人行业发展现状、挑战与展望

遨博（北京）智能科技股份有限公司　　魏洪兴

一、协作机器人行业发展概览

（一）协作机器人的诞生

1996 年，美国西北大学的 J.Edward Colgate 与 Michael Peshkin 两位教授首次提出了协作机器人的概念。协作机器人（Collaborative Robot）是一种可以安全地与人类直接交互或接触的机器人，其拓展了机器人功能内涵中“人”的属性，具备一定的自主能力和协作能力，可在非结构化环境下与人配合完成复杂的动作和任务，具有安全、易于部署、操作简单、运动灵活、综合成本低等优点。

随着智能制造水平的提高和互联网商业模式的盛行，生产模式正快速从少品种、大批量向多品种、小批量转变。制造企业普遍面临着人力成本日益增长、产品需求多样化及产量需求时刻变化等挑战，需要更柔性、更高效的解决方案。因此，能够与人协同工作的协作机器人在汽车、机械加工、3C 电子、无人零售、仓储物流、检测试验、理疗按摩等行业得到了越来越多的应用。

如今，全球工业机器人企业纷纷布局协作机器人，包括被称为机器人“四大家族”的 ABB、KUKA（库卡）、FANUC（发那科）、YASKAWA（安川），大型工业企业 Omron（欧姆龙）、BOSCH（博世）、COMAU（柯马），以及初创企业 UR（优傲）、Franka 等。我国也涌现出一批协作机器人企业，如遨博、节卡、大族、达明、艾利特、珞石等，协作机器人在我国发展迅猛，我国已经成为全球最大的协作机器人市场之一。

（二）协作机器人市场概况

2018—2020年，全球协作机器人出货增速放缓，但整体仍维持较高的增长率。2020年，受新冠疫情影响，市场需求有所停滞。据Yano Research Institute统计，2021年协作机器人全球销量约为44716台，同比增长175.50%，市场规模约为1540.14亿日元，同比增长171.20%。

据MIR睿工业统计，2021年我国协作机器人出货量为15663台，同比增长108.50%，出货量约占全球市场的35.03%。2022年，根据高工机器人（GGII）统计数据，我国六轴及以上协作机器人出货量为19500台，市场规模约为21.53亿元人民币，同比增长5.61%。GGII预计，截至2026年，我国六轴及以上协作机器人出货量将接近6万台。其中，国产厂商贡献卓越。通过不断加强技术及产品创新，国产厂商逐步打破外资品牌市场垄断地位。2020年和2021年，外资品牌UR（优傲）机器人在中国的市场份额均退居第二，国产品牌遨博跃居第一。

二、协作机器人的技术发展

目前，协作机器人技术主要面临着如何优化结构、如何与感知技术结合、如何更加智能、如何与人类默契相处等一系列问题。近年来，协作机器人技术研究也正从这几个方面展开，以满足不同应用场景需求。

（一）结构：高功率密度与柔顺运动

协作机器人的特点在于人机协作、与环境交互，在保证安全性的同时，还要高效完成工作任务，因此协作机器人既要有轻量化的机械本体结构，又必须具备柔顺运动性能。

在机械本体结构方面，研究者们希望通过开发高能量密度的高效关节驱动单元，突破重量小、精度高的新型传动技术，研制轻质、柔顺多关节仿生化机械系统，重点研究机器人动力学控制及高效计算方法，构建高能量密度、高集成度的一体化驱动关节。同时，通过优化设计方法，解决协作机器人结构优化中存在的位姿及非结构参数影响、多目标耦合等问题，有效提高协作机器人的刚度及动态性能。

在柔顺运动方面，准确获取外部力/力矩信息成为协作机器人运动柔顺性控制及安全防护的关键。一种方法是在每个关节都集成力矩传感器进行测量，进而估算出机器人末端的外部力，缺点是对硬件设计要求较高，成本也很高。另一种方法是通过获取电机的电流、转矩及关节转角信号，利用动力学模型方法重建外部力信息，此方法成本较低且在实际应用中达到了较好的效果，目前市场主流产品均采用此方法。

（二）感知：多模态传感信息融合

协作机器人的设计理念是可以实现人机协作，因此存在安全碰撞要求，须具备力的感知能力。为了应对精细工作和检测、定位等挑战，需要集成视觉感知能力。另外，研究者也开始研究集成触觉感知、声音感知、空间环境感知、手势感知等能力的协作机器人。就感知技术而言，每种传感器都有局限性，单一传感器只能反映出部分环境信息，为了提高整个系统的有效性和稳定性，进行多传感器信息融合已经成为必然要求。因此，多模态传感信息融合是协作机器人领域的研究热点，并且呈现出与脑神经科学、生物技术、人工智能、认知科学、网络大数据技术等深度交叉融合的态势。

协作机器人未来的研究方向为主动感知与自然交互理论及方法，将会有更多传感器加入及更多多模态信息融合，使协作机器人能够感知安全环境，通过声音、手势、图形等理解人类指令。通过研究多模态信息融合与跨模态信息迁移模型，融合视觉、力觉、触觉、位置、手势、体势等信号特征，实现环境感知和人类指令理解，从而实现机器人与人之间的智能交互，进行相互的意图理解与信息交流。

（三）人机交互：协作模式自适应匹配

人与机器人的交互是实现人机协作的关键。这里的“交互”并不限于语音或肢体层面，更多的是指广义上的控制与反馈。传统方法使用控制器编辑指令对机器人的运动进行控制，随着人与机械臂的近距离接触，拖动示教已被广泛应用，部分机器人还集成了视觉系统。此外，还有研究人员利用惯性测量单元（IMU）对机器人进行体感示教，实现了机器人与人的非接触同步运动，这在对精度要求不高的服务业中非常实用。

使协作机器人具备自适应人机交互协作能力也是研究的重点方向。研究者将人机交互场景归纳为对抗、合作、协同三种状态，作为场景描述的基本单元。建立基于机器人视觉与力觉的人类意图观测器，搭建人机信息交互渠道，研究面向人机安全智能融合的交互意图理解，建立基于行为层和任务层的用户意图分层模型，研究基于多传感器协同感知的交互行为动作预测方法，通过人与物体及机器人在交互过程中的传感数据的时空变化关系理解人的行为意图，实现对人类意图的识别。根据协作机器人任务特点与任务的不同阶段，结合人类的行为与意图定义协作场景。基于场景优化协作策略，实现人机协作控制。基于交互力特性的协作评判指标，实现基于角色分配与协作评判指标的机器人协作角色在线切换。基于任务的目标优化函数，设计机器人动态调节控制器，实现基于任务的机器人最优协作控制。

（四）自主决策：与人工智能（AI）的深度融合

当前，协作机器人的应用面虽然越来越广泛，但在复杂作业、自适应可重构的装配、对非结构化环境的感知，以及与人协作等方面需要更加智能化。轻型本体是协作机器人的载体，AI 是协作机器人的灵魂。以机械、结构以及传统的控制技术作为基础，以视觉、力觉、触觉等感知信息作为支撑，AI 技术则是让协作机器人大规模发挥价值的内核。通过赋予协作机器人“AI 大脑”，完成任务级别的智能编程，最终使协作机器人适应非结构化环境。很多研究人员认为，AI 赋能也许才是协作机器人最终的进化方向。

先进的控制算法是实现机器人高度智能的主要手段。未来的研究方向为实现机器人的自主控制与灵巧操作，通过专家系统、机器学习、自动推理和算法进化等人工智能方法，深入研究面向复杂环境与复杂任务的自主控制技术，辨识机器人的动力学行为，以及智能操控与环境之间的关系和影响规律，从而实现机器人的自主控制与灵巧操作。

三、我国协作机器人的行业应用

协作机器人在诞生之初主要应用在汽车零部件、机械加工、3C 电子等行业，经历了导入、迭代、再导入的反复磨练。2021 年，中国协作机器人开拓了医疗健康、高危环境、新零售等多个新场景，这些场景具有可复制、大批量的应用特性，展现出巨大的市场潜力。

（一）工业应用

协作机器人支持工厂通过人机协作缩小装配线规模，还支持工厂按照当前工作环境的需要部署人力或部署机器人，从而减少人力成本。协作机器人在产线中的应用，既缩小了生产场地面积，又降低了劳动强度，还消除了不安全因素，极大地提高了生产效率，降低了生产成本。因此，协作机器人在工业领域的应用越来越普遍，国际机器人联合会（IFR）预测，到 2025 年，协作机器人的销量将占据全球工业机器人总销量的 34%，而在 2016 年，协作机器人仅占全球工业机器人总销量的 3%。

从工艺流程的角度来区分，目前协作机器人能够实现的工序作业有装配、搬运、贴标、上下料、喷涂与涂胶、质检与测量、包装码垛、打磨抛光等。持续打磨协作机器人的工艺，包括多机协同、路径优化、姿态优化等，将有助于加快其在工业场景的应用。同时，对负载、生态协作和场景细分等课题持续钻研，是协作机器人在未来工业场景中蓬勃发展的坚实基础。协作机器人应用于人机协作生产线如图 1 所示。

图 1　协作机器人应用于人机协作生产线

（二）非工业应用

相较于交互性较弱的传统工业机器人，协作机器人具有较高的灵活性、安全性和易用性，因此拥有更广阔的应用前景。

目前，协作机器人已在商业和医疗服务业展现出增长潜力。例如，协作机器人与传统康复理疗行业相结合，研发集多功能康复理疗技术和机器人智能控制技术于一体的智能康复理疗机器人，可以进行按、压、推、揉等动作。该类康复理疗机器人已在市场中应用上千台，相比人工，机器人培训时间短、工作时间长，能够提供标准化服务，智能康复理疗机器人工作场景如图 2 所示。在饮品服务方面，协作机器人可完成接单、冲泡、拉花、出单等工序，实现无人值守；在自助零售方面，协作机器人通过与客户端对接，完成下单、抓取、打包、出库等任务，实现物资出库全程自动化作业；在农业采摘方面，协作机器人通过视觉系统识别果蔬成熟度和位置，用末端执行器完成采摘，并将果蔬放置于指定容器中，节省人力；在医疗手术方面，各类手术机器人纷纷获批上市，其应用将手术技术标准化，缩小甚至消除医院、医生之间的能力差距。

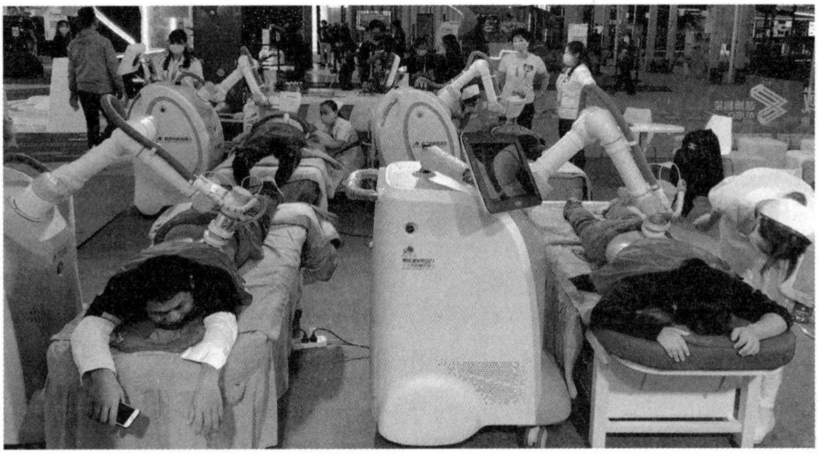

图 2　智能康复理疗机器人工作场景

同时，我们也应看到，协作机器人在很多非工业场景中市场培育周期较长，需要大量的现场解决方案，研发和售后服务在推广初期成本较高。

四、协作机器人行业发展展望

（一）前景展望

一是政策利好。我国向来高度重视制造业的发展，将坚持创新驱动发展提升到国家战略地位，协作机器人高度契合制造业对于智能制造、人机协同、柔性制造的转型需求，可以极大地提升与其他行业的连接度，扩展行业的新增量、新场景、新空间。

2016 年至今，工业和信息化部、科学技术部、国家发展和改革委员会和商务部等多部门不断出台引导机器人产业健康发展的规范性文件及政策，重点关注推动前沿技术发展、推进产业化示范、加快产业化升级等课题。多省相继出台促进工业机器人产业发展的相关政策。北京、上海、广州提出要构建机器人产业生态，明确发展先进制造业；江苏、湖南、安徽等南方省份设置科技专项资金以支持机器人核心技术研发、核心零部件攻关；甘肃、辽宁等北方省份强调建立技术创新中心，重点发展机器人全系列产品。

上述一系列政策的出台，为关键技术突破、产业化应用以及产业链完善提供了政策保障，加快了全面实现智能制造的步伐，也为市场释放了信号，从而提振了市场信心。

二是市场利好。2022 年，由中国电子学会组织编写的《中国机器人产业发展报告（2022 年）》（以下简称《报告》）在世界机器人大会上发布，《报告》显示，预计 2022 年，中国机器人市场规模将达到 174 亿美元，5 年年均增长率达到 22%。其中，工业机器人市场规模将有望达到 87 亿美元，服务机器人市场规模有望达到 65 亿美元，特种机器人市场规模有望达到 22 亿美元。

未来，协作机器人乃至工业机器人的市场有望持续利好。首先，新冠疫情为智能制造按下“快进键”，增强了制造业、服务业使用机器人的意愿。其次，从工业场景到非工业场景的应用突破，为协作机器人的大批量应用增添了可能，未来现场解决方案的进步将为大批量应用铺平道路。最后，我国机器人产业链的形成与完善，将为机器人乃至经济社会的发展注入强劲动能。例如，山东、江苏、广东、上海等省市正在形成机器人产业集群，未来将发挥产业规模效应、产业链协同效应，助力我国机器人市场蓬勃发展。

三是新产品入场，拓展应用边界。协作机器人的负载通常远远小于传统工业机器人，因此负载大小曾被看作区分二者的一个维度。随着近年来协作机器人市场竞争的加剧，新松、优傲、遨博、珞石等国内外厂商均已推出负载 20 千克的协作机器人，标志着行业将进入大负载时代，其可应用在机床上下料、码垛、装载、焊接等场景中，被认为是 SCARA 机器人和工业小六轴机器人强有力的竞争对手。

移动机器人和协作机器人结合形成的移动协作机器人，有望成为热门产品，该类机器人可以自主移动至作业对象周围，拓宽了作业领域和范围，可应用于 3C、半导体、新能源、物流、智能检测、农业采摘、档案管理和无人零售等行业。移动协作机器人是本体、移动底座、视觉、末端抓手等设备的集成之作，“手眼脚”并用，帮助释放更多人力，提高作业效率。目前移动协作机器人尚未实现大批量应用，但已有多家厂商入局，未来移动机器人的发展将有望影响行业格局。

（二）风险提示

值得注意的是，我国协作机器人行业依然存在很多问题。

首先，软件与算法是薄弱环节。协作机器人的作业要覆盖喷涂、码垛、焊接、点胶、上下料等多种工艺，而软件与算法贯穿了底层基础理论、核心零部件技术、系统技术、集成应用技术及产线技术，需要研发人员具备一定的编程水平。然而与发达国家相比，我国从业人员的软件知识积累较为薄弱，习惯依赖国外软件，这种现状应引起业界警惕。其次，资本入局将是一把双刃剑。随着协作机器人产品技术的不断迭代和新场景的不断开拓，全球协作机器人出货量或将呈现持续增长的态势。预计2022—2030年，全球协作机器人市场规模年均复合增长率将达到20%。目前新厂商入局众多，资本也随之涌入，国内单个厂商融资上亿元人民币的资讯已经屡见不鲜。资本的青睐有助于激励新厂商、新产品和新技术的发展。反之，资本的大量涌入也不可避免地加快了该产业的"内卷化"，价格战一触即发。能否在价格战下保障产品的可靠性，能否保持定力进行关键技术攻关，是影响甚至决定该产业未来走向的重要因素。最后，在很多领域的国际标准制定方面，我国都落后于欧美国家。掌握国际标准的制定权意味着掌握了该行业的全球话语权。我国协作机器人的销量及影响力已经接近甚至赶超国外同类产品，从战略层面考虑，当前应集中行业力量制定相关国际标准，争取全球话语权，引领产业发展。

【作者简介】

魏洪兴先生，遨博（北京）智能科技股份有限公司创始人，教授、博士生导师。全国机器人标准化技术委员会（SAT/TC591）委员。长期致力于机器人及系统集成研究工作，申请专利30多项，2017年获北京市科学技术奖二等奖，2018年被评为中关村高端领军人才。

新能源、碳中和

新能源产业是我国战略性新兴产业之一，主要包括锂电产业、核电产业、风能产业、太阳能产业、生物质能及其他新能源产业。

实现碳中和，是党中央统筹国内国际两个大局做出的重大战略决策，是着力解决资源环境约束突出问题、实现中华民族永续发展的必然选择，是构建人类命运共同体的庄严承诺。

坚持高质量发展
强化新能源电池全球领先优势

宁德时代新能源科技股份有限公司　　曾毓群

发展新能源汽车是我国从汽车大国迈向汽车强国的必由之路，是应对气候变化、推动绿色发展的战略举措。发展新型储能是构建新型电力系统的关键环节，是实现碳达峰碳中和目标的重要支撑。新能源电池是发展新能源汽车、新型储能的核心部件。党的十八大以来，我国政府和新能源电池企业用“滚石上山、久久为功”的干劲儿，新能源电池产销量连续 8 年位居世界首位，成绩举世瞩目，有力推动了全球交通电动化、电力清洁化的发展进程。党的二十大报告指出，高质量发展是全面建设社会主义现代化国家的首要任务。当前，新能源电池产业发展进入新阶段，面对日趋复杂的外部形势和日益严峻的国际竞争，我国新能源电池产业需要朝着高质量发展方向纵深迈进，从而更好地巩固和提升我国的国际领先地位。对此，笔者结合多年的工作经验及行业认知，形成了如下思考。

一、新能源电池产业高质量发展的基本内涵

习近平总书记指出，高质量发展，就是能够很好满足人民日益增长的美好生活需要的发展，是体现新发展理念的发展，是创新成为第一动力、协调成为内生特点、绿色成为普遍形态、开放成为必由之路、共享成为根本目的的发展。习近平总书记关于高质量发展的重要论述，为新发展阶段推动高质量发展提供了根本的理论指导和行动指南。落实到新能源电池产业上来看，可概括为以下几点。

（一）自主创新

自主创新是引领产业高质量发展的第一动力。新能源电池产业的技术密集度高、产品迭代快、研发投入大，决定了产业的高质量发展必须是能够充分释放创新潜力、激发创新活力的生态式发展，是能够不断提升行业产品和服务品质的比拼式发展。如此，才能够更好地创造新技术、新材料、新产品，形成新供给，激发新需求，拓展新市场，塑造新优势，从而更好地推动我国新能源电池产业向着“微笑曲线”的两端奋力攀升。

（二）健全协调

新能源电池产业涉及面广、产业链长，从锂、镍、钴等关键矿产资源的开采提炼，到碳酸锂等原材料、正负极材料、隔膜、电解液、电子元器件、结构件、锂电设备的研发，再到电池集成制造、装机配套应用，直至电池报废后的梯次利用、循环再生等，环节众多。各环节畅通稳定是产业平稳健康发展的基础，也是我国新能源电池产业应对外部风险挑战、在国际竞争中赢得主动权的关键。当前严峻复杂的国际环境，决定了产业的高质量发展必须是内外联动、融通发展的协同式发展，必须是自主可靠、安全可控的稳定式发展。例如，2021年以来，锂资源价格的疯狂上涨，使我国新能源电池企业和整车企业承受了巨大压力，国际竞争力也受到削弱。同时，充换电配套设施供给不足，也是新能源汽车推广普及的限制因素。

（三）低碳绿色

推动经济社会发展绿色化、低碳化是实现高质量发展的关键环节。据中国汽车技术研究中心有限公司（CATARC）测算，从全生命周期碳排放来看，新能源汽车较传统燃油车可减少 43.4%的碳排放，而新能源电池占到新能源汽车碳排放的 37.4%。在全面电动化后，新能源汽车的碳排放如何继续降低，已成为重要课题。欧盟已启动《电池与废电池法规》的修订工作，拟对电池增加一系列碳足迹强制性要求。在“双碳”目标叠加海外绿色贸易壁垒趋严形势下，产业的高质量发展必须是全面构建绿色生产方式和制造体系的综合性发展，是能够将低碳零碳目标嵌入每个环节的深入式发展。如此，才能真正提高资源综合利用效率和环境友好程度，让新能源电池产业切实走上绿色低碳道路。

（四）坚持开放

汽车产业是全球化竞争最充分的产业之一，开放是产业实现高质量发展的必由之路。大众、丰田等车企巨头及博世等零部件龙头均在全球化布局和国际化竞争中不断提升核心竞争力，从而赢得优势地位，塑造品牌形象。新能源电池作为新能源汽车的核心零部件，对整车安全、性能、成本有决定性影响。当前，全球竞争依然激烈，国际格局尚未固定，为保持我国新能源电池的领先地位，必须“走出去”参与国际竞争，加快开拓海外市场，积极参与相关国际规则、标准等的制修订，形成与产业规模和地位相匹配的国际化能力，这是我国新能源电池企业发展的高级阶段，也符合我国汽车产业的长远利益。

（五）普惠共享

新能源电池产业主要面向的是与广大人民群众息息相关的出行及用能领域，共享是产业高质量发展的最终目的。产业的高质量发展必须是能够满足广大人民群众更美好的出行需求及用能需求的普惠式发展，能够不断通过技术革新，产出更具性价比、更好美誉度的产品。例如，加快发展“车电分离”“电池银行”“共享储能”等新模式、新业态的示范应用，并加大推广力度，可以让更大范围的广大人民群众共享最新发展成果。

二、我国新能源电池产业发展的现状及挑战

在国家政策支持引导和全行业共同努力下，我国新能源电池产业快速发展。在动力电池方面，我国新能源汽车进入全面市场拓展期，动力电池装机量保持快速增长，2022 年全年装机量达 295GW • h，累计同比增长 90.7%。国外调研机构 SNE Research 的统计数据显示，在全球动力电池装机量排名前十的企业中，我国企业占据 6 席，合计占全球市场比重达 60.4%，同比增长 12.2 个百分点。在储能电池方面，我国电池储能产业进入规模化发展新阶段，2022 年全年储能电池产量突破 100GW • h，累计装机增速超过 130%。国外研究机构 InfoLink Consulting 的统计数据显示，在全球储能电池出货量排名前五的企业中，我国企业占据 4 席。总体来看，当前我国新能源电池产业持续保持快速增长态势，产业规模不断扩大，行业应用加速拓展，助推“双碳”进程不断加快，但也

面临如下挑战。

（一）全球竞争进入“白热化”阶段

当前，全球动力电池市场呈中国、日本、韩国三国鼎立局面，竞争异常激烈。我国虽凭借国内新能源汽车产业先发优势及超大市场规模优势，占领了全球动力电池约 60%的市场份额，但主要配套国内市场，海外市场份额低于日本、韩国等。从海外市场来看，欧美陆续出台产业扶持政策，加快动力电池本土化生产及新能源电动汽车发展进程，尤其是美国出台的《通胀消减法案》，对搭载本土化动力电池的新能源汽车，给予每辆车 7500 美元的购置补贴。在法案刺激下，预计美国新能源汽车的全球份额会快速攀升至全球的 30%左右，并一跃成为全球第二大新能源电动汽车市场。长远看，欧美是全球新能源汽车重要的增量市场，是未来全球竞争格局的决定性因素。现阶段，日本、韩国已加速欧美本地化产能布局，统计数据显示，2022 年日本、韩国在美国的动力电池市场占有率达 84%，在美国的本土化产能约为 57GW · h，到 2025 年将增长 7 倍。

（二）国内竞争面临“低质化”趋向

近年来，随着新能源汽车、新型储能的爆发式增长，新能源电池成为投资热点，不少企业和资本跨界入局，同质化、低质化的盲目投资时有发生，甚至出现不少抄袭侵权、恶意挖墙脚的现象。同时，受新能源汽车补贴正式退出、储能产品价格成本疏导机制尚未理顺等影响，部分新能源汽车企业、新型储能项目会选择低成本、低质量的产品，导致“劣币驱逐良币”，行业发展恐进入低水平竞争和低质量发展的状态。

（三）产业链“低碳化”进程缓慢

原材料获取环节的碳排放占到新能源电池全生命周期碳排放的 80%以上，产业链上游企业降碳是产业低碳化的关键，但由于降碳须在前期进行大量的基础设施建设及减排技术部署，企业难以平衡短期经营收益与长期绿色效益，进行绿色低碳升级改造的主动意愿不强；同时，我国尚未明确产业链协同降碳的技术标准、评价规范、披露规则等，尚未形成清晰可执行的碳中和路线图，有意愿进行升级改造的上游企业对协同降碳的认识不足、方向不明、路径不清，降碳工作难以协同推进。

（四）原材料面临“卡脖子”风险

锂是新能源电池最关键的上游原材料，成本占比大，对外依存度高。近年来，锂资源争夺日益激烈，掌控资源的国家组建联盟意图垄断并要求产业链本地化，美西方也正在加强上游资源协同。同时，国外矿产巨头加快组建联盟操纵锂资源价格，攫取我国原材料加工、电池制造和整车生产环节的大部分利润，恐致我国新能源电池产业难以维持高研发投入，存在技术被国外厂商赶超的风险；另外，暴涨的原材料价格完全吞噬了近年来通过补贴拉动的行业降本，影响了行业快速电动化的发展势头。

三、实现新能源电池产业高质量发展的关键举措

（一）积极参与国际竞争

在统筹发展和安全的基础上，在把握好风险的前提下，加快高水平“走出去”，做好海外投资布局工作，推进我国供应链参与海外市场竞争，进一步带动国内产业高质量发展。深度参与全球产业分工和资源配置，积极参与高质量共建“一带一路”，提高开拓市场、适应国际规则、引领全球标准的能力，提升中国制造和中国品牌的全球竞争力与美誉度。

（二）引导产业有序发展

建立健全产业发展机制，引导形成依靠“技术、管理创新”提升可持续发展竞争力的发展理念，加快完善产品质量体系和市场价格机制，支持高水平、高安全产品推广应用，让有高质量供给的企业脱颖而出并实现合理收益，形成产业强大的“头部优势区”。全面提升知识产权创造、运用、保护、管理和服务水平，加强知识产权保护力度，加大对重点领域、关键环节侵犯知识产权行为的打击力度，增强企业持续加大研发投入的动力和信心，更好地激发全社会的创新活力。

（三）建立碳足迹政策体系

加快启动碳足迹方法论研究，参考和借鉴国际规则的框架与基本原则，分别从生产、技术、回收、绿电认证、测试等角度结合我国产业发展的实际情况，尽快制定并发布我国电池碳足迹规范、规则。加快启动碳足迹数据库研究，从

电力碳排放因子入手，重点开展碳排放占比最高的正、负极及其上游材料的碳排放研究，结合国际公认的披露原则和我国的实际情况，建立并披露我国的碳排放因子数据库。制定扶持政策，并将扶持政策与碳足迹挂钩，鼓励绿色低碳产品的推广应用，把绿色低碳打造成我国新能源电池新的国际竞争力。加强国际合作，充分结合中欧各自优势，共同研究制定框架和原则基本统一的碳足迹规则，力争实现中欧“法论互通”“数据库互认”。

（四）开展“零碳示范区”建设

支持有条件的地区优先开展“零碳示范区”建设，先行先试推进新技术、新产品、新模式示范应用，为全国提供可操作、可复制、可推广的低碳转型方案，助力全国“双碳”目标的顺利实现。支持“零碳示范区”开展交通绿色低碳转型行动，允许先行出台禁燃时间表，加快地区交通全面电动化进程；支持“零碳示范区”开展电力绿色低碳转型行动，允许因地制宜发展绿色电力并明确配储比例，加快提升地区绿电供给及保障能力。

（五）做好锂资源稳供保价

加快实施新一轮战略性矿产国内找矿行动，加强重点成锂带勘探，实现大型接替矿区找锂重大突破。支持建立政府与企业共同参与锂资源勘探的机制，加快国内锂资源开发，建设协同互济的上下游锂产业链条，“以我为主”保障供应链安全。统筹国内新能源电池企业和产业链优势企业的合理需求，并形成合力，共同出海收购和开发更多矿产资源。

【作者简介】

曾毓群先生，宁德时代新能源科技股份有限公司董事长，全国政协委员，全国工商联副主席，亚洲固态离子协会理事，中科院物理所清洁能源中心学术委员会委员，世界知名电池专家。曾获美国国家先进技术电池联盟终身成就奖；带领宁德时代成为全球动力及储能电池出货量第一的企业。

加快锂电储能战略性基础产业布局和发展

中国电子信息产业发展研究院　　刘文强

发展储能是风光可再生能源晋升为主力电源的必经之路，是能源系统全面电气化转型的关键保障，是我国实现“双碳”目标不可或缺的重要支撑。受益于新能源汽车产业的拉动，我国锂电池产业规模迅速扩张、成本快速下降、技术不断突破，锂电储能在新型储能技术中一枝独秀，产业迎来爆发式增长，发展前景和市场空间巨大。美国、欧洲、日本、韩国等在战略层面都积极布局，我国具备产业、技术、资源、市场等综合优势，应尽快从国家战略层面制定锂电储能发展战略，加快产业布局和发展，将其打造为与电动汽车类似的另一个具有全球战略性竞争优势的产业，加速奠定我国在能源转型和碳减排中的全球引领者地位。

一、锂电储能产业正迎来重大历史性机遇

要实现“双碳”目标，需要一场广泛而深刻的新能源革命，而储能是支撑新能源大规模应用从而推动碳达峰碳中和的必要条件。虽然目前抽水蓄能仍占全球储能累计装机规模的 85%以上，但现阶段的全球储能市场增量主要来自以锂电储能为代表的新型储能。锂电储能装机规模快速提升，占全球储能累计装机规模的比重已超 10%。

（一）锂电储能优势明显，已成为主流技术路线

锂电储能技术适应性强、应用范围广、场景多。锂电储能具有能量密度大、综合效率高、响应速度快、使用寿命长、不受地形等自然条件限制、建设周期

短等优点，是目前储能产品开发中适应性最好的技术路线之一，可适应复杂的应用场景，在发电侧、用户侧、电网侧等主要储能领域均有很强的竞争力。

锂电池产业配套能力强，规模经济效应显著。在新能源汽车销量迅猛增长的带动下，锂电池行业也保持了良好的发展势头，据统计，2022 年我国锂电池产量超过 700GW・h，同比增长超过 1 倍。这为锂电储能产业发展奠定了坚实基础，尤其是成本低、安全性较好的磷酸铁锂电池产量迅速增长，产业配套能力不断增强，将有力支撑锂电池在储能领域的大量应用。

锂电储能产业融合延伸性好。以新能源、电动汽车、智能电网为代表的能源革命正在全球范围深入发展，锂电储能产业将是推动新一轮能源变革的重要纽带。锂电储能是新能源产业发展的重要延伸和主要方向，发展锂电储能可以解决新能源发电不稳定和并网技术问题，提高电能质量，实现新能源高效利用。此外，锂电储能与电动汽车动力电池产业高度融合，有利于构建更为完善的产业链和供应链。

（二）锂电储能发展空间广阔，已具备大规模应用条件

“新能源+储能”是推动碳达峰碳中和的关键支撑，总体上看，储能尤其是锂电储能产业正迎来重大的历史性机遇。

智能电网、能源互联网建设亟待补齐储能这一关键短板。过去 20 年，全球能源与电力市场结构正在发生根本性变革；光伏风电一度被认为是“垃圾电”，以光伏风电为代表的可再生能源逐渐从微不足道的新能源挑战者，日益成为传统化石能源中不可小觑的新能源结构替代者；电力系统逐步从电厂→输电网→配电网→终端用户的单向传送模式，演变为发电端、输电端和终端用户端均可能产生电力供给的新型电力系统。储能技术的进步完美地规避了新能源电源非同步式、不稳定、分散式、对电网带来不可预测冲击的弊端，很好地解决了传统电网平衡需求和突发停电事故发生的矛盾；储能对电网平衡的意义愈发重要，智能电网、能源互联网的发展亟待补齐这一关键短板。

全球碳达峰碳中和愿景与能源低碳转型为储能发展创造了巨大空间。为实现“双碳”目标，必须建成一个以可再生能源为主体的“近零排放”能源体系，电能占终端能源消费的比重将超过 60%。风光可再生能源成为主力电源，能源交通全面电动化转型，必然带来高比例可再生能源接入和大规模波动性负荷；要应对此严峻挑战，只有配套相应的储能设施才能避免电力系统的崩溃，并充

分消纳风光等新能源。预计到 2030 年，我国风力发电、光伏发电装机将超过 12 亿千瓦，仅此即需要新增配备 1.5 亿千瓦的储能设备。

锂电储能已具备大规模商业化应用的现实条件。受益于新能源汽车的拉动，锂电池行业迅猛发展，锂电储能技术持续进步。2022 年，锂电储能占全球新增新型储能规模的比重超过 90%，近 3 年平均增长 60%。锂电储能系统成本已基本与抽水蓄能平齐，锂电储能克服了抽水蓄能的场址选择受限、建设周期长、投资高、生态影响大等劣势，同时还具备配置灵活、适应性强、响应迅速、适应功率和容量型应用需求等优势，是解决“弃风弃光”发展瓶颈的首选方案，是风光可再生能源晋升为电网主力电源的现实路径，已成为全球公认的未来战略方向。

二、欧洲、美国、日本、韩国等纷纷加速布局锂电储能产业发展

欧洲、美国、日本、韩国等主要经济体纷纷积极布局锂电储能发展，储能产业的全球竞争格局正在加快形成。欧洲、美国、日本、韩国等政府积极布局抢夺主导权，甚至试图通过排他性政策建立本土产业链供应链。

从战略层面来看，欧洲、美国、日本、韩国等政府纷纷将发展电池产业上升为国家或地区战略，并于近期出台了一系列发展规划、技术路线图和相关支持政策，期望从政策、金融、市场、技术和人才等方面加大投入力度，以促进电池产业加快本土化发展，抢占储能的全球技术创新地位和领导地位。

从产业链供应链层面来看，欧洲、美国、日本、韩国等国家和地区的锂电池技术原始创新能力突出，关键生产装备及底层开发软件完善，相关国家对全球锂资源的掌控能力强，如欧洲、美国、日本在原始创新尤其是先进正极材料、高容量硅碳负极材料、隔膜上游 PP 和 PE 材料、高性能黏结剂材料等方面具有明显优势。

从市场发展层面来看，各类细分应用市场丰富，如英国、美国、韩国、德国调频市场，日本用户侧市场，澳大利亚及欧美户用储能市场正不断延伸，分布式“光伏+储能”、综合能源服务、数据中心等领域细分市场不断涌现储能商机。英国、美国的部分电网正加速形成电化学储能在电网侧应用的领先者，其电网服务规则、商业融资模式等正成为世界其他类似国家政策制定和商业模式创新的楷模。

三、我国锂电储能产业具备明显的综合竞争优势

我国新能源汽车快速发展，带动了动力电池行业的迅猛发展，使得我国成为全球锂电池产业链供应链的重要环节，为我国的锂电储能产业发展奠定了巨大的竞争优势。

（一）产业规模全球领先

2022 年 1—10 月，我国锂电池总产量超过 580GW・h。从锂电储能的应用情况来看，根据中关村储能产业技术联盟（CNESA）的不完全统计，截至 2021 年年底，我国锂电储能累计装机 5.2GW，占全球的 22.3%。此外，全球排名前十的锂电池企业中，我国有宁德时代、比亚迪、中创新航、国轩高科、远景动力等企业；且配套产业链非常完善，以阳光电源、南都电源等为代表的逆变器、系统集成企业都在加速布局、发展储能；金风科技、明阳智能、隆基绿能、通威股份、天合光能等全球领先的风电、光电企业也受到高度关注。

（二）技术路线优势明显

我国锂电池行业在磷酸铁锂、三元锂电池技术方面具有一定优势，尤其是在固有安全性更高、更适合储能的磷酸铁锂产业方面，我国企业占据绝对优势，其产量在全球占比中接近 100%。

（三）成本竞争优势突出

2020 年 11 月，青海光伏竞价项目配套储能项目开标，系统成本接近 1 元/W・h[1]。虽然此后由于锂资源价格大幅抬升导致电池成本不断增加，但可以预见未来随着资源紧张问题得到缓解，锂电储能系统成本将进一步下降。

（四）国内市场潜力巨大

随着新基建、能源转型和电力体制改革的逐步推进，锂电储能将迎来爆发式增长。预计到 2025 年，我国锂电储能累计装机规模将达到 5000 万千瓦；到 2035 年将达到 6 亿千瓦，产业规模超 2 万亿元。

1　即 1000 元/kW・h，若电池循环寿命 1 万次，则单次充放电固定成本为 0.1 元/kW・h。

四、当前我国锂电储能产业发展面临的主要问题和挑战

近年来，《国家发展改革委 国家能源局关于加快推动新型储能发展的指导意见》《“十四五”新型储能发展实施方案》《工业和信息化部等六部门关于推动能源电子产业发展的指导意见》等系列政策文件出台，有力推动了储能产业发展。然而，从储能产业发展的历史性机遇来看，我国无论是在顶层设计、市场机制，还是在具体产业层面的降本增效上，都面临不少问题和挑战。

（一）储能产业战略和技术路线图不清晰，政策机制有待进一步完善

发展储能尤其是发展锂电储能尚未充分上升到国家战略层面，尤其是在能源转型和能源革命背景下，以及在实现碳达峰碳中和宏伟目标的要求下，还需要进一步系统、深入地研究和认识发展储能的战略意义、战略规划与技术路线图。储能政策机制受电力体制改革进程影响大，市场机制和价格机制亟待完善。虽然国家和地方出台了一些与储能相关的政策措施，但储能还没有真正作为一个独立完整的产业被给予足够的重视，管理部门和电力系统尚未形成有效的协同发展机制。

（二）锂电储能仍面临关键资源保障不足、标准和规范滞后、安全性存在隐患等问题困扰

当前我国锂资源供给保障能力不足，近期对外依存度约为 80%，锂资源保障仍受制于开采能力不足、国际恶意竞争不确定性大、锂资源循环利用水平低等诸多因素。目前普遍以动力电池代替储能电池，长循环寿命、高可靠性储能电池验证标准，以及储能系统的建设和运维标准规范等方面还亟待完善，尤其是安全质量检测不足、消防措施缺位等问题突出，储能电站安全性还无法保证。此外，锂盐、石墨的负极、正极材料等的生产过程能耗较高，须重点关注今后对锂电池产品碳足迹要求越来越严格的全球趋势。

（三）储能电站成本效益分摊机制和商业模式不健全，经济性仍是储能大规模市场化应用的掣肘

目前，储能电站的作用和效益评价不全面，不能充分体现储能的多元价值，

尚未形成有效的成本、效益分摊机制。市场机制不健全、商业模式收入类型单一、项目收益不确定性大、投资积极性不高、发展持续性差等问题还比较突出。在用户侧，储能收益方式单一，因此其盈利很大程度上依赖峰谷价差不稳定；在电网侧，储能投资和回收机制不清晰，成本无法通过有效的机制进行疏导，限制了电网侧储能发展；在电源侧，有利于储能发挥技术优势的电力市场机制尚未形成。

五、加快把锂电储能作为国家战略性基础产业进行布局和发展

为进一步加速产业化进程、迅速推进锂电储能大规模商业化、抢占国际竞争格局先机，当前亟待把锂电储能作为国家战略性基础产业进行布局推进，以全面助力能源系统转型，实现碳达峰碳中和。

（一）将锂电储能上升到国家战略层面布局推进

在碳达峰碳中和框架下，结合能源转型目标要求，进一步提升储能战略地位，把锂电储能作为能源转型、“双碳”目标的核心支撑。聚焦安全性、可靠性、综合效率、寿命和成本等关键因素，强化顶层设计和规划引领，从国家战略层面制定发展战略、中长期发展规划和技术路线图，并将锂电储能纳入国家能源体系统筹规划布局，明确发展重点、发展目标、突破方向，科学合理规划产业布局，为完善政策措施提供指引支撑。强化锂电储能关键矿产资源保障，加大国内外锂资源的勘查开发力度，拓宽进口渠道，寻求多元化的进口来源，做好废旧锂电池的回收利用。推动锂电储能产业绿色低碳发展，降低产品碳足迹。

（二）加快完善相关政策机制

借鉴国外电力市场化成功经验，尤其是在集中式风光电站配置储能、储能参与调频服务和分布式发电系统配备储能三个最主要细分市场的具体政策经验，进一步明确储能应用的市场准入条件和主体地位，完善储能相关市场价格机制，避免区域电力辅助服务政策频繁调整，明确储能充分参与电力市场的可预期、可持续的准入、价格、监管等具体政策细则。进一步强化锂电储能项目规划、建设、备案、并网、运行、监管等全流程规范管理，建设全国新型储能管理平

台，实现锂电储能项目信息化管理。

（三）尽快建立安全质量标准和检测认证体系

建立与国际接轨的涵盖锂电储能规划设计、设备及试验、施工及验收、并网及检测、运行及维护、梯次利用及回收等各应用环节的标准体系。完善锂电储能项目准入标准及评价标准，重点推进安全、质量与环保等标准的研制。开展锂电储能适应性检测技术研究，开发高精度、高可靠性的测试技术和专用测试设备，提升检测设备的智能化水平和测试效率。培育建设一批锂电储能综合检测平台和认证机构，强化服务功能，防范和化解各类风险问题，推动锂电储能产业健康可持续发展。加强贯标工作，强化项目规范管理，构建锂电储能项目全生命周期管理体系，保障储能系统长期安全稳定运行和绿色回收再生。

【作者简介】

刘文强先生，中国电子信息产业发展研究院（赛迪研究院）党委书记、副院长，研究员。兼任中国光伏协会副理事长。先后在清华大学、国家发展改革委、工业和信息化部等部门工作。曾直接参与循环经济、电动汽车等国家战略规划制定和法律法规起草，主持编制若干重点工业行业发展蓝皮书。

加快发展光伏产业　打造经济增长引擎

天合光能股份有限公司　　高纪凡

当前，全球新一轮能源革命和科技革命深度演变、方兴未艾，大力发展可再生能源已经成为全球能源转型和应对气候变化的重大战略方向和一致宏大行动。特别是在党的二十大报告中，习近平总书记强调，立足我国能源资源禀赋，坚持先立后破，有计划分步骤实施碳达峰行动。加快发展可再生能源、实施可再生能源替代行动，已成为推进能源革命和构建清洁低碳、安全高效能源体系的重大举措，是保障国家能源安全的必然选择，是我国实现可持续发展的客观要求，是践行应对气候变化自主贡献承诺的主导力量。在全新发展格局中，以光伏为代表的可再生能源将逐步由发电增量主体转变为装机主体，最终演变为发电量结构主体，必将为我国能源供需版图的深刻变革和绿色低碳发展做出巨大贡献。

一、我国光伏产业发展历程与成果

我国光伏产业历经十数年发展，从“三头在外”到拥有领军全球的产业实力，成为我国少有的具备全球竞争优势、端到端自主安全可控，且有望率先实现高质量发展的新兴产业，发展历程堪称中国先进制造业的典范。

（一）逆势成长，产业历程波澜壮阔

在过去 10 余年里，我国光伏产业始终在国际最先进市场、技术标准最严格的环境中深耕。2013 年起，得益于一系列扶持政策的出台，国内光伏市场开始快速发展。2018 年，行业遭遇短期政策的大幅调整，引起行业震动，市场骤停。

为此党中央高度重视，召开民营企业座谈会，充分肯定我国民营经济的重要地位和作用，并特别强调一切从实际出发，执行政策不能搞“一刀切”，行业备受鼓舞。2019 年，无补贴平价、市场化竞争配置、户用光伏单独补贴政策相继出台，我国光伏产业步入市场化良性发展轨道。2020 年至今，全球竞争格局呈现出易变性、不确定性、复杂性、模糊性，我国光伏产业展现出顽强生命力，实现逆势增长，国内新增装机量屡创新高，全球出货量突破 1 亿千瓦。

我国光伏产业从最初的“三头在外”到政策支持下国内应用市场快速发展，再到国内市场高质量发展、海外市场遍地开花，经历了“由外到内，再到双循环”的发展历程。当前，我国光伏产业已形成以国内大循环为主体、国内国际双循环相互促进的新发展格局，成为我国绿色高质量发展的重要样板。

（二）全面领先，产业格局持续优化

经过多年的快速发展，目前我国光伏产业链各环节已处于全球绝对领先地位，光伏产能占据全球 70%以上的市场份额，是我国为数不多的能够同步参与国际竞争且具有产业化领先优势的行业。根据国际著名咨询机构麦肯锡对中美产业优势对比的报告，光伏是我国全面领先美国的一个产业，并被评为满分。我国光伏产业呈现出产业规模领先、技术创新领先、应用模式领先的良好局面。

产业规模持续增长，行业产值再创新高。2022 年，产业链各环节产量再创新高，全国多晶硅、硅片、电池、组件产量分别达到 82.7 万吨、357GW、318GW、289GW，分别占全球的 76%、96%、83%、76%，同比增长均超过 55%。行业总产值突破 1.4 万亿元人民币。光伏相关产业正在成为产业经济发展的“新名片”，助力经济社会发展全面绿色转型。

创新发展推动技术不断升级。我国光伏的产业化技术水平始终引领全球，拥有全球数量领先的发明专利和应用专利。多家行业领先企业均同光伏领域的世界著名高校和研究院所，如牛津大学、耶鲁大学等开展合作，技术研发与提升潜力巨大。天合光能已 25 次打破组件功率或电池转换效率的世界纪录，也是首家登上全球最权威太阳能电池效率记录表的中国企业。2022 年，国内主流企业 P 型 PERC 电池量产平均转换效率达到约 24%。各种高效电池技术均已在我国实现规模化生产，制造装备的国产化率超过 95%。N 型 TOPCon 电池初具量产规模，平均转换效率达到 25%；HJT 电池量产速度加快，硅异质结太阳能电池转换效率创造了约 27%的世界新纪录，钙钛矿电池、叠层电池研发及中试取

得新突破。

市场应用持续拓展扩大。2022 年，国内光伏大基地建设及分布式光伏应用稳步提升，国内光伏新增装机超过 87GW；全年光伏产品出口超过 512 亿美元，光伏组件出口超过 153GW，有效支撑国内外光伏市场增长和全球新能源需求。同时，户用光伏已成为我国数百万人民“屋顶上的银行”，截至目前，户用光伏装机已达 6680 万千瓦。特别是光伏扶贫作为十大精准扶贫之一，已为 200 万名农户提供了精准扶贫服务，为我国“十三五”时期的脱贫攻坚工作做出重要贡献。其中，天合富家作为天合光能的户用光伏业务品牌，目前已服务于我国超过 70 万户农村家庭，为每户年均增收约 2500 元人民币。

智能光伏示范引领初见成效。新一代信息技术与光伏产业加快融合创新，第三批智能光伏试点示范名单适时扩围，工业、建筑、交通、农业、能源等领域系统化解决方案层出不穷，光伏产业智能制造、智能运维、智能调度、光储融合等水平有效提升。

二、光伏行业贡献力量的三个着力点

2022 年，我国光伏发电年新增装机首次突破 8000 万千瓦，同比增长 60%，再创历史新高，成为新增装机规模最大、增速最快的电源类型之一。光伏发电总装机突破 3.9 亿千瓦，仅次于火力发电、水力发电，成为装机规模第三大电源。到 2023 年年底，光伏发电总装机有望突破 5 亿千瓦，取代水力发电，成为第二大装机电源。光伏行业将从以下三个方向为实现能源结构转型和经济社会高质量可持续发展提供坚实基础。

（一）新能源大基地建设加快我国能源结构转型

为实现到 2030 年风力发电、太阳能发电总装机容量达到 12 亿千瓦以上的目标，更好发挥新能源在能源保供增供方面的作用，助力扎实做好碳达峰、碳中和工作，我国正加快推进以沙漠、戈壁、荒漠地区为重点的大型风电光伏发电基地建设，加大力度规划建设以大型风电光伏基地为基础、以其周边清洁高效先进节能的煤电为支撑、以稳定安全可靠的特高压输变电线路为载体的新能源供给消纳体系。2022 年，我国以沙漠、戈壁、荒漠地区为重点的大型风电光伏基地规划布局方案正在加快实施，以库布齐、乌兰布和、腾格里、巴丹吉林沙漠为重点，以其他沙漠和戈壁地区为补充，综合考虑采煤沉陷区，规划建设大型风电光伏基地。到2030年，规划建设风电光伏基地总装机约4.55亿千瓦。推动光伏新能源大基地建设，将为我国能源结构转型提供有力抓手。

（二）户用光伏促进乡村振兴和实现共同富裕

我国户用光伏发展为脱贫攻坚做出了突出贡献，推动脱贫地区和脱贫群众增强内生发展动力。我国分布式户用光伏的深入推进，为推动我国乡村振兴发挥了巨大作用。一方面通过加大农村电网等乡村基础设施改造，大力推进“千乡万村沐光行动”，扩大户用光伏应用；另一方面通过创新合作模式，实现政府、企业与居民的合作共赢，助力低收入群体获得稳定、可靠、可持续性的收益，助力共同富裕。

（三）光伏产业国际化推动应对全球能源、气候和环境等挑战

面对全球能源、气候和环境等挑战，我国光伏企业在巩固欧美传统市场的同时，不断加大在“一带一路”国家的布局，一方面在泰国、越南等发展中国家投建工厂，一方面积极开拓新兴国家电站和分布式能源项目，用“中国智造”绿色能源帮助发展中国家提升基础设施建设，以应对气候变化。通过全球新能源企业间的长板合作，把产业链做强、做韧，夯实我国光伏产业的全球竞争优势，不断为改善“一带一路”沿线国家能源基础设施建设和绿色发展提供先进绿色产品与解决方案。

三、当前光伏行业发展面临的主要问题与挑战

（一）光伏发电非技术成本及隐性成本居高不下

随着光伏行业技术进步，技术成本大幅下降，然而非技术成本及隐形成本居高不下，严重阻碍了光伏平价上网进程，在与传统能源的竞争中处于劣势。

（1）以强制配储、强制产业配套、土地租金高昂、外送线路电网回购进度滞后等为代表的新老问题并未得到有效解决，且部分问题有愈演愈烈的趋势。

（2）部分省份工商业电价峰谷时段调整为行业发展带来不确定性，以及光伏用地需求受到限制。

（3）电力市场交易环节给光伏发电收益带来不确定性。电力现货市场交易形成分时电价，造成电价波动剧烈，与中长期长协交易有较大的不同，颠覆了以往的商业模式。

（二）技术迭代路线尚不明晰，技术升级亟待突破

随着 PERC 电池的普及并逐渐接近光电转换效率理论极限，以 TOPCon、异质结（HJT）、HPBC 为代表的电池片技术受到关注。光伏电池技术路线迭代更新更快，不同技术路线将在未来迎来激烈竞争。成本更低、发电效率更高是光伏电池技术路线的演进方向，究竟以上哪种技术会胜出，以及是否会有全新技术横空出世，将是国内光伏行业亟待解决的重大课题。

我国光伏企业多年以来形成的与国外光伏企业的竞争优势建立在产业链、供应链协同作用下低成本的基础上，而非技术上的完全领先。国际能源署（IEA）的 2022 年报告指出，我国是制造太阳能光伏供应链最具成本竞争力的国家，成本比印度低 10%，比美国低 20%，比欧洲低 35%。经过 20 多年的发展，我国光伏行业形成了完备的产业链层面的竞争优势，叠加相对于欧美国家的人力成本优势，成为综合成本领先的光伏产业制造地。我们应该清醒地认识到，一旦欧美国家提升对于我国出口的限制，加大对于光伏制造业回流的补贴，我们的低成本优势就会被极大削弱。因此我们要在巩固成本优势的同时，抓紧加大技术领域的攻坚，形成技术层面的核心优势，才能确保未来在国际竞争中继续实现行业引领。

（三）产能供需失衡，同质化竞争严重

据统计，2022 年我国光伏产业的扩产规模达到了近 3 年的“巅峰”，其中，硅料扩产规模不少于 257 万吨，同比增长达 56.23%；硅片/硅棒/切片不少于 536GW，同比增长 58.11%；电池不少于 629GW，同比增长了 271.78%；组件不少于 378GW，增幅达 136.57%。涉足企业数量众多，除行业内的龙头企业外，2022 年有不少于 69 家企业跨界入局，横跨化工、建筑、互联网、服装等各行各业。

未来 5 年，海外产能也在继续扩建，印度、美国和东盟等国家的硅片产能将增加近 5 倍，到 2027 年多晶硅和太阳能电池产能可能会翻一番。我国产能占比从 2021 年的 80%～95%或将降至 2027 年的 75%～90%，产量占比从 2021 年

的75%～90%或将降至2027年的60%～75%。

全球产能过剩和产品差异化缺失将可能导致我国光伏制造开工率大幅下降，也有可能引发恶性的价格竞争，从而损害我国的光伏生态。

（四）海外市场面临巨大挑战

目前我国光伏行业70%以上的市场份额在海外，行业从小到大、从慢到快的发展离不开海外市场的巨大贡献。2022年，光伏产品（硅片、电池片、组件）出口总额超过512亿美元，同比增长80.3%。但随着全球对于光伏行业价值的逐步认同，海外国家纷纷布局光伏产业，未来我国光伏产业的海外拓展之路会更加崎岖。

（1）贸易壁垒给我国光伏企业拓展海外市场带来困难，涉及美国、欧盟、印度等市场。特别是，美国海关一度扣押了大量来自我国的光伏组件，由此给我国企业造成较大损失，类似举措为我国光伏企业的海外市场拓展带来很大的不确定性。

（2）海外大力发展本土制造业有可能对我国光伏制造业造成冲击，2022年部分国家规划的新增产能，覆盖多晶硅、硅片、电池片、组件、支架等环节，据不完全统计超50GW。美国通过《通胀削减法案》吸引全球产业链转移至美国，助力“制造业回流”；欧盟通过成立太阳能产业联盟，助力欧盟至2025年的太阳能光伏年产能达到30GW；印度通过“生产关联激励计划”，补贴扶持国内制造商，可带来近9400亿印度卢比的直接投资。

2022年7月，国际能源署发布《光伏全球供应链特别报告》，宣称全球光伏供应链集中在中国成为各国需要应对的挑战，各国应评估国内光伏供应链的脆弱性和风险，并制定应对策略和行动。增加贸易壁垒以及扶持本国企业，是海外国家发展本国制造业的组合拳。

四、保障光伏产业健康高质量发展的几点考虑

（一）提升政策的稳定性和连续性，打通行业发展的痛点难点，推动行业做大做强

首先，要坚持市场化导向，严令禁止地方“乱作为”，不得搞变相垄断。

其次，指导电网公司及时公布可供并网容量和并网规范等相关信息，保障光伏用电入网的合理需求。加大对农村电网的改造，提升农村电气化水平，助力乡村振兴。

再次，完善储能商业模式和市场机制、开放分布式光伏发电“隔墙售电”等，充分发挥市场对光伏行业的促进作用。

最后，推动相关部门尽快制定支持光伏发电项目从陆地至海洋的用地政策，拓宽产业未来的发展空间。

（二）统筹加强光伏技术攻关，打造核心竞争力

国家能源局联合科学技术部发布的《“十四五”能源领域科技创新规划》明确提出，“创新是引领能源发展的第一动力”“将能源技术及其关联产业培育成带动我国相关产业优化升级的新增长点”。光伏产业化始于 2004 年，电池效率从当时的约 10%提升到目前的约 25%，组件成本降幅达到 90%。工艺技术及设备技术的进步提高了电池转换效率，降低了产品成本。创新是光伏产业发展的生命线，建议加强对于技术创新的引导。

（1）建立工作机制，由相关部门加强引导光伏企业继续提升技术创新水平，突破一批关键核心技术，开展前瞻性技术研究储备，夯实配套产业基础，保障供应链安全稳定，夯实我国光伏产业技术和成本竞争力，巩固全球领先优势。

（2）建立更顺畅、便捷的资本市场融资渠道，导入国家产业引导基金，使企业能够加大对于技术创新的研发投入，促进技术快速迭代升级，建立竞争优势。

（三）以市场化为导向引导产能合理扩张，避免恶性竞争

监管部门需要统筹发展和安全，强化规范和标准引领，根据产业链各环节发展特点合理引导上下游建设扩张节奏，优化产业区域布局，做到产业链之间协同发展、产业链和市场协同发展。搭建产业监测与预警平台，实现对全球光伏贸易形势、供应链调整、产能供需等的动态监测、预警和政府决策快速响应。避免产业趋同、恶性竞争和市场垄断。

（四）加强贸易应对，推动本土光伏企业积极走出去

（1）针对美国出台的《通胀削减法案》中涉及的补贴、税收抵免、歧视性支

持等条款进行研究，敦促欧美国家取消其有违世界贸易组织的相关做法。针对各类政策问题，建议相关部门牵头成立专班，制定相关预案，在政府层面形成合力，加强与世界各国政府层面的沟通协调，利用中国在全球性机构中的话语权施加影响。

（2）进一步贯彻落实“一带一路”倡议，利用光伏产业外向型发展优势，推动光伏企业加快国际产能和应用合作进程。

光伏是我国可以利用全球第一的工业制造能力，直接制造能源的产业，对于保障我国能源安全、摆脱化石能源依赖具有重大意义。石油的发现催生了第二次工业革命，我们当前迎来的第三次工业革命，核心就是能源互联网与可再生能源结合引起的人类生产生活、社会经济的重大变革。未来 40 年，能源消费结构和电力系统将实现重构，碳中和将持续推动我国向零碳转型。相关机构预测，未来中国实现碳中和需要累计投入 138 万亿元人民币。进一步加快光伏产业的高质量发展，未来将成为打造我国新经济增长的新引擎。

【作者简介】

高纪凡先生，天合光能股份有限公司董事长，全国人大代表、民建中央常委、民建江苏省副主委。兼任中国光伏行业协会名誉理事长，国家能源互联网产业及技术创新联盟副理事长，联合国开发计划署可持续发展顾问委员会创始成员等职务。2021 年，荣获国务院颁发的“国家技术发明奖”。

我国汽车产业碳数字经济发展趋势及措施

中国汽车技术研究中心有限公司　　赵冬昶

汽车产业是国民经济的重要支柱性产业，相对传统工业领域而言，也是典型的高附加值、低碳强度（单位营收碳排放）产业。随着产业的深度融合，数字化碳管理体系将是汽车行业双碳工作的重要支撑。同时，因汽车产业具有体量大、产业链长、关联度高、影响面广、消费占比高等特点，通过数字化赋能低碳化，实现高质量发展，将是碳达峰碳中和背景下经济社会系统性变革的代表性缩影。立足新发展阶段，要深刻把握汽车产业新发展趋势，有效制定高质量发展措施，充分发挥汽车产业碳数字经济在碳达峰碳中和工作中的引领表率作用，为全球应对气候变化贡献中国智慧、中国方案。

一、汽车产业碳数字经济发展背景

全球绿色低碳转型创新已经成为不可逆转的大趋势，世界主要经济体纷纷制定各自的低碳发展战略，主流跨国企业也抓紧进行创新突破，提升产品国际低碳竞争力。对于汽车高质量发展来说，低碳化成为根本的底色和目标，数字化成为重要的手段和途径，两化融合成为首选转型之道。

（一）低碳化成为汽车产业高质量发展的底色和目标

全球共同应对气候变化这一挑战已经成为国际社会共识。据统计，全球已有超过 130 个国家和地区做出“碳中和”承诺，且部分国家已围绕碳减排正式立法。2022 年 11 月，联合国气候变化大会（COP27）在埃及沙姆沙伊赫开幕，聚焦《巴黎协定》务实行动，释放了合力加强应对气候变化挑战的积极信号。

联合国计划于 2023 年 9 月召开气候雄心峰会，讨论“2030 年可持续发展议程”等议题。

世界主要经济体都很重视应对气候变化和进行低碳转型。中国构建了碳达峰碳中和“1+*N*”政策体系，党的二十大报告提出，立足我国能源资源禀赋，坚持先立后破，有计划分步骤实施碳达峰行动；欧盟通过或阶段性通过《欧洲绿色新政》《欧洲气候法》《欧盟电池与废电池法》《企业可持续发展报告指令》，以及“碳边界调整机制”，德国联邦议院通过“复活节一揽子”方案，法国国民议会通过《应对气候变化及增强应对气候变化后果能力法案》，美国参议院通过《通胀削减法案》等，全球应对气候变化的战略布局正在加快形成。

世界正迎来以绿色低碳为特征的新一轮产业革命和技术变革。美国、日本、欧洲等国家和地区以绿色低碳为抓手，将“绿电+终端电气化”作为交通领域脱碳和零碳的重要路径，强化政策支持，维护产业链、供应链的稳定，抢占未来竞争高地。大众、奥迪、丰田、沃尔沃、福特、通用、奔驰、比亚迪、捷豹等汽车企业相继提出低碳发展的战略与目标，将发展智能新能源汽车、构建绿色低碳产业链供应链等视为重要竞争领域。

（二）数字化成为汽车产业高质量发展的手段和途径

美国、日本、欧洲等发达国家和地区有着成熟的数字化技术基础，各有侧重地制定政策和路径。欧盟委员会提出新欧洲工业战略，设立了“塑造欧洲数字未来”等目标，推动欧洲工业向气候中立和数字化转型，从而提高其产业低碳竞争力和战略主动性；通过“欧洲数据战略”、《欧盟人工智能法案》等政策和文件，强化数字治理。英国发布新版《英国数字战略》，将推出世界级的数字基础设施，释放数据的力量，且政府将与学校、继续教育机构和企业合作，提供实体经济需要的数字技能。德国联邦政府发布“数字战略 2025”，在国家战略层面明确了德国数字化转型的基本路径，并提出了十大行动步骤。美国坚持实施先进制造战略，推动数字设计与数字制造等技术发展；公布“智能制造振兴计划”，投入上亿美元研发资金；发布《先进制造业美国领导力战略》，开展专业人才能力建设。日本发布《半导体数字产业战略》，全面推动半导体、数字产业、数字基础设施等领域的发展，加快数字化进程。

数字经济的快速发展将赋能汽车产业低碳转型升级。近年来，中国深入实施数字经济发展战略，推进数字产业化和产业数字化取得积极成效，已经形成横向联动、纵向贯通的数字经济战略体系。习近平总书记在中共中央政治局第三十四次集体学习时强调，要“把握数字经济发展趋势和规律，推动我国数字经济健康发展”。中国相继发布《“十四五”数字经济发展规划》《数字中国建设整体布局规划》等顶层战略规划体系文件，为汽车产业的数字化建设指明方向。

（三）低碳化、数字化两化融合力促汽车产业转型升级

低碳化和数字化协同发展，已经成为经济高质量发展的必然选择。发达国家在制定低碳化或数字化战略的过程中，往往会同步注重两者的互融互促。《欧洲绿色新政》提出，推动工业向清洁循环经济转型、充分挖掘数字转型的潜力是实现政策目标的关键要素，需要发挥人工智能、5G、云计算、物联网等新型数字技术的积极作用。英国在发布“现代工业战略”的同时，出台《英国数字化战略（2017）》，推动工业低碳发展和数字化转型。美国从系统性、整体性的角度，推动工业数字化、低碳化发展，其先进制造战略的本质就是推动制造业低碳化、智能化发展。日本《2050 年碳中和绿色增长战略》提出利用数字化手段提高能效和减少碳排放。

对于中国来说，低碳化、数字化深度融合，已经成为汽车产业转型升级的重要助力。国务院发布的《2030 年前碳达峰行动方案》明确提出要推进工业领域数字化、智能化、绿色化融合发展。《“十四五”工业绿色发展规划》也提出要加速生产方式数字化转型，以数字化转型驱动生产方式变革，采用新一代信息技术提升能源、资源、环境管理水平，深化生产制造过程的数字化应用，赋能绿色制造。

二、汽车产业碳数字经济发展现状与特征

数字经济作为高级经济形态，在汽车产业低碳升级的过程中，正在充分发挥碳数字的关键生产要素作用，在数字技术创新的有效推动下，实现了数字技术与产业发展的深度融合，提高了汽车产业碳治理的数字化、智能化水平，重塑了产业新型经济形态。

（一）数字化促进汽车生产低碳化

汽车工厂已经成为中国“智能制造”“绿色制造”的范本。数据显示，2017 年

以来，中国国内汽车企业新建/改造升级的数字化工厂超过40座。《智能制造发展指数报告（2021）》显示，汽车制造业的智能制造能力成熟度仅次于计算机电子设备制造业，在离散型制造行业中排名第二。当前，汽车企业冲压、焊接、喷涂三大车间基本实现了无人化作业，装配车间部分产线也实现了自动化。数字化工厂已经成为汽车企业的标准配置，极大地促进了汽车生产制造环节的低碳升级。据统计，汽车行业在全产业链上已建成354家绿色工厂，打造了56家绿色供应链企业，开发了218款绿色设计产品，树立了工业领域绿色低碳发展标杆；培育了8家汽车行业绿色制造供应商，为行业绿色发展提供了技术支撑；发布了32项汽车行业绿色标准，涵盖汽车、锂电池、汽车轮胎等多方面，标准引领绿色转型成效明显。

（二）数字化助力汽车使用低碳化

在中国新能源汽车产销量持续走高的背景下，智能化、网联化、共享化将进一步助力汽车碳排放量降低。一是自动驾驶渗透率持续提升，助力节能降碳。IDC数据显示，2022年第二季度中国L2级自动驾驶市场渗透率上升至26.6%。清华大学团队研究表明，自动驾驶车辆的行驶能耗与人类驾驶汽车的行驶能耗相比降低了6.9%。二是进行智能化交通运行管控，提升汽车出行效率。截至2021年年底，中国高速公路通过云联网方式接入超过1万套交通流、2.46万套ETC门架设备及20万套视频设备，高速公路客车的ETC使用率超过71%；在智慧高速公路新建项目中，超过70%的项目应用车路协同或自动驾驶技术。三是互联网出行创新有助于降低汽车行驶碳排放。据网约车监管信息交互系统统计，截至2023年1月，中国共发放网约车车辆运输证216.6万本；在提升城市交通系统效率方面，国际交通论坛（ITF）研究表明，使用拼车等共享出行模式，交通拥堵将会减少48%，从而碳排放也会降低50%左右。

（三）数字技术强化产业链碳治理

汽车全产业链碳排放是中国碳排放的重要组成部分。《面向碳中和的汽车行业低碳发展战略与转型路径（CALCP 2022）》数据显示，2021年中国汽车的车队全生命周期碳排放总量约为12亿吨，占比超过中国碳排放总量的1/10。据统计，中国规模以上整车制造企业不到200家，零部件制造企业超过1.4万家，涉及钢铁、能源、橡胶、有色金属、玻璃、化工、电子、纺织品等 150 多个关联行业。汽车行业高度重视落实碳达峰碳中和工作，积极推动全产业链低碳高质量发展。2021 年以来，中国汽车技术研究中心有限公司联合 30 余家汽车企业发起汽车产业链碳排放数据体系共建倡议，搭建中国工业碳排放信息系统（CICES），帮助汽车行业对供应链中的各个环节和各级产品的碳排放数据进行报送、管理与交互；成立中汽碳（北京）数字技术中心有限公司，搭建中国汽车产业链碳公示平台（CPP），提供汽车行业打造数字化降碳的典型中国方案。

三、汽车产业碳数字经济发展趋势

数字化将进一步赋能低碳化，低碳化又可以更有力地带动数字化。通过数字化手段和工具，可以助力汽车产业实现能源资源最有效利用、节能减排降碳、经济效益与环境效益共赢的局面。发挥碳数字经济的积极作用，对于汽车产业转型升级与可持续发展，落实数字中国、汽车强国战略，都具有重要意义。

一是产业碳数字化。汽车行业企业将愈发重视研发、采购、生产、营销、售后的全生命周期碳数字化升级。在全球碳中和浪潮的背景下，汽车生命周期碳排放水平已经成为汽车产品国际竞争力的重要组成，上游产业链产生的碳排放足迹将是竞争的重点环节。以乘用车为例，研究表明，现阶段汽车生命周期碳排放以汽车行驶过程碳排放和上游产业链产生的碳排放为主，汽车制造环节碳排放占比不到 5%；在能源结构、生产工艺等条件变化不大的情况下，随着新能源汽车产销量的持续提升，汽车行驶过程中碳排放进一步降低，上游产业链产生的碳排放足迹在汽车生命周期碳排放中的占比不断增加，将从约 20%逐步增长至接近 50%。国内外主流汽车企业都已经注意到这个关键点，正加快践行自身的低碳发展战略，并积极发挥行业影响力，以期推动汽车产业链供应链的低碳化、数字化转型升级。

二是碳数字产业化。汽车行业碳数字化的顺利推进离不开碳数字技术自身的产业化发展。碳数字产业化是汽车产业碳数字经济的基础部分，具体产业化形式包括电子信息制造、信息通信、软件服务等。在此过程中，汽车生命周期评价模型、汽车生命周期评价数据库、碳排放信息系统、产品碳足迹标准管理工具、碳公示平台、企业碳管理数字化系统等将进一步发挥更加核心的作用。中国汽车技术研究中心有限公司已经成立中汽碳（北京）数字技术中心有限公司，将推动碳数字技术与汽车价值链、信息链、产业链、创新链、供应链及管理链的有机融合。碳数字技术在汽车碳排放领域应用场景与运营模式中的有序推进，将逐步释放汽车产业低碳高质量发展新动能。

三是碳数据价值化。随着汽车产业碳数字化、汽车碳数字产业化的深入推进，汽车全产业链碳数据的价值化将进一步显现。有机构预测，中国碳管理市场规模在“十四五”期间将超过千亿元人民币。汽车产业本身作为万亿级支柱性产业，将在碳管理市场中发挥重要的示范作用。汽车碳数据价值化，可以从信息获取、资源匹配、资本成本、专业分工、生产协同、供需匹配、生产管理、组织形态等生产要素和生产关系优化方面得以体现。通过业务贯通、数智决策、对外赋能等形式，不断放大汽车碳数字价值，帮助行业企业实现效率提升、产出增加、成本控制、合规应对等目标。同时，汽车全产业链碳数据的不断积累和完善，也将促进绿色金融经济要素高效、科学地匹配汽车产业双碳关键环节和关键领域，赋能汽车产业可持续发展。

四、汽车产业碳数字经济发展措施

汽车产业碳数字技术水平的不断提升，将有效促进全产业链的低碳高质量发展。在低碳化目标的指引下，需要政产学研金等各方采取有效措施，助力汽车产业在产品结构调整、能源消费转型、低碳技术创新、资源高效利用等不同环节提升数字化效能。

一是加快实现碳数字技术自立自强、科技创新。围绕碳数字关键能力建设，构筑自立自强的数字技术创新体系。充分发挥优势互补、联创共建的积极作用，强化企业科技创新主体地位，加强产学研深度融合，发挥科技型骨干企业的带动作用。加快建设碳数字化基础设施，强化云网、算网性能，提升数据安全水平。运用数字孪生、人工智能、区块链、物联网等技术手段，全面提升行业“学—算—谋—减—说—管”多维度碳数字效能。

二是积极搭建汽车全产业链碳排放信息平台。联合产业链上下游企业参与汽车产业碳排放数据平台建设，激发企业开展碳排放数据收集及管理工作的主动性和科学性。坚持政府主导与市场主导相结合，借助信息化手段打通碳排放数据流通渠道，提升碳排放数据流通效率。行业企业针对汽车全产业链建设产品碳排放数据收集平台，促进全链条协同减碳工作的有序有效开展，提高汽车产业碳排放数据的整体管理能力。

三是推动构建汽车产品碳排放本土数据体系。积极加快构建符合中国国情的汽车产品碳排放数据体系，制定并实施可持续的碳排放数据统计规范和机制，完善数据收集、管理系统，逐步打造中国本土汽车产业碳数据库，规避国外商业数据库对中国碳排放水平的高估问题，保障中国汽车产品出口的低碳竞争力。同时，行业机构与行业企业主动加强国际交流，与欧洲、美国、日本及相关国际组织加强沟通对话，促进中外汽车产品碳数据互认。

四是有效鼓励资金方助力汽车产业双化转型。促进碳核算信息在金融系统的应用，探索碳核算产融合作。用好气候投融资、碳减排支持等绿色金融政策；与国家开发银行、世界银行、亚洲开发银行等国内外开发性银行开展交流合作；吸引全球环境基金、绿色气候基金等各类国际资金，加强对汽车产业碳数字经济建设的支持力度；探索汽车产业碳数字在碳排放权交易、清洁发展机制、自愿减排交易市场等方面的价值转化路径。

五是及时出台碳数字经济政策法规保障措施。进一步加快汽车产品相关标准及配套政策研究。开展汽车及关键零部件碳足迹核算标准与方法研究，探索建立产品碳排放管理体系。以产品碳足迹关键环节为切入点，逐步建立从生产到回收再到利用的碳足迹标准体系，并加快健全包括碳足迹核算、碳监测、碳核查、碳信息披露、低碳评价、低碳管理、低碳技术等的汽车产品碳管理标准体系，规范产业碳管理工作。

【作者简介】

赵冬昶先生，中国汽车技术研究中心有限公司首席专家，中汽碳（北京）数字技术中心有限公司执行董事、总经理，中国环境科学学会碳达峰碳中和专业委员会常务委员。主要研究方向为汽车产业经济政策、碳数字技术等，主持 30 余项有关新能源汽车发展的重大课题，曾获 4 项省部级奖项。

低碳背景下的能源发展趋势

新疆金风科技股份有限公司　　曹志刚

当前，全球新一轮能源革命正在加速推进，大力发展可再生能源已经成为全球能源结构转型和应对气候变化问题的关键战略。加快发展可再生能源、实施可再生能源替代行动，是推进能源革命和构建清洁低碳、安全高效能源体系的重大举措，是保障国家能源安全的必然选择，是我国生态文明建设、绿色低碳发展的客观要求，更是构建人类命运共同体、践行应对气候变化自主贡献承诺的主导力量。

一、绿色低碳发展的新形势

（一）我国新能源产业的发展成就

近年来，我国能源结构在政策的引导和驱动下逐渐发生改变，新能源发展迅速。根据国家能源局统计数据，截至 2022 年年底，我国可再生能源装机总量突破 12 亿千瓦，占全国发电总装机的 47.3%，首次超过全国煤电装机，迎来历史性的发展时刻。风电、光伏成为名副其实的主体能源，我国构建新型电力系统和实现“双碳”目标由此迈出了坚实的一步。

党的十八大以来，在“四个革命、一个合作”能源安全新战略的指引下，我国风电发展势头强劲，装机规模保持快速增长，现已成为全球风电第一大国。据统计，我国风电装机量从 1997 年年底的不到 20 万千瓦发展到 2022 年年底的 3.76 亿千瓦，25 年间装机容量增长了 1800 多倍；2022 年风电发电量达 3.65 亿千瓦，利用率也由 2016 年的 82.4%提高至 2022 年的 97.1%。

产业规模快速增长的背后，离不开技术和产品的创新突破。在国家政策的持续鼓励和我国风电人的辛苦耕耘下，我国风电产业技术创新能力快速提升，2017 年以来更是牢牢把握住数字化转型机遇，将最新的物联网、大数据、人工智能等技术与风电融合创新。如今，我国风电行业已具备大兆瓦级风电整机、关键核心大部件自主研发制造能力，风力发电度电成本持续下降。面向高质量发展的下一阶段，我国风电不仅在大容量机组上不断推陈出新，在长叶片、高塔架应用等方面也领跑国际，还积极开展相关技术布局，开展包括整机仿真设计能力在内的一系列基础理论研究。2022 年，金风科技 GTSim 软件获得国际认证，标志着国内自主仿真设计软件“卡脖子”技术的重大突破。

我国风电产业不仅拥有全球瞩目的装机规模和全球领先的创新技术，还拥有涵盖风资源测评、风电场开发建设、设备制造、技术服务、检测认证、投融资服务等完整的风电产业链条，同时拉动了材料科技、试验检测、大件运输等行业的进步与突破，已成为年产值超过 6000 亿元[1]、从业人数约 250 万人的大规模新兴产业。

随着我国风电产业取得骄人成就，我国在整个世界新能源装备格局中的作用日益凸显。风电成为我国参与国际竞争的战略性高端绿色装备制造产业之一，为全球应对气候变化和推动能源转型提供重要支撑。我国风电积极响应国家“一带一路”号召，依托全产业链优势推动建成绿色能源实践项目，在为“一带一路”沿线国家提供直接的经济效益和就业岗位的同时，更为当地的能源结构转型和碳减排注入动力，为全球的可持续发展贡献中国风电的智慧和力量。

（二）绿色低碳发展的机遇与挑战

随着“双碳”目标的提出，政府部门密集出台“1+*N*”政策，明确提出：到 2025 年，绿色低碳循环发展的经济体系初步形成，重点行业能源利用效率大幅提升，非化石能源消费比重达到 20%左右；到 2030 年，非化石能源消费比重达到 25%左右；到 2060 年，绿色低碳循环发展的经济体系和清洁低碳安全高效的能源体系全面建立，能源利用效率达到国际先进水平，非化石能源消费比重达到 80%以上。

要顺利达成以上目标、实现绿色低碳发展还需要克服多重困难。我国是世界上最大的碳排放国之一，我国工业企业承接全球产业链中核心的生产、制造部分，所以整体表现特点为耗能高、利润低；而欧美等主要经济体逐步将温室气体纳入商业产品定价体系，通过碳调节税等模式增加我国工业制造成本。工业作为我国的立国之基，在国民经济中的份额需要维持稳定，亟须通过能源结构调整及绿色能源替代突破资源瓶颈的制约。但我国仍处于能源粗放发展阶段，要实现工业企业"双碳"达标能够使用的技术手段和模式相对匮乏。

与此同时，绿色低碳发展势必会迎来新的机遇。"双碳"目标将加速我国能源革命的进程，随着能源利用效率的提升和可再生能源的规模化发展，我国将逐步摆脱对传统能源的依赖，以更低的能源消耗和更清洁的绿色能源，扛起我国经济社会的发展大旗，保障我国能源安全供应；推动绿色创新技术和产业的研究与投资，改善投资结构；为中国智造打上全新标签，加速推动企业绿色转型，带动各个产业绿色化水平和智能化水平的提升，有利于打破"碳壁垒"，提升我国企业的国际竞争力。

（三）可再生能源发挥重要作用

要实现"双碳"目标，可再生能源的高质量发展尤为重要。风电作为碳排放最低、也最具经济性的发电技术，兼具能量密度高、实际占地面积小的优点。随着产业开发规模、利用效率和技术水平的不断提升，风电作为可再生能源的主力军，在我国能源系统中的重要性进一步凸显。面向绿色低碳未来，风电行业也将迎来更多的发展要求。

1. 规模化发展

党的十八大以来，虽然我国可再生能源实现了跨越式发展，但是距离国家提出的"到 2030 年，非化石能源消费比重达到 25%左右，风电、太阳能发电总装机容量达到 12 亿千瓦以上"目标仍有巨大发展空间。从国家能源局的统计数据来看，截至 2022 年年底，风电、光伏装机容量仅为 7 亿千瓦，发电量仅占全社会用电量的 13.8%。可再生能源需要加速替代化石能源，全面推进我国风电的规模化发展，坚持集中式与分布式并举，加快以沙漠、戈壁、荒漠地区为重点的大型风电基地项目建设，鼓励分布式风电构建智慧园区和促进乡村振兴；坚持陆海并重，积极建设海上风电基地，推进海上风电向深水远岸区域布局，为实现"双碳"目标提供支撑。

2. 绿色低碳技术创新

要想在全球能源转型中发挥大国责任担当、真正引领全球风电行业发展，我国风电行业必须保持创新活力，实现技术源头的持续创新，实现技术和产品的突破，通过新材料、新模式、新工艺的创新，智能化与数字孪生的创新，持续提升风电产业链供应链的现代化水平，巩固和提升可再生能源产业的创新力与竞争力。

3. 打造绿色产业链

通过绿色制造、循环利用、加强节能等举措，持续提高风电产业生产环节能效。同时，积极倡导在产业链上下游建立自身的碳排放管控目标，实现风电产业自身的绿色低碳发展。

4. 与更多产业交叉融合，开辟更多应用场景

绿色低碳发展已经成为整个社会产业结构调整、交通运输结构优化的指导思想和发展方向。推动经济社会发展绿色化、低碳化是实现高质量发展的关键环节。可再生能源需要与新兴技术、新型城镇化、乡村振兴等深度融合，不断拓展可再生能源发展新领域、新场景。风电与产业、城市的融合前景广阔，与装备制造园区、港航物流、石油加工、制氢、现代制造业等行业的融合皆大有可为，不仅能够解决占全国碳排量约 70%的工业和约 10%的交通运输业的绿色低碳发展问题，还能够解决全社会绿色转型的最主要矛盾。

二、促进绿色低碳发展的举措

（一）供给侧：构建新型电力系统

自 2014 年起，我国陆续出台一系列政策，从深化电力改革、解决弃能问题、建立健全消纳保障机制，到推进“风光水火储”和“源网荷储”的“两个一体化”发展，以及提出构建以新能源为主体的新型电力系统等，相关政策链层层推进、环环相扣。新型电力系统成为能源革命的核心支撑，也成为促进我国能源可持续发展的重要举措。构建以新能源为主体的新型电力系统，成为我国实现“双碳”目标的重要路径。

然而，新型电力系统的发展之路绝非一路平坦，仍面临四大挑战：第一，新能源具备功率波动大、预测难等资源特性，对电力系统调节能力提出更高要求，给能源消纳和供电保障带来挑战；第二，在电力电子化过程中，系统惯量

降低、电源支撑能力弱、稳定特性复杂、不确定性增加、宽频振荡现象相继出现等因素，也会带来相应的安全稳定性挑战；第三，电能消费从刚性需求向高弹性柔性需求转变，从“源随荷动”的实时平衡模式、大电网一体化控制模式，向“源网荷储”互动以及大电网、微电网及直流组网并存模式转换，“源网荷储”互动能力也面临新的挑战；第四，随着负荷侧业务的逐渐增多，未来用户侧逐渐从纯粹的能源消费者变成能源产销者，市场更加多元，辅助服务市场、碳市场、绿电市场等多市场协同机制也为市场机制设计带来挑战。因此，我们必须克服当前的重重困难，才能有效落实能源转型，实现绿色低碳发展。

新型电力系统的构建也将为产业发展带来新的机会和技术发展方向。第一，新能源资源特性与高度电力电子化对调峰、调频、备用等系统调节能力提出更高要求，储能技术将得到大力发展。第二，综合能源服务将覆盖能源规划设计、工程建设、智慧运营、资产管理及绿电交易等更多环节，实现多类能源转化与互补，以及多种储能设备、用能负荷，乃至多系统间的协调配合。第三，随着负荷侧自发自用和就近消纳电量占比的不断提升，大量自我平衡的微电网系统将不断涌现，柔性直流微电网将成为重要的应用形式。第四，虚拟电厂技术与能源聚合商也将带来新的产业机会，虚拟电厂技术带动电力系统平衡发展，能源聚合商通过虚拟电厂聚合多元分散分布式电源与柔性负荷资源，为市场主体提供了参与电力市场交易的途径。第五，新型的柔性、混联的输配电网技术也将成为重要的技术领域，让“源网荷储”充分互动，形成区域自治共享、多能互补互济、供需实时互动的复杂多智能集合体，重塑供需格局、物理形态和功能形态。

“源网荷储”一体化技术成为实现安全稳定供电的关键。通过数字化技术实现“源网荷储”各环节间的协调互动，提升新能源利用水平和发展速度，帮助新型电力系统保持连续性、稳定性、可预测性和可控制性，提高电力供应保障能力，有力促进我国能源转型和经济社会发展。

（二）需求侧：主动减排降碳、共同发力

相关政策的紧密出台，为全社会带来了机遇与挑战并存的局面。能碳“双控”成为首要任务，带给全社会挑战。绿色低碳发展不仅需要在供给侧构建适应大规模新能源发展的电力供应体系，提升电力系统的灵活调节能力，融合先进技术打造智能电力系统，保障能源的安全可靠供应，也需要需求侧共同发力。

需求侧需要主动降低用能成本和风险，运用数字化手段进行能碳管理，实现绿色低碳高质量发展。

在需求侧，不同类型的企业面临不同的、内外驱动的低碳转型因素。

《“十四五”节能减排综合工作方案》指出：到 2025 年，通过实施节能降碳行动，钢铁、电解铝、水泥、平板玻璃、炼油、乙烯、合成氨、电石等重点行业产能和数据中心达到能效标杆水平的比例超过 30%。“十四五”时期，规模以上工业单位增加值能耗下降 13.5%。面对种种考核压力，高能耗企业应该主动推动低碳转型。

2022 年 12 月，欧盟理事会和欧洲议会确定碳边境调节机制（CBAM，又称“碳关税”）将于 2026 年开始正式起征，覆盖范围包括钢铁、铝、水泥、化肥、电力及氢能等行业。出口型企业同样面对碳关税、碳壁垒压力。

与此同时，根据中国连锁经营协会发布的《中国可持续消费研究报告》，中国超过七成的消费者已经具有一定的可持续消费意识，他们在消费过程中更愿意选择绿色环保产品。更多行业要实现低碳转型，不仅需要通过绿色能源降低生产成本，还需要为产品贴上可持续标签，增强绿色竞争力。

高耗能企业、出口型企业以及更多践行可持续发展、推动可持续消费的企业正在主动拥抱绿色能源，谋求低碳转型。我国部分新能源企业已经在为社会各界的绿色低碳转型和“双碳”目标的顺利实现提供助力，积极构建面向新型电力系统的零碳解决方案。以金风科技的“三减碳+一平台”为例，通过用能侧、供能侧、交易侧的节能减碳，实现贯穿全过程的能源管理和碳排管理，已推动超过 1000 个零碳项目在港航物流、钢铁冶炼、石油石化、商务地产、数据中心、养殖农业、医药、水务等行业的全面落地，帮助各行各业，乃至城市、国家实现经济发展与碳排放脱钩，全面实现绿色低碳发展。

三、对绿色低碳发展的展望

作为绿色低碳发展和碳减排的重要支撑，我国可再生能源正在加速行动，不断打造更多具有经济性的零碳产品和解决方案，帮助更多城市和企业完成减排降碳目标任务，加快实现生产生活方式的绿色变革，努力将经济社会的发展建立在能源高效利用和绿色低碳发展的基础之上。

作为全球最大的能源消费国，提升绿电消费占比成为推动我国能源消费革命、实现绿色低碳发展的核心路径之一。碳账户机制作为界定碳排放权责和表现的数据化治理工具，成为推动全社会绿色低碳转型及“双碳”目标落地的重要抓手。为鼓励企事业单位带头参与绿电消费，在全国碳市场建设和试点地区经验的基础上，建立健全全国各企事业单位的碳账户机制，通过将绿电消费纳入碳排放核算体系，激励企事业单位的碳减排与绿色转型，推动“双碳”目标如期实现。建立和推广碳账户机制与碳市场管理体系的相互衔接，将有效解决企事业单位从绿电消费向减排贡献的直接转化和量化，形成全国范围内可监测、可核查、可披露的“绿电+碳管理体系”一盘棋。

众所周知，实现绿色低碳发展和“双碳”目标，绝非一蹴而就的，需要采用科学的方法，付出艰苦卓绝的努力。在这场长跑中，我国风电企业将挺身而出，勇担使命，帮助社会各界实现低碳发展，推动更多的零碳城市和零碳园区落地，让绿色成为普遍形态，为绿色低碳发展之路保驾护航，构建可持续、更美好的未来。

【作者简介】

曹志刚先生，现任“A+H 股”上市公司新疆金风科技股份有限公司董事、总裁。长期从事风电场开发、建设、运维服务，以及国产化风机开发研制、技术管理、公司运营工作。具有丰富的风电技术经验及行业背景知识，始终致力于构建风电全产业链生态圈，推动中国新能源行业发展。

电力源网荷储一体化助力构建清洁低碳、安全高效的能源体系

南方电网电力科技股份有限公司　　姜海龙　高新华

一、清洁低碳、安全高效的能源体系对电力系统提出的要求

2020 年 9 月，我国在第七十五届联合国大会上庄重提出了“双碳”目标。2022 年 10 月，党的二十大报告提出，要加强能源产供储销体系建设，确保能源安全。在这一目标指引下，以化石能源为核心的传统能源体系将向多元能源相融合的现代能源体系转变，“清洁低碳、安全高效”成为现代能源体系的核心诉求。

电力是我国能源的主要消耗途径，电力系统是能源供给体系的核心。践行“双碳”目标，能源是主战场，电力是主力军，电力系统在推动能源体系转型过程中发挥着至关重要的支撑作用，承载着现代能源体系高质量发展的历史使命。

然而，随着“双碳”目标的推进，电力系统面临着诸多前所未有的挑战：新能源发电占比不断提高，电源出力的间歇性、随机性、波动性让电力系统中的电能量实时平衡越来越困难；用能负荷也在向高度电气化转变，电力负荷占全部用能负荷的比例不断提高，用电侧柔性化、有源化加剧了负荷的随机性，增大了电力系统规划与调度运行的难度等。传统电力“源随荷动”的规划与运行框架不足以应对源、荷两侧不确定性带来的挑战。

以源网荷储一体化为抓手，挖掘并释放电力系统各环节灵活性调节能力，强化各要素联系与多向互动，实现资源灵活配置和能量动态平衡，将使得电力系统能够接纳更大规模的高比例可再生能源，同时持续保持电网的安全稳定运行，对于推动新型能源体系下资源整体合理布局、优化运行具有重要意义。

二、电力源网荷储一体化的内涵与意义

（一）源网荷储一体化是能源产供储销体系建设在电力领域的体现形式

习近平总书记在党的二十大报告中提出："深入推进能源革命，加强煤炭清洁高效利用，加大油气资源勘探开发和增储上产力度，加快规划建设新型能源体系，统筹水电开发和生态保护，积极安全有序发展核电，加强能源产供储销体系建设，确保能源安全。"报告中能源体系的"产供储销"在电力领域的体现形式便是"源网荷储"。

电力系统中的能源生产，是将化石能源、水能、光能、风能等多种能源形式转化为电能，依托源网荷储一体化更好地促进多类型能源的消纳与融合；电力系统中的能源供给，通过输、配电网将能源以电力形式瞬时传送至千家万户，源网荷储一体化将推动大容量、远距离输电网与分布式智能电网、微网同步建设，为能源的使用提供关键通道；电力系统中的能源存储，主要体现为各种形式的储能装备，源网荷储一体化将充分发挥储能对源荷波动的电能缓冲器、稳定器作用；电力系统中的能源消费，体现为各种形式的负荷，包括工业负荷、农业负荷、交通运输负荷和市政生活负荷等，依托源网荷储一体化形成保障电力交易的开放机制，将充分促进能源高质量消费增长。

（二）源网荷储一体化是电力行业坚持系统观念的内在要求

系统观念是马克思主义认识论和方法论的重要范畴，主张事物是由若干相互作用、相互依赖的部分组成的有机整体，要全面地而不是片面地、发展地而不是静止地、普遍联系地而不是孤立地观察世界。电力行业就是坚持系统观念的一个典型实例。电力系统在建设发展中，始终把发电、输电、变电、配电和用电看作一个不可割裂的整体来统筹规划、设计、运行与维护，充分考虑各组成部分之间的联系与互动，有效保障其安全和长期稳定运行。

源网荷储一体化，是全盘统一规划的体现。面向社会经济的发展需求，全面统筹电源建设、电网升级、储能投资与负荷布局，能够更好地平衡电力体制改革与经济建设之间的关系，系统性地补齐短板。

源网荷储一体化，是整体协调运转的体现。由源随荷动的单方面调控升级为源网荷储多元要素互动，能够建立直接快速、经济有效的手段应对系统运行

风险，降低系统运行成本，促进系统灵活运转。

源网荷储一体化，是多元有序并进的体现。稳步协同推进不同环节的技术与机制升级，将有助于切实把握电力供应安全、清洁低碳发展的整体目标，找准转型发展路径与节奏，持续有序推进能源体系建设。

（三）源网荷储一体化是实现系统集成、协同高效的重要抓手

新型电力系统面对源、荷复杂变化，需要全面调用各环节的资源力量，保证发电过程中能源的充分消纳、输配电过程中电网的优化运行、用电过程中能源的可靠利用，加强系统集成，打破壁垒，协同发展，实现多种形式能源的高效利用。

在发电环节，形成火储联调、风光互补、冷热电联供等“源源互济”的供能形式，将助力增强电源经济，稳定出力；“源荷匹配”统筹规划将助力减少电源旋转备用，促进高比例新能源电力消纳。在输配环节，加强“源网协调”的电网合理规划，将显著降低电网投资成本；“网储协同”的规模化储能应用，将更加经济地增强电网的灵活调节能力，应对电力调峰调频及跨区域备用需求。在用电环节，打通需求响应“网荷互动”的电力交易渠道，形成“荷荷互补”的聚合效应，将助力电能替代推进和用能结构优化，形成应急保供后备。

（四）源网荷储一体化对促进我国经济社会发展具有重要意义

“经济发展取得新成效、改革开放迈出新步伐、社会文明程度得到新提高、生态文明建设实现新进步、民生福祉达到新水平、国家治理效能得到新提升”是国家“十四五”经济社会发展的着重点。源网荷储一体化对促进我国经济社会发展具有重要意义。

在促进经济发展方面，源网荷储一体化催生新一轮电力能源技术革新，通过利用电力能源驱动各行业产业升级，助力西部发展战略目标推进，协调能源开发与优化资源配置；在保障能源安全方面，源网荷储一体化将构造出多能互联、可靠稳健的电力能源系统，统调各能源要素，遏制极端运行风险；在加强环境保护方面，源网荷储一体化促进清洁能源有效利用，改变能源消费习惯，改善环境质量，惠及民生工程；在创新提升科技能力方面，源网荷储一体化促进设备制造、系统控制技术创新，支撑能源领域全面创新的体制机制形成，推动国家科技影响力提升。

三、电力源网荷储一体化的发展路径、产业机遇与挑战

（一）电源：传统电源持续优化，新能源高速发展

根据国家能源局数据，2022 年全国水力发电、风力发电、光伏发电等可再生能源年新增装机再创历史新高，占全国新增发电装机的 76%。截至 2022 年年底，我国可再生能源装机达到 12.13 亿千瓦，超过全国煤电装机[1]。

在现代能源体系的规划下，我国电源发展呈现出集中式机组建设与分布式发电发展并重、传统能源和新能源融合互补的局面，新能源行业迎来了前所未有的发展机遇。目前我国在光伏发电、海上风电、波浪能发电等领域的科研能力、供应链能力、工业化能力与产品化能力不断取得重大突破，持续提升着我国新能源产业的国际地位。

但太阳能发电、风能发电具有随机性、波动性和间歇性的特点，高比例接入电力系统会增加系统调节负担，这就要求常规电源不仅要跟随负荷变化，还要平衡新能源的出力波动。加快技术创新，挖掘燃煤机组调峰潜力，提升火电运行灵活性，是全面提高电力系统调峰和新能源消纳能力的必然选择。2021 年 10 月，《国家发展改革委 国家能源局关于开展全国煤电机组改造升级的通知》印发，要求科学确定本地煤电机组改造升级目标和实施路径，明晰传统电源“三改联动”保供转型和新能源大规模开发并举的要求，为传统电源开启精细化管理的新局面。

新时期的电源侧建设须重点增强能源供应链的稳定性和安全性，攻克基于电力气象数据的超短期、高精度新能源预测等难题，突破电力电子化系统惯量、电网频率和电压主动支撑控制困难的问题。同步推动能源绿色低碳转型升级，探索绿色新能源发电与利用新形式，创新引领新型多元化的友好型发电技术布局，实现电源侧多能互补。在能源产业链建设中，着重建立起绿色电源全产业链能耗标准量化体系，驱动绿电消纳目标与“双碳”目标的统一。

（二）电网：可靠性进一步提升，灵活性资源调控能力不断提高

随着新型电力系统建设逐步加速，电网将向适应高比例新能源并网、多元化负荷灵活接入、多市场主体广泛参与的新形态演进。源、荷两侧的变化显著

1 数据来源：国家能源局。

增加了电网潮流预测的难度，电网的形态和运行方式日趋复杂，对系统的安全、可靠运行提出了更高的要求。

在可靠性提升方面，大电网运行态势感知、灾害监测预警、柔性化稳定控制等技术的研制突破，从系统调度层面支撑新型电力系统建设运行，提升电网韧性；配电设备制造趋于智能化、模块化、紧凑化，从设备革新层面驱动着分布式智能电网的发展迈向更高层次。在调控灵活性提升方面，电力系统末端的灵活性改造及控制技术得到聚焦，先进的传感、通信、计算、人工智能等技术逐步与电网技术深度融合，通过末端感知、信息透明、设备可控、调控智能推动着新一代电网架构的不断完善。

新时期的电网侧建设，需要立足电网系统安全可靠供应及新能源消纳需求，聚焦电网转型中面临的技术挑战，打造本质安全的电力资源配置技术体系，重点突破概率化电力电量平衡、多元灵活性资源协同规划、电力市场资源聚合调控等技术瓶颈，全面推动电网辅助服务业务建设，突出电网促进资源优化配置的重要作用，以电网建设耦合多元化能源资源要素的高质量发展。

（三）负荷：从单纯消费者向“产销角色共存”转变，负荷调节能力重要性凸显

随着以“新能源、新消费、新替代”为特征的新电气化进程的推进，传统工业、建筑、交通等领域中的非电消费部分逐渐向电气化迁移，电动汽车就是最典型的案例，“泛电气化”将成为重要趋势。同时传统单纯消耗电能的负荷也将有很大一部分向“产销角色共存”转变，即消费电能的同时也自身生产电能。比如，随着分布式光伏的快速推进，居民或厂房闲置的屋顶将成为光伏发电单元，其产生的电能在满足自身供电的基础上，如果有多余的电量还能够卖给电网；再比如，电动汽车充电站目前的一个发展趋势就是“光储充换”一体化，在一个充电站单元内，既包括光伏电源和小型储能，也包括充电桩甚至是换电仓，电动汽车和换电仓中的电池还可以给电网反向送电，传统负荷的边界逐渐模糊化。

新时期的负荷侧建设、工控技术与智能家居技术的快速发展，为负荷的可感可测、可调可控创造了技术条件，与此同时，面向用户市场主体的商业模式与交易渠道创新亦快速发展，全国多层次统一电力市场的建设启动，为需求侧响应发展提供了新的机遇，聚合商、虚拟电厂、园区微网、零碳楼宇等新物种将如雨后春笋般涌现。

（四）储能：在电能生产、传输和消费各环节广泛应用，呈规模化发展趋势

在新能源出力随机性、波动性和间歇性与用电负荷随机性、分散性、自趋利性的影响下，新型电力系统电能即产即销、实时平衡的挑战进一步加大，储能促进新能源消纳与平抑负荷峰谷特性的作用得到彰显。电源侧的储能应用，有助于辅助发电机组动态运行，促进新能源友好并网与消纳；电网侧的储能应用，有助于缓解系统阻塞，延缓输配电设施扩容升级，提升供电电能质量水平；用户侧的储能应用，有助于提高用电可靠水平，缓解尖峰负荷对系统的影响。现阶段，储能技术进入快速发展阶段，然而与新型储能的技术突破相比，储能的规模化应用与商业化运营依然滞后。一方面，大规模储能电站的安全隐患问题仍待妥善解决；另一方面，目前的电力市场还处于起步阶段，市场投资储能的积极性不足。

新时期的储能侧建设，在技术方面，亟须进一步突破高安全、低成本、长寿命储能器件和高安全储能系统集成应用技术难题；在市场方面，应加快推动储能市场机制建设，充分发掘储能电量时空价值，建立健全储能成本疏导机制，为储能多元化业态形成与全面市场化规模应用，探索、营造出可持续发展的技术路径与商业渠道。

（五）一体化协调：源网荷储多向互动，局部电网就地就近优化，全网统一调度

在电源、电网、储能与负荷的新变化形势下，电力系统向源网荷储多向互动的新业态演进。源网荷储一体化的实施推进，需要实现能源资源的智慧辨识、智慧跟踪、智慧认证、智慧调度、智慧响应、智慧交易。依托发电预测、负荷辨识技术，增强灵活性资源的甄别与感知能力，即时掌握资源状态变化，同时深化资源接入可信认证，以保障资源高效并网、安全管理。面向不同运营主体，创新电网侧调度新模式，培育资源聚合主体优化管理及主动响应能力，通过分布、开放的电力市场渠道促进各方协同互动，实现源网荷储调控运营一体化。

新时期的源网荷储一体化协调，需要加强分布式智能电网建设，探索以市场利益为驱动的灵活资源聚合实施路径，促进新能源就地消纳，促进能量就近平衡，实现源网荷储资源本地聚合。在此基础上，促进跨区域、大电网的电能资源互联互通，全资源要素分时间尺度、分地区、分层级、分对象进行全局优化控制，实现能源全域互联。

四、对电力源网荷储一体化产业发展的思考与展望

一是源网荷储一体化将带动新一轮电力设备技术创新。在源网荷储一体化的促进下，大容量、大功率的电力电子器件研制突破与高质量、规模化的新型储能制造推陈出新，引领能源资源朝可控、易控的方向发展；一二次深度融合与边缘计算赋能新一代电力设备，推动电力系统向透明电网更新升级；能源利用、协同控制、电碳经济等技术迎来爆发式发展契机，能源调度及运营管理迈向智能化新阶段。二是源网荷储一体化将推动新一轮产业链升级。在源网荷储一体化的促进下，新能源的高效利用将辐射上下游产业发展，带动新能源开采、新材料制造、新工艺设计、新应用创新的布局；灵活的需求侧管理与交易也将推动能效服务、能量管理等新业态快速成型。三是源网荷储一体化将催生能源利用新模式。在源网荷储一体化的促进下，零碳园区、零碳楼宇、零碳商业区（居民区）、虚拟电厂等将发展成形。同时，电力网与交通网、云数据中心、热管网及气管网等深度耦合，将诞生出车网互动、气电互补等能源利用新模式，最终实现能源多向互联与综合利用。

积极探索源网荷储一体化实施路径，将是践行我国技术产业升级与能源体制革新的现实动力。实现源网荷储一体化，终将推进清洁低碳、安全高效的能源体系建成，助力“双碳”目标达成。

【作者简介】

姜海龙先生，南方电网电力科技股份有限公司总经理、董事，教授级高级经济师，长期从事电力能源技术研究及推广应用工作。曾获中国电力优秀科技工作者荣誉称号、南方电网管理创新一等奖。主要研究领域包括源网荷储智慧联动、新型储能技术、电网智能化技术等。

高新华先生，南方电网电力科技股份有限公司总工程师，广东省智能电网新技术企业重点实验室主任，2019 年被评为广东省电机工程学会专业委员会十大领军人物。立足于智能电网专业领域，结合电网运行安全稳定的需求和未来电网发展趋势开展相关研究工作，主编专著多部。

现代物流、供应链

现代物流是融合运输、仓储、货代、信息、人工智能和新材料、新能源等产业的复合型服务业，是支撑国民经济发展的基础性、战略性产业。

供应链是生产及流通过程中，围绕核心企业的核心产品或服务，由所涉及的原材料供应商、制造商、分销商、零售商直到最终用户等形成的网链结构。

我国快递物流业的现状与展望

圆通速递有限公司　　喻渭蛟

快递物流业是近年来发展最为快速、最受瞩目的新兴产业之一。它是国家重要的社会公用事业，也是服务企业和消费者生产生活、促进消费升级、畅通经济循环的新经济产业，发挥着连接千城百业、联系千企万户、贯通线上线下、链接国内国际的重要作用。

我国快递物流业取得了历史性成就、发生了历史性变革，已进入年快递件量过千亿件、年快递收入上万亿元的新阶段。下一阶段，我们必须全面贯彻新发展理念，服务构建新发展格局，更好地推进全行业实现高质量发展。

一、我国快递物流业的发展现状

（一）行业规模大

近年来，我国已建成覆盖全国、深入乡村、通达全球的世界规模最大的快递网络。根据行业统计数据，自 2014 年起，我国快递业务量已连续 9 年位居世界第一，占全球一半以上，体量已超过美国、日本和欧洲等发达经济体的总和。行业中 5 家品牌企业实现年业务收入超千亿元，7 家快递企业完成上市。快递物流业已成为一张靓丽的中国名片。

（二）发展速度快

我国快递业跑出发展加速度，规模优势加速显现。2012 年以来，我国快递业务量由 57 亿件增长到 2022 年的 1105.8 亿件，11 年快递业务量增长近 19 倍，行业吸纳就业 400 余万人。尤其是 2022 年，我国快递行业克服新冠疫情影响，逆势上扬，成为高质量发展的一支生力军。

（三）服务范围广

1. 快递“进村”

2020年，国家邮政局发布《快递进村三年行动方案（2020—2022年）》，助力乡村振兴。截至2022年年底，全行业拥有各类营业网点43万处，累计建成990个县级寄递物流公共配送中心、27.8万个村级快递服务站点，全国95%的建制村已实现快递服务覆盖，培育业务量超千万件的快递服务现代农业金牌项目117个。得益于此，每天1亿多件快递包裹在农村顺畅进出，农村快递包裹量占全国快递包裹总量的比重已超过30%。

2. 快递“进厂”

2020年，国家邮政局、工业和信息化部联合印发《关于促进快递业与制造业深度融合发展的意见》，推动制造业提质增效和快递业转型升级。2021年，圆通速递深度参与中国商飞旗下上海翔运国际货运有限公司（以下简称“翔运国际”）的混合所有制改革，通过数字化赋能提升管理效率，实现数字化对航材物流核心业务能力的驱动和支持。2022年，翔运国际的航材供应链物流业务完成量显著上升，国际快递业务同比增长近60%。圆通速递与翔运国际联合申报的“助力国产大飞机翱翔蓝天——翔运国际与航空制造业融合实践”项目，入选2022年上海快递业与制造业融合发展典型案例。

3. 快递“出海”

近年来，我国积极推进快递“出海”工程，持续加大建设跨境物流网络，加快建设全球性的国际快递枢纽集群。国内快递企业正通过强化供应链集成服务能力，为保障国际供应链安全、服务构建新发展格局贡献力量。

圆通速递确定了“跟着一带一路走出去、跟着跨境电商走出去、跟着华人华企走出去”的国际化战略，其快递、货运和供应链业务已触达全球150多个国家和地区。在2022年卡塔尔世界杯上，琳琅满目的周边产品大受欢迎，国内快递品牌及相关企业紧紧抓住卡塔尔世界杯等大型国际赛事的机遇，帮助纪念品、足球、手摇旗等“中国制造”加速出海。在卡塔尔世界杯开幕前，顺丰速运就承担起为“乘着大巴看世界”报道组寄递部分工作人员行李和现场活动物料的工作。菜鸟开通了世界杯物流专线，经由这条海运线路，“义乌制造”从宁波港和上海港出发，20～25 天便能直达卡塔尔哈马德港。

4. 抗疫贡献多

除了扮演产业先导的重要角色，快递业在应急保障、民生服务中的功能也越来越凸显。在新冠疫情防控中，快递企业遍布城乡的寄递设施、干线和末端配送车辆以及数以百万计的快递员，冒疫奔忙，成为保供、保通、保畅的重要力量。

在国务院新闻办公室发布的《抗击新冠肺炎疫情的中国行动》白皮书中，四次提及“快递”，快递物流业在运输防疫物资和服务民生中发挥了重要作用。仅在 2020 年上半年，邮政企业、快递企业承运、寄递疫情防控物资累计 47.03 万吨、包裹 3.88 亿件，发运车辆 8.41 万辆次，货运航班 760 架次。快递物流业全力抗击疫情，在“打通主动脉、畅通微循环”中发挥了先行作用。

二、我国快递物流业的突破与挑战

（一）以自动化装备提升核心基础能力

提升快递物流业装备科技水平，是现代流通体系建设的重要任务。随着快递企业分拨中心新建、改扩建进程的加快。数据显示，仅在 2019 年，我国快递业就已累计建成超 5000 千米的自动化流水线，与中国地铁总里程相当。另外，目前中国快递物流装备的自动化渗透率只有 20%，远远低于发达国家 80%的水平，这意味着行业自动化将释放出巨大的市场空间，自动化水平将成为快递物流业提升核心基础能力的重要抓手。

位于上海嘉定的京东“亚洲一号”是国内最大、最先进的电商物流中心之一。在硬件方面，上海亚洲一号拥有自动化立体仓库（AS/RS）、自动分拣机等先进设备；在软件方面，仓库管理、控制、分拣和配送信息系统等均由京东公司开发并拥有自主知识产权，整个系统均由京东公司总集成，目前 90%以上的操作已实现自动化。中通快递广州花都转运中心拥有全自动化流水线 8 套，其中小件自动化流水线 5 套，大件自动化流水线 3 套。该中心的双层自动分拣系统，每小时最多能处理 7.2 万件快件。

在这样的发展前景下，地方政府和资本市场也越来越看重分拣设备产业。地处皖南的安徽省南陵县，抓住行业机遇，发展成为国家级的快递科技创新试验基地，先后同中科院微电子所、顺丰、“三通一达”等业界龙头企业签订战略合作协议，一系列优质产业链项目相继落地，集聚上下游企业40余家，总投资额超70亿元。

（二）以数字化转型推动高质量发展

目前，我国快递业正处于转型升级的关键期。从规模驱动转向技术驱动，数字化是行业发展的加速器，尤其是管理的信息化和服务的可视化程度不断提高，呈现出“技术密集型”特征。

以顺丰速运和圆通速递为例。顺丰速运以“科技+”为战略核心，打造了一系列高科技产品，自主研发了一系列科技创新技术，同时建立起一体化、精细化的运营体系以及基于大数据的决策分析体系。其中“大数据驱动下的智能化运营决策分析平台”的搭建是实现智能高效运营管理的重要环节。该平台将数据分析与智能化系统相结合，可实现对全网物流业务数据进行智能监控及动态预测分析、对全网业务数据进行实时监测、对物流业务数据进行分析和智能决策等功能。圆通速递将全面数字化转型确定为企业的竞争战略，公司以“金刚”核心系统为基础，通过自主研发的管理驾驶舱、客户管家、网点管家等数字工具，不断提升快递全业务流程的数字化管理水平。

创新是第一驱动力。技术创新和数字化能力已成为快递物流企业新的核心竞争力。提高全行业的创新发展水平，也是头部快递物流企业的责任和担当。

（三）以国际化提升综合供应链服务能力

纵观全球快递巨头的发展历程，它们在本国市场取得领先地位后，都会纷纷拓展海外市场。从自身看，这有利于实现国内外业务平衡，降低单一依赖国内业务的风险，不断增强企业综合竞争力。因而，补强国际快递物流供应链服务能力将成为我国快递物流企业未来重点发展方向之一。从外部环境看，《区域全面经济伙伴关系协定》（RCEP）于2022年1月1日正式生效后，通过关税减免等制度安排进一步推动了跨境贸易，提升了跨境物流效率。我国与“一带一路”沿线国家和地区的双边贸易额持续上升，也为跨境物流带来了广阔的发展空间。

近年来，快递企业加快“出海”步伐。2022 年 2 月，中通快递在曼谷转运中心开始试运营，泰国全境快递业务正式启动；3 月，圆通速递在嘉兴开工建设全球航空物流枢纽——东方天地港；4 月，圆通速递在菲律宾宣布开业起网，启动当地“门到门”的国内国际快递包裹服务；11 月，菜鸟首次公开“巴西 3 年发展规划”。我国快递企业正在以“中国速度”提升国际供应链与物流服务能力。

但是，在看到发展成绩的同时，我们要更清醒地认识到，行业仍存在大而不强、快而不优的问题，不平衡、不充分的矛盾仍比较突出，还面临不少挑战。

（四）与国际快递巨头存在差距

我国目前已经是快递大国，但还不是快递强国。我国快递企业与国际巨头在营收能力、航空物流枢纽、全货机数量、产品综合竞争力等方面还存在明显差距。例如，我国航空物流枢纽建设处于起步阶段，而 FedEx 和 UPS 依托的美国孟菲斯国际机场和路易斯维尔机场历经数十年的发展，已成为全球货运枢纽。我国快递企业全货机总数量仅有 120 架左右，与 UPS 的 580 多架和 FedEx 的 470 多架相比存在较大差距。全国的货机数量总和还远远比不上一家国际快递巨头。

（五）多式联运发展滞后

当前，我国公路、铁路、海运、航空等多式联运运量规模远低于发达国家。统计数据显示，2019 年中国港口的海铁联运量占联运总量的比重仅为 2.6%，而作为发达国家的美国的海铁联运量占联运总量的比重达到了 40%。各交通方式之间衔接不畅、组合效率不高，制约着快递业的降本增效与绿色发展。快递物流业的特性对多式联运链条的数字化、透明化有很高的要求。目前，铁路有相关信息平台，各快递企业各自也有较完善的信息系统，但这些信息平台之间整合和衔接不够，成为制约多式联运发展的信息梗阻。

（六）综合能力和服务品质亟待提升

目前，我国快递物流行业的综合物流能力还不强，跨境寄递物流供应链自主可控能力还不足，国家战略性基础设施作用发挥得还不够充分。同时，部分企业的经营管理还比较粗放，嵌入产业链不深，服务质量不稳，中高端的供给不足，运营还处在价值链的中低端。

三、我国快递物流业的未来发展趋势

（一）主动服务全局

我国《“十四五”邮政业发展规划》明确指出，到 2035 年，基本建成邮政强国，成为交通强国重要标志。作为保障产业链供应链稳定的基础性、战略性设施的快递物流业，更要主动服务全局，积极融入乡村振兴、共同富裕、可持续发展等国家战略，在当好中国现代化的开路先锋的新征程中勇挑重担，为实现中华民族伟大复兴做出更大贡献。

行业还要继续深化与先进制造业、现代农业的深度融合，建设高效畅通的物流体系，着力提升产业链供应链的韧性和安全水平，更好地服务构建新发展格局，着力推动高质量发展。

（二）坚持科技引领

近年来，5G、云计算、人工智能、区块链等信息技术在快递物流领域深入应用，催生了大量丰富的应用场景，无人机、无人车、自动化分拨中心等智慧物流新模式、新业态不断涌现。快递企业可以依托大数据、云计算、人工智能等先进技术，不断释放数字技术对行业发展的放大、叠加和倍增作用。

未来，科技创新必将加速赋能行业发展，自动化、智能化、数字化应用更加广泛，实现前端精准预测、中端实时跟踪、后端动态对接。自动分拣设备将在县域小型分拨中心和揽收端加快推广应用，六面扫描仪、RFID 接收器、机械手臂等设备在无人仓、智慧枢纽加速投用，大数据、云计算等技术应用持续深化，以提升全流程运营效率。此外，在人力成本日渐升高的背景下，快递企业将持续推动无人分拣中心、无人车、无人机多场景运营，并加大自动化分拣设备和智能客服的投入，以实现提质增效发展。

（三）积极融入全球化

全球百年变局加速演进，国际经济结构深刻变化。在我国加快构建以国内大循环为主体、国内国际双循环相互促进的新发展格局背景下，快递物流业要进一步积极融入全球化发展步伐。

我国快递物流业的跨境业务经过疫情防控期间的调整，也必将在 2023 年加速恢复，并将通过《区域全面经济伙伴关系协定》（RCEP）的实施契机，持续布局国际航线，加速建设海外仓、物流枢纽，加强与国际电商物流企业的合作，强化全链条的跨境服务，不断增强全球化综合服务能力，为保障国际供应链安全、构建新发展图景注入新的发展动力。

（四）实现竞合发展

当下，快递物流行业从规模竞争进入高质量发展的新阶段。参考国外市场，FedEx 和 UPS 占据美国超 8 成的市场份额，日本 9 成以上的市场也掌握在三家巨头手里。目前，我国快递与包裹服务品牌集中度指数 CR8 不到 85%，还存在着一定的市场竞争空间，接下来的 2～3 年，快递物流业的并购重组和洗牌也会随之加速。在经过前几年的“价格战”抢市场后，国内快递市场格局逐步进入“拼服务”的下半场。国家层面也鼓励快递物流企业整合资源，在通道网络、货物组织、航空运力等方面共建共享，打造具有国际竞争力的“快递航母集群”。

【作者简介】

喻渭蛟先生，圆通速递有限公司董事长、党委书记，圆通速递（国际）控股有限公司董事长，兼任中国光彩事业促进会理事、中国快递协会副会长、浙商总会副会长、北京浙江企业商会会长，曾获“风云浙商”“中国运输风范人物”“全国抗击新冠肺炎疫情民营经济先进个人”等荣誉。

我国现代物流园区低碳发展之路

煌卓国际有限公司　　邵乃文　何建成

随着经济社会的发展、物资的极大丰富和市场需求的不断提升，配送和快递日益活跃，物流业已经成为我国的重要支柱产业之一。

物流园区是物流业的关键载体，构建高质量和低碳发展的现代物流园区是物流业发展的必由之路。

一、我国现代物流园区的发展现状

现代物流园区是近年来物流业高速发展之下形成的新生业态，在传统物流的基础上，通过物联网、大数据、云计算、区块链等技术对物流进行智慧管理与赋能，从而达到降低物流运营成本、提高物流运作效率的目的，并将物流逐渐延伸到上下游，进而形成相关产业链，是具有产业发展性质的经济功能区。

我国现代物流园区的发展经历了 3 个阶段。

国家为了鼓励物流行业发展，曾陆续出台了《关于商品物流中心发展建设的意见》等政策性文件。1993 年，顺丰速运正是在这一背景下诞生的，直到 1998 年，以深圳平湖物流基地建成为标志，直至 2000 年，珠三角、长三角等部分经济活跃、市场化程度较高的省区逐渐开始建设物流园区，这是我国现代物流园区发展的第一阶段，这个阶段可以视为传统物流园区阶段。

2000—2010 年是我国现代物流园区发展的第二阶段，是传统物流向现代物流转型的阶段。随着我国加入世界贸易组织，物流业也走上快速发展的道路。随着《印发关于促进我国现代物流业发展的意见的通知》的出台，2009 年国务院出台《物流业调整和振兴规划》等系列政策文件，物流技术的不断革新和基础设施的日益健全，使物流业在现代服务领域取得了重要的行业地位。有 20 多个省市和中心城市制定出台了区域性物流发展规划与政策。同时，物流信息化也开始注入物流园区，令独立的第三方物流企业获得长足的发展，物流外包逐渐成为主流。

2011 年至今是现代物流园区发展的第三阶段。在这一阶段，物流园区进入快速发展轨道，行业出现各种变化与发展，智慧物流、平台物流及专业的供应链管理巨型企业层出不穷。同时，物流园区也不仅仅停留在仓储、配送、包装等较为单一的领域，更多地向上下游环节延伸，且由园区辐射状配送方式向园区间相互依存、立体配送方式转变，持续优化物流路径和半径。同时，金融资本也更加青睐和关注物流行业，电商和快递加速促进了现代物流业的发展。

当前，现代物流园区也正在向智慧物流园区方向发展。《2021 智慧物流园区白皮书》指出，智慧物流园区以物流园区为载体，以新一代信息技术为手段，以智能化应用系统平台为支撑，将人、车、货、物等全面感知、数字连接并深度融合，聚焦科技化运营、品质化服务、数字化物流，重配整合园区资源并达到各方利益最大化，实现绿色高效、业务增值、链式效益、协同生态，最终达成可持续发展。

2019 年和 2020 年，我国连续两年发布全国物流枢纽城市，意在从国家战略高度引导全国核心区域物流枢纽建设和园区布局。“十三五”期间，我国社会物流总额稳定增长，2020 年超过 300 万亿元，是我国 GDP 的近 3 倍，年均增速达 5.6%。物流运营里程及货运量、货物周转量、快递业务量均位居世界前列，2021 年，我国快递业务量达 1083 亿件，占全球快递业务量的 50%以上。

2022 年，在第 6 次全国物流园区调查统计中，全国占地 150 亩以上在建和运营的各类园区共计 2553 家，比 2018 年第 5 次调查的 1638 家增加了 55.9%，年均增长 11.7%，增速保持较快态势。同时，社会物流成本水平稳步下降，2020 年社会物流总费用与国内生产总值的比率降至 14.7%，较“十二五”末下降了 1.3 个百分点。

从物流园区的空间布局上来看，我国东部地区的经济较为发达，物流园区规划建设起步早，数量较多，目前 75.7%的园区已进入运营状态。西部地区近几年经济增长较快，物流园区进入规划建设快速发展期，且基本集中在华东地区。

近年来，现代物流园区的新趋势是将智慧化的概念逐渐纳入新建园区和运营园区，另外受到新冠疫情影响，生鲜电商迎来爆发式增长，社区团购、直播电商等新模式使冷链高标仓市场持续活跃，这种高标仓呈现出高速增长和供不应求的局面。同时冷链物流成为国家支持的重点发展方向，国务院办公厅《“十四五”冷链物流发展规划》提出，到 2025 年，布局建设 100 个左右国家骨干冷链物流基地，这进一步突出了我国冷链物流的战略地位。

二、现代物流园区节能低碳发展的机遇和挑战

虽然现代物流园区迎来了一段较快发展期，国家各种配套鼓励政策也陆续出台，如《商务部办公厅 公安部办公厅 国家邮政局办公室 供销合作总社办公厅关于组织实施城乡高效配送重点工程的通知》《交通运输部办公厅关于深入推进无车承运人试点工作的通知》《国务院办公厅关于推进电子商务与快递物流协同发展的意见》等，以及国家在碳达峰碳中和方面更多的政策要求，为现代物流园区发展带来了巨大的机遇，同时也提出了物流园区在高质量发展和可持续发展中的挑战。

国务院办公厅于 2022 年印发的《“十四五”现代物流发展规划》（以下简称《规划》）提出，“将绿色环保理念贯穿现代物流发展全链条，提升物流可持续发展能力。”

物流园区的智能化发展和绿色发展，无疑是今后最重要的方向。绿色发展既是现代物流园区可持续发展的道路，也是其唯一的发展道路，物流园区的节能低碳发展迎来了历史性机遇。

由于之前建设的物流园区大部分属于工业化前中期的基础设施，占地面积大、功能相对单一、孤立运营，且存储、包装、运输等重要环节基本采用传统生产方式，能耗高、碳排放量大，不能面向未来、面向智能绿色发展，这也给物流园区的规划建设和运营提出了相应的挑战。

三、现代物流园区低碳发展的技术路径

《规划》中设定的目标是，“到 2025 年，基本建成供需适配、内外联通、安全高效、智慧绿色的现代物流体系。”

对于低碳园区的发展，《规划》中也指出了相应的路径，“依托行业协会等第三方机构，开展绿色物流企业对标贯标达标活动，推广一批节能低碳技术装备，创建一批绿色物流枢纽、绿色物流园区。在运输、仓储、配送等环节积极扩

大电力、氢能、天然气、先进生物液体燃料等新能源、清洁能源应用。加快建立天然气、氢能等清洁能源供应和加注体系。”

1. 生态固碳——物流园区绿化建设

中国科学院院士丁仲礼曾说，“中国陆地碳汇中，约 56%来自生态工程建设的相关区域。而且在多年的积累后，会发挥越来越重要的作用。”可见，生态工程固碳是物流园区低碳发展的重要方式。

物流园区的生态固碳可以通过增加绿色植物和土壤真菌等方式来增强园区碳吸收能力，也就是说，在物流园区中尽可能多种植碳吸收能力强的植物，以及在土壤中培养有碳汇能力的真菌，同时美化园区环境，又不增加园区额外的负担。

G20 杭州峰会期间，334 亩碳汇林抵消了 6674 吨二氧化碳。东南方的碳汇林主要包括红豆杉、银杏、无患子、香樟等，这些都是固碳能力较强的树种。在华北地区，宜栽植侧柏、黄连木、楸树、刺槐、橡树及泡桐树等树种，它们同样有较强的固碳能力。

土壤固碳是指将空气中的二氧化碳转化为稳定的含碳化合物并长期存储在土壤中，可以通过把根瘤菌接种在豆类等作物上的方式，有效地吸收和固化二氧化碳。

2. 新能源开发利用——屋顶光伏发电设施应用

碳排放的主体，是物流园区使用的各类能源，尤其是化石类能源及由其产生的电、冷、热等生成的二氧化碳等温室气体。因此，减少使用化石能源，是减少碳排放的重要措施。

物流园区中一般都建有大量的仓储屋顶和车棚，通过在屋顶铺设光伏发电设施，不仅可以有效地替代部分煤电，还可以提高园区的电力供应安全。同时，也可通过屋顶光热系统，将太阳能直接转化成热水或供暖，同样可以减少外部电力的供应，也降低了用电成本。车棚顶部架设光伏设备，既不占用土地，又可通过交直流柔性配电网满足部分电动汽车的充电需求，降低电能损耗。

许多物流园区都建设在城乡之交，周边虽交通发达，但往往也较为空旷，可以适度布局一些风力发电，进一步补充电力需求，降低对外部煤电的依赖。

在物流园区的仓储空间或室外空地，同时考虑配置一定容量的储能设备，存储多余的风电、光电，或者利用峰时差实现充放电功能，同样可以减少碳排放。

新能源或可再生能源的建设及利用，是现代物流园区实现低碳发展的重要手段。

3. 运输装备低碳化——新能源装备应用

物流过程中大量使用的交通工具是碳排放的重要环节，包括中、长距离运输的燃油机动车、船舶，市内等短距离运输的二轮、三轮机动车，物流园区内装卸使用的机动叉车、行吊等运输装备，以及物流园区员工上下班的通勤工具，这些交通工具均可以采取低碳化系新能源替代。

联邦快递（FedEx）是一家总部位于美国的世界范围领先的供应链和物流跨国企业，其低碳转型实施战略包括降低飞机排放、提高车辆燃油效率、获取替代燃料、采购可再生能源等一系列措施。2018 年，FedEx 安装了 3 个太阳能装置，在 24 个工厂使用可再生能源和替代能源近 3300 万千瓦时。

《规划》要求："加强货运车辆适用的充电桩、加氢站及内河船舶适用的岸电设施、液化天然气（LNG）加注站等配套布局建设，加快新能源、符合国六排放标准等货运车辆在现代物流特别是城市配送领域应用，促进新能源叉车在仓储领域应用。继续加大柴油货车污染治理力度，持续推进运输结构调整，提高铁路、水路运输比重。"

2021 年，按全国 10 万辆新能源城市配送货车推广应用规模计算，年减少二氧化碳排放量 175 万吨。

根据测算，2025 年，新能源汽车的新车销量占比将达 30%，并将在 2050 年增至近 100%。到 2050 年，货运能源需求中的电力、氢能和生物燃料比重分别为 45%、3%和 1%。新能源汽车将扩展至城市物流配送车辆及电动货车等领域，氢燃料电池重型货运卡车数量也将增加。

4. 智慧化管理——精细化能耗管理

现代物流园区不仅要建立客户和货物的信息化与智能化，同时，建立碳排放数据监测系统也势在必行，系统实时在线监测园区的物流管理、运行情况，并同步分析园区的能耗及碳排放情况，为减排提供科学依据。

物流园区全面启用电子单据线上流转，可减少纸质单据的应用，同时提升信息传递效率，减少对不可再生资源的使用；通过大数据、云计算、AI 等新技术，以及无人仓、无人车等新装备的应用，提升仓、运、配等环节的运作效率，同样降低能耗。

据交通部统计，国家交通运输物流公共信息平台有效提高了物流组织效率，每年可降低空驶率 5%，缩短运输时间 25%，降低汽车油耗 38%。

《规划》还提出“创新驱动、联动融合”的发展原则，即“以数字化、网络化、智慧化为牵引，深化现代物流与制造、贸易、信息等融合创新发展，推动形成需求牵引供给、供给创造需求的良性互动和更高水平动态平衡”。并且到 2025 年，“物流数字化转型取得显著成效，智慧物流应用场景更加丰富”。

四、现代物流园区的低碳发展趋势

1.“双碳”目标为现代物流园区低碳发展指明方向

国家的“双碳”目标也为现代物流园区的发展指明了低碳方向。

江苏历来是全国物流规模领先的省份，2020 年全省社会物流总额就达到 33 万亿元，占全国的 1/10 以上。该省在 2019 年就印发了《江苏省推进运输结构调整实施方案》，要求加快推动全省现代物流绿色低碳转型发展，促进物流节能减排、降本增效，成为该省绿色低碳物流园区和交通运输体系建设的必然选择。

全国许多省份也都陆续出台或选择了相似的方式和路径，以真正实现“双碳”目标。

作为能源消耗大户、碳排放大户的物流园区，面对低碳转型和“双碳”目标，其发展的方向和解决问题的重点，依然聚焦在交通能源动力的变革、物流包装低碳排量及仓储配送的低碳运作模式等几个方面。鼓励企业开展绿色设计、选择绿色材料、实施绿色采购、打造绿色工艺、推行绿色包装、开展绿色运输、做好废弃产品回收处理，实现低碳或近零碳物流园区建设。

2. 碳交易市场为现代物流园区发展提供了新的思路

全国碳交易市场及各省试点碳市场，可以大力推动低碳产业发展，促进高碳排放替代及助推“双碳”目标实现，市场化的运作将推动高碳排放物流园区各类成本显著提升，并为现代物流园区的发展提供新思路。

2020 年 6 月，作为世界最大的物流企业之一，亚马逊公司发布了《全力以赴：坚持我们对可持续性的承诺》年度发展报告。报告列举了公司在可再生能源、零排放、净零碳、使用电动送货车，以及建立气候承诺基金等方面的一系列承诺和战略举措。同年 2 月，亚马逊首席执行官杰夫•贝佐斯宣布设立 100 亿美元基金，即“贝佐斯地球基金”。基金致力于低碳发展形成碳资产，并通过国际市场碳交易获取品牌和价值的多重收益，这也为物流园区企业做大做强提供了全新的思路。

同时，在物流园区的低碳转型过程中，也可鼓励金融机构实施碳金融，将贷款利率与绿色低碳数据挂钩，采取可持续发展措施可优先获取更加优惠的融资利率，促进供应链全链条减少碳排放，并将其作为碳交易市场的辅助手段。

3. 新技术赋能现代物流园区低碳发展

现代物流园区必须借助新技术的赋能，满足园区低碳发展。

《规划》进一步提出了具体的技术实施路径：“结合实施‘东数西算’工程，引导企业信息系统向云端跃迁，推动‘一站式’物流数据中台应用，鼓励平台企业和数字化服务商开发面向中小微企业的云平台、云服务，加强物流大数据采集、分析和应用，提升物流数据价值。培育物流数据要素市场，统筹数据交互和安全需要，完善市场交易规则，促进物流数据安全高效流通。积极参与全球物流领域数字治理，支撑全球贸易和跨境电商发展。”

深度应用第五代移动通信（5G）、北斗、移动互联网、大数据、人工智能等技术，分类推动物流基础设施改造升级，加快物联网相关设施建设，发展智慧物流枢纽、智慧物流园区、智慧仓储物流基地、智慧港口、数字仓库等新型物流基础设施。鼓励智慧物流技术与模式创新，促进创新成果转化，拓展智慧物流商业化应用场景，促进自动化、无人化、智慧化物流技术装备，以及自动感知、自动控制、智慧决策等智慧管理技术应用。加快高端标准仓库、智慧立体仓储设施建设，研发推广面向中小微企业的低成本、模块化、易使用、易维护的智慧装备。

推动大型物流企业面向中小微企业提供多样化、数字化服务，稳步发展网络货运、共享物流、无人配送、智慧航运等新业态。鼓励在有条件的城市搭建智慧物流“大脑”，全面链接并促进城市物流资源共享，优化城市物流运行，建设智慧物流网络。

4. 现代物流园区低碳综合规划设计解决方案

物流园区的建设和发展需要具备长远和全局的思维，制定符合低碳发展的综合规划。物流园区的碳中和路径应从顶层战略开始，从政策引导、国际水平及园区现状进行发展规划，其碳达峰碳中和规划应该与国家整体的双碳行动方案相一致、相协调。

物流园区的低碳综合规划首先要厘清碳排放源和碳排放量，针对碳排放源制定可实行的减碳方案和措施，合理运用碳资产、碳金融等减碳减排新思路，降低各类碳排放量，最终达成碳中和目标。

【作者简介】

邵乃文先生，煌卓国际有限公司董事长，上海太江集团有限公司董事长，美国商会会员，德国商会会员。长期从事国际投融资和现代智慧产业园区、物流园区的开发、运营工作，在投融资和工商业地产全产业链投资、运营管理等领域有丰富的经验与建树。

何建成先生，煌卓国际有限公司总裁，曾任千岛湖发展有限公司董事长助理。长期从事市场研究、商品贸易和产业投融资工作，在现代物流园区规划、投资、建设和运营等方面具有丰富经验与良好业绩。

高端装备制造

高端装备制造业是建设制造业强国的题中之义，是以高新技术为引领，处于价值链高端和产业链核心环节，决定着整个产业链综合竞争力的战略性新兴产业。高端装备制造产业主要包括智能制造装备产业、航空装备产业、卫星及应用产业、轨道交通装备产业、海洋工程装备产业等。

我国新能源汽车产业的发展现状和未来展望

比亚迪股份有限公司　　廉玉波

发展新能源汽车是我国由汽车大国迈向汽车强国的必由之路，是应对气候变化、推动绿色发展的战略选择。党中央、国务院高度重视新能源汽车产业发展，并做出专门部署，为产业发展指明方向。近年来，在政产学研等多方努力下，我国新能源汽车产业发展迅速，产销量快速增长，关键核心技术不断突破，已经进入全面市场化拓展期，必须准确把握我国新能源汽车产业发展形势，多措并举、多方合力不断提升产业核心竞争力，推动我国新能源汽车产业高质量、可持续发展。

一、我国新能源汽车产业发展取得显著成果

近年来，我国新能源汽车产业发展迅速，产销量和保有量位居世界前列，已成为我国经济增长的新动力，并逐步发展成为世界新能源汽车领域的创新高地。

（一）产业体系更加健全，形成自主可控的产业链

截至 2022 年年底，我国共有新能源汽车相关企业近 61 万家，产业链上下游环节有一批以宁德时代、精进电机、比亚迪等企业为代表的龙头企业，涵盖动力电池、驱动系统、自动驾驶、整车制造、基础设施等领域，基本形成“原材料—关键零部件—整车制造—基础设施及配套服务”自主可控的完备产业链。

我国已形成长三角、粤港澳、京津冀、中三角、川渝、东北六大新能源汽车产业集群。六大新能源汽车产业集群的新能源汽车产量占全国新能源汽车总产量的比重超过 70%，集群效应明显。

（二）市场规模持续扩大，自主品牌建设取得新成效

我国新能源汽车产销量已连续 8 年位居世界第一。2022 年，我国新能源汽车产销量再创新高，分别达到 705.8 万辆和 688.7 万辆，同比增长 96.9%和 93.4%，市场占有率提升至 25.5%。全年新能源汽车出口 67.9 万辆，成为带动出口高质量增长的重要力量。

随着新能源汽车产业的不断发展，我国自主品牌已成为市场主力，与国外优势汽车企业的差距不断缩小，并在高端品牌建设方面持续发力。2022 年 9 月，广汽埃安发布旗下高端品牌“Hyper 昊铂”；2023 年 1 月，比亚迪发布高端品牌“仰望”，有望改变目前的汽车生态与市场格局。

（三）关键技术国际领先，中国车企掌握技术主动权

我国新能源汽车产业紧抓电动化、智能化、网联化转型机遇，着力推动技术创新。例如，我国的动力电池在能量密度、循环寿命等方面已与国际先进水平基本持平；随着智能化进程加速，国内智能网联汽车市场规模不断扩张，L2 级乘用车已实现规模化商业应用。

中国车企已掌握技术主动权，成为推动全球汽车产业加速转型的主力。作为中国新能源汽车企业代表的比亚迪，经过 20 年的自主研发，掌握了 DM-i 技术、刀片电池、“易四方”四电机动力系统等新能源汽车核心技术，并与戴姆勒、丰田等国际传统汽车巨头分别成立合资公司，开始向国外进行关键技术成套输出，改变了我国汽车技术长期跟随国外的局面。

（四）标准体系日臻完善，向全球汽车产业贡献力量

2020 年 5 月，工业和信息化部发布《电动汽车安全要求》（GB 18384—2020）等三项强制性国家标准，进一步提高和优化了对电动汽车整车和动力电池产品的安全技术要求。2022 年 3 月，工业和信息化部发布了《2022 年汽车标准化工作要点》，为新能源汽车充换电等方面标准体系建设指明了发展方向。在优化和完善国内新能源汽车产业标准化工作的同时，我国于 2021 年成立中国汽车标准国际化中心（日内瓦），中国汽车技术研究中心有限公司、比亚迪等国内企业积极融入全球标准体系，主动对接和全面参与国际标准法规修订、协调等活动，并牵头制定首个电动车辆国际法规 EVS-GTR、首个自动驾驶测试场景等国际标

准，持续向全球汽车产业贡献力量。

二、当前我国新能源汽车产业的发展机遇

“双碳”目标、创新驱动发展战略、扩大内需战略等顶层规划持续为新能源汽车产业的发展指明方向；新能源和智能网联等创新技术共同为新能源汽车产业赋能，带来的机遇和红利不断显现。我国新能源汽车产业迎来重要的战略机遇期。

（一）我国新能源汽车产业发展仍处于重要的战略发展期

从国家战略角度看，今后一个较长时期，新能源汽车产业将处于重要战略发展期。党的二十大报告提出，建设现代化产业体系，加快建设制造强国、质量强国、交通强国等。汽车产业是国民经济支柱产业，新能源汽车是推动我国汽车产业转型升级、实现现代化发展的突破口，也是我国实现绿色交通的重要抓手，是实现制造强国、质量强国、交通强国的战略支点。新能源汽车产业在建设中国式现代化产业体系中将发挥担当作用。

2020 年，我国提出“双碳”目标，力求推动我国经济绿色低碳循环发展。新能源汽车是推进汽车产业绿色转型、落实“双碳”目标的重要突破口，未来在我国推动能源转型升级中仍将处于重要的战略地位。2022 年 12 月，中共中央、国务院印发的《扩大内需战略规划纲要（2022—2035 年）》（以下简称《纲要》）指出要积极发展绿色低碳消费市场，提出推进汽车电动化、网联化、智能化，加强停车场、充电桩等配套设施建设。《纲要》对汽车消费、基础设施建设等方面均提出规划要求，多项政策将共同助力新能源汽车产业加速发展。

（二）产业转型升级驱动新能源汽车驶入“新赛道”

新一轮科技革命驱动全球汽车产业发生深刻变革，将赋予新能源汽车“新定义”和“新属性”，新能源汽车将拥有更加重要的战略地位和不可替代的独特价值。在此背景下，拥抱变化就是拥抱机遇。

新能源汽车是汽车电动化、智能化、网联化融合发展的产物，是基于数据、具有自我进化能力的汽车产品，是拥有全新概念、全新特征、全新用途和全新

属性的新物种。相比于传统的燃油汽车，具有能源高效、便利使用、多场景安全可靠驾驶、高性能智能数字终端、超高可靠低时延通信等多方面新特征、新属性。这些新特征、新属性要求的创新技术，使新能源汽车产品更可靠、更智能，更贴近主力消费群体的需求，成为影响竞争格局的新变量，是企业争相布局发展的新赛道，更是未来产业竞争的新价值高地。

三、我国新能源汽车产业发展面临的挑战

虽然我国新能源汽车产业发展迅速，但目前依然存在诸多挑战和痛点。从全球形势来看，逆全球化、政治冲突等因素持续影响着中国新能源汽车产业的发展；从我国目前的形势来看，在后疫情时代来临、“国补”退场等因素下，新能源汽车产业发展面临的不确定、不稳定因素在增多。

（一）全市场竞争激烈

我国新能源汽车产业已从“政策驱动”转向“市场驱动”，全方位的竞争愈发激烈，市场淘汰速度加快。一是成本竞争加剧。在全面市场化拓展期，资源配置将按照市场规律进行调节，研发、物料、制造和运营等各方面成本占比提升，要求车企具有更强的成本管控能力。二是车型竞争加剧。随着品牌向上持续发展，我国新能源汽车已覆盖各级车型，车型竞争也逐步扩大到中高端车型的竞争中，细分市场的竞争也将加剧，要求企业具备更强的市场洞察能力和用户分析能力。三是国际化竞争加剧。随着国内新能源汽车产业的成熟，国内企业纷纷“出海”，而受国际地缘政治冲突、欧美传统汽车企业加速转型等因素影响，我国新能源汽车将迎来国际化新挑战。

（二）产业链供应链韧性须提高

近年来的产业发展经验表明，我国新能源汽车产业链供应链的韧性仍有待提高。一是产业链上游资源仍然受限。上游原材料如镍钴等稀有金属资源紧缺，严重依赖进口。2021 年，供需矛盾带来动力电池原材料价格上涨，2022 年第一季度涨势进一步加强，多家车企因原材料价格上涨而上调了新能源汽车的售价，上游材料的价格变化广泛影响了下游整车企业。二是产业集群协同效应发挥不

充分。国内新能源汽车的产业链供应链主要集中分布在长三角、粤港澳大湾区等传统汽车产业优势地区，尚未形成区域互补，产业集群间不能及时进行资源共享互助。以 2022 年年初上海疫情和东北疫情引起的零部件断供、多家车企停产为例，过度集中的产业布局一旦出现停滞，将迅速波及整个产业，并造成巨大影响。

（三）核心技术仍面临“卡脖子”问题

虽然我国在动力电池、电驱动系统等领域的部分核心技术已取得突破，但我国新能源汽车产业仍面临芯片和操作系统的“卡脖子”问题。在芯片方面，以智能驾驶、智能座舱 AI 芯片为主的高端芯片及功率半导体整体仍存在短缺风险。我国现有的芯片产业基础薄弱，尚未突破高端芯片及先进功率半导体的设计制造技术壁垒；而智能化、电动化技术的快速发展，使我国对高端芯片与功率半导体的需求激增，芯片供应链结构失衡造成芯片短缺。在操作系统方面，缺乏具有自主知识产权的智能驾驶操作系统内核，安全车控操作系统所需的工具链尚未覆盖应用软件设计、仿真、测试全阶段，也给自主操作系统的开发带来风险。

四、我国新能源汽车产业的发展方向

面对新阶段下的机遇与挑战，我国新能源汽车产业需要进一步提高产业水平，在全行业的共同努力和国家的大力支持下，多方合力助推我国新能源汽车产业高质量全面市场化发展，助力我国迈向汽车强国。

一是推动汽车强国战略先行。汽车产业是我国实现制造强国、交通强国、质量强国的重要支撑，是新时期我国经济稳增长的重要支点，是助力构建国内国际双循环格局的重要载体。如今我国新能源汽车产业发展迅速，国家层面系统清晰的顶层设计比以往任何时候都重要，需要高度重视以新能源汽车为代表的整个汽车产业，进一步提升其战略定位，让汽车强国战略先行，实现汽车电动化、智能化技术的全球引领，培育国际一流的企业，形成世界级的产业集群，为把我国建设成为汽车强国提供支撑。

二是坚定不移打赢关键核心技术攻坚战。重点围绕动力电池、驱动系统、车用芯片、操作系统及先进整车架构等下一代新能源汽车关键技术领域，充分利用高校、科研机构的研发优势，形成以企业为主体的融合创新机制，提升新能源汽车及关联产业的融合创新能力。一是企业首先需要找准自己的定位，聚焦发展自身独有的核心竞争优势。二是开展联合创新，攻克技术难关。通过投资和技术合作等方式，与其他“专精特新”企业、高校和科研机构等深度协作，加强创新组织架构和研发体系建设。三是融合创新，打造全新产品体验，联合信息通信、互联网等科技企业打造跨界科技平台，集聚各方力量开展核心攻关，分工合作，形成合力。

三是多方合力加速新能源汽车人才培养。人才是实现新能源汽车产业发展壮大的第一资源。新能源汽车人才的培养需要多方协同，营造跨界协同的融合人才培养氛围，在培育跨界融合的新能源汽车人才的同时，加速传统汽车人才转型。企业要积极发挥人才培育的主体作用，立足自身现状和未来战略定位，高度重视内部人才培养，可通过建立企业大学、共建实训中心，提高新能源汽车人才的创新能力和工程实践能力。对于高校而言，打好学科优势“组合拳”，是高校培育新能源汽车领域相关人才的关键突破口，须明确新时期新能源汽车多学科交叉融合的新定位，加强构建交叉融合型的课程体系和人才培养方案。

四是培育具有中国特色的汽车文化。随着产业的快速发展、技术的进步以及消费的升级，我们要加速培育具有中国特色的汽车文化。一是打造汽车品牌文化。支持自主品牌国际化、高端化发展，鼓励企业推出个性、时尚、专属的定制化车型。二是推动汽车社会文化建设。加强建设汽车主题公园、博物馆、露营公园等，集聚打造人、车、生活等多业态融合的汽车文化生活园区。

五、我国新能源汽车产业的未来展望

我国新能源汽车产业已进入全面市场化拓展期，新能源汽车加速普及和渗透，整个产业将开启全方位变革。

一是智能化与电动化协同发展。电动化的快速发展引领了我国汽车产业的转型升级，新能源汽车动力系统的关键技术、制造工艺等仍将不断深化，发展前景可期。新能源汽车的快速普及为其智能化升级提供了更多机会，智能化与电动化将呈双螺旋发展态势，共同为下一代新能源汽车赋能。未来新能源汽车将成为零部件厂商、整车厂商、科技公司多方交叉、融合的智能移动终端，软件层面带来的产品差异化将更加明显。不同的品牌定位将带来不同的产品形态，产品的竞争将不局限于续航里程、补能速度等方面，智能座舱体验、智能辅助驾驶功能将成为新的衡量标准，这也要求车企在保持电动化技术领域功能的同时抓紧智能化转型。

二是产业整体向生态化发展。新能源汽车产业的革命性变革将带动城市、道路、交通、通信、能源等多行业、多领域融合，将驱动科技公司、运营商、服务商等不同参与者不断涌入赛道，催生出全新的产业分工、商业模式，以及全新的生产要素、生产力和生产关系，新能源汽车产业由过去线型、平面的“链状生态”转变为交叉、立体的“网状生态”。

三是新能源汽车产业对国家的战略支撑作用将持续加强。新能源汽车是我国新经济增长点，这个庞大的产业将为我国加快现代化产业体系建设、推动制造业创新发展、增加就业和促进消费升级发挥重要作用。同时，新能源汽车产业尚处于成长期，还有巨大的发展潜力待挖掘，是我国抢占国际竞争制高点的突破口。

我国新能源汽车产业发展前景广阔，须适时调整产业结构、抢抓战略机遇，聚焦新能源汽车竞争关键赛道，提高产业核心竞争力，进一步巩固优势、扩大市场，促进新能源汽车产业实现高质量可持续发展。

【作者简介】

廉玉波先生，比亚迪股份有限公司执行副总裁、汽车工程研究院院长，兼任中国汽车工程学会副理事长。国家重点研发计划“新能源汽车”专家组成员、全国汽车标准化技术委员会电动车辆分技术委员会主任委员。曾获国家科学技术进步奖二等奖、广东省科学技术进步奖特等奖等奖项。

中国工程机械行业的数智化转型之路

三一重工股份有限公司　　向文波

制造业是立国之本、强国之基；工程机械制造业是国之重器，也是实体经济的重要组成部分，工程机械制造业的发展水平是衡量一个国家工业化程度的重要指标。党的二十大报告提出，推进新型工业化，要加快建设制造强国。从传统制造到智能制造，中国工程机械制造业的转型升级不是一道选择题，而是一道关乎中国经济和企业长远发展的必答题。数字化、智能化正在成为工程机械行业穿越行业周期的有效“法宝”。

一、工程机械制造业数智化转型的背景

（一）抢抓超级技术窗口期机遇，数智化转型刻不容缓

工程机械制造业作为中国工业发展的重要支柱产业，截至目前，已经具有22大类产品。中国是工程机械产品类别、产品品种最齐全的国家之一。近两年，随着工程机械存量时代的到来，行业发展面临“瓶颈”，在新基建的热潮下，工程机械制造业加速向数字化、智能化方向发展。如何借助数智化技术提升产品设备质量和服务水平，实现新价值增长，成为工程机械制造业现阶段亟待解决的问题。

工业 4.0 将促进先进数字技术和工业技术的深度融合，实现生产方式的根本性变革；而风能、太阳能等绿色能源会大力促进电池和动力变革，让制造更低碳。当前正处于第三次能源革命和第四次工业革命的交汇点，这是世界经济发展面临的重大机遇，中国必须牢牢抓住。

（二）抓住数智化转型契机，实现行业难点破局

从产业环境来看，中国制造业体量大，占全球制造业总增加值的 39%，但中国制造业仍处于全球价值链的中低端地位，附加值效率低，平均销售毛利率低于工业化发达国家，且抗风险能力有待提高。当前，产业的结构调整和敏捷性已经成为中国经济发展的新驱动力，尤其是前端产品设计智能化和后端服务数字化，成为制造企业竞争的主要着力点。

从客户需求来看，消费互联网的普及，使中国企业与消费者和客户群连接的数字化程度越来越高，追求个性成为新一代消费者的特点，服务型制造将成为未来主流趋势，但同时，定制化、服务化需求也将带来制造系统复杂性的指数级增长。因此，如何在保证效率的前提下，提高多品种、小批量的柔性生产能力成为当前制造业升级面临的重要问题。

从技术基础来看，中国在加大新基建力度，明确提出要重点发展 5G、物联网、工业互联网、人工智能、云计算和区块链等技术，这些技术都是制造融合、升级与转型的核心。

从人口结构来看，世界人口老龄化日益严峻，制造企业工人工资逐年上升，但工业终端产品价格又大幅下降，给行业带来极大挑战。抓住数智化转型的契机，最大程度破除人口红利消失的障碍，突破劳动力正从制造业流失的行业瓶颈。

二、工程机械制造业数智化转型的进程与挑战

（一）数智化转型起步：初见成效

工程机械制造业具有产品种类繁多、生产过程分散、供应链复杂等行业特征，面对设备价值增值水平低、机械设备运维困难、金融生态不完善等行业痛点，近年来越来越多的企业开始意识到数智化转型的重要性，通过数字化技术改造生产管理流程，寻求新的发展机遇。

当前，工程机械制造业的数智化转型初见成效，从生产制造、产品设计、供应链管理、服务等方面全方位推动转型落地。

随着信息技术的快速发展，数字化制造的生产方式已逐渐融入工程机械制

造业的生产方式中，将设计、生产、质量控制和维修等方面紧密联系起来，提高生产效率和产品质量，还可以降低成本和提高安全性能，减少资源消耗和环境污染。数智化转型还为工程机械制造业带来了全新的产品设计机会，产品研发部门可以更好地掌握客户需求、产品性能要求和材料性能等信息，提高设计效率和精度，还可以通过开发虚拟样机，降低产品开发的成本和风险。

供应链管理也是工程机械制造业数智化转型的重要方面，一台高端工程机械涉及上万个关键零部件，随着下游用户对产品需求的快速升级，制造环节在发生相应改变的同时，也需要供应链相应升级并高效协同，这对制造管理信息化提出了更高要求。工程机械制造业的数智化转型还为服务变革提供了可能性。通过数字化技术，可以实现对设备的实时监测和预警，提高设备的可靠性和维护效率，还可以实现设备故障的快速诊断和修复，减少停机时间和维护成本。

（二）“灯塔工厂”：数智化转型的有益探索

“灯塔工厂”是工程机械制造业数智化转型的领航员和风向标。透过“灯塔工厂”之“光”，照出了中国工程机械制造业 40 年来数智化转型高质量发展的决心和成果，通过连点成线、由线成面，以“灯塔工厂”为代表的先进制造企业蹚出的这条创新驱动之路，将推动中国工程机械制造业实现由大到强的再度升级。

工程机械制造业的“灯塔工厂”相继建成和投产使用，对行业数智化的推进无疑是一针强心剂。“灯塔工厂”的建设，有助于解决行业特有的订单淡旺季两极分化、产品型号多、客制化高、产品尺寸跨度极大、结构差异明显、产品及工件总体超大超重等带来的生产计划调度困难、工艺复杂、劳动强度大、安全隐患较大、耗能较高、招工难等痛点、共性问题，对增强产品竞争力、改善服务质量和效率、提升客户满意度以及扩大营收有显著效果。

“灯塔工厂”的目标是实现生产终端自动化、仓储物流无人化、管理决策智能化。

在生产终端自动化方面，通过融合机器人、机器视觉和智能算法形成 AI 机器人群，实现多机型全工艺流程混线柔性制造，同时，在重工行业小件工件领域实现从下料、折弯、焊接到库内分拣、物流配送的全流程国产机械手、AGV 应用。

在仓储物流无人化方面，“灯塔工厂”应用全场无断点的精准高效、绿色集约型重载物流系统。这个系统应用电动 AGV、大跨距超重载堆垛机实现 8 吨级物料在厂内的自动运输、出入库；应用 0.1mm 高精定位、智能避障和智能防摇摆天车，实现 10 吨级物料的自动上下料；应用算法实现立库托盘空间规划和出库序列最优化；通过“智造大脑”智能调度和低时延、高可靠 5G 通信，实现物料台套高效配送；总体上大大提升了配送及时率和库存周转率。

在管理决策智能化方面，通过整合升级多个操控系统，构建起工厂的“智造大脑”，实现从生产计划到成品入库全过程的数字化管控。打通销售计划、生产计划及采购计划，实现主机和结构件的计划协同制订、生产智能排程，以及跨工厂、跨地区钢板切割等产能共享。自主研发派工算法，精准派工到设备和个人，实现机器适配性作业、AGV 自动配送。通过数字孪生技术，实现对全场设备、物料、加工动作 1∶1 的模型构建和数据驱动，推动制造现场高颗粒度的可视化、透明化。总体实现生产周期缩短、订单准时交付率提升。

（三）数智化转型：风险与挑战并存

目前，工程机械制造业“两业”（制造业和服务业）融合整体尚处于较低水平，存在认知滞后、机制不畅、制造业服务化拉力不够、现代服务业推力不足、融合平台功能不优、融合型人才瓶颈制约等问题，必须聚焦短板、精准发力，推进“两业”深度融合，从而打造以制造业高质量发展推动中部崛起的工程机械制造业样本。

在技术挑战方面，工程机械制造业具有离散行业多品种、小批量的生产特点，以劳动密集型制造模式为主，制造周期长、周期变化明显。面对日趋激烈的市场竞争、日益上涨的原料成本和劳动成本，传统生产模式已经无法满足产业需求：混线生产时材料难齐套，物料难在线，缺件多，管理难度大；生产过程不透明，上下游、多车间计划不协调，库存重，工序间流转不流畅，制造交付周期长；对人工作业的依赖高，装配自动化、自动折弯、自动检测、打磨短屑等技术需要攻克；自动化设备效能低、故障率偏高、维修时间长，加工能力未完全兑现。

在管理挑战方面，工程机械制造业在过去的发展历程中，由于人均效率水平不足、设备资产大，面临严重的管理难点，而现在面对乌卡时代，不确定性增加，各项经营压力日益突出，管理思维与管理工具亟须扩展；制造旺季导致产出管理难度增大；销售、研发、工艺、制造协同能力不足，研发周期、制造周期较长，反应时间慢；现场制造信息存在明显断点，产存过程信息基本靠人员管理，普遍效率低，阻碍了现场问题的快速解决。

在人才挑战方面，工程机械企业正在从原有的手工作业向自动化、智能化作业发展，从过去的叫料模式向信息化、集成化模式发展，从精益管理型工厂向智能制造型工厂发展，物流调度自动化、仓储物流自动化、订单管理智能化，以及设备监控在线化，对研发人员与一线人员提出了全新的要求；具体来说，工厂运维人员不再是工艺工程师或质量管理工程师，而是懂系统、懂技术的双重人员。生产工艺数字化变革后，随着先进机器人、视觉识别等技术的应用，现场操作人员需要具备智能装备的调试和维护技能；一线管理者思路亟须切换，制造管理亟须从现场管理扩展到精细化指标管理，如何高效获取数据、增强数字化管理和软件管理等相关技能、提升数据洞察能力，是当前车间管理者面临的主要挑战。

在安全挑战方面，工程机械制造业在向数智化发展的过程中，由于各类系统与自动化设备的引入，制造现场的物理安全风险与信息安全风险增加，需要在技术管理与人员管理上做好双重隔离；自动化设备的生产运行与产线异常处理过程都将导致物理安全风险增加；由于生产制造信息联网管理，一旦发生网络安全问题将导致一线工程停摆；由于工艺参数在线化管理，一旦有错误的修改或维护都将导致大规模的质量问题。

三、工程机械制造业数智化转型发展的展望

（一）未来数智化转型：路在何方

毫无疑问，未来工程机械制造业数智化转型的发展趋势将会是工业互联网、新材料、节能环保、跨界融合等方向的深入拓展和不断创新。

第一是云计算和大数据的应用。未来，工程机械制造企业将进一步深入应用云计算和大数据技术，实现企业内部数据的集中存储、分析和管理；同时，也将进一步开展供应链和客户关系管理的数智化转型，实现数据的共享和协同，提高企业的运营效率和管理水平。

第二是人工智能的应用。人工智能是数智化转型的重要技术支持，未来工

程机械制造业将实现机器自主学习和决策，提高自动化和智能化程度。

第三是 5G 和物联网的应用。5G 和物联网是数智化转型的基础技术，未来工程机械制造业将进一步深入应用 5G 和物联网技术，实现设备联网和信息共享。同时，5G 和物联网技术也将应用于企业的运营和服务领域，提高企业的效率和客户体验。

第四是智能制造和工业互联网的建设。制造业的数智化升级一般需要经历三个阶段：从实体到数字；从数字到数字；从数字到实体。当前工程机械制造业大部分停留在数字到数字阶段，也就是数据应用阶段。从建立统一的数据治理体系到数据的全面可视化与预测性分析，都需要工业互联网的多级协同，需要将工厂的各类智能化设备和客户的各类智能化产品联网，提供在线信息服务。

第五是低碳化和智慧城市的需求。未来，随着全球对环保和可持续发展的重视，工程机械制造业也将面临低碳化和智慧城市建设的需求。一方面，"双碳"目标会推动制造企业减少碳排放量，探索新能源替代方案；另一方面，工业革命带来的设备自动化升级会减少单台设备的能耗，基于这两方面，光伏、氢能、硅能等新能源产业应运而生。未来，制造业的数字化和节能环保可以通过"灯塔工厂"来实现。

（二）应对策略

面对数智化转型带来的挑战及未来发展趋势，中国工程机械制造业可以采取以下应对策略。

首先是加强人才培养。数智化转型需要专业人才的支持，企业可以加强专业人才的培养和引进，提高人才的专业素养和管理能力，确保数智化转型的顺利实现。

推动高校合作，构建具有特色的产学研用智能制造体系，搭建院士工作站，邀请国内外知名专家作为顾问团队；同高校、研究院共同实施智能制造应用项目；通过实践培训，搭建智能制造培训体系和线下实训基地，为员工成为智能制造人才提供学习途径；通过平台赋能，对园区科技企业进行孵化，与科技公司共同搭建数字化工作平台。

其次是建立起行业数智化供应链。要构建数智化供应链，需要建立一个数智化平台，实现信息共享和协同，同时实现生产和物流服务、供应链金融服务、经销商管理和客户服务，以及数据分析和决策支持的智能化管理，打通内外部、上下游各组织环节，打造透明、高效、共赢的供应链协同体系。

通过建立数智化平台，将供应商、制造商、物流公司和客户等多方连接起来，将传感器和智能设备集成到生产线和运输网络中，实时监测生产状态和运输状态，提高供应链的透明度和准确性；对数字化平台和物联网技术产生的海量数据进行分析预测，帮助企业更好地管理库存和物流；建立协同合作机制，与供应商、制造商和物流公司共享信息数据，减少库存和运输成本。

最后是建立完善的数字化基础设施。升级数据中台，增强平台算力，推动算法与数据的深度应用，助力业务智能，实现“人人都是数据分析师”；打造覆盖全域数据的算法模型，融合大数据与AI技术，建立数智一体化平台；推动数据智能渗透“研产供销服”环节，支持数字化样机、供应链控制塔等数据应用。

工程机械制造业的发展水平在某种程度上能够衡量一个国家装备制造业的整体水平。当前，中国工程机械制造业的发展要把握重大历史机遇，需要以“要么翻身、要么翻船”的决心来推动数智化转型，助力我国装备制造业的高质量发展。

【作者简介】

向文波先生，三一集团有限公司党委书记、三一重工股份有限公司董事长，全国政协委员，享受国务院政府特殊津贴专家。兼任全国工商联执委会常务委员、中国工程机械工业协会副会长、国家制造强国建设战略咨询委员会专家委员。曾荣获全国劳动模范等荣誉。

输变电装备实现绿色低碳的战略选择

中国西电集团有限公司　　谢庆峰

输变电装备是实现电能传输、转换，以及保护电力系统安全、可靠、稳定运行的关键设备，是实现国家能源安全稳定供给和国民经济持续健康发展的基础保障。

党的二十大报告指出，实现碳达峰碳中和是一场广泛而深刻的经济社会系统性变革。为实现“双碳”目标，国家从战略层面进行了系统谋划和总体部署，先后出台了一系列政策体系，制订了实现“双碳”目标的行动计划，提出了加快构建以新能源为主体的新型电力系统的重大任务，明确了发展清洁低碳装备、加快升级换代、提高能效匹配水平等绿色低碳化发展路径。作为支撑新型电力系统建设的核心装备和支柱产业，加快实现绿色化发展和低碳化转型已成为输变电装备行业未来发展的必然战略选择。

一、输变电装备的发展现状和面临的挑战

在践行绿色低碳化发展前，我国输变电装备行业通过实践走出了一条自主创新之路，整体实现了历史跨越，但在有些方面与世界一流水平还存在着一定差距。

（一）输变电装备的发展现状

1. 取得的成效

通过长期的创新发展，我国输变电行业历经学习借鉴、技术引进、消化吸

收、自主创新和集成再创新的发展历程，取得了骄人的业绩，主要体现在以下三个方面。一是建立了输变电装备自主创新体系。通过特高压输变电装备重大技术攻关，推进国家“863”计划、“973”计划、国家重点研发计划等的落实与实施；通过搭建输变电装备领域国家重点实验室、技术创新研究中心和工程中心等平台，提升了创新能力；通过行业管理和标准制定，建立和完善了输变电装备技术国际标准、国家标准、行业标准和团体标准体系，实现了标准引领；通过技术合作开发，聚集了行业创新资源，强化了产学研用协同创新机制。二是实现了输变电装备技术水平国际领先。通过技术创新，掌握了交流 1100kV 及以下、直流±1100kV 及以下的一大批具有自主知识产权的输变电装备核心技术，以特高压输变电装备为代表的核心技术实现了技术领先的历史跨越，具备了与跨国公司同台竞争的能力与机会。三是建成了门类齐全的成套产业体系。输变电装备取得了重大电力工程应用，具备了生产和成套集成综合能力，从交流到直流，从高压、超高压到特高压，从元器件、设备、服务到解决方案，行业规模迅速发展，产能产量居世界第一梯队，销往世界 80 多个国家和地区。截至“十三五”末，我国输变电装备市场总量达到 3.5 万亿元，完全可以满足我国电力工业发展和输变电装备走出去战略的需要。

2. 存在的不足

面对行业的快速发展，我国输变电装备的发展还存在着一些不足，主要体现在两个方面。一是基础技术研究不足。我国输变电装备行业的科技成果主要集中在产品与工程的应用领域，基础性和共性技术研究成果相对较少，特别是在气体电弧基础技术研究、电磁仿真等基础理论应用研究等方面有待加强。从近 3 年国家科技奖与中国机械工业科技奖的分析结果来看，输变电产业方面的基础性技术获奖占比仅为 4.4%，突显了基础研究的严重不足。同时，虽然输变电装备基本实现了自主化，国产化率达到了 90%，但仍有部分技术受制于人。二是创新资源不足。比如在国家重点实验室建设方面，国家虽然建设了 500 多个全国重点实验室，但与输变电装备领域相关的仅 15 个左右，且没有一个属于输变电装备制造企业；在高端人才方面，中国科学院与中国工程院两院院士有 1700 多人，而在电气装备领域仅有 25 人，无一人来自输变电装备制造企业。三是环保产品有待进一步研发与推广应用。虽然持续推进环保型开关和环保型变压器等装备研发，但环保型开关尚不能很好地兼顾性能、环保、体积、毒性、成本等要素，环保型变压器还没有取得批量化推广应用。因此，还需要进一步加强绿色低碳装备的技术攻关与批量化应用。

（二）输变电装备面临的挑战

1. 装备技术存在卡点

我国输变电装备行业已经基本实现重大技术装备自主可控，但在关键核心技术方面还存在着卡点。一是部分核心技术尚未完全掌握。比如部分典型的仿真模型、核心算法、拓扑结构等还未攻克。二是部分关键技术还未取得突破。相关开断技术、绝缘技术及系统控制保护核心技术还未完全突破，产品存在同质化竞争。这些情况阻碍了输变电装备行业的技术引领与创新发展。

2. 产业技术链、供应链存在风险

经贸摩擦、新冠疫情引发逆全球化和保护主义抬头，导致输变电装备关键材料和核心零部件受制于人。一是换流变套管、有载分接开关等部分关键核心零部件依赖进口，存在“卡脖子”情况。二是高端工业设计软件全部来自国外，存在断供隐患。这必将为输变电装备产业技术链和供应链的正常运行带来较大的风险。

3. 转型升级存在瓶颈

“双碳”背景下，适用于新型电力系统建设的输变电装备需求发生重大变化，输变电装备技术绿色低碳转型发展存在瓶颈。一是绿色低碳与高成本的矛盾难以化解。开展输变电装备绿色低碳技术开发、绿色工厂建设、创新成果工程推广应用，资金投入巨大，综合成本大幅提升，用户的采购成本同步增加，形成了技术先进性与装备经济性的矛盾，阻碍了技术成果的推广应用。二是产业分散、粗放经营，难以实现可持续绿色低碳发展。我国输变电行业规模以上变压器厂家有近 2000 家，高压开关厂家超过 300 家，产业集中度较低，同业竞争明显，行业聚合作用难以有效发挥，影响行业整体绿色低碳转型升级。

二、输变电装备绿色低碳转型的重要意义和未来趋势

随着“双碳”目标的持续推进，能源技术革命突飞猛进，输变电装备产业

绿色低碳发展意义重大，产业创新发展成为行业共识，未来趋势愈发明显。

（一）重要意义

1. 输变电装备绿色低碳发展是落实“双碳”政策的重要举措

要实现“双碳”目标，须推进能源系统低碳转型，需要低碳环保、性能可靠的输变电成套装备支撑新型电力系统建设。大型清洁能源基地与特高压交直流送出相结合是新型电力系统电力供应的一个显著特征，国家也在大力规划建设大型清洁能源基地、海上风电基地等，工业和信息化部等部委印发《加快电力装备绿色低碳创新发展行动计划》，明确要求“提升输变电装备消纳保障能力”，输变电装备将紧跟政策要求和电力外送通道建设重大工程需求，研发新型绿色低碳产品并推动应用，保障新能源的消纳，确保“双碳”相关政策的贯彻落实。

2. 输变电装备绿色低碳发展是实现科技自立自强的重要途径

加强基础研究是实现高水平科技自立自强的迫切要求，是建设世界科技强国的必由之路。输变电装备的绿色低碳发展不仅是产品更绿色环保、生产技术更加先进，也是整个产业在原材料、零部件、工艺等环节全面实现的新的飞跃，这就要求输变电装备行业需要比以往任何时候都更加注重基础研究，更加强化电气理论应用研究与共性技术研究。因此，输变电装备的绿色低碳发展与关键技术的突破，必将加快推动我国电气领域科技实现自立自强。

3. 绿色低碳是我国输变电装备行业高质量发展的战略选择

“双碳”目标确立后，绿色低碳方向已成为输变电装备行业高质量发展的新赛道；已成功掌握的特高压输电技术之所以能从我国输电技术体系中率先创新突破，并取得举世瞩目的成就，与我国的资源禀赋、地理条件、国家战略等国情紧密相关。然而在绿色低碳领域，我国与跨国企业几乎同时起步，技术差距相对较小，且我国广阔的国土面积和复杂的地理条件为绿色低碳输变电装备提供了更为丰富的应用场景，加之有新型电力系统这样的国家战略强力推动，优势较为明显。同时，输变电装备行业将顺应全球绿色低碳发展趋势，支撑“走出去”战略的实施。因此，绿色低碳发展将成为我国输变电装备行业高质量发展的战略契机。

（二）未来趋势

1. 绿色低碳输变电装备与新型电力系统建设的结合将更加密切

随着“双碳”目标的推进实施，输变电装备行业将紧密围绕新型电力系统建设和开展专项攻坚任务，新型电力系统清洁低碳的特征将深刻影响输变电装备行业的绿色低碳发展。“碳中和”在本质上要求电力系统的碳排放总量逐步下降至净零水平，同时也要求输变电装备从低碳和高效能两个方面进行技术创新，加快环保材料开发，开展小型化、高性能、大功率等技术产品攻关，推进新型绝缘材料和高能效设备更加广泛地应用，努力实现输变电装备产品的清洁低碳。

2. 绿色低碳输变电装备制造更加柔性、智能、高效，供应链更加自主、协同、多样

对于绿色低碳输变电装备来说，随着数字化制造和智能运维的拓展应用，产品结构的数字化进程加快，将进一步提升设计、生产、制造的智能化水平。绿色电力工程的环境条件与运行工况的复杂性使得定制化产品需求日益提升，柔性化制造将成为未来绿色低碳输变电装备制造的必然趋势。信息技术、数字技术与传统产业技术的深度融合，将促使绿色低碳输变电装备制造的效率和效能进一步提升。同时，大数据匹配供方资源、协同处理业务的能力将充分释放，将推动绿色低碳输变电装备供应链向自主协同化发展。

3. 绿色输变电装备创新成果将更多呈现为集成化、服务化的整体解决方案

在“双碳”背景下，电力工程项目的复杂性远超以往，愈发凸显输变电装备企业提升系统解决方案能力的紧迫性。输变电装备的绿色低碳化发展将不仅是技术、产品本身和生产制造过程的绿色低碳，还将上升到系统与服务层面，需要使包括产品研发、装备制造、系统集成、运维服务、工程总包等在内的一体化整体解决方案实现绿色低碳目标。

三、输变电装备绿色低碳发展的关键举措

输变电装备作为能源电力领域的支柱产业，既是新型电力系统的重要组成

部分，也是助力打赢“双碳”之战的国之重器，绿色低碳发展时不我待。

（一）履行创新主体责任

输变电装备行业企业应积极承担创新主体责任，实施“一把手工程”，承接国家“双碳”目标，一方面，应系统地做规划、建平台、配资源、创机制、抓落实、做激励、促创新、拓市场，确保按计划完成输变电装备绿色低碳转型升级重点攻关任务；另一方面，应强化企业文化建设，营造尊重知识、尊重人才、崇尚创造的创新文化氛围，形成鼓励创新、宽容失败的创新生态，激发企业创新活力。

（二）技术创新促进输变电装备绿色升级

1. 强化基础技术与材料研究，掌握绿色低碳关键技术

顺应新型电力系统建设需要，输变电装备行业应积极开展输变电装备新材料、新工艺、新结构等绿色低碳技术攻关，重点开展高性能电工绝缘材料、热塑性环保电缆材料、低损耗高端电工钢、高压开关 SF6 环保替代介质、天然酯（植物）绝缘油、电容器薄膜、宽禁带半导体材料等的研发；开展电磁特性、气体电弧特性等应用研究，为输变电装备的技术进步与绿色低碳提供支撑。

2. 强化关键组部件与核心装备攻关，实现技术链与供应链自主可控

立足输变电装备行业自主创新，加快开展满足以新能源为主体的新型电力系统建设需求的关键核心设备研制攻关。重点开展换流变压器有载调压分接开关、套管、大功率弹簧机构等基础零部件，以 IGBT/IGCT、驱动、电容、集成电路芯片为代表的电力电子装置等关键组部件，以及碳化硅器件、大型水电核电用环保型超大容量发电机保护断路器等的开发；开展海上风电升压站建设和低频输电技术应用；开展环保气体开关设备、天然酯（植物）绝缘油变压器等输变电设备的研制与推广应用；开展工业仿真设计软件的自主研发等。通过自主创新，重点突破输变电装备行业“卡脖子”的重大关键核心技术，实现绿色低碳输变电装备行业技术自立自强与供应链自主可控。

（三）智能化推动输变电装备产业转型升级

1. 加强输变电装备数字化设计，实现数字化升级

围绕数字革命与能源技术革命深度融合，立足输变电装备智能化推进，重点研究复杂环境下的高可靠、长寿命智能传感器与应用技术，以及基于大数据、云计算、图像处理、识别诊断、数字孪生等技术的输变电装备全寿命周期解决方案，加快数字孪生、仿真分析、人工智能、AR/VR 等技术与传统输变电装备的有机融合，推进输变电装备技术的数字化升级，引领行业创新发展。

2. 加强输变电智能工厂建设，实现装备制造转型

基于规模化制造与效能提升，持续推进生产制造智能化，优化完善装备制造体系，在布局数字基础设施与 5G 网络建设的基础上，加快开展数字化生产线、数字车间、智能工厂及智慧工业园区建设示范，提高智能制造效率，实现规模化生产，降低能耗指标，推动输变电装备制造集约高效与绿色转型。

（四）完善体制机制，助力输变电装备绿色低碳发展

1. 打造行业绿色低碳创新平台，提升自主创新能力

从输变电装备行业绿色低碳技术的发展需求出发，聚焦共性技术、关键材料、成套装备，依托龙头企业组建行业绿色低碳国家重点实验室、共性技术研究平台、创新联合体和研究中心等，推进科技资源共享和优化配置，深入开展输变电行业绿色低碳基础技术、共性技术、技术验证方法、产品检验检测方法、碳足迹核算技术与方法等的研究，建立输变电装备行业基础大数据库，形成技术、原材料、零部件、装备行业服务能力，推进输变电装备行业碳足迹技术标准的制定与认证，为行业绿色低碳发展提供技术支撑。

2. 聚集创新资源，促进输变电产业协同攻关

输变电装备产业应强化产学研用深度融合，聚集高校、科研院所和用户等全社会创新资源，共享各方面高端人才与研发条件，协同开展满足海上风电、储能、综合能源等系统集成工程需要的绿色低碳输变电装备关键核心技术攻关及前瞻性技术攻关，形成标准化、模块化系列装备与满足多场景应用需求的整

体解决方案。同时，也要构建共生互补的绿色低碳产业链生态，培育绿色输变电装备产业集群与产业链链长，推动形成创新协同、绿色低碳、产能共享、成果应用的产业生态，打造新型协同创新体系。

3. 开展绿色低碳政策研究，助力输变电装备行业高质量发展

输变电装备行业应组建绿色低碳发展智库，积极开展输变电装备行业绿色低碳创新发展的系列政策与机制研究，系统考虑输变电装备本身，以及生产、使用、回收、最终处置等全生命周期的绿色低碳，为政府部门出台相关产业政策与鼓励首台套工程应用等提供支撑。同时，通过政策研究，引导行业加强基础研究，建设新型创新平台，重点解决技术先进性、经济性矛盾与能效提升问题，加快输变电装备绿色低碳替代，推进绿色低碳输变电装备的规模化应用，更好地服务支撑新型电力系统建设。

我国能源输变电装备行业将紧紧围绕国家“双碳”目标，充分发挥科技创新主力军作用，聚焦以新能源为主体的新型电力系统建设，立足科技自立自强，持续开展输变电绿色低碳重大关键核心技术攻关，着力打造原创技术策源地，助力经济社会绿色低碳和高质量发展，保障国家能源安全，为“双碳”目标的实现提供坚强支撑。

【作者简介】

谢庆峰先生，中国西电集团有限公司党委常委，中国西电电气股份有限公司党委常委、副总经理，正高级工程师。兼任全国专业标准化技术委员会副主任委员、全国特高压交流输电标准化技术委员会委员等。曾荣获国家科技进步奖、中国机械工业科学技术奖和陕西省科学技术奖等。

数智赋能高端地下工程装备高质量发展

中国铁建重工集团股份有限公司　　刘飞香

一、地下工程装备产业的发展现状

（一）地下工程装备产业发展对我国经济高质量发展的重要意义

一是支撑国家重大基础工程建设。近年来，南水北调、西部大开发、西气东输、川藏铁路等国家重大工程相继开工，城市轨道交通、地下空间开发和跨区域交通不断推进，我国的地下工程的修建规模和修建难度均居世界首位。截至 2020 年年底，我国铁路营业里程达 14.5 万千米，其中，投入运营的铁路隧道共 16798 座，总长约 19630 千米；截至 2019 年年底，我国已建公路隧道累计 19067 座，总里程达 1896.7 万千米，与 2009 年年底的总里程相比，增长了 381.14%；截至 2020 年年底，我国共修建 245 条水下隧道。在城市发展进程中，全世界都在寻求更多的城市空间。地铁、地下停车场、综合管廊等城市地下工程的开发利用，是人类社会和经济实现可持续发展、建设资源节约型和环境友好型社会的重要途径。“十二五”以来，我国城市地下空间建设量显著增长，年均增速达到 20%以上，约 60%的地下空间是在“十二五”时期建设完成的。“十三五”时期，以轨道交通和综合管廊为主导的地下交通与市政设施的建设规模、建设水平及工程运维等已赶超世界。我国在地下工程的开发技术和装备领域已经取得巨大成就。经过 20 年的持续攻关，我国的地下工程装备及其施工工法已从“跟跑”发展到“并跑”，部分技术已实现“领跑”。地下工程装备产业在国家重大基础设施建设方面发挥了决定性作用。

二是引领国家向制造强国目标稳步迈进。新一轮科技革命和产业变革蓬勃兴起，以大数据、云计算、人工智能等为代表的新一代信息通信技术促使经济社会发生深刻变化。《国务院关于加快培育和发展战略性新兴产业的决定》《国务院关于深化“互联网+先进制造业”发展工业互联网的指导意见》相继发布，明确高端装备制造将作为未来很长一段时期提升中国制造业核心竞争力的重要抓手，自动化、信息化、智能化将成为装备制造业发展新趋势。复杂地下工程装备作为高端装备制造业的典型代表，以数字技术促进智能化升级，将产品生命链与新一代信息技术进行全方位融合革新，对提升高端装备制造核心竞争力、引领地下工程装备制造业高质量发展、引领国家向制造强国目标奋进具有重大的意义。

（二）我国地下工程装备实现跨越式发展

一是全断面隧道掘进机实现从依赖进口到批量出口的转变。自 20 世纪 60 年代起，海瑞克、三菱、小松、罗宾斯等一批国外企业长期垄断我国地下工程装备市场，价格高，服务滞后。进入 21 世纪以后，在国家战略和市场需求的推动下，全断面隧道掘进机作为集机、电、液、信息、人工智能于一体的现代化隧道专用装备，在国内获得巨大发展，涌现了中国铁建重工集团股份有限公司（以下简称“铁建重工”）、中铁工程装备集团有限公司（以下简称“中铁装备”）、上海隧道工程股份有限公司（以下简称“上海隧道股份”）、中交天和机械设备制造有限公司（以下简称“中交天和”）、北方重工集团有限公司（以下简称“北方重工”）等几十家掘进机制造企业，实现了土压平衡盾构、泥水平衡盾构、岩石隧道掘进机（TBM）、顶管掘进机等系列产品的产业化生产，并批量出口。在过去 20 年的时间里，我国城市地下空间开发的机械化施工技术与装备（如盾构机、竖井掘进机）取得了跨越式发展，技术水平居世界前列。

二是钻爆法隧道智能成套装备实现弯道超车，技术世界领先。21 世纪初，钻爆法装备基本依赖进口，经过多年发展，我国国产隧道装备市场占有率已经超过 90%，打破了国外垄断。以铁建重工为代表的我国地下工程装备制造企业先后研制了智能型凿岩台车、智能型湿喷台车、智能型锚杆台车、智能型多功能作业车、智能型注浆设备、智能型铲铣机、数字化衬砌台车等钻爆法智能化成套装备，以自主创新发展我国钻爆法装备体系，推进隧道智能建造。铁建重工不仅打破了国外垄断，还进一步提升了地下工程装备的智能化水平，实现了从部件智能到整机智能，从单一产品智能到成套装备集成智能，在臂架精准控制、无人自动驾驶等智能化技术方面取得了突破性进展。目前，隧道内无人作业、黑灯作业已基本实现，隧道内十多种不同的施工装备全部实现智能化，操作人员在地面远程控制，让各种施工装备在隧道内有序作业，以达到“安全、高效、优质、环保、经济”的目的。

二、地下工程装备产业发展面临的问题与挑战

（一）复杂地下工程装备研发面临系统性多边工程难题

地下工程装备技术复杂度高、学科交叉度高、系统集成度高、定制化程度高、应用工况复杂，装备系统与地质环境呈现非线性、不稳定性、不可预测性的复杂耦合关系，产品个性化程度高、用户关注度和参与度高，加上工程时间的严格控制，其研制过程属于边勘察、边设计、边制造等典型的“多边”工程。

面对日益激烈的国际竞争，为了更大限度地破解复杂工程装备存在的难题，实现装备的高效率、高质量研发，同时进一步提升装备的环境适应性和高可靠性，推动复杂地下工程装备技术变革，开展地下工程装备数字化转型升级势在必行。

（二）世界级地下工程规划与实施带来重重挑战

2016 年，习近平总书记发出“向地球深部进军”的号召，随着我国“一带一路”倡议和“交通强国”战略目标的深入实施，近年来，我国铁路隧道、公路隧道、引水、城市地下空间开发等工程建设力度不断加大，川藏铁路、跨海通道、深埋国防工程等一大批急难险重的国家重大战略工程相继开工。超恶劣自然环境、超风险地质条件、超长深地下空间结构等对地下工程装备的适应性和智能化提出了更高要求。

三、数智技术驱动复杂地下工程装备智能化升级

（一）贯穿全生命周期，搭建数字模型

对于研发设计数字化，建立装备全生命周期数字模型是实现装备智能化升

级的基础，推进研发设计数字化是首要任务。一是开展产品全三维设计。以基于模型的定义（MBD）为基础，推进基于模型的产品数字化研制，实现无图纸、无纸质工作指令的三维数字化集成设计。二是建立数字样机仿真技术体系。围绕地下工程装备的研制特点和客户需求，建立具有行业特色的数字样机研发环境和一套涵盖整机、系统和零部件的全要素数字样机仿真技术体系，实现技术风险关口前移。三是实现设计仿真协同创新。针对不同部门之间数据和模型传递不及时、格式不一致等带来的协同创新挑战，大力推进基于数字模型的设计仿真实验一体化建设，形成基于数字模型的产品协同研发流程，促进产品创新。

对于工艺设计数字化，一是设计工艺并行协同。针对大型复杂定制化装备边设计、边制造的特点，实施产品设计及工艺分批发放流程，并通过集成流程实现设计物料清单（EBOM）、计划物料清单（PBOM）及对应模型的设计状态同步和工艺协同研发。二是三维结构化工艺规划与设计。在三维结构化工艺研发系统进行结构、机加、涂装、装配结构化工艺的协同研发，开展三维工艺装配仿真，为车间提供交互式装配指导，提升大型装备的复杂装配能力。三是关键工艺工序数值模拟。针对装备零部件焊接过程开展数值模拟仿真，分析焊接温度场、焊后变形和残余应力，有效保证关键焊接件质量；基于三维模型，对装备车间装配、调试过程进行仿真模拟，优化大型结构系统的装配调试方案，显著提高生产效率。

对于装备与环境融合，地下工程装备的研发设计主要依据地质勘查报告所揭露的地层信息，而通常地质钻孔间距 10～100 米不等，导致地层信息不连续，且地下工程装备在施工过程中可能遭遇岩石、泥沙、流体等复杂多变的地质环境工况，装备与岩/土力学耦合分析技术是行业当前面临的主要挑战之一。为解决上述难题，通过建立基于地质与水文信息的复杂地质环境模型，利用大尺度有限元、离散元及物理模型等，开展多种典型复杂地质工况下的装备耦合仿真，充分模拟施工过程中复杂地质变化过程和装备耦合性能，攻克装备与地质耦合难题，有效支撑装备的环境适应性设计与优化。

（二）开发数字化研发服务平台，推动装备设计/制造/运维一体化管理

对于地下工程装备数字样机平台，针对地下工程装备定制化、复杂化的特点，为装备数字孪生提供高保真环境与装备耦合仿真模型。地下工程装备数字

样机平台通过集成复杂地质环境建模、全机数字样机建模、数字样机耦合仿真、多目标并行关联优化等模块，实现地下工程装备数字样机建模、分析、优化全流程。

对于地下工程装备数字孪生系统，在数字样机平台的基础上，围绕地下工程装备全生命周期的研发需求，针对复杂多变的地质环境耦合难、“多边工程”难、“保姆式”运维难等工程问题，我国企业开展了地下工程装备数字孪生虚实空间数据融合传递、状态镜像映射、模型降阶、全生命周期性能预测与优化等关键技术攻关，搭建了基于混合现实的地下工程装备数字孪生系统，实现了基于数字孪生的地下工程装备健康监测、地质预测、故障诊断、工艺与施工参数优化等功能。目前，数字孪生系统已在高原铁路等国家重大工程施工中开展验证，初步探索出一套适合我国高端复杂定制化装备基于数字孪生技术全生命周期研发的闭环创新机制。

（三）推进智能制造，提高定制化装备的生产效率和质量

对于自动化生产系统，以地下工程装备关键核心部件制造过程为切入点，研究智能套料引擎、人机智能融合套料、机器人集成应用技术，推动车间从“自动”下料向“智能”下料方向转变，解决盾构机关键核心部件的自动化焊接难题；应用基于产品三维模型的在线编程和加工模拟仿真技术，实现刀盘等核心结构件的高精度自主数控加工；建设 SCADA、DNC，实时采集设备状况、工艺参数、异常等信息，实现数控设备数字化、智能化管控；研制适用于主驱动大型零部件的全自动通过式超声波清洗系统，替代传统人工清洗模式，提高主驱动各零部件的清洗效率，有效降低装备制造从业者的劳动强度，推动装备关键部件制造技术迈上新台阶。

对于智能制造模式，针对高端定制化装备多样化和个性化的市场需求，以制造执行系统作为装备制造数字化建设的核心与控制中心，与企业 ERP 系统和三维工程化系统进行模型和数据的纵向集成协同，对制造单元内的制造资源、计划、流程等进行横向管控，与产品设计紧密关联，对设计意图进行物化；通过系统集成，与企业层和设备控制层的数据进行交换，形成制造决策、执行和控制等信息流的全过程闭环，实现高端定制化装备多品种、多流程、多形态、多单元的快速转换与协同生产。

（四）构建数据共享网络，实现装备一体化协同施工

对于数据网络共享机制，地下工程施工建设过程环境多变、工序复杂、施工装备种类繁多，通过统一数据标准制式、标准化数据交互协议开发，有效解决工程建设过程中管理、设计、施工、装备制造等各参与方“语言”不通、“沟通”不畅的难题，促进“数据高效流转、多方协同交互”的地下工程建设高效管理模式发展。

对于数据驱动服务模式，集成智能终端、传感网络和大数据平台，形成基于数据模型驱动的运维服务应用模式，研究边缘终端、数据库、算法组件、传感网络、运维服务等现场部署技术，实现多层次全要素互联、全数字集成、全过程监控，支持全施工过程参数感知、施工数据建模和智能补偿、故障诊断决策等。

对于智能机群作业平台，针对施工现场地下工程装备零散不成套，机群之间底层信息交互标准、通道缺失等造成信息孤岛、协同作业困难等问题，设计“地下—地面—云端”的多协议、可延展、低时延的隧道装备机群物联网架构，研发智能机群作业平台，实现多台套装备作业线实时感知与交互、精准控制、协同管理，以及人—机—岩实时高效协同决策。

四、地下工程装备产业发展展望

（一）研发设计制造管理全生命周期智能化

为应对第四次工业革命，我国提出把智能制造作为两化深度融合的主攻方向，着力发展智能装备和智能产品，推进生产过程智能化，培育新型生产方式，全面提升企业研发、生产、管理和服务的智能化水平。地下工程装备通过智能设计、智能制造、智能掘进及智能运维等手段，对相关施工装备整个生命周期进行有效管理，以达到装备生命周期费用最经济、设备综合产能最高的理想目标，是我国地下工程建设技术装备的发展方向之一。今后，我国隧道和地下工程装备的制造要向工业网络建设、系统集成与精益生产线建设、虚拟仿真方向发展。基于数字化的运行管理平台可以在地下工程装备工作过程中形成标准的工作流，以大数据、云计算技术为支撑，实现设备健康管理。

（二）地下工程装备高适应性、多元化

城市地下空间的开发建设易受地质结构、地下水体、岩土特性等地质环境因素影响，因此地下工程装备研发与应用需要有详尽的地质数据作为基础支撑。然而目前我国多数城市的地质调查研究还不够充分，装备在施工过程中易遇到涌水、断层破碎带等问题，尤其是面对高原铁路、超深竖井等超级地下工程存在的高地应力、岩爆、软岩大变形、高地温和活动断裂等工程难题，地下工程装备的不良地质适应性研究、多元化多模式的装备研发将成为行业挑战与热点。

（三）地下工程装备数字化、智能化

地下工程装备是集机、电、液、传感、信息技术于一体的大型机械装备，近年来，装备与工业物联网、5G、区块链、人工智能等新一代高新信息技术的融合程度越来越高，在实现破岩、出碴、支护等基本功能的基础上，还具有姿态管理、轮廓扫描、设备管理、施工数据采集处理和远程监控功能。我国企业已实现掘进机钢拱架拼装机器人、钻爆法智能成套装备、地下工程装备数字孪生系统、地下工程装备大数据协同管理平台等的研发与应用。未来，进一步深化装备智能感知、智能决策、智能施工、智能运维全链条数字化和智能化，研制全智能化地下施工装备，实现无人作业将是行业共同努力的方向。

【作者简介】

刘飞香先生，中国铁建重工集团股份有限公司党委书记、董事长，公司技术中心主任，享受国务院政府特殊津贴专家，第十四届全国人大代表。兼任中国工程机械工业协会副会长，中国图学学会应用图学分会主任委员。长期致力于隧道掘进机、隧道钻爆法装备等高端地下工程装备核心技术攻关。

中国数控机床产业技术发展及高端应用

宁波海天精工股份有限公司

一、我国数控机床的发展现状

（一）行业规模全球领先，产业链逐步实现覆盖

数控机床被誉为"工业母机"，是衡量一个国家制造业发展水平的重要标志，同时也是制造业转型升级的关键环节，我国机床行业的发展历经初期探索、产业化发展、转型升级三个阶段，在产业布局、技术水平和制造能力上实现跨越式发展，自高档数控机床与基础制造装备科技重大专项（简称"04 专项"）实施以来，基本解决了高档数控机床主机装备的"有无"问题，功能部件配套体系逐步完善，关键技术研发接连实现突破。"十四五"以来，我国经济发展和疫情防控保持全球领先，在良好的宏观经济条件下，行业规模持续扩大，制造业规模稳居世界第一，2021 年我国机床行业产值达 1574 亿元，全球占比超三成，同时我国也是规模巨大的机床消费市场，消费额在全球占比 34%。

我国囊括全部工业门类，在机床行业内形成了完整的产业链和产业体系，为发展注入了稳定而强大的动力。从上游来看，原材料中占比最大的钢材铸件产量极高，很大程度上满足了行业发展需要，国产可替代核心部件逐渐发展成熟，国内厂商已经在大多数零部件上实现了高覆盖。随着我国工业经济持续蓬勃发展，以汽车、轨道交通、电力装备为主的下游需求旺盛，针对下游的定制化需求，形成高速高精度机床、特种加工机床、超重型机床、复合加工中心在内的 1500 种数控机床产品，有效支撑了国家经济建设和重大战略任务的顺利实施。

（二）核心零部件自研能力提升，助力中高端产业发展

随着基础共性研究的不断加强，试验体系、标准体系日趋完善，面向核心零部件的设计制造能力得到显著提升，形成了一批具有自主知识产权的功能部件，有力保障了国家战略、经济、工业的自主安全可控。

近年来，随着新材料的广泛应用，机床的高速加工性能受到越来越多的重视，国内很多厂商已具备高速电主轴的研发制造能力，高速精密轴承技术、冷却润滑技术、高性能电机控制技术不断发展完善，在线动平衡技术研究取得诸多进展，国产超精密静压主轴实现成功研制，将基于有限元法的热特性分析融入主轴设计、制造、装配全过程，产品转速、刚性、精度表现不断提升。

随着多轴化趋势愈加明显，国内厂商正大力推进双摆铣头和转台的国产化，形成面向汽车零部件加工、模具行业等领域复杂曲面加工的成套解决方案，摇篮转台在刚性、动态特性上得到明显改善，逐渐摆脱对力矩电机、高精度编码器和气动钳夹等国外零部件的依赖性，双摆铣头在中低转速条件下的最小分度值等关键指标达到国外同等水平，逐步向大扭矩、高刚性、高转速直驱五轴头发展。

为满足柔性化、复合化的加工需求，大型刀库的国产化替代步伐正稳步迈进，国产大型链式刀库在刀具数量、刀具最大重量、换刀时间、无故障换刀次数上已达到国际先进水平，基本满足了国内高档大中型数控机床的应用需求，并逐步聚焦矩阵式高速换刀形式刀库的开发，拟在换刀速度、换刀稳定度、全伺服化、刀具存储数量、桁架精准定位寻刀上进一步提升。

（三）关键技术攻关成效明显，创新应用频现

《中华人民共和国国民经济和社会发展第十四个五年规划和 2035 年远景目标纲要》提出，要培育先进制造业集群，推动高端数控机床等产业创新发展。随着政策效应的稳步释放，我国在多轴联动、高速高精控制等多项关键技术上实现突破，数控系统实现了向全数字总线、开放式实时动态全闭环控制模式的跨越。

五轴联动加工代表着当今机床制造业的最高水平，从“巴统清单”到“瓦森纳协定”，我国在五轴技术上一直受到国外技术封锁，我国对产业链安全问题高度重视，五轴领域的自主化势在必行。目前我国已经在旋转刀具中心编程、多通道控制、高速现场总线等核心技术上实现突破，数控编程系统已经发展到实用化阶段，部分具备五轴功能的国产高端机床在定位精度、主轴转速等关键

性能指标上达到国际先进水平，S形试件标准通过国际审定，实现我国高端领域标准零的突破。

随着计算机控制和软件技术的成熟，以热误差为代表的误差补偿技术具有更广阔的应用前景，形成一批国际先进的研究成果，涵盖误差元素机理分析、温度测点优化布置、热误差建模补偿等，热敏感、热模态分析理论的提出为复杂系统热态特性研究提供了依据，随着以线性回归、神经网络、支持向量机、贝叶斯网络为代表的智能算法的应用，模型在精度、鲁棒性、实时性上得到有效提升，在应用端，国内自主研发的补偿装置已在多家机床厂商和用户中得到实践。

二、机床产业与技术发展面临挑战

（一）产业结构严重失衡，发展模式亟待重构

从目前来看，我国机床行业呈现出整体大而不强的态势，国内市场可概括为高端失守、中端争夺、低端内战。低端技术领域的低门槛导致严重的产能过剩，低附加值的同质化竞争严重，中端技术正逐步走向成熟，国产化趋势不断扩大，但在高端领域，市场基本被国外主流品牌占领，虽然有国产品牌的部分产品可以达到国际先进水平，但多为“一枝独秀”，高端数控机床供应严重不足，自给率不足10%，下游主要为高精尖领域，国产替代迫在眉睫。

“先做大再做强”的战略不再适用于我国机床行业的发展，当下已不再是以GDP论英雄的时代，高端领域应该成为市场竞争的主战场，走出一条专、精、特、新的发展之路。国产产品在高端市场上认可度低的原因在于加工稳定性难以保证，从整个行业来看，专业化、协作化的生产格局尚未形成，技术突破依赖龙头企业和少数技术驱动型企业，不能很好地发挥我国制造业规模大、产能高的优势，机床行业破局的关键是构建属于自己的“市场生态圈”，通过大量制造资源的整合，形成用户反馈、技术迭代的良性循环，打破产业发展和国内市场面临的困境。

（二）高端产业链发展受限，研发体系尚待完善

我国机床产业虽然已取得显著进步和系列突破，但整体水平仍与国际先进水平存在一定差距，从整个产业链来看，仅能满足中低端产业配套。材料

工业面临着精细化率不高的难题，热处理稳定性难以保证，材料质量离散性大，高品质钢材仍需要进口，时至今日，工业级高端轴承仍被国外垄断。半导体工业水平整体落后，数控系统集成电路最关键的CPU、CPLD、FPGA芯片和伺服驱动模块等部件对外依存度高。工业仿真软件尚处于追赶状态，主流市场被海外厂商垄断，产品集中于OA及CRM等低端应用，研发制造类软件功能匮乏，CAE仿真分析复杂度低，CAD仅支持2D应用，EDA尚未形成全流程工具链。

从我国机床行业的发展历程来看，技术进步多源自对国外先进技术的引进、消化，装备研制多建立在国外的体系框架上，对机床的动态特性缺乏足够的认识，工艺验证、示范应用、中试环节薄弱，缺乏系统的分析体系和数据库支持，面向机床的设计制造过程和使用环境的精度保持性理论体系几乎完全空白。虽然我国部分企业已在可靠性领域开展系列研究，但普遍追求“被动事后改进”，研究过程沿用国外的思路，理论成果多围绕算法效率的优化，针对不同部件的研究之间缺乏联系性，成果转化阶段存在各种障碍及信息不对称等问题，亟待借助新一代信息技术构建全新的可靠性理论体系。

（三）国际经济局势动荡，新冠疫情带来行业大洗牌

保护主义、单边主义的抬头使贸易全球化遭遇瓶颈，俄乌冲突、大国博弈引发了新的世界经济动荡，外向型发展模式逐渐不适应我国经济发展的需要。我国坚持统筹国内国际两个大局，加快构建以国内大循环为主体、国内国际双循环相互促进的新发展格局。机床行业应逐步实现转型升级，更多依靠国内大循环的内生动力，以技术攻关、零部件研发、标准体系构建引领高端产业链的发展，在复杂多变的外部环境中坚持稳中求进，开创高质量发展新局面。

新冠疫情的暴发为机床企业的发展带来了供应链、劳动力等一系列问题，在行业大洗牌时代到来之际，这场危机也让更多企业意识到数字化、智能化转型的重要性，后疫情时代，以工业互联网、云计算、数字孪生为代表的信息化技术将加快运用到生产全过程，“从顾客到工厂”的服务模式受到广泛关注，以人工智能为代表的智能化技术将越来越多地走到生产一线。放眼全球，海外产能的停滞给国产品牌带来了发展的机会，国内厂商应在立足国内的同时，着力全球化布局，瞄准东南亚、南亚、南美等发展中国家开拓新兴市场，为企业发展打造新的增长点。

三、国产数控机床高端应用

（一）新能源汽车领域

由于社会发展的客观需求和国家政策对新能源的大力支持，新能源电动汽车市场正快速成长，2022 年 1—11 月，中国新能源汽车的全球销量占比为 63%，新兴市场的繁荣带来了制造设备的调整升级，以“三电”系统（电池、电机、电控）为代表的零部件加工设备亟须定制化开发，新增电机轴、电机壳体及各类模具的金属切削加工需求，铝合金成为汽车轻量化设计的关键替代材料，变速器阀体、减震塔等复杂异构件加工带来对五轴技术的刚性需求，“一体式压铸车身”是对传统汽车制造工艺“冲压+焊接”的颠覆，在成本、效率、加工质量等方面拥有巨大优势，但大尺寸薄壁零件在后续机加工中存在变形不确定性，为保证精度的一致性，须采用大型龙门机床一次装夹完成加工，相应地配套加工机床的需求持续旺盛。

（二）风力发电设备领域

《“十四五”可再生能源发展规划》提出要“锚定碳达峰、碳中和目标”。风力发电作为可再生能源中最成熟的发电方式之一，规模化开发和商业化应用前景广阔，2021 年我国风电新增装机容量全球占比 51%，海上风电装机迎来爆发期，风电设备可靠性要求不断提升，大型化趋势提速，对加工设备的大型化、专用化、精密化提出了更高要求，大型叶片的加工依赖大规格轻型非金属高速五轴加工机床，主轴、风轮和塔架等大型构件的加工依赖具备车铣磨复合加工能力的大型专用机床，在变速箱加工案例中，大型卧式加工中心、龙门加工中心、数控落地铣镗床、数控成型铣齿机和数控成型磨齿机均属于机床行业内技术含量较高的高端精密设备。“双碳”背景下，风电产业需求将保持平稳增长，设备国产化比例快速提升，为数控机床行业提供了良好的发展平台。

（三）高温合金复杂零件加工领域

高温合金复杂材料因其优良的机械性能和耐腐蚀性能在化工、船舶、生物医疗领域得到越来越广泛的应用，由于材料本身弹性模量低、导热系数低、高温时化学活性高，因此在加工过程中“让刀”“粘刀”现象严重，如何在切削力、切削振动、切削热等多因素影响下实现材料的高效加工成为现代制造企业和机床制造商面临的共同难题，定制化机床产品通过高刚度、高动态响应的机床结构，以及大阻尼的结合面和主动减振系统来保持系统的刚性与阻尼，主轴方面多采用大功率、高扭矩的电主轴，借助内置传感器实现主轴振动量和发热量的动态补偿，搭配高压大流量冷却系统，迅速带走切削区域产生的热量，使得整机具备良好的热稳定性和动态响应能力。

（四）高端用户应用案例

海天精工结合自身的技术优势，已针对新能源汽车产品开发出 4 大系列 20 款加工设备，设备类型覆盖龙门、卧加、立加等，形成了对新能源汽车车身、电池托盘、电控盒、电机壳体等零件加工的一整套解决方案，突破了大尺寸复杂一体压铸零件加工技术难题，成功研制了专用六轴联动龙门加工中心，助力新能源汽车创新发展。面向风电设备桨叶轮毂、底座、风轮轴及大型轴承架的精密加工需求，研发多款大型定梁龙门加工中心，解决了风电行业高难度、高强度、高承载、大通高、大通宽的零部件加工难点。针对高温合金复杂材料的难加工性，结合热特性分析技术对机床进行优化设计，开发基于贝叶斯网络的机床几何误差补偿功能，应用自主专利技术的高刚性、大阻尼 AB/AC 轴摆铣头，使机床具备了精密五轴联动加工能力。

四、数字经济引领机床行业未来

（一）网络化构建集成、高效的信息平台

信息化和工业化正以一种高层次的方式深度结合，对制造业产生全方位、多领域、深层次影响。信息化管理成为新的车间运行模式，DNC 系统对生产现场多种通用资源进行整合，与 PDM、MES 系统集成，通过信息流将生产部门、管理部门和工艺部门有机结合，以数据驱动实现高效的设备监测、运营管理、质量管控。云技术助力制造业数字化转型升级，设备云平台帮助百万制造业主快速完成全厂设备互联互通，实现设备状态透明化、可视化，为了展开大规模的云端协同，云制造作为一种新型服务方式应运而生，把产品全生命周期的软硬件资源高度整合，经过平台的高效智能匹配提供给用户，应用涵盖智能运维、

协同设计制造等方面，将制造业信息化提高到一个新的水平。

（二）虚拟化实现与信息世界融合交互

如何借助信息化手段实现物理世界和虚拟世界的有机融合，成为智能制造不可绕过的一个核心问题，数字孪生以数字化的形式建立物理实体的虚拟映射，通过虚实交互反馈、动态迭代，实现物理实体的性能优化和功能拓展。从产品设计阶段的虚拟化设计、虚拟样机技术，到制造过程中的工艺规划、生产调度、状态监控、质量分析、智能装配，再到销售过程中的产品可视化呈现，最终到产品全生命周期的故障预测与健康管理，数字孪生正以不可逆转的态势影响着工业制造的全过程。VR、AR 技术的成熟、普及为虚拟交互提供了一种沉浸式的体验，在产品设计、零件装配、产线规划、故障检修等环节具有广阔的应用前景。

（三）智能化提供生产全过程的科学指导

新一代智能制造是人工智能与先进制造的深度融合，在制造系统、装备、工艺、服务多个层面都能得到具体应用。专家系统是人工智能在制造领域的早期实践，通过内部集成的知识与经验，模拟人类专家进行决策，广泛应用于机床故障诊断。以深度学习为代表的人工智能技术，通过分析挖掘数据，不断优化产品、工艺方案，基于实时数据监测，实现生产过程中的智能诊断、预测性维护。机器视觉将赋予机器强大的感知能力，为视觉测量、物料抓取、缺陷检测提供技术支持，大大提高了系统的自动化、柔性化。未来随着边缘计算的兴起，将有效解决智能算法的资源需求问题，为人工智能提供更多的应用前景，赋能智能化生产模式。

五、结语

近年来，在国家建设制造强国大政方针的推动下，企业与高校、研究所之间通过国家重大科技专项实现了深度合作，凝聚了强大的创新合力，在数控机床行业已经取得一系列可观的进展，很好地支持了我国的经济建设。海天精工长期深耕机床行业，匠心制造精益求精，以市场需求为导向，引进技术和自主创新并举，不断推动着行业发展和技术进步。然而在看到进步的同时，我们必须正视与国际先进水平间存在的客观差距，继续推进产业转型升级，以核心功能部件研制为依托，加强基础共性领域攻关，实现关键技术的中国解决方案，加快可靠性和精度保持理论体系建设，为设计、制造、装配提供科学化依据，逐步形成专业化、协作化生产的产业格局，构建属于国内厂商的市场生态，通过新一代信息技术不断提升全球竞争力，实现国产数控机床的“弯道超车”。

【作者简介】

宁波海天精工股份有限公司，是一家专业研制中高档数控机床的上市企业，是国内同领域行业的龙头企业，产品包括龙门、卧加、立加、数控车、柔性线等。现拥有大港、堰山、大连三大制造基地，拥有较大规模的现代化恒温厂房。公司以“铸造精品机床，振兴民族工业”为己任，以实干精神强化品牌实力。

智能农机助力智慧农业发展实践报告

中国一拖集团有限公司　　刘继国

粮食安全始终是整个人类和任何国家都要首要考虑的问题，农业生产为人类和社会发展提供了最基本的食物保障和能源保障。面对日益严峻的资源冲突和人口增长对粮食的更高要求，各国都在探索借助技术实现农业生产方式的变革创新。智能农机助力智慧农业实现农业的产业化生产、精准化控制、智慧化种养等，可以不断提升农业生产的产出效率，降低农业生产的各种消耗，迭代提升农业生产的智慧水平，是未来农业生产的根本出路。

本文通过对农业发展需求、国内外智能农机发展现状进行分析，提出我国智能农机发展建议。

一、智慧农业发展对智能农机提出新的要求

（一）农业装备水平是农业生产力发展水平的集中体现

农业技术的进步在提高农业生产力、提升作物产量及农业收益等方面功不可没，农业生产工具作为农业技术进步的重要载体，是农业生产力发展水平的集中体现。

农业生产经历手动工具、畜力牵引、机械动力等阶段，正在向以数字化技术和人工智能为代表的智慧农业阶段发展。在这一阶段，智能农机的应用和推广必将进一步解放农业生产力，并推动农业生产方式的变革，成为未来农业发展的方向。

技术进步推动了农业转型，提高了生产率，从而促进了劳动力的重新配置，并进一步促进了新装备的应用。从机动机械化开始，农业机械逐步实现部分程

度的自动化，近期涌现的数字技术和机器人技术，使得诊断和决策过程也逐步实现自动化，这些新技术的应用和推广将进一步解放农业生产力，并推动农业生产方式的变革。从全球农业生产发展历史和趋势来看，智能农机与智慧农业是未来农业发展的方向。

（二）我国农业现代化阶段对农业装备提出了新需求

我国一贯重视农业装备的应用推广。以 1955 年第一拖拉机制造厂开工建设为标志，我国农业机械化的序幕正式拉开。农业机械化事业从零起步，在经历了行政推动阶段、体制转换阶段、市场导向阶段后，进入依法促进阶段。2004 年至今，我国明确提出要加快推进农业机械化，随着取消农业税、增加购机补贴等一系列政策的实施，我国农业机械化水平得到了大幅的提升，单位耕地面积农机动力投入等指标已达世界先进水平，农业机械的品类也得到了极大的丰富。

随着农业机械化的需求初步得到满足，农业生产逐步向现代化阶段迈进，对装备也提出了更高的要求。特别是 2018 年发布的《国务院关于加快推进农业机械化和农机装备产业转型升级的指导意见》提出了“农业机械化向全程全面高质高效升级”的方向，而智能农机作为农业机械化向全程、全面、高质、高效升级的一个重要内容，开始了规模化的试验和推广。

（三）国外智能农机的发展提供了有益借鉴

从 20 世纪 80 年代起，欧美国家开始引入精准农业和智慧农业理念。随着精准控制技术、卫星导航、自动驾驶、通信和信息技术的应用，逐步形成了智慧农业技术体系，智能农机技术在欧美国家得到了广泛的应用。美国普渡大学 2022 年对美国农机零售商的调查显示，85%的经销商在其应用设备上使用自动导航，70%的经销商使用 GPS 引导的喷洒控制；50%左右的用户使用移动设备 App 车辆监控、远程信息管理、GPS 车队管理等功能。

此外，各国政府和组织也高度重视精准农业、智慧农业的发展。欧洲农业机械协会（CEMA）发布了农业机械 2030 路线图和农业 4.0，提出精准农业和数字农业是塑造欧洲农业现在和未来的基石，将“获取智能农业技术、农业数据管理和改进农业技术”列为欧洲农业设备行业处于领先地位的核心要素，并提出“将欧洲农业带到数字和精确农业的前沿”。

二、我国智能农机领域取得的进展和面临的问题

（一）国家政策引领智能农机和智慧农业的发展方向

我国精准农业和智能农机的发展首先得益于党和国家的高度重视。习近平总书记曾深刻指出，“中国现代化离不开农业现代化，农业现代化关键在科技、在人才”“要把发展农业科技放在更加突出的位置，大力推进农业机械化、智能化，给农业现代化插上科技的翅膀”，为农业装备的发展指明了方向。

为推进智能农机的发展，国家出台了一揽子政策,《国务院关于加快推进农业机械化和农机装备产业转型升级的指导意见》提出“加快精准农业、智能农机、绿色农机等标准制定，构建现代农机装备标准体系”。农业农村部《“十四五”全国农业机械化发展规划》提出“加快推动农业机械化智能化绿色化”。科技部在“十四五”国家重点研发计划中“工厂化农业关键技术与智能农机装备”重点专项中启动了 7 个任务方向，集中于创制一批关键技术、核心部件、重大产品，并开展典型应用示范，从而引领未来农业发展方向。

（二）高校和科研院所专家学者持续推动智能农机和智慧农业进步

我国的智能农机和智慧农业的发展离不开高校与科研院所专家学者的持续推动。20 世纪 90 年代中期，中国农业大学专家团队根据国际农业工程的发展趋势，开展了“精细农业”智能信息技术与系统集成研究。之后高校和科研院所逐步将精细农业、智慧农业、智能农机等理念引入中国，提出了农业和农机领域新的发展方向。以“国家农业智能装备工程技术研究中心”设立和“‘十二五’国家高技术研究发展计划”中的“智能化农机技术与装备”项目实施为标志，国内掀起了智能农机的研究高潮，一批技术方案、应用场景得到开发建设。

（三）制造企业加速智能农机的产业布局、产品开发及应用推广，为智慧农业发展提供了支撑

随着智慧农业的路径逐步清晰，以及对智能农机需求的初步明确，近年来一批制造企业和创新型企业加速在智能农机方面的布局，中国农机骨干企业和跨域进入农机领域的新兴企业相继推出智能农机相关产品、智慧农业解决方案及大数据平台系统，为智慧农业发展提供了有力的支撑。

一是智能农机装备得到应用推广。首先是一批高端、智能国产农机产品上市，特别是重型动力换挡/无级变速拖拉机、精量播种机、精量喷药机等实现了智能精确控制装备的推出，缩小了与国外产品的差距，为智慧农业的发展提供了有力的装备保障。其次是农机自动驾驶技术应用得到了快速发展，随着国产北斗芯片、模块等关键技术取得突破，作业精度已经提高到 2cm 量级，同时成本和价格大幅下降，带动农机自动驾驶系统销售大幅增长，截至 2021 年年底，基于北斗系统的农机自动驾驶系统已经超过 10 万台套。最后是具备位置信息、数据采集等功能的北斗终端在农机领域得到广泛使用。基于这些终端提供的数据，可对农机作业进行动态监测和量化统计，包括农机的工作时长、行驶里程和作业面积等基本统计量，准确开展数据处理和作业统计，为有关部门和用户提供作业动态监测和数据分析服务。2021 年年底，我国农机应用北斗终端超过 60 万台套。

其中，中国一拖基于 LF2204 动力换挡拖拉机开发的无人驾驶拖拉机，可以实现精准农艺约束下自动驾驶拖拉机整机作业智能控制技术、任意曲线行驶路径控制技术、智能拖拉机多机协同技术、智能拖拉机农具控制技术、无人驾驶拖拉机与无人驾驶收获机协同作业技术的应用，并可将这些技术接入管理平台，根据主粮生产作业全程无人化监控平台开展多种技术应用。该产品的推出，为我国“无人农场”的建设提供了装备保障。

二是农机监测与大数据的应用更加体系化，智能农机管理平台的功能不断完善。随着作业补贴政策的持续深入推进，多省将农机作业监测终端纳入农机购置补贴，农机作业监测终端得到进一步普及应用，为东北黑土地保护性耕作、农机深松整地、甘蔗生产全程机械化等项目实施提供有力支撑。农业农村部农业机械化总站与中国农业大学在精准农业应用项目的支持下，集成了国内主要农机企业的农机作业轨迹数据。围绕主粮生产作业，发布了“麦收快讯”“水稻收获快讯”“玉米秋收快讯”等数据应用成果，探索了农机作业大数据行业应用和数据价值发掘，实现了大范围农机数据共享和大数据应用服务。国家农机装备创新中心建设的“智能农业装备管理平台”以农机和农机作业情况的实时监控数据为基础，通过建立农机管理和农事服务之间的互动机制，实现农户、合作社、主机厂、平台运营方等全要素聚集，极大地提升农机作业的智能化水平，使农机业务管理和社会化服务实现有效融合，已接入活跃农机突破 16 万台。

三是全国各地在“无人农场”“智慧农业”示范推广方面持续发力，探索智慧农业整体解决方案，推动我国农业生产由机械化、自动化向智能化、信息化迈进。

北大荒集团启动了北大荒数字农（牧）场试点项目建设工作，确定试点项目建设农场 10 个，建设了七星、创业等 6 个智慧（无人化）农场群。河北省依托农业智能装备工程技术研究中心技术团队，开展小麦和玉米田间作业的主要环节无人作业技术试验示范，探索合作社生产和管理无人化作业技术模式。华南农业大学技术团队在安徽省开展小麦主要环节无人化、少人化作业示范应用。

中国一拖建设了洛阳数字孪生智慧农业示范园，搭建了智能农业装备体系化应用场景。该项目围绕主要粮食作物或经济作物生产，以农业机械化、信息化、智能化为方向，以高端、大型、智能、成套的农业机械装备为载体，运用互联网、物联网、5G 技术、大数据、云计算等信息技术，推动农田作业精准化、农机装备与农艺融合发展，实现农业生产全过程信息化管理，构建出主要粮食作物或经济作物的耕、种、管、收、储、运，以及秸秆回收利用、粮食烘干等全程机械化新模式，打造了符合国家农业机械化发展方向、具有区域农业作业特点的农业全程机械化示范园区。

此外，部分省份也制定了无人示范农场的建设规划。《江苏省“十四五”农业机械化发展规划》提出到“十四五”末，全省建成 100 个左右无人化示范农场、300 个左右智能绿色农业机械示范基地；《广东省推进农业农村现代化“十四五”规划》提出，“十四五”时期，全省将建设 30 个数字农业试点（示范）县，打造 10 个粤港澳大湾区无人农场。

这些项目的建设和示范，为国产高端农机的推广应用打开了市场空间，同时智能农机的开发推广也为智慧农业的发展提供了支撑。

（四）当前制约智能农机推广应用的主要问题

虽然农机和农业企业进行了大量的基础工作，但智能农机的使用比例仍然有待提高，价格偏高、投资回报慢、应用场景建设不完善等因素仍是当前制约智能农机推广应用的主要问题。

一是成本和价格制约智能农机应用推广。由于智能农机复杂度高、研发投入大、市场导入期批量较小，因此智能农机成本高于传统农机。同时受我国农业生产组织特点的影响，单个农场平均规模偏小，智慧农业项目经济性不高、投入产出比低，这也造成目前智能农机、智慧农场及无人农场等应用示范难以大规模复制推广。

二是对生产应用场景的理解是智能农机的发展瓶颈。智慧农业是智能农业系统应用与协同体系的应用呈现，所以必须厘清智能农业装备在生产场景中须协同的要素及系统边界，包括接口、标准、体系等，结合农业生产特点，搭建智能装备体系化应用样板，构建农业生产的智能化有效方案。

智能农业装备的应用需要基于智慧农业场景的建设与发展，场景的需求和迭代推动智能农业装备的良性发展与迭代，目前智慧农业处于起步阶段，应用项目较少，导致智能农机的应用迭代困难。

三、智能农机的下一步重点发展方向和政策建议

（一）智能农机的重点发展方向

随着国内对智慧农场和无人农场的探索逐步深入，对智能农机的需求也从单点技术突破、单个产品研发，逐步向智能农机系统和关键装备协同开发转变，由单机作业向机群协同发展转变。

首先，围绕主要作物智能农机、无人农场等需求，大力开发新型智能农机，丰富和完善产品品类。当前应将大型动力换挡轮式拖拉机、CVT 拖拉机、丘陵山地模块化多用途拖拉机、高端精量播种机、大喂入量智能联合收获机、大型自走式青贮收获机等作为开发和提升的重点方向，并进一步挖掘无人机等新兴作业平台的应用。

其次，跨域技术应用需要进一步研究。智能农业装备虽然目前已具备一定的应用条件，但是在实际应用过程中，仍有较多方面的技术应用断点。多机协同、多驾驶模式协同、多传感融合技术、车辆线控技术、要素信息协同技术等方面仍需要不断地完善和发展。

在农机通信方面，由于通信技术是农业智能化、智慧化的基础与前提，因此，应从成本及适应性构建方案的角度研究和解决农业生产需要的农田通信技术与应用问题。

在云端平台方面，对于无人作业装备参数监测、数据分析、算法优化、远程交互与协同等，仍要进一步深化研究，从而不断进行技术迭代，提升作业质量。

最后，关键技术和零部件还须突破、提升和产业化。目前需要重点关注的

关键技术和零部件包括：农机智能设计及仿真软件、农业机器人操作软件、农业机器人视觉识别系统、农机总线控制系统、无人驾驶作业系统、动力换挡变速箱、液压机械无级变速器等。

（二）智能农机发展政策建议

一是国家引导建立跨学科、跨行业的研发协同机制。智能农机的开发不仅涉及机、电、液等传统技术领域，也需要大数据、信息、通信、人工智能等新兴领域和农业生产方面的研究与协同，因此需要出台政策引导，建立跨学科、跨行业的研发协同机制。

二是进一步加大现代化智慧农业应用示范的支持力度，建立多样化的生产场景。智能农机需要在大量作业数据和应用场景迭代升级的基础上不断完善，针对不同区域、不同作物的应用，建设大量的应用示范，可以加速智能农机的开发和完善。

三是出台政策支持高端智能农机商品化，拉动产业体系快速形成规模。智能农机目前处于导入期，过高的成本和价格制约了市场推广的进度，建议国家政策向高端智能农机倾斜，引导高端智能农机快速形成规模，尽快突破市场导入期瓶颈，从而降低成本，并更好地支持和服务我国农业产业升级。

【作者简介】

刘继国先生，中国一拖集团有限公司党委书记、董事长，第一拖拉机股份有限公司董事长、总经理，教授级高级工程师，第十四届全国人大代表。在企业管理、生产经营和财务管理等方面拥有丰富经验，在产业发展创新方面做出了积极贡献。

生物医药、新型医疗器械

生物医药产业是生物产业的一部分，主要包括生物药品制品制造、化学药品与原料药制造、现代中药与民族药制造、生物医药关键装备与原辅料制造、生物医药相关服务等。

新型医疗器械未来将成为重点发展领域，手术机器人、人工智能、3D 打印、再生医学、微创手术等新技术正逐步赋予医疗器械产业以新的生命。

我国围产期干细胞治疗行业发展的机遇与挑战

浙江大学生命科学学院　　余路阳　葛　振　李金英

干细胞研究在 21 世纪取得了突破性进展，在生命科学、新药筛选和疾病研究这三大领域中具有巨大的研究价值与应用价值。然而，干细胞研究的复杂性、伦理障碍、产品制造与监管带来的独特挑战导致其商业化之路十分艰难。干细胞技术的研究和开发何去何从成为当前干细胞研究领域的关注重点。近年来，干细胞在再生医学领域的研究和应用呈指数增长，其中围产期组织衍生产品的使用是这一增长的主要推动力。

一、发展历史回顾

（一）围产期干细胞简介

不同发育阶段的干细胞具有不同的生理学和细胞生物学特征，其临床应用也不尽相同，无论哪一类干细胞的研究都具有其独特的科学意义。但是，从临床应用的角度分析，干细胞制剂必须是无伦理障碍、安全、适应症和疗效明确、质量可控的。从产业化的角度来看，临床应用的干细胞制剂还需要是可规模化制备、存储质量可控、疗效确切并兼具经济性的。目前，除了造血干细胞，大多数干细胞的应用在全球范围内处于临床前研究和临床试验阶段，其有效性、安全性、质量可控性等问题仍有待进一步研究。

围产期干细胞又称出生相关组织来源的干细胞，是指人怀孕后伴随胎儿发育产生的胎盘、脐带、脐血、羊水和羊膜等围产期组织中含有的干细胞。围产期组织是干细胞的天然宝库，在围产期组织中主要有 3 种不同的干细胞谱系：造血干细胞（HSCs）存在于脐带和胎盘的血液中；间充质干细胞/基质细胞（MSCs）存在于所有围产期组织，甚至存在于羊水中；上皮干细胞存在于包裹胎盘和脐带衬里的羊膜中。其中，脐带血来源的造血干细胞在细胞移植中已有 30 多年的应用历史，而胎盘、脐带、羊膜等围产期组织来源的干细胞正处在临床前研究和临床试验阶段。

围产期组织一般为分娩后废弃物，具有较容易获取、不存在伦理问题、致瘤风险低等优点。以这些围产期废弃组织为来源获取干细胞是获得治疗细胞的一种简单、无创和安全的方法。候选的临床治疗性干细胞包括胚胎干细胞、诱导多能干细胞（iPSCs）、成体干细胞和围产期干细胞。虽然胚胎干细胞和 iPSCs 在生物学上的可塑性更强，但是近 10 年的研究发现其中的伦理问题、致瘤风险、DNA 损伤和突变始终是难以克服的障碍；成体干细胞在生物安全性方面也有类似问题，在生命过程中逐渐积累的基因突变能够传递给子细胞并引发肿瘤；而国家北京药物安全评价研究中心和中国食品药品检定研究院证实围产期干细胞无致瘤性和伦理问题。此外，多项研究表明，围产期干细胞作为新生细胞，DNA 损伤低，基因稳定。围产期干细胞来源广泛，可制备足够数量的细胞供临床使用。上述特性和优势使得围产期干细胞在细胞治疗领域具有广泛的临床应用前景。目前，全球范围内围产期干细胞的基础研究和临床试验覆盖血液系统疾病、心血管疾病、神经系统疾病、糖尿病、肝病、皮肤病等多个领域的多种疾病。

（二）我国干细胞治疗管理政策的演变

干细胞领域是全球生命科学技术和产业竞争的重点。政策的改变会对行业的格局和发展产生深远的影响。我国对细胞治疗的早期监管滞后，在经历了规范化发展后目前已基本形成全面监管。

1993—2015 年为自由发展阶段，2003 年，原国家食品药品监督管理总局（SFDA）将细胞治疗纳入药品管理；2009 年，原卫生部发布《首批允许临床应用的第三类医疗技术目录》，将自体免疫细胞治疗纳入第三类医疗技术管理，原国家食品药品监督管理总局暂停了对细胞治疗的受理；2015 年，原国家卫生和计划生育委员会与原国家食品药品监督管理总局共同颁布了《干细胞临床研究管理办法（试行）》，提出了干细胞治疗临床研究的申报要求和规范，干细胞治疗相关技术将不再按照第三类医疗技术管理；同年，原国家卫生和计划生育委员会取消了第三类医疗技术临床应用准入审批，医疗技术的行政管理从“审批制”转为“备案制”，减少了各种繁复的审批手续导致的时间成本与精力成本。

2016 年为调整阶段，原国家卫生和计划生育委员会强调未在《国家限制临床应用的医疗技术目录（2015 版）》内的细胞治疗技术，须按临床研究的规定执行。

2016 年至今，国家一系列相关政策的出台，释放了促进干细胞产业健康发展的信号，我国细胞治疗行业也随之进入规范化发展阶段。2017 年是我国细胞药物研发的开元之年，原国家食品药品监督管理总局正式出台《细胞治疗产品研究与评价技术指导原则（试行）》等文件，明确了细胞产品须按照药物进行上市监管。2020 年，国家市场监督管理总局发布了《药品注册管理办法》等文件，明确了进行药物监管的具体途径。目前，我国干细胞临床转化逐步走向正轨，明确了以干细胞药物作为转化的主要出口。

迄今为止，在我国细胞治疗的监管历程中还没有出现过双轨制（同时按药品和医疗技术进行监管）。目前，干细胞临床研究有两个选择（“类双轨制”），一是在基础研究和临床前研究完成后，可提出药品临床试验申报，获得默认许可后进行临床试验、新药注册申请，其转化应用路径是作为药物上市销售；二是在提出药品临床试验申报前，研究项目先通过国家卫生健康委员会和国家药品监督管理局（两委局）备案，然后在备案的医疗机构内进行临床研究，由国家卫生健康委员会监管，获得的临床研究结果可作为技术性申报资料提交并用于药品评价。两种选择在最后出口时都要进行药品申报，按照药品上市来进行审批和监管。

值得一提的是，按照国家卫生健康委员会和国家药品监督管理局发布的《关于做好 2019 年干细胞临床研究监督管理工作的通知》的相关要求，自 2019 年起，实行双备案制，即干细胞临床研究机构和项目备案结合进行，只有干细胞临床研究机构和项目备案材料同时符合备案要求才可以备案。同时，实行动态管理，到 2020 年年底，仍无研究项目备案的机构应当重新提交机构备案材料，否则视为自动放弃备案。

此外，全国多个自由贸易区专门设立细胞治疗先行先试区，探索干细胞治疗等生物治疗应用，这些尝试将为我国干细胞治疗领域积累更多的经验。2021 年 11 月，深圳发布了《深圳经济特区细胞和基因产业促进条例（征求意见稿）》，支持符合条件的从事细胞和基因业务的高科技生物企业挂牌上市。探索为这些企业提供知识产权质押融资、知识产权保险等知识产权金融服务的方式。2022 年 12 月，天津发布了《中国（天津）自由贸易试验区联动创新示范基地（基因与细胞治疗）建设实施方案》，率先尝试基因与细胞治疗“风险分级、准入分类”管理。

二、发展现状分析

（一）我国干细胞治疗行业的市场现状

近年来，在相关政策和资金的支持下，干细胞基础研究、临床应用研究与新药申报数量逐步上升。根据美国临床试验资料库 Clinical Trials 数据，截至 2023 年 2 月 2 日，全球登记的干细胞临床研究项目高达 9483 项，其中我国有 1418 项，排在美国和欧洲之后，位列第三。

干细胞产业可以分为上游的干细胞采集与存储、中游的干细胞产品和制剂，以及下游的干细胞临床应用。我国已经形成完整的干细胞产业链，其中以上游的干细胞存储最为成熟。上游的干细胞采集与存储企业发展较多，而中下游的研发应用企业还在加速成长，目前大多处于临床试验阶段。

上游的干细胞存储业务主要由脐带血造血干细胞、脐带间充质干细胞、羊膜上皮干细胞等围产期干细胞存储支撑。国内主要代表机构有中源协和的天津市脐带血造血干细胞库、金卫医疗的中国脐带血库、上海市干细胞技术公司的上海市脐带血造血干细胞库、江苏省的博雅干细胞库、广东省脐带血造血干细胞库、山东省人类脐带间充质干细胞库等。目前整个行业的年产值已达数百亿规模。中游是干细胞产品和制剂研发企业，主要从事技术研发工作。我国目前还未有干细胞药物被批准上市销售，但已经有一些企业在申报干细胞药物，并获准进入临床试验。截至 2022 年 12 月 31 日，国内共有 56 款干细胞药物临床试验申请获得受理，其中 42 款获准默许进入临床试验（临床试验默示许可；IND）。42 项临床试验涉及 20 项适应症，其中位于前三的分别是膝关节炎、间质性肺病/特发性肺纤维化、移植物抗宿主病（GVHD）。

从申报的干细胞类型来看，最多的就是围产期组织干细胞，包括人脐带间充质干细胞、人羊膜上皮干细胞等。人脐带间充质干细胞药物合计 32 项，是干细胞药物研发最主要的细胞类型。值得一提的是，2022 年 2 月 11 日，国家药品监督管理局药品审评中心（CDE）正式审批通过了上海赛傲生物技术有限公司（以下简称“赛傲生物”）提报的 I 类新药临床试验“人羊膜上皮干细胞注射液治疗造血干细胞移植后激素耐药型急性移植物抗宿主病”的申请。赛傲生物原研的核心产品 iCELL hAESCs 也成为国内首个取得 IND 临床试验批准的人羊膜上皮干细胞产品。

地区申报情况显示，在临床试验默示许可方面，上海以 13 项位居第一，北京以 9 项位居第二，随后依次为江苏、天津、广东。可以看出，上海是干细胞药物研发最活跃的地区，长三角地区、京津地区和广东是中国干细胞药物研发的主力地区。

目前，国内外涌现出越来越多的干细胞研究企业，如 Anterogen、Mesoblast（MESO）、Osiris（OSIR）、Athersys（ATHX）、北科生物、中源协和、博雅控股等，以及一些综合制药企业也开始发力干细胞治疗领域，如辉瑞、安斯泰来制药等。其中，国内专注于围产期干细胞开发的企业主要有汉氏联合、泉生生物、北科生物、赛傲生物等。我国以干细胞药物开发为主要业务的干细胞中游企业目前成熟度较低，无明显龙头企业。相比于国外有 10 余种干细胞治疗产品上市，国内目前还没有获批上市的干细胞药物，这意味着我国企业的干细胞药物开发水平与国外企业还具有一定差距，还存在广阔的提升空间。

下游由开展干细胞医疗的机构组成，以三甲医院为主。目前，干细胞临床研究备案项目达到 111 个，干细胞临床研究备案机构达到 133 家。北京、广东、上海的备案机构数量最多，分别达到 19 家、15 家和 15 家。目前，间充质干细胞已成为继脐带血来源的造血干细胞之后全球开展临床研究项目数最多的干细胞，全球共有 10 款间充质干细胞药物上市。我国正蓬勃开展以利用脐带间充质干细胞为主的围产期干细胞疗法临床试验，并在这一细分领域占据世界主导地位，主导了 78%的使用脐带组织作为细胞来源的临床试验。由于大力推进围产期干细胞治疗，我国围产期干细胞的后期临床试验比其他任何国家都多，围产期干细胞研究已成为我国干细胞研究的特色与优势。

（二）我国围产期干细胞治疗行业面临的问题

首先是围产期干细胞的获取问题。围产期干细胞来自围产期的脐血、脐带、胎盘、羊膜等组织。相关细胞药物研发企业怎样从医院合法合规地获取组织样本，需要政府相关部门尽快出台配套法规，打通产业上游的“最后一公里”，为细胞新药研发企业提供政策保障。然而细胞新药未来的应用又会促进医疗机构临床治疗的创新，从而形成“医疗机构采集组织—企业研发生产—医疗机构转化”的产业闭环，进一步加速围产期干细胞治疗产业的发展。

其次是围产期干细胞的存储问题。围产期干细胞库可分为脐血库与其他所有围产期干细胞库（存储脐带组织、羊膜或胎盘来源的间充质干细胞和羊膜上皮干细胞）。

脐血库是脐带血造血干细胞库的简称，又称为生命银行，用来保存新生儿的脐带血。在国际上，脐血库根据其服务的对象分为面向社会的公共库和面向付费个人用户的自体库。在中国，脐血库属于国家卫生健康委员会批准的特殊血站。根据原卫生部于 1999 年印发的《脐带血造血干细胞库管理办法（试行）》，目前我国只有 7 个省拥有合法合规保存脐带血造血干细胞的权益，包括北京、天津、上海、广东、四川、山东、浙江。虽然管理办法明确规定脐血公共库的性质为禁止以营利为目的公益库，同时原卫生部也明文规定脐带血不得异地采集，然而现实中公库私营、外资垄断等问题层出不穷，亟待出台相应监管与改制措施，以促进产业正常竞争和发展。

另外，最大的围产期干细胞和围产期组织储存业务是为准父母提供脐带组织存储服务，提供此类服务的脐血库称为家庭脐带血库。然而，不同细胞库或实验室提供的脐带组织储存服务的存储程序和质量差异很大，这将给客户切实获得这种生物资源的治疗带来巨大的不确定性。因此，技术规范的实施和行业监管势在必行。

最后是围产期干细胞临床应用面临的挑战。为了加快细胞疗法从研究阶段到上市批准和商业化阶段，再到临床获益阶段的进程，在研发的初始阶段就有必要尽早确定与其治疗特性相关的关键细胞特征，做到精准匹配、有的放矢。即便通过重重考验到达产品的生产阶段，工艺变化也将不可避免地发生于产品形成的整个生命周期中，因此需要进行可比性研究，来确保产品的纯度、特性的稳定，以降低生产制备过程中的变化导致的产品安全性或功效改变的风险。

从产业化的角度看，围产期干细胞的临床应用还需要在规模化、规范化细胞药品制备，干细胞疗效确证和价格可接受的道路上砥砺前行。

三、未来发展趋势

在干细胞治疗监管政策方面，我们未来可能会借鉴美国、日本等的经验，通过立法明确细胞治疗的属性。同时可能汲取美国、日本等的成功经验，通过对不同风险的细胞治疗产品进行区分规范从而达到精准管控的效果，按照风险分类动态管理（各国风险分类不尽相同），提高管理效率。随着 2019 年新修订的《中华人民共和国药品管理法》及后续一系列配套规章和政策文件的陆续出台，将“附条件批准”纳入法律规定，推动了“附条件批准”制度的落实。为了缩短上市时间，未来“附条件批准”可能是多数干细胞治疗产品的上市途径。

在技术方面，未来需要建立适应干细胞治疗特性的评价方法，包括临床前评价和临床试验。同时各类细胞治疗的理论依据，如药理机制，还有诸多需要进一步研究之处。

科学的技术改造将大大拓宽围产期干细胞的治疗用途。一是通过小分子“预处理”增强其“天然属性”。二是通过基因工程技术进行改造，使干细胞自身过表达神经营养因子、趋化因子、抗炎症分子或血管生成因子等，从而作为有助于组织恢复和内源性修复的药物发挥作用。三是通过细胞工程技术进行改造，将围产期干细胞作为药物递送载体，如间充质干细胞因其低免疫原性和肿瘤趋向性已被应用于递送抗肿瘤药物。四是和生物材料相结合，提高其组织驻留性和存活率，这也是围产期干细胞研究的重要方向，比如获得国内临床试验默示许可的用于治疗糖尿病足溃疡的“人胎盘间充质干细胞凝胶”制剂。

从行业的长远发展来看，从事基础研究和临床转化研究是打造完整且健康的干细胞产业链的唯一出路，而新药研发又是医药行业最具代表性的商业模式。干细胞药物研发获得了越来越多行业人员的认可，资本和人才逐步进入这个新兴领域。随着政策体系不断完善、技术不断成熟、工艺逐步改进、资本大力加持，我们有理由相信，我国干细胞行业将会获得飞速发展。

【作者简介】

余路阳先生，浙江大学生命科学学院副院长、教授，爱丁堡大学荣誉教授。长期从事干细胞治疗研究。主持承担国家载人空间站工程空间应用系统、国家自然科学基金委员会、高新技术企业重大横向等 20 多项科研项目，曾获教育部科技进步二等奖、美国研究病理协会优秀实验病理研究奖等。

葛振女士，任职于杭州医学院药学院，擅长生物药研发与临床试验数据分析。

李金英女士，浙江大学生命科学学院助理研究员，擅长干细胞临床前研究。

创新医药产业国际化发展的机遇与展望

百济神州有限公司　　吴晓滨

一、中国创新医药产业的发展概况

（一）中国医药产业的历史背景

近年来，创新逐渐成为中国医药产业发展的主旋律，创新药产业正迎来发展机遇。所谓创新药，指的是具备知识产权专利，且具有显著临床应用价值和优势的新药。与之相对应的仿制药，是指创新药专利保护到期后，由其他药厂进行仿制生产，与创新药在活性成分、剂型、给药途径和治疗作用上相同的替代药品。

在过去较长的一段历史时期内，中国一直是仿制药生产大国。近 5000 家原料药和制剂生产企业中，90%是仿制药企业；近 17 万个药品批文中，95%以上均为仿制药。[1] 在 2010 年以前，中国市场上几乎没有具有自主知识产权的药品，几乎所有创新药均依赖进口。由于缺少具备本土自主知识产权的创新药参与市场竞争，跨国药企在中国销售的进口药品定价居高不下，特别是针对癌症等重大疾病的创新药物，大部分患者买不起、用不上，“因病返贫”“因病致贫”的现象频频出现。

医药创新事关国计民生，是解决民生问题的根本需要，是社会经济发展的战略性产业，也是体现国家核心竞争力的重要标志之一。从患者的需求来看，中国作为人口大国，患者对于创新疗法，尤其是肝癌、食管癌、胃癌等高发癌种的创新疗法的需求是巨大的。从产业发展的角度来看，如果创新药始终依赖进口，缺少自主知识产权，不仅使得患者的药物可及性和可负担性问题无法得

1　数据来源：上观。

到解决，也不利于产业的结构性升级和高质量发展。因此，要解决千千万万国内患者巨大的、未被满足的治疗需求，实现中国从“医药大国”向“医药强国”的转变，发展壮大医药创新产业势在必行。

创新药研发有别于其他产业，是一个周期长、风险高且前期投资大的系统性工程，其研发周期包括早期发现阶段（包括靶点的发现、先导化合物的筛选、候选化合物的确定）、临床前研究阶段（包括药理学研究、药代/毒代动力学研究）、临床试验阶段（包括Ⅰ期、Ⅱ期和Ⅲ期），以及注册、获批上市阶段。最终一款新药的成功问世，平均需要花费10～15年时间，耗资高达26亿美元。[1]由于长期缺乏产业基础和创新土壤，我国的创新医药产业要想完成“从0到1”的质变，做出真正具备自主知识产权的创新药，需要极大的决心、勇气和坚定的持续投入。

（二）药政改革带来创新医药产业蓬勃发展的“春天”

值得欣喜的是，在过去10余年的发展历程中，我国的医疗卫生体系、医药工业可以说发生了翻天覆地的变化。尤其是2015年以来，在国家政策的助推下，资本、人才、技术逐渐汇聚，医药创新迎来天时、地利、人和的黄金发展期。能实现如今蓬勃发展的局面，是我国改革开放、医药卫生体制改革取得的一项重要成就。

2015年，《国务院关于改革药品医疗器械审评审批制度的意见》发布。随后，国家及药品监管部门相继出台了一系列重大指导性文件，建立起了全新的药品审评审批制度，包括逐渐消除审评积压、改革药品注册分类、建立研发与审批过程中的沟通交流机制、完善临床试验默示许可制度等举措，有效助力了药品的创新研发，为创新医药产业提供了可持续发展的良性生态土壤。2017年，原国家食品药品监督管理总局正式加入国际人用药品注册技术协调会（ICH），进一步推动了药品监管体系真正接轨国际。

在政策的引领和鼓励下，资本力量也迅速涌入，为医药创新带来了“养料”。2018年4月，香港联合交易所在主板上市规则中新增第18A章“生物科技公司”，允许未盈利、预计市值超过15亿港元的生物科技公司在香港上市，吸引了一批创新型生物科技企业赴港上市；2018年11月，习近平总书记提出将在

1 Mullard A, *New drugs cost US $2.6 billion to develop*, Nature reviews, Drug discovery, 2014年。

上海证券交易所设立科创板并试点注册制，在此制度下，允许符合科创板定位、尚未盈利或存在累计未弥补亏损的企业在科创板上市，进一步为创新药企业打开了融资的窗口与通道。

正是这一系列具有国际视野的改革举措和具有包容性的政策出台，使得一大批具备优质创新基因、国际化潜力的生物科技企业，能够收获更多的资本市场关注和资金支持，为医药产业的创新和升级注入了活力，为“硬科技”企业打开了广阔的天地。

在此期间，越来越多的优秀科学家、创业者和管理人才投身生物医药产业，特别是海外人才的相继回流，不断带动本土创新的涌现。过去 10 余年间，中国医药创新领域涌现出一批生物科技企业，其中创始团队不乏国际顶尖人才，如美国科学院、中国科学院院士王晓东归国后成立了百济神州；同时还有大量海归研发人才、科学家直接加入国内创新药企，如全球跨国药企最高职位的华人科学家刘勇军加盟信达生物。无论是本土培养还是海外归来，这些科学家都具备最前沿的科学技术和经验，成为中国新药研发的中坚力量，推动行业加速发展壮大。

二、中国创新医药产业发挥的成果

（一）中国医药创新生态系统已初步形成

在政策、资本、人才共同构建的生态圈里，创新主体充满活力，不断取得重大进展，持续吸引资本的投入。市场参与者日趋多样化，本土药企与跨国药企、投资机构、学术界、临床专家以及监管方通力协作，共促中国医药创新“百花齐放”。

时至今日，中国已经成为全球医药创新的重要阵地，取得的成就有目共睹。尤其在研发领域，不仅创新药临床试验数量和获批数量迅速增多，在靶点创新性、药物形态和技术平台的多样性方面也都不可同日而语。2021 年，我国药物临床试验年度登记总量首次突破 3000 项[1]；同期审评通过的创新药物数量达到 47 个，再创历史新高[2]。目前，全球热门的创新靶点，包括免疫治疗、肿瘤治疗

1　北京日报，《我国药物临床试验年度登记总量破 3000》，2022 年 6 月。

2　人民网，《国家药监局：2021 年审评通过 47 个创新药，再创历史新高》，2022 年 6 月。

等领域，大部分都有中国企业布局。以研发管线产品数量来衡量，中国对全球的贡献占比已达到 14%，稳居第二梯队之首，超越了日本、英国、德国等传统制药大国，正在成为全球医药行业中不可忽视的重要力量。[1]

更重要的是，随着本土医药创新的发展、更多创新好药的涌现，患者的药物可及性与可负担性得到了大幅提升。以肿瘤免疫治疗为例，过去治疗肿瘤的常规手段往往依赖手术及放化疗或靶向治疗，而随着医学事业的进步，免疫疗法作为肿瘤治疗领域的重大突破，通过调动患者自身的免疫功能来攻击患者体内的癌细胞，在临床实践中应用愈加广泛。在欧美国家，患者使用 PD-1 肿瘤免疫治疗的年费用常常需要近百万元人民币，国内患者最初使用进口免疫治疗药物的年费用也高达六七十万元人民币，药物可及性不佳。[2]但这样的被动局面很快就被打破，随着一批本土研发的肿瘤免疫药物相继获批，并随后被纳入国家医保药品目录，患者的药物可负担性得到了提升。目前国产抗 PD-1 药物进入医保后，年治疗费用降至 3 万～4 万元人民币。医保报销后，患者自付费用还将进一步降低，“买不到”“用不起”癌症新药的困境正在成为历史。

（二）创新药崭露头角，国际化之路行稳致远

在惠及国内患者的同时，诸多创新药企经过多年的厚积薄发，开始在国际舞台崭露头角，与跨国制药企业同台竞技。越来越多来自中国的创新药品和突破性研究相继登上国际制药界的舞台。2019 年以来，已有两款本土自主研发的抗癌新药获得美国食品药品监督管理局（FDA）批准上市，分别是百济神州 BTK 抑制剂泽布替尼和传奇生物 CAR-T 疗法西达基奥仑赛；另有数十种中国原研的创新药在美国、欧洲以及全球其他市场提交上市申请。

此外，创新药“走出去”的模式也呈现多元化趋势，中国创新药企的产品和项目正在得到全世界的瞩目、认可、引进。近年来，对外授权（License-out）项目数量和交易金额迎来爆发期，涉及的产品阶段和产品种类也逐年丰富，从商业化权益到早期研发再到技术平台，不断证明了创新药企的研发实力。中国的创新正在步入全球前沿。据不完全统计，在刚刚过去的 2022 年，中国创新药

1　中国医药创新促进会（PhIRDA）、中国外商投资企业协会药品研制和开发行业委员会（RDPAC），《构建中国医药创新生态系统——系列报告第一篇：2015—2020 年发展回顾及未来展望》，2021 年 3 月。

2　以默沙东 K 药为例，在中国（不含港澳台地区数据）上市后，年治疗费用降至 60 万元人民币，慈善赠药后年费用约为 32.5 万元人民币。

对外授权交易案例高达 44 起，披露的交易金额达到 275.5 亿美元，相比 2021 年的交易总额翻倍。然而在 10 年前，产品对外授权案例仅有 2 起，披露的交易金额仅为 1.4 亿美元。[1]

除产品对外授权外，头部创新药企也开始构建自主的全球研发能力和商业化能力，实现真正意义上的国际化发展。这些企业抓住机会窗口，提早进行全球化布局，从专注于研发的创新药企（Biotech）逐步发展成为全球性制药企业（Big Pharma）：一方面，通过全球自主研发能力和临床能力，获取全球临床数据，使具有国际竞争力的创新药更快地在全球市场同步注册，并实现上市；另一方面，在全球招募人才，组建完整的全球商业化团队，负责新药上市的商业化、准入。以百济神州为例，截至 2022 年年底，其自主研发的 BTK 抑制剂泽布替尼已经实现在全球超过 65 个国家或地区获批，全球化进程遥遥领先，且其还在美国拥有一支自主的商业化团队，充分覆盖血液科的重点医生和临床中心。

三、中国创新医药产业走向国际的独特路径

如今，中国创新药企正逐渐成熟并在更深程度上参与全球合作，探索出一条国际化、差异化的发展路线。有别于传统跨国药企，本土创新药企在走向欧美发达国家市场的同时，也高度重视发展中国家和新兴市场的需求，希望发挥自身的优势，帮助这些发展中国家的患者提高对创新疗法的可及性与可负担性。

我们常说，疾病无国界。让创新医药惠及全球患者不仅仅是一个商业层面的问题，更是一个社会平等发展的问题。传统跨国药企往往将目光聚焦于欧美等主流发达国家市场，药价居高不下，这导致在人口众多的发展中国家，患者仍然普遍面临着药价昂贵、可及性低的难题。不仅患者无法及时得到有效治疗，许多医生也缺乏临床用药的经验。以东南亚地区为例，由于药物缺乏自主创新能力，且依赖进口，因此当地 PD-1 产品的价格是中国同类药物的十多倍，仅有少数患者能用得起、用得到。

在此背景下，未来中国本土创新药进入发展中国家，不仅能改善患者的药物可及性，也能推动临床诊疗实践与规范化的提升，进一步促进发展中国家医学事业的发展。

---

1 中国医药创新促进会/求实药社，《中国创新药 License-out 现状分析》，2023 年 2 月。

需要强调的是，创新药的全球化并非易事，不仅考验着企业的资金储备和全球运营能力，更需要管理者对行业具有战略判断力和洞察力。我国代表性创新药企的全球化经验显示，成功出海需要具备三大要素：一是拥有差异化和独特性的候选药物，真正解决全球未被满足的需求；二是具备前瞻性的全球化研发策略，通过提早布局、开展国际多中心临床试验，获取高质量的国际临床试验数据；三是打造一支经验丰富和执行力强大的全球化团队，做到既拥有全球化视野，又深谙本土市场，熟悉当地的法规要求。在这三方面，缺少任何一环，全球化之路都很难走得平稳顺畅。

四、展望创新医药产业高质量发展

当前，世界正经历百年未有之大变局，新一轮科技革命和产业变革深入发展，中国正式进入高质量发展的新时期。2022 年发布的《“十四五”医药工业发展规划》也明确提出，我国的医药工业要坚持创新引领，“把创新作为推动医药工业高质量发展的核心任务，加快实施创新驱动发展战略，构建开放创新生态，提高创新质量和效率，加快创新成果产业化，为医药工业持续健康发展打造新引擎。”凭借独特的人才优势、效率优势和经济势头，中国有潜力成为世界医药创新的引领者。未来，在推动创新医药产业进一步实现高质量发展的同时，我们也要关注和重视以下趋势。

第一，随着医药改革的深化，过去形成的固有圈层和模式可能被打破，产业分工会更加精细化、专业化，强强合作和协同创新将成为一大趋势。一方面，传统药企与创新药企之间将有机会产生深度的协作和融合，大家携手发展、资源互补，促成产业结构的再一次调整。比如，传统药企的强项在于生产和商业化，面临的难题是如何求新求变、找到新的增长点；而创新药企虽然有产品，但往往缺少资金，面临的挑战是如何让自己的创新基因“活下去”“长起来”。通过这两者的资源整合或收并购，医药创新产业将有望诞生更多的“新物种”，进一步促进产业结构的优化和升级。另一方面，创新药产业从“野蛮生长”发展阶段进入“大浪淘沙”的发展阶段，少数领先的创新药企将在国际化竞争中脱颖而出，展示出“强者恒强”的先发优势，成为覆盖全产业链的世界级制药企业。

第二，创新药产业必将迈入全球化进程，这个趋势是不可逆转的。中国创新药企的全球化不仅仅覆盖美国、欧洲等发达国家和地区，更覆盖人口众多的发展中国家和新兴市场。然而推动创新医药走向发展中国家，需要开拓出一条前人没有走过的道路。在这方面，我们能做的还有很多。其中最重要的还是如何在政策上加快中国与发展中国家的监管协调。目前，新兴市场国家要求各不相同，许多国家仍然是参考过去的标准，仅认可由美国食品药品监督管理局（FDA）、欧洲药品管理局（EMA）审批上市的药品，导致这些新药只有先在欧美获得批准，才能加快在当地的审批。随着我国加入 ICH，药品监管标准已经与国际标准高度接轨。因此，在标准互认方面，对于在中国已上市，或是与美国、日本、欧洲等发达国家和地区同步开发的创新药，如果能建立和实施临床试验及注册审批等市场准入的监管协调机制，将极大地加快中国本土原研创新药走向发展中国家的进程。我们建议，可在一些条件成熟的国家进行试点先行，通过探索、开辟“绿色通道”等途径，加快推进中国创新药在该国的审批、使用；并在取得一定成效和经验后，再向更多国家推广。

此外，加强民间、工业界的交流沟通，提升我国创新药的认可度和影响力也是一项重要的工作。在这方面，可以考虑在产业合作峰会、投洽会等平台活动中，设置创新药产业发展议题，提高中国创新药在国际上的认可度。

要培养出伟大的世界级制药企业，没有捷径可走。我们必须建立起国际化的竞争优势，也必须要有长期主义的格局和决心。实现创新医药产业的高质量发展，仅靠一家或几家企业的力量是远远不够的，只有更多的公司、政策和资本力量加入这一行列，才能使高品质、疗效佳和可负担的创新药更早地惠及全球患者。“一枝独秀不是春，百花齐放春满园。”医药创新国际化道阻且长、行则将至，让我们携手并肩，推动我国医药创新大步走向全球。

【作者简介】

吴晓滨先生，百济神州有限公司总裁、首席运营官兼中国区总经理。兼任中国医药创新促进会副会长、中国化学制药工业协会副会长。长期从事医药行业工作，具有丰富的跨国公司业务经验，先后在辉瑞、拜耳和惠氏等知名跨国公司担任中国区总裁。

我国制药产业数智化升级实践与建议

重庆博腾制药科技股份有限公司　　居年丰

一、数智化转型为制药产业发展带来新机遇

（一）工业 4.0 时代的数智化发展机遇

工业是一个国家实体经济的脉搏，在过去 200 余载的工业化进程中，人类社会历经四次工业革命，每一次技术变革的浪潮席卷过后，工业发展便跨越式地迈向更高的领地。工厂机械化在引入以蒸汽机为动力的机器后得以实现，这标志着工业 1.0 时代的到来。电能作为生产动力催生了工业 2.0 时代，实现了分工明确、流水线模式的大规模生产。前两次工业革命是机器动力的革命，随着电子信息技术的广泛应用，在工业 3.0 时代，制造过程中的自动化生产水平大幅提升，机器代替了大部分手工劳动力。基于现代化制造业不断发展而产生的数字化、智能化需求，物联网、云计算、信息物理系统、大数据、深度学习等新兴技术哺育着新一轮产业变革，工业自动化程度得以进一步提高，智能机器和智能工厂开始广泛应用，制造业正涌现出产品开发进展提速、生产灵活度提升、资源效率提高、个性化需求满足等诸多变化。

（二）制药产业正处于从仿制向创新转型的关键发展阶段

制药产业秉承着“生命至上”的产业使命，为人类健康研发生产具有创新性及高临床价值的药品。制药产业作为衡量国家技术发展水平的重要标准之一，被纳入我国高新技术支柱产业，并进行重点经济建设。欧美国家起步较早，凭借技术和产品优势在我国市场长期处于主导地位。我国本土制药企业数量众多，虽然医药产业集群开始出现，但企业规模相对较小，缺乏具有全球影响力的大

型制药公司，产业集中度不高，产业结构不合理。此外，长时间以来，制药产业面临着基础科研落后、配套设施不完善、技术创新力量薄弱、信息化水平低下等挑战，进而导致研发创新能力不足，缺乏具有知识产权的创新成果。因此，向创新转型是我国制药产业目前关键的发展任务。

（三）数智化技术助力制药产业发展和革新

传统制药产业在基础设施与运营管理等方面存在诸多难点。首先，目前制药企业中的生产设备通常缺乏系统化集成，导致各个模块中的设备系统是独立且相互隔离的，内部的信息流无法流转和交互，执行层与决策层、生产计划与实际生产进度难以形成有效的信息对接，形成了“信息孤岛”现象。其次，我国制药产业长期存在研发能力欠缺、产品同质化、技术水平落后、核心技术依赖进口等问题。再次，在生产过程中，制药产业的原料、中间产物的投料与物料转移、过程控制与过程记录等依然较大程度上依赖人力，而人工在实际操作时往往难以恪守质量标准和流程规范，造成人为误差；最后，制药产业从研发、生产到商业化流通均面临着严格的监管要求，如药品生产流程的合规性和药品的质量控制，而现阶段的监管难度较大且成本较高。

制药企业借助数智化手段深度融合新兴信息技术与制造机理，进而实现研发智能化、生产智能化、管理智能化、服务智能化等新型模式，从多维度赋能制药产业的全生命周期。数字化系统连通上层管理与下层执行单元之间的信息，将保障企业运行的准确性和可行性；自动化、智能化设备将逐步代替人力，减少不可控的环节；数据科学将改造生产力和创新模式，提供先进的技术保障；数智化手段将简化监管流程，以智能实时监管等方式使监管更加真实、准确、高效。

随着新药开发难度加大、研发费用激增，制药产业的竞争环境日趋激烈。在我国制药产业“以仿为主”迈向“以创新为主”的关键时期，数智化手段契合制药企业突破创新、提升效率的愿景，成为制药企业提高研发生产整体水平和国际化竞争力的绝佳选择，抢占竞争制高点，加快我国转变为制药强国的步伐。

（四）政策推动制药产业数智化转型

数智化转型的强大驱动力源于顶层政策设计对创新的期望和要求。近年来，我国积极推出数智化发展战略，高度重视生物医药领域的数智化转型发展。

党的二十大报告提出，坚持把发展经济的着力点放在实体经济上，推进新型工业化，加快建设制造强国、质量强国、航天强国、交通强国、网络强国、数字中国。在《中华人民共和国国民经济和社会发展第十四个五年规划和 2035 年远景目标纲要》（以下简称“十四五”规划）提出的背景下，我国要迎接数字时代，激活数据要素潜能，推进网络强国建设，加快建设数字经济、数字社会、数字政府，以数字化转型整体驱动生产方式、生活方式和治理方式变革。“十四五”时期，我国医药工业发展仍处于重要战略机遇期，面对新形势下制约行业发展的突出问题，“十四五”规划做出了重要的战略引导。

二、我国制药企业积极开展数智化升级实践

（一）数智化落地将助力制药产业弯道超车

全球制药产业发展不均，欧美国家长期以来保持着创新的领先地位，其制药产业发展具有先发优势，由于起步较早，凭借技术、产品和服务优势进行全球化布局，并形成一定程度的垄断。同时，欧美现代制药产业构筑了完善的药物创新技术体系，产业链上的参与者形成了分工合作、相互衔接的研发模式，并通过专利保护、技术转移等途径推动上游的研发成果向下游的产业化阶段过渡。近年来，我国大数据、人工智能等数字科技、智能科技的应用正在逐步成熟，为制药产业注入变革的动力。虽然我国与欧美国家仍存在较大差距，但随着信息技术与制药产业的深度融合，我国制药产业将步入增长的快车道，新技术、新产业、新业态不断内生并向外拓展，差距呈现加速缩小的趋势，并有望在未来完成制药产业的弯道超车。

（二）数智化转型已逐渐向生物制药全产业链渗透

目前，越来越多的本土制药企业开始运用数字化、智能化解决方案实现转型升级，从而构筑模式壁垒，提升自身的核心竞争力。数智化已逐渐向制药全产业链渗透，如生产、营销、管理等多个板块，从而系统化地建设数智价值链，重塑行业发展新范式。

医药营销领域的数智化转型进展迅速，已成为数智化程度较高的领域。随

着企业对降本增效的需求逐渐上升，而传统线下营销模式存在成本高、效率低的痛点，基层医疗机构规模较小且多数位于偏远地区，传统营销手段难以有效覆盖广阔的基层市场。随着 CRM、SaaS 等技术工具的成熟应用，药企、医生、患者多方搭建信息沟通平台的数字化营销模式应运而生，此外，近几年新冠疫情的影响也促进着线下活动向线上转移，帮助制药企业构建营销新思路。

医药研发流程主要包括药物发现、临床前研究及临床试验三个阶段，应用人工智能、云计算、大数据等信息技术将缩短研发周期，控制研发成本，提升研发成功率。在药物发现环节，在数据驱动下开展 AI 辅助药物设计、靶点发现、药物模拟筛选和化合物优化等工作，有利于提升研发效率，提高产品研发的决策能力；在临床前研究环节中，通过建模分析和数据挖掘，可将药代、药效、药物研究进行数字化处理，通过注册电子申报系统加快药品审评。药物临床研究过程中涉及大量的文件与数据，应用数字化手段能确保试验数据的真实性、完整性及可追溯性，并确保试验流程符合药品临床试验管理规范（GCP）。

在研发生产过程中，工艺开发与优化是降低生产成本、提升生产效率的关键。数智化操作将通过应用研发管理系统及开展 AI 驱动的合成路线设计，利用模型和仿真对生产工艺进行提高，为工艺优化提供数据支撑，并建立实验室自动化系统。在制剂工艺开发与优化环节，应用数据分析技术，建立开发工艺参数与关键质量属性的关系模型，发掘制剂工艺参数对药品质量的影响规律。

制药企业的生产过程具有产线不够灵活、生产数据精度低、物料的追踪与管理难度大等特征。数智化使生产环节可视、可控和智能，有利于优化和完善生产计划的制订、产线设备的配置，以及质控、物料等环节的管理，从而实现提质降本增效的效果。然而从目前数智化在生产端的渗透情况来看，仍然存在以下难点：第一，制药产业具有重资产的属性，满足数智化需求的配套基础设施需要投入大量的资源与资金；第二，由于药物制造流程涉及类型繁多的生产设备和应用场景，日益复杂的业务系统和海量的数据难以被迁移至线上云端；第三，制药产业的发展依托于高端技术人才的供给，在积极融合基础科研和新兴信息技术的过程中，进一步带动了对于高素质、应用型、复合型人才的需求，而这类跨领域的数智化人才在当下市场中较为稀缺。

（三）数智化应用不断催生新业态发展

良好的行业生态模式需要部门内部、跨部门及外部合作、高效的流程模式等多方面支撑。随着制药产业链分工趋于专业化、细分化，各环节由不同类型的企业负责完成，但制药产业具有研发周期长、风险大和变化快的特点，产业链网络化协同发展的需求推动着数智化应用，数智化应用将根据产业动态需求进行各组织间的资源配置，逐步实现从设备到系统、产业链上游至下游的万物互联和广泛渗透。通过整合和共享上下游资源与社会资源，各产业链参与者的边际得以拓展，逐渐释放价值空间，这将大大提高企业的研发生产效率，增强制药产业的整体竞争力。

（四）制药企业数智化转型初见成效

面临着国内市场与海外市场的双重竞争压力，本土制药企业上下求索、积极谋划，以期在激烈的市场竞争和严格的监管环境中确立生存空间。在国家大力号召标准化、智能化、国际化的战略背景下，各制药企业积极拥抱数智创新与赋能，致力于提升自身综合竞争力。目前，行业整体的数智化水平处于起步阶段，其中部分企业已经收获了阶段性成果。

哈药集团股份有限公司（以下简称“哈药股份”）是一家集医药制造、贸易、科研于一体的大型企业集团。在高速发展的过程中，哈药股份旗下有近百家分子公司，面临着基础设施平台未有效整合、基础设施重复建设、资源未能充分利用、有序管理困难等难题。哈药股份以互联协同运营中台（SOP）作为接入端，联动 SAP HANA 系统，协同中台与 SAP 达到联动效果，从而达到深度的协同运营，简化了工作流程，降低了运营成本，实现了集团总部对于全域分支机构的全程管控能力。

正大天晴药业集团股份有限公司（以下简称“正大天晴”）是一家从事医药创新和高品质药品研发、生产与销售的医药集团，是国内知名的抗肿瘤、肝病药物研发和生产基地。在数字化研发方面，正大天晴现有的场景中数字产品包括 IRC、CTMS 等，正在进行知识图谱模拟试验，攻关数据建模。在数字化生产方面，正大天晴建设的智能化车间将落地；生产系统包括生产管理、排产、质检、质量管理等场景。在数字化供应链方面，正大天晴形成云仓、追溯管理、物流管理等环节的整体闭环。在数字化营销端，正大天晴实现业务在线化、客户档案建立等，管理层通过销售行为复盘、业绩双向确认等提升营销的精准度及可视度。在数字化运营方面，正大天晴在财务端建设了业财融合的平台。

重庆博腾制药科技股份有限公司（以下简称“博腾股份”）是国际领先的医药合同定制研发及生产企业（CDMO）。博腾股份作为创新药产业链上的重要参与者，率先通过数字化、智能化技术赋能生产运行和管理体系等药物的全生命周期，为客户提供高质量的服务。近年来，博腾股份全面布局智慧研发、智能工厂建设、数智化运营、数智营销四大模块。在智慧研发方面，实现实验自动化设备与 E-lab（研发数字化平台）联通，E-lab 涵盖试验过程管理、科学数据管理、物料管理、实验数据分析等多个系统，包括 CMC 工艺转移过程数字化。智慧研发目前正不断拓展科学实验设计和工艺模拟板块。此外，公司搭建在线检测技术（Process Analytical Technology，PAT）项目，通过引入在线检测分析技术，实时监测项目反应进度，提高取样效率。2021 年，博腾股份成立药羚公司，其负责博腾股份的运营和研发模块，为行业塑造数智化业务形态的示范标杆的同时，致力于为全行业提供数智化解决方案，助力医药行业高效转型。在智能工厂建设方面，2021 年投产的重庆长寿工厂 109 车间，通过将硬件的多功能性和 DCS 系统进行分类整合，提高可操作性和灵活性，提升工艺控制的安全性和可靠性。该车间约 75%的工艺操作单元可实现自动化，在 CDMO 行业已达到领先水平。

三、制药产业数智化转型的升级路径和举措

面对工业 4.0 时代变革，我国制药产业以智赋能，在工厂设计、产品研发、工艺开发及优化、生产作业、仓储配送、质量管控等场景借助数字化工具和手段进行智能制造尝试并取得了一定成绩。但全面、高效、保质地实现制药产业数智化转型仍需要政府、企业、行业协会等多方通力协作，多举措协同推动制药产业进入工业 4.0 时代。

（一）强化政府引导，加大对制药产业数智化转型的支持力度

2015 年，国务院针对我国制造行业发展环境进行全面分析，并针对制药产业提出建立生物医药创新中心、实施药品全生命周期监管、鼓励外资引进等措施，为我国制药产业向数智化转型提供了行动纲领。在实际的制药产业智能化建设中，政府应给予持续性高度重视，多维度支持制药企业进行数智化转型。

（1）完善数智化转型政策体系：中央政府应宏观把握我国制药产业数智化建设进度及方向，针对转型中出现的普遍性问题制定相应政策并进行指导；各级地方政府应结合当地实际情况，制订具有地方特色的数智化转型方案，可纳入当地中长期发展规划，推动本土制药企业积极开展数智化转型。

（2）构建数智化人才培养体系：一方面政府应督促高校重视数智化人才的培养，推动高校在数智化相关专业招生、培养方案、课程设计等方面进行优化；另一方面，政府应加强对数智化人才的认证，构建职业资质认证、继续教育学习等制度。

（3）财税优惠利好转型企业：政府应鼓励积极开展数智化转型的制药企业，可采用财政优惠政策，如税收减免、专项资金投入、融资优惠、能源优惠等，扫除制药企业数智化转型的后顾之忧，激发企业数智化转型的热情。

（4）支持数智化技术创新发展：政府应将数智化技术创新作为提高生产力发展的战略支撑，大力支持大数据、云计算、物联网、人工智能、5G等信息化、智能化技术的开发和应用，通过培养和扶持相关技术与产品供应商、建设数智化产业基地、引进人才优惠政策、专利保护等，营造良好的技术创新氛围。

（二）转变企业传统理念，积极开展数智化转型尝试

企业是制药产业数智化转型的主体，应充分认识到数智化转型是推动企业发展、提高企业生命力的重要抓手。企业应把握数智化转型机遇，积极推进全要素、全流程、全生命周期、全价值链的“四全”数智化工厂转型进程。

（1）打造优质数智化人才队伍：企业领导层应高度重视数智化人才队伍建设，积极引进数智化专业人才，鼓励员工参与数智化转型培训与学习；加强数智化转型实操训练，在实践中不断推动复合型人才的培养。

（2）建设特色数智化研究院：推进企业自有数智化特色部门建设，配备专业人才和相应物资，瞄准数智化转型中的痛点难点，为企业数智化转型厘清思路、锚定方向，分析不同应用场景数智化转型的优先等级和重要性，高效助推企业转型。

（3）抓住政策利好机遇：把握制药产业数智化转型政策春风，及时了解和利用各种利好政策，在良好的区域性生态系统中加速企业数智化转型。

（4）推进应用场景数智化尝试：制药企业在生产、研发、仓储、物流、营销等阶段均可借助仿真模拟、数据挖掘、自动化工作站等数智化技术，优化企业

各个生产制造场景，提高企业竞争力。

（5）借鉴数智化转型成功案例：梳理自身数智化转型中的发展痛点，借鉴同行或其他领域工业制造的数智化转型成功经验，提升数智化转型效率。

（三）鼓励行业协会参与，营造良性数智化生态圈

行业协会作为整合行业资源的协作交流平台，对行业的数智化转型起到了推进作用。

（1）搭建行业数智化交流平台：行业协会应开展多种形式的数智化转型交流活动，分享数智化转型先进技术和成功应用，促进企业间交流合作，让更多的企业了解数智化转型的优势，推动整个行业数智化转型的速度。

（2）作为行业与政府的沟通桥梁：行业协会应代表本行业，就数智化转型中遇到的问题同政府进行交流，主动争取政府的支持与帮助，以创建更优的数智化转型环境。

（3）打造数智化协同生态圈：利用行业协会的优势，协调产业链上下游，促进数据的安全合规与共享使用，实现企业间的互利共赢，逐步构建生物医药企业数智化协同生态。

四、我国制药产业数智化转型的展望

数智化对于制药企业来说具有重要意义，它可以为制药企业提供新视角、新思路、新方案，起到优化生产方式、提高生产效率、增强企业竞争力的作用。

（一）数智化技术快速发展，全行业将逐步覆盖

随着数智化技术的快速发展，越来越多的制药企业将把数智化转型作为企业发展战略的重要内容，从龙头企业到初创公司、从新兴技术公司到老牌企业，数智化技术将逐步覆盖整个制药产业，全副武装我国制药产业的研发能力、工业生产、经营销售等，显著增强我国制药企业的国际竞争优势。

（二）串联药品全生命周期，构建产业互联互通新生态

基于现有的工业互联网平台，制药产业数智化转型后，可实现产品、生产

和产业的集成，构建集药品研发、生产、仓储、销售等全生命周期于一体的“端到端集成”。同时，将打破集成链上相关上下游企业之间、企业和用户之间的数据孤岛，重塑业务体系和商业模式，在新的互联互通网络中实现合作与共享。

（三）数智化技术迭代升级，“以用户为中心”的药品成为可能

在制药产业中，数智化技术可以有效应用于患者个性化药物的制备过程。现阶段，CAR-T 细胞治疗等具有一定个体化特征的药品已经上市使用，未来，借助数智化技术的支撑，研发和生产个体化药品的技术难点与成本困局都将被突破，根据患者实际病情进行药品制造成为可能，医药产品将能更好地治疗患者。

五、总结

以智能化为特征的工业 4.0 时代已经来临，新兴的数智化技术将在制药产业掀起革命性浪潮。在国家的大力支持下，我国生物医药企业已经积极投身制药工业的数智化转型，以实现生产研发力的跨越式升级。未来，在全球产业快速发展的过程中，我国将瞄准国际一流制药地位，抓住此次数智化转型的战略性机会，力争站在全球制药产业前列。

【作者简介】

居年丰先生，重庆博腾制药科技股份有限公司联合创始人，公司董事长兼总经理，曾任阿克苏诺贝尔公司重庆代表处经理。具有超过 20 年的企业经营管理、市场开发等管理经验。2020 年，获第十七届中国科学家论坛“2020 中国科技创新创业先锋人物”。

微球材料产业的创新突破与发展趋势

苏州纳微科技股份有限公司　　江必旺

球型是三维几何空间的理想对称体，其通体曲线的特性赋予了微球（Microsphere）独一无二的属性，也奠定了微球在现代工业生产中无可替代的地位。微球，恰如其名，是指尺寸很小的球形颗粒，直径一般在纳米和微米尺度范围内。在如此微小的尺度下，粒子的性质会发生显著变化，比如说量子点在某些物质颗粒尺寸小到纳米级时会出现发光现象，且发光的颜色会随着尺寸的大小而改变，而这些物质在宏观尺度下是没有发光现象的。另外，如果把非常均匀的无色纳米微球有序地排列起来，其整体就会呈现多种色彩。我们观察到蝴蝶具有五颜六色的翅膀，该现象就是由无色纳米微球有序排列产生的。微球材料因其具有的小尺寸效应、孔径效应、表面效应，以及优异的光、电、磁、力、机械等性能，越来越广泛地应用于现代工业生产中，成为生物制药、化学化工、平板显示、分析检测、体外诊断、环境监测、化妆品等行业高质量发展不可或缺的关键基础性材料。

一、国内外微球材料的发展状况

一是技术壁垒高，长期被国外企业垄断。微球材料的性能主要取决于其基质组成、形貌、粒径大小及分布、孔径大小及分布、比表面积、表面功能基团等因素，对生产技术及质量控制能力要求非常高，行业门槛极高。高性能微球长期被世界极少数公司垄断，被《科技日报》列为制约中国工业发展的 35 项“卡脖子”技术之一。为占有核心产业的控制权，多年来，美国、日本、欧洲等发达国家和地区都从战略的高度投入了大量人力、物力，致力于高性能纳微米材料的研制。我国在纳米科技领域的研究虽然起步较早，基础研究也取得了很好的成绩，发表的文章数量多年位居世界第一，但微球材料的产业化技术却相对落后。

从全球范围来看，微球材料的市场集中度较高，中国生物制药、液晶显示及 IVD 领域所用微球基本依赖进口，并且几乎在每个细分领域都被极少数外国企业高度垄断。例如，生物制药分离纯化微球主要由 Cytiva（原 GE Healthcare）垄断，而用于平板显示的间隔微球、导电金球、光扩散微球等多年来被 SEKISUI 等日本企业垄断，用于体外诊断的磁性微球主要由 Thermo Fisher 垄断。2006 年以来，以苏州纳微科技股份有限公司为代表的国内企业经过十多年坚持不懈的努力，攻克了微球材料等多项“卡脖子”技术，同时实现了规模化生产，填补了国内产业空白，不仅彻底打破了长期以来外国企业的垄断，实现了微球材料产业的国产化，而且某些微球精确制造技术还领先世界，极大促进了微球材料行业的跨越式发展，为全球微球材料的产业升级做出了贡献。

二是品种规格多，产品形态丰富。微球材料应用面广、品种丰富。按材质种类分，微球材料可分为无机材料、有机合成高分子材料和天然生物材料三大类。无机材料主要有二氧化硅、氧化铝、氧化铁等，有机合成高分子材料主要包括聚丙烯酰胺、聚甲基丙烯酸酯及聚苯乙烯等聚合物，天然生物材料主要包括壳聚糖、胶原、淀粉、脂质体、脂蛋白等。按形态分，微球材料主要分为实心、多孔、中空及核壳结构，以满足不同的应用需求，比如在液晶显示屏领域主要应用实心微球，在生物制药分离纯化领域主要应用多孔微球，在涂料领域主要应用中空微球，在分析检测领域主要应用核壳结构微球。

三是应用领域广，产业涵盖面大。微球材料对国家战略性新兴产业的发展意义重大，应用领域逐年扩大，据统计，2019 年全球微球市场规模约为 120 亿美元，2021 年市场规模已达到 210.36 亿美元。在生物医药领域，功能性纳米微球几乎是所有生物药和天然药分离纯化过程中不可缺少的材料。同时，微球作为药物缓控释的载体，可以减小药物的毒副作用，增加药物的有效性，提高药品的质量。在医疗诊断领域，磁性和荧光编码微球已被广泛应用于免疫分析、多样品或多标靶的高通量检测领域。在血液净化领域，微球可以选择性地去除血液里的有害物质，以达到净化血液的目的。在食品安全检测领域，特殊功能化的多孔微球，能够把食品、蔬菜等中残留的极其微量的有害物质分离出来，实现精确检测。在水处理领域，微球用来去除水中的有机杂质和金属离子成分，制备用在半导体工业、医药、核工业等领域的超纯水，也可用于净化日常饮用水。在化妆品领域，在化妆品中添加微球不仅可以优化产品的手感和提高产品的抗紫外线功能，还可遮盖皮肤的缺陷，延长有效成分的稳定性。在 LED 照明领域，微球可极大地提高 LED 发光效率，增加光的柔和性和透光率。在平板显示领域，单分散、粒径高度均一的微球材料作为间隔物用于控制液晶显示屏盒厚，起到支撑上下基板的作用。在半导体领域，导电微球均匀分布在热固化性树脂中，形成各向异性导电膜（ACF），是连接芯片和面板的关键材料。在色谱分析检测领域，高效液相色谱（HPLC/UPLC）是药品、食品、石油、环境、化工等领域最常用的检测技术，纳米微球作为色谱柱内填料，是各种 HPLC 分离模式赖以建立和发展的基础。在标准计量领域，微球可用于粒度分析仪标定校准、滤材检测、粒子评价、粉体分析、环境科学、大气污染等研究领域。在酶催化领域，微球作为酶固定的载体，可以保持酶的高度专一性和催化效率，提高酶的稳定性和寿命，减少酶对产品的污染，实现生产的连续化和酶的循环使用。在农业领域，微球作为缓控释载体，可以有效地控制杀虫剂的释放，提高杀虫剂的有效性，降低杀虫剂对环境的污染及毒性。总之，微球已经广泛地应用于各大产业领域。

二、国内微球材料的重大突破

近年来，国内微球材料生产企业坚持底层技术创新和跨领域合作，在微球粒径精确控制、孔径调控、形貌控制、基质可控、表面改性可控，以及规模化生产方面实现了重大突破，打破了外国企业长期以来的技术垄断和产品垄断，实现了国产替代，并有力推动了国产自主研发产品打入欧美发达国家市场的进程。

比如，多孔二氧化硅微球是一种重要的形态优越、骨架稳定、强度出色的多孔材料，在吸附、催化、分析检测、分离纯化等各领域发挥着重大作用，多年来被外国企业长期垄断。国内高科技创新企业瞄准国际领先技术，创造性地把有机高分子微球的精准制备技术嫁接到无机二氧化硅的微球制造上，一举突破了多孔二氧化硅微球材料粒径大小和粒径分布精准控制的技术难题，既打破了国外垄断技术的壁垒，又绕开了复杂的筛分工艺，而且具有生产效率高、质量稳定性好、固废少、绿色环保等特点，成为名副其实的新一代硅胶色谱填料制备技术，使中国在该领域从原先的一片技术空白，一步跨越成为技术引领者，并成功带动世界高性能硅胶色谱填料制备技术的进步，树立起第三代技术的标杆。

微球的粒径分布均匀性由 CV 值（填料的粒径分布变异系数）表示，CV 值越小代表粒径越均匀。国际著名品牌的二氧化硅色谱填料微球的 CV 值普遍大于 10%，而国产第三代硅胶填料的 CV 值小于 3%。从国产 UniSil®10 微米硅胶色谱填料与国外知名品牌同类硅胶产品的扫描电镜对比图（见图 1）可以看出，国产新一代单分散硅胶色谱填料在粒径精准度、粒径分布及球型规整度方面，都明显优于国际知名品牌。

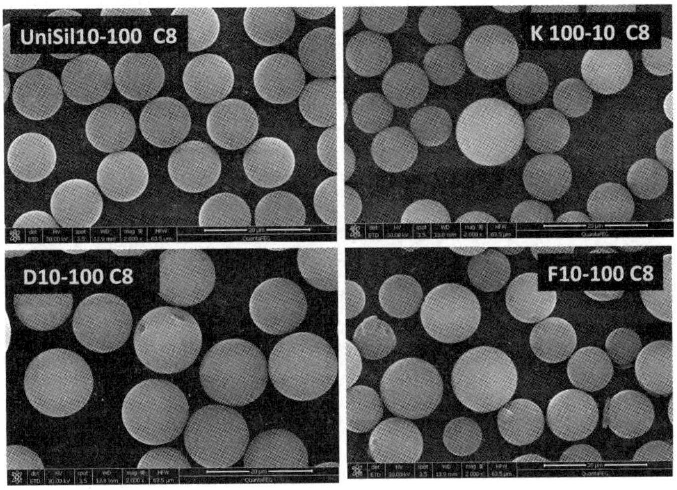

图 1　硅胶色谱填料扫描电镜对比图

另外，微球是控制液晶显示屏盒厚的关键材料。微球尺寸的均一性和机械强度影响着液晶显示屏的优劣。因此，间隔物微球必须满足极高的质量要求和性能要求，如高度的粒径精确性、极窄的粒径分布、优异的机械强度、光滑的表面性能、极高的洁净度和极低的金属杂质等，制备技术壁垒较高，长期由日本 SEKISUI、早川两家企业垄断。国内企业经过多年努力，已成功攻克液晶间隔物微球制造的技术难题，目前可以生产出具有精确的粒径大小和高度的粒径均一性的微球，以满足液晶显示屏严格的技术要求，而且生产周期更短，将日本公司 6 个月的生产周期缩短到 1 个星期。

再比如，用于生物制药纯化的层析介质微球材料，是决定药物纯度和质量的关键材料，被称为“色谱芯”，制备门槛高、技术难度大，多年来国内的色谱材料和设备都依赖进口，“色谱芯”的空缺让生物药成本居高不下。国内微球企业在精准制备聚合物微球的基础上，成功实现了单分散色谱填料的规模化生产，实现了国产替代，保障了中国生物制药行业的安全生产。

三、国内微球材料的未来发展趋势

材料是产业发展的基础，也是工业制造业实现高质量发展的硬实力。中国政府高度重视新材料发展，产业规模持续扩大，创新能力不断增强，产业链日渐完善。微球材料作为支撑我国战略性新兴产业和制造业向高端化发展的重要的新兴基础材料，具有服务新经济、创新新业态、构建新模式的巨大市场潜能和产品优势，将得到更加充分的应用，为推动中国经济全面转型升级提供新的动能和驱动力。

一是市场需求将越来越大。2020 年以来，在新冠疫情对中国经济造成严重冲击、经济整体下行压力巨大的背景下，微球材料产业反而传递出非常明显的新经济特征，以成功突破国外垄断、实现国产替代为突破口，市场份额不断扩大，应用领域不断拓展，尤其是随着生物制药产能的扩张，国产微球材料的市场需求增速逆势上扬，一方面极大地降低了我国经济体系在应对突发事件时的系统性风险，另一方面为国产微球材料迅速站稳市场，提供了难得的发展机遇。当然，从长远看，与国际领先企业相比，我国微球材料产业的生产技术、管理经验、运营能力及营销手段等短板仍十分突出，高端市场的大部分份额还被国外企业占据，无论是在生产制造、工艺技术还是产品应用方面，都有着很大的提升空间，可谓任重而道远。

二是制备技术将越来越丰富。从技术层面来看，微球材料的性能主要取决于其材质组成、粒径大小、粒径分布、孔道结构及表面性能等，因此微球材料的发展趋势将体现在对粒径、孔道、表面性能等进行更加精确的控制上，且在更大范围内利用不同材料做成精准可控的微球，实现高效率、低成本、大规模生产，以满足市场多元化的高端需求。虽然现在有越来越多的技术手段被开发出来用于微球的生产，但每项技术都有其局限性，比如震荡喷射法适合于制作大粒径的单分散聚合物微球，而种子法适合于制作小粒径的单分散聚合物微球，微流控技术适合于制作小批量、高精度微球。由不同材料组成的微球其制备方法也不同，低黏度的单体适合使用震荡喷射法来制备单分散聚合物微球，但高黏度的多糖则适合通过 3D 打印技术来制备粒径均匀的微球；聚合物微球可以使用种子法来制备，但单分散多孔二氧化硅微球可以用聚合物微球作为模板来制备。

三是精准控制标准越来越高。微球材料由于其具有表面效应、良好的生物相容性以及易于改性等特点，已成为免疫检测、分离纯化及药物输送等领域重要的支撑材料。特别是在药品制造的分离纯化环节上，聚合物微球一直都是这一领域最关键的材料之一，可以说没有微球，一片生物药都生产不出来。虽然中国已成功攻克微球材料这类“卡脖子”技术，已拥有创新的底层核心技术，已实现对微球材料粒径大小的精准可控，但对于一些天然生物材料，如糖类，粒径控制技术的稳定性和重复性还有待进一步加强。同时，在药物分离、食品分析检测等很多应用领域，都对孔道结构的控制有很多严格的要求。另外，随着各类应用越来越广泛，对于微球的质量控制要求越来越高，微球的结构越来越复杂，产品的多样性也越来越多地呈现，同时对微球表面的功能化，也成为更加精细化的技术要求。从某种意义上来说，微球材料的技术研发是没有天花板的，市场需求是无限延伸的。

四是应用领域越来越宽广。随着下游行业对微球材料的应用场景不断拓展，市场的刚性需求必将进一步拉动微球材料的多样化发展需求。如在生物技术领域，微球可作为动物细胞载体提供大量的比表面积，在有限的空间实现细胞的高密度培养；在医学治疗领域，微球可作为栓塞阻断对肿瘤靶区的血供应和营养供应，使癌细胞因缺血而坏死。还可用微球搭载抗肿瘤药物，实现栓塞和靶向治疗的双重作用；在医药制剂领域，微球注射剂能显著延长药物的作用时间、减少用药次数、提高药物疗效。目前，国内已上市的微球制剂应用范围包括恶性肿瘤、糖尿病、心血管疾病、精神疾病等领域。我国慢性病患者的药物需求广阔，未来微球制剂有望在恶性肿瘤、心脏疾病、脑血管疾病等慢性疾病相关领域市场实现规模增长。

【作者简介】

江必旺先生，苏州纳微科技股份有限公司创始人、董事长，科技部创新创业人才，江苏省创业创新人才，苏州工业园区领军人才；荣获中国侨界贡献奖、江苏省五一劳动奖章、江苏省科技进步奖。申请国内外发明专利 50 多项，发表 SCI 论文多篇。

我国骨科医疗器械行业发展现状及前景

北京市春立正达医疗器械股份有限公司　　史春宝

近年来，我国陆续发布医疗器械扶持政策，高度重视医疗器械行业发展。人工智能医疗器械未来将成为重点发展领域，手术机器人、人工智能、3D 打印、再生医学、微创手术等新技术正逐步赋予骨科新生命。2022 年，中国骨科疾病治疗和部分新技术应用达到世界先进水平，中国骨科由此走出了一条引进、追赶、创新的发展之路。

一、我国骨科医疗器械行业的发展现状

（一）我国骨科医疗器械行业的发展背景

随着人口老龄化程度的加剧，与年龄因素密切相关的骨关节疾病患者持续增加。2007—2017 年，我国 60 岁以上人口占比迅速从 11.6%上升至 17.3%，2020 年我国 60 岁以上人口达 2.48 亿人，预计到 2025 年将突破 3 亿人。不断增长的骨关节疾病医疗需求促进了骨科市场的发展，新技术的应用也随之加快。

骨科医疗器械生产产业链主要分三个部分：上游领域涵盖原材料环节；中游领域涵盖生产供应环节，包括原材料的加工和耗材成品的供应；下游终端涵盖骨科医疗器械的供应医院和使用患者。随着骨科市场的蓬勃发展，在产业链的三个部分，都有新技术陆续应用于临床。近年来，将细胞与特定支架材料联合培养，形成具有生命活性的组织工程化复合材料，将其用于修复骨缺损，已取得初步成效，将自体脂肪干细胞在体外诱导分化为人的骨组织，用于骨移植手术，有效解决了骨缺损移植修复的问题。3D 打印或增材制造已经成为骨科领域发展最快的技术之一，利用 3D 打印技术为患者量身定制贴合患者关节解剖

形态及缺损结合的人工关节，解决了传统标准关节假体与患者肢体关节不匹配的问题。3D 打印技术实现了骨科治疗的个性化与精准化，未来也将越来越多地应用在医学各个领域，同时以打印活性组织细胞、器官为代表的生物打印，有望在不久的将来应用于人体。除此之外，微创外科手术在骨科领域持续发展。相比于传统大切口、大创伤的手术方式，“微创骨科”是采用关节镜、椎间孔镜、特殊穿刺针等方式进行的骨科手术，手术创伤更小、恢复更快、精准率更高。

随着数字化技术的兴起，骨科工作者在传统骨科手术的基础上提出了数字骨科的概念。数字骨科是计算机科学与骨科学相结合的新兴交叉学科，被认为是继显微外科、微创外科之后骨科领域的第三次重大技术浪潮。数字化技术的发展改变了骨科治疗的理念和方式，传统手术从一个定性的手术术式转变为定量的标准化数据，精准治疗理念和数字化技术的融合带来了骨科上下游产业链的革新，术前规划、虚拟现实、手术导航系统、智能手术工具等技术逐步在骨科领域得到推广和应用。3D 打印与数字化技术的结合促进了个性化治疗理念的发展，同时推动了个性化手术设计、3D 打印植入物、定制手术工具、智能康复方案等相关技术的应用，不同患者的差异化治疗需求已成为骨科领域的新一轮增长点。

（二）我国骨科医疗器械行业的新技术创新

我国人口基数大，医疗资源供给不平衡是迫切需要解决的问题，这是国家、人民赋予医疗企业的时代使命和责任。企业进行研发创新是解决问题和行业革新的推动力，目前已经有越来越多的企业投入人工智能、远程医疗、虚拟现实等技术的研究中。

人工智能技术在骨科领域有着广阔的应用前景，正逐步渗透到骨科手术全流程当中。对于术前的人工智能辅助骨科疾病诊断、术中与手术机器人结合的精准骨科手术、术后与康复设备结合的智能化康复方案，人工智能技术给骨科手术注入了新的活力。如今，人工智能已经广泛应用于骨肿瘤、骨折、骨性关节炎等领域的诊断识别中。医学影像的检查是骨科疾病诊断的重要手段，诊断的准确性在一定程度上依赖医生个人的积累和经验，但大量的阅片需求增加了医生的工作量和疲劳感，也提高了误诊的风险。人工智能通过大量的数据学习，可以准确识别病灶，辅助医生完成诊断工作，减轻医生的工作负担。

人工智能与手术机器人的结合促进了骨科市场的进一步发展。相较于传统手术，骨科手术机器人能够基于术前影像实现精准的手术路径规划及微创的术中操作，减少手术时间，降低术中风险，提高预后效果。骨科手术机器人可以应用于大部分骨科手术，包括髋膝关节置换、脊柱手术、骨折手术、骨肿瘤手术和创伤手术等。在骨科手术中，传统手术的核心难点在于施术者视野及操作的局限性，手术损伤不可避免，且因施术难度大、危险性高，不少患者选择保守治疗，致使病情加重；在微创手术治疗过程中，须使用 X 线进行反复照射，大剂量的辐射对医护工作者也造成了伤害；骨科机器人可为施术者提供良好的视野及手术辅助功能，能有效提升手术精度，减少患者损伤，提高手术的成功率，减少患者的术后并发症。但是，手术机器人的研发周期较长、成本高，高额的耗材和维护费使得当前仅有少部分医院有能力引进。当前我国手术机器人的低渗透率及广阔的市场空间也给予了国内企业弯道超车的机会。2021 年 2 月，工业和信息化部公开征求对《医疗装备产业发展规划（2021—2025 年）》（征求意见稿）的意见，提出要“攻关智能手术机器人，提升治疗过程视觉实时导航、力感应随动等智能控制功能，推进手术机器人在重大疾病治疗中的规范应用”。2021 年 6 月，《国务院办公厅关于推动公立医院高质量发展的意见》发布，提出要“推动手术机器人等智能医疗设备和智能辅助诊疗系统的研发与应用”。这些政策的提出为手术机器人领域带来了新的发展契机。

骨科手术全流程都在被人工智能改变，除了术前辅助诊断、术中精准手术，术后与康复设备结合的智能化康复方案也在快速发展。随着患者康复意识的逐步提升，术后康复成为手术中的重要环节之一。智能可穿戴设备将生物传感技术、无线通信技术与智能分析软件等技术集成于一体，能够实现人体医务监督及日常健康监测的功能，通过分析患者的术后康复数据，提供个性化、实时化的治疗方案，有效地提高了患者的术后康复效果。

二、我国骨科医疗器械行业的发展趋势

（一）我国骨科医疗器械行业的新政策影响

在创新政策方面，我国骨科医疗器械企业应从临床需求出发，加速产品创新及技术迭代，避免国产企业陷入同质化竞争局面。创新医疗器械扶持政策的陆续发布，表明了政府对医疗器械技术创新的鼓励和重视，如国家药品监督管

理局陆续推出《创新医疗器械特别审查程序》及医疗器械注册人制度，有利于创新医疗器械加速通过审评审批并进入市场，有效地帮助创新型企业快速盈利。

在医保方面，国家医疗保障局发布的《DRG/DIP 支付方式改革三年行动计划》要求“到 2025 年底，DRG/DIP 支付方式覆盖所有符合条件的开展住院服务的医疗机构，基本实现病种、医保基金全覆盖”。医保支付方式由按项目付费改为按病种付费，该支付方式高效实用，有利于调节医疗服务行为、引导医疗资源分配、减少医保基金不合理支出。DRG 政策的实施和创新医疗器械豁免 DRG 政策的试点工作证明了技术创新是核心动力，只有实现技术创新才能为企业带来可观收益。

除了创新政策、医保，集采政策也为国内企业带来了利弊双面影响：一方面，集采会带来原材料和人工成本上升、利润压缩；另一方面，也有利于集采的国产替代化，利好国产产品的用量占比，以价换量不再是一句空话。随着集采政策的深入，骨科医疗器械的国产化替代进程将进一步加快。当前阶段，只有在产品设计中注重研究创新的企业才能在激烈的市场竞争中得以生存，从而在生存中促进企业发展，尤其是产品产能高、研发创新能力强、质量控制严格的企业发展空间更大。在新政策的推行下，骨科医疗器械行业对企业自身管理能力提出了更高要求：第一，优化供应链并控制运营成本，以便在集采竞标中获得优势；第二，创建多样化的产品组合和产品差异化策略，满足集采中的产品要求；第三，增强市场竞争力，从而扩大市场占有率；第四，继续提高研发投入，改进技术和开发新产品，完善产品注册布局，加快集采外产品的推广工作进度和新产品的注册工作进度，以提高市场竞争力；第五，完善精准治疗全面解决方案，完善以手术机器人、人工智能技术为代表的智能骨科方案。

政策支持是辅助，技术创新才是原动力。2022 年 12 月 28 日，《国务院关税税则委员会关于 2023 年关税调整方案的公告》在《部分信息技术产品最惠国税率表》中新增手术机器人子目录，在《进出口税则税目调整表》中将手术机器人的最惠国税率调整为零。价格过高导致手术机器人市场普及率低，关税调整后有利于手术机器人的推广，促进了中国智能化骨科领域的发展。随着我国骨科领域数字化技术的发展，智能骨科正逐步成为现实。医疗器械产学研医的深度合作加速创新成果的产业转化，进一步增强国产企业的产品竞争力。在这个阶段，中国骨科医疗器械行业将迎来新一轮的黄金时期，实现国产化替代将成为其重要使命。

（二）我国骨科医疗器械的发展格局

我国骨科医疗器械正朝着定制化、微创化、智能化方向发展。随着我国国民经济的发展，我国会有更多定制化的产品需求，以春立医疗、威高、大博医疗等为代表的骨科领军企业将拥有更高的产业集中度、更强的融资能力、更完善的研发投入，它们将在新型材料、智能医疗等领域展开布局。未来，人工智能医疗将成为健康中国战略的核心动力，多项政策的发布与实施，将促进骨科医疗器械行业产学研医的共同发展，通过政府和金融行业的资金扶持，技术的产业化应用将加快实现。在相关政策的支持和监管体系的完善下，逐步推进中国“AI+医疗器械”的国产替代化进程。

（三）我国骨科医疗器械的市场前景

在研发创新方面，相较于欧美国家，我国拥有庞大的人口基数、丰富的病例样本，给从业人员提供了完善的研究基础，可实现产品的多样性开发。庞大的市场可以孕育更多的机会，如先天性发育不良、骨盆骨折等稀缺病例产品需求，在庞大的人口基数背景下，依然可以为多家企业提供扎根和发展的空间。从关节置换比例来看，我国关节置换渗透率远低于美国、欧洲等发达国家和地区，主要原因是关节置换手术难度高、国人的传统观念保守、关节置换费用昂贵等。随着人口老龄化的加深，以及医保的健全和完善，未来我国人工关节市场将拥有良好的前景。但在脊柱和关节领域，市场上仍处于外资占主要地位的阶段，我国还有诸多技术难关没有攻克。随着国内骨科企业研发经费的投入、研发能力的加强，我国与发达国家的技术差距正在逐步缩小。

新技术的推广和应用为骨科手术带来了新的收益点。在传统骨科手术方式中，企业主要依托高值耗材和手术工具盈利。数字骨科和手术机器人等技术的发展，使得医疗服务营收成为不可忽视的一部分。以手术机器人为例，可以按照手术项目的基准价格进行一定比例的加收，包括导航定位工具包及手术机器人使用过程中消耗的其他耗材费用。数字骨科与 3D 打印技术的结合、个性化手术方案的设计，以及定制植入物的成型也给骨科公司带来了新的营收。在实现手术方式创新的同时，相关工作者也对人工关节植入物开始了新的探索，在传统的人工关节内部植入微型智能化设备，可对患者关节活动度等信息进行监测和反馈，提前发现关节松动和磨损等问题，实现早期治疗，从而延长人工关节的使用寿命。通过对这些新技术的探索和研究，多学科融合助推骨科领域新发展，数字骨科已经从口号变成现实。

三、我国骨科医疗器械行业的发展展望

我国骨科医疗器械市场正处于快速发展阶段，随着该领域市场渗透率的提高和高值医疗服务需求的增加，国内骨科领域进入新一轮的扩张浪潮。与此同时，新技术、新理论为骨科赋予了新的内涵，以手术机器人为代表的智能化手术设备正在颠覆传统的手术方式，随着人工智能诊断、手术机器人、手术智能工具等领域的发展，精准医疗与智能医学技术深度融合，智慧骨科成为当前我国医学领域的发展新方向。

随着我国医疗领域基础设施的发展和国产化进程的加速，我国涌现出一批具备自主创新能力和积极探索精神的优秀企业，从最初的模仿学习、追赶，到现在的自主创新，这批企业正担负着中国医疗器械领域从引进来到走出去的时代使命。当前，国内研究呈现出学科交叉与跨领域研究的现象，如 3D 打印技术在耗材领域的推广、人工智能与影像诊断技术的结合、药械结合新方向的探索等。技术应用日趋丰富，如手术机器人和智能器械的应用、钽金属和镁合金等新材料与骨科相结合的新型骨科植入物等。数字化技术正慢慢渗透到手术流程中，如远程医疗门诊、人工智能诊断和分析、数字化手术方案设计、3D 打印和智能人工关节等。我国骨科医疗器械正在进入高速发展的创新时代，骨科手术全流程正在被数字化技术改变，数字骨科时代已经来临。

【作者简介】

史春宝先生，北京市春立正达医疗器械股份有限公司创始人、总工程师，博士后导师，首都科技领军人才，中国医疗器械行业协会外科植入物专业委员会副理事长，承担多项国家级、省部级科技项目，获得发明专利数十项，以第一副主编出版专著一部。

我国基因治疗的现状与未来

赛业（苏州）生物科技有限公司

一、基因治疗的概况

（一）基因治疗的概念

基因治疗的概念源于 20 世纪 70 年代，其主要指通过对造成患者疾病的基因进行补充或者修复，从而达到治疗的目的。广义的基因治疗包括对上述概念的两点延伸：导入患者体内的基因治疗药物可以不限于 DNA，可以是经过修饰的 RNA 片段，包括 siRNA、ASO、gRNA 等；也可以不限于直接注射作用于人体（在体基因治疗），可以在离体细胞中进行基因编辑，再将编辑后的具备治疗功效的细胞注射入人体，从而达到治疗的目的，这种治疗方式又称为离体基因治疗或细胞治疗。

（二）基因治疗的优势

基因治疗是一种新型的治疗方法，它可以通过修复、替换或抑制病毒或病理性基因来治疗疾病。它相对于传统小分子药物和大分子药物具有明显的优势。

首先，基因治疗从治疗的原理上是对基因进行调节，理论上能达到以往药物达不到的治本效果，从而达到真正治愈疾病的效果。例如，基于 AAV 载体的基因治疗药物 Zolgensma，其策略是直接递送正常的 SMN1 基因进入患者体内，该基因会在患者体内不断产生 SMN1 蛋白，从而从根本上改变患者的生存状态。

其次，基因治疗的靶向性更强，在载体上成功实现突破的情况下产生副作用的概率要远低于传统药物治疗。通过给药部位、载体亲噬性、启动子等多重靶向性调节方式，基因治疗可以更精准地作用于目的器官、组织或者细胞，这也为基因治疗提供了极大的适用范围。

再次，基因治疗可以减小药物的副作用。因为基因治疗可以直接影响病理基因，从而减小药物的副作用。

最后，基于 DNA 层面的基因治疗能为机体或者组织器官提供永久的治疗性蛋白产物，能够获得持续性的治疗效果，在未来基因治疗相关各项技术成熟且规模化的情况下，能够大幅减少治疗费用和因为反复给药而给患者带来的痛苦。

针对罕见病，RARE-X 平台发布 *The Power of Being Counted*，显示全球已有多达 10867 种罕见疾病，包括遗传性和非遗传性罕见病，影响着全世界数亿患者。由于超 80%的罕见病是由基因突变引起的，基因治疗可最大程度针对病因纠正潜在的遗传缺陷，实现更精准有效的治疗，从而成为“孤儿药”赛道上最具潜力的选手。

二、我国基因治疗的现状

（一）我国基因治疗相关政策的演进

我国基因治疗相关政策发展历程主要分为 3 个阶段。

1. 自由发展阶段

1993—2015 年是自由发展阶段，国家相继颁发《首批允许临床应用的第三类医疗技术目录》和《干细胞临床研究管理办法（试行）》，以及国务院取消第三类医疗技术临床应用准入的非行政许可审批，医疗技术的行政管理从“审批制”转为“备案制”，减少了因各种繁复的审批手续造成的时间成本与精力成本。

2. 调整阶段

2015 年是调整阶段，原国家卫计委暂停了所有未经批准的第三类医疗技术的临床应用，明确要求所有免疫治疗技术仅可用于临床研究，《“十三五”国家科技创新规划》提出要发展先进高效生物技术，开展基因治疗、细胞治疗及免疫治疗等关键技术研究。

3. 规范化发展阶段

2016 年至今是规范化发展阶段，受全球震惊的“世界首例基因编辑婴儿事件”的影响，我国开始加强基因治疗及生物安全等领域的技术指导和法律法规制定，至今已基本形成对基因治疗的全面监管政策。在多方动力的驱动下，我国基因治疗产业的发展逐渐推进、如火如荼。近年来，我国各省份积极出台各项政策，鼓励基因治疗行业发展。

（二）我国基因治疗药物的现状

我国基因治疗行业起步晚于美国，监管体系的建立相对滞后，但行业监管历史与美国相似，均历经了一段时间的探索期。随着行业成熟度的提高，行业监管逐步向体系化、规范化方向发展，目前我国基因治疗行业处在发展期阶段。

截至 2021 年 9 月，我国上市的基因治疗产品共有 4 个。第 1 个产品是 2003 年上市的“今又生”（Gendicine）[1]，适用于晚期头颈癌的治疗；2005 年 11 月上市了另一个以腺病毒（ADV）为载体的基因治疗产品，即重组人 5 型腺病毒注射液（安柯瑞，Oncorine）。奕凯达®（阿基仑赛注射液）也于 2021 年 6 月 22 日获批，该药物是利用复星凯特从美国 Kite Pharma 引进的 Yescarta 技术，获得授权后在我国生产的靶向 CD19 自体 CAR-T 细胞治疗产品。倍诺达®（瑞基仑赛注射液）也于 2021 年 9 月 3 日正式获批上市，其是在美国 Juno 公司 JCAR017 的基础上，由药明巨诺自主开发的靶向 CD19 的 CAR-T 产品。

基因治疗产品的核心作用方式是将治疗性基因片段递送至特定细胞，而其采用的载体决定了递送效率、靶向性、临床给药方式等基因治疗药物的关键属性，最终影响药物的临床药效、安全性和商业化成本。病毒载体由于其递送效率高、具有组织特异性、可插入宿主基因组等特性，在药物研发中被广泛使用。腺相关病毒（AAV）载体单次注射就可以实现目的基因的长期表达，是目前公认最安全有效的基因治疗载体，因此 AAV 基因疗法目前占据超半数的基因治疗市场。截至目前，国内 IND 申请获批的 AAV 基因疗法共有 16 款。2021 年及之前国内 IND 获批的 3 款 AAV 基因疗法为舒泰神的 STSG-0002（用于慢性乙肝治疗）、纽福斯的 NR082［用于 ND4 线粒体基因突变引起的 Leber 遗传性视神经病变（LHON）治疗］和信致医药的 BBM-H901（用于 B 型血友病治疗）。2022 年，国内 13 款 AAV 基因治疗药物 IND 申报获批，针对的疾病类型包含眼病（6 款）、血友病（2 款）、脊髓性肌萎缩症（3 款）、高血脂病（1 款）及庞贝

1 “今又生”是由深圳市赛百诺基因技术有限公司研制成功的、拥有自主知识产权的一类新药。

病（1 款）。

科技的进步、研发投入的支持、大量未被满足的临床需求、政府利好政策的推动等因素，将促进我国基因治疗市场发展。在监管规范和政策的支持下，国内基因治疗行业有望实现“弯道超车”，提升国内生物医药产业的整体创新能力和前沿领域影响力。

（三）我国基因治疗市场规模

2016—2020 年，基因治疗市场规模从 1500 万元人民币增长到 2380 万元人民币，增长幅度尚不明显。但随着近年来基因治疗临床试验的大量开展，在国内市场、资本、利好政策等因素的推动下，基因治疗产品陆续获批上市，预计国内基因治疗市场规模将快速扩大，2021 年基因治疗市场规模已有明显增速。弗若斯特沙利文（Frost & Sullivan）数据显示，2025 年我国基因治疗市场规模将达到 25.9 亿美元左右。假设在 2025—2027 年，我国基因治疗 CAGR 增速与全球保持一致，那么我国基因治疗市场规模将达到 500 亿元人民币左右。

（四）我国基因治疗发展带动 CDMO 行业及相关产业链情况

基因治疗新药的研发涵盖多个流程，但相比小分子制药和大分子制药，基因治疗由于复杂的技术机制、高门槛的工艺开发、大规模的生产、严苛的法规监管要求、有限的产业化经验、差异化的适应症药物用量等因素，衍生了一系列基因治疗 CRO 企业及基因治疗 CDMO 企业。

基因治疗 CRO 企业能提供目的基因的筛选、确认与功能研究服务；基因治疗 CDMO 企业能为研发企业提供从工艺开发、生产制造到商业化的端到端全套服务。其上游主要涉及试剂、耗材、仪器和设备的供应，下游主要涉及基于病毒载体、CAR-T 细胞等的细胞与基因治疗药物研发企业。

我国基因治疗 CDMO 行业从 2018 年至 2022 年，市场规模由 8.7 亿元人民币增长至 32.6 亿元人民币，预计 2027 年市场规模将达到 197.4 亿元人民币。基因治疗 CDMO 行业发展将迎来黄金时期，预计未来将有更多公司通过并购或者扩张布局这一领域。目前，我国有超过 20 家基因治疗 CDMO 企业，与基因治疗企业布局相适应，包括和元生物、金斯瑞生物科技、药明康德、博腾股份、康龙化成等企业。以金斯瑞生物科技为例，金斯瑞生物科技的基因治疗 CDMO 平台能够提供包括质粒、慢病毒载体和AAV的从临床前研究、IND申报、临床试验到商业化生产的一站式服务。根据金斯瑞生物科技2020年年报，2020年金斯瑞生物科技营业收入为3.91亿美元，同比增长42.9%，其中基因治疗CDMO业务收入为620万美元，同比增长148.0%。

三、适合我国国情的基因治疗发展之路

（一）挖掘国人药物需求

虽然罕见病发病率低，但由于我国人口基数大，罕见病在我国其实并不“罕见”，目前我国已知的罕见病数量有2000余种。由于罕见病常常确诊困难，因此有大量罕见病被当作普通疾病治疗，或并未被发现，实际的罕见病数量可能更多。80%的罕见病为遗传性疾病，多发病于儿童期，缺乏有效的治疗手段；而基因治疗有望成为治疗这些疾病的有效方法。此外，由于我国特有的人口结构，我国拥有丰富的基因组学数据，这些数据可以为基因治疗的研究提供重要的参考和支持。

根据中国罕见病联盟网站提供的罕见病注册数量，国内已注册罕见病数量最多的血友病、杜氏肌营养不良症、脊髓小脑共济失调等都是基因治疗研究领域的热点疾病。我国血友病的发病率约为2.7/100000，而当前我国尚无批准上市的血友病基因治疗药物。全球范围内已经有治疗A型血友病的Roctavian于2022年在欧盟和英国范围内上市成功；而针对B型血友病的同样基于AAV载体的Hemgenix也于同年上市。根据2022年10月的统计，全球共有24条A型血友病和16条B型血友病的基因治疗临床管线。杜氏肌营养不良症的全球发病率约为1/3500，2022年共有19条基因治疗管线，目前已经上市的药物有4种。

由此可见，我国发病人数最多的罕见病和基因治疗的热点领域是高度相关的，因此，除了肿瘤相关的体外细胞疗法，基因治疗在改善我国遗传性疾病患者的生存状态中也将发挥极大作用。与此同时，我国对罕见病或者遗传病患者的关注度近期才有所提高，对我国人群中遗传病的发病特点和突变特殊性的研究才刚刚起步，虽然欧美的研究也极具参考价值，但深化对我国自身疾病流行病学和分子生物学的研究才能更好地为开发更适合国人的基因治疗药物提供保障。

（二）加强专利保护力度

2013—2017 年，全球基因治疗专利数量首次超越论文数量，这意味着基因治疗迈入技术成果转化的发展阶段。全球基因治疗行业的专利申请处于发展期，专利申请量及专利授权量整体呈现波动态势，全球基因治疗专利主要处于“有效”和“审中”状态，分别占全球基因治疗专利总量的 43%和 57%，专利市场价值总计达到 72.6 亿美元。

在专利类型方面，目前全球有 19059 项基因治疗专利为发明专利，约占全球基因治疗专利申请数量的 99%。实用新型基因治疗专利数量为 116 项，约占全球基因治疗专利申请数量的 1%。从基因治疗专利技术来源国的分布来看，超过半数的专利集中在美国，美国占全球基因治疗专利申请量的 64%，其次是中国（14%）和欧盟（8%）。

全球仅有 31 个国家/地区具有基因治疗的研发实力，所有的专利申请均是基于这些国家的最早优先权专利，这些最早优先权主要集中在欧美中日韩这 5 个主要经济体中。因为基因治疗技术的研发需要有很好的技术基础及资金支持，所以主要经济体仍然会保持基因治疗研发实力的绝对优势。

广大发展中国家基于自身安全与公共健康的考虑，对基因技术的专利保护采取相对审慎的态度，并未完全认可基因技术的可专利性。由此看来，基因技术专利化的实现，不仅取决于基因技术自身是否符合新颖性、创造性、实用性等专利法规定的专利产品及方法的基本要件，更依赖隐私权益保障、社会安全维护、生命伦理遵循等国家公共政策层面的综合考量。

我国基因治疗专利保护制度还存在一定的局限性，这是由先进的技术开发与滞后的政策研究间的矛盾造成的。对于我国专利研究而言，基因治疗成果的专利保护是一个全新的、具有挑战性的领域。基因治疗的特点可能会打破现行专利法的保护界限和标准，引发更多在私人专有权、公共利益、国家利益方面的争议。考虑到基因治疗是一个日益成熟的技术，未来可能会抢占甚至取代小分子药物、抗体药物等传统药物的市场份额，加大对基因治疗专利的保护力度是必须的，也是刻不容缓的，否则将来很可能会卷入较为激烈的国际竞争中。

（三）严控过度同质化项目

虽然目前国内基因治疗的发展速度较快，新公司成立、新融资事件、新临床批件的消息层出不穷，但是大家选择的靶点同质性较高，而且多为国外已经开展的临床靶点。例如，对于眼科中的知名适应症湿性年龄相关性黄斑病变（wAMD），国内外已有数十个临床项目或临床前项目；对于 A 型/B 型血友病，欧美市场在 2022 年均已有基因治疗药物上市。对于 wAMD 等常见病，同质化竞争或许可以降低患者治疗的费用，但是对于绝大部分的基因治疗疾病而言，患者数量较少，单个疾病市场较小，不可能支持多款同质化的药物上市，同质化的后果是多数药企的研发将得不到商业回报，对于基因治疗行业的发展极为不利。

基因治疗与常规小分子药物或抗体药物治疗的作用机理显著不同，基因治疗往往靶点非常明确，针对突变的基因进行补充、替换或编辑，无须进行太多的靶点探索，要防止出现过度同质化的项目，在开发新的项目时可以从两个方面思考：其一，选择临床需求尚未满足、患者数量适度的疾病，如列入罕见病目录中且发病率不低于 1/50000 的疾病种类；其二，选择递送效率更高的载体，比如穿透血脑屏障能力更强的 AAV 载体等。一旦载体的效果具有优越性，那么成药性的保障会显著提高，就会允许研究者尝试更多疾病适应症和治疗靶点。这个领域将是基因治疗极为关键的发力点和突破点。

（四）AI 助力基因治疗

随着生物大数据的不断积累、算法的不断迭代更新，量子计算机等算力实现突破性发展，AI 在医药领域的研发应用日益成熟。目前已经有 AI 设计的药物进入临床研究，在基因治疗等方面，AI 也发挥着越来越多的作用。

以基因治疗的关键载体——腺相关病毒（AAV）载体为例，已经有公司和药企利用 AI 加速 AAV 载体的优化，以期实现病毒产量、组织靶向性、免疫原性等方面的性能提升。美国知名公司 Dyno 已经就此技术达成 54 亿美元的订单合作，国内亦有公司布局此项技术，预计近期将取得亮眼的成绩。除此之外，在小核酸药物的筛选设计、动物模型的构建、蛋白药物的设计研发等涉及大数据使用的场景下，AI 都可以显著加速基因治疗各个环节的研发，为基因治疗赋能。

（五）“政策+资本”双管齐下

目前，国内基因治疗尚处于早期阶段，大多项目都处于临床前阶段和早期临床阶段，预计到 2025—2027 年进入商业化阶段。现在行业的发展较大程度上依赖政策和资本的支持。

国家卫健委已经公布第一批罕见病目录，第二批罕见病目录已处于制订之中，即将发布。罕见病目录的制订对于相关疾病的药物研发、临床评估、上市后医保支付等均有巨大的促进作用。此外，国务院、发改委、省市各级政府也发文，明确将基因治疗作为“十四五”期间的发展目标。例如，广东省提出支持深圳市建设全球生物医药创新发展策源地，做精做深高性能医疗器械、生物信息、细胞与基因治疗等领域。

虽然新冠疫情以来，生物医药领域的投资热度有较为显著的下降，行业遭遇“资本寒冬”，但是基因治疗领域的融资投资依旧处于较火热的状态。2021年，基因治疗年度融资总额超过230亿美元，其中基因编辑相关融资占比约为45%，成为基因治疗中日益重要的一个部分。在可以预见的未来，融资依然是基因治疗企业发展的重要依托，资本市场对基因治疗行业发展的决定性作用不可忽视。

【作者简介】

赛业（苏州）生物科技有限公司，是以数据、算法和模型加速新药研发的创新型CRO企业。公司强化数据和模型优势，布局基因治疗与细胞治疗领域，结合靶点预测与验证平台、病毒载体研制平台、评价模型构建平台和有效性评价平台，全方位智能化满足客户在新药研发等领域的CRO需求。

03　金融服务篇

深化金融体制改革，强化金融稳定保障体系，商业银行积极服务科技创新和新经济产业，健全资本市场功能，全面实行股票发行注册制，发挥金融推动新经济产业发展的重要作用，促进产业、科技、资本深度融合，助力经济高质量发展。本篇分享国内著名商业银行、证券公司和基金公司负责人的深入思考和独到见解。

商业银行积极服务“科技—产业—金融”良性循环

兴业银行股份有限公司　　吕家进

2022 年中央经济工作会议强调，要推动“科技—产业—金融”良性循环。商业银行作为我国金融体系的重要组成部分，要把“国之大者”化为“行之要务”，在构建“科技—产业—金融”良性循环中贡献力量。

一、“科技—产业—金融”良性循环是实现高质量发展的必然要求

改革开放后尤其是加入 WTO 后，我国逐渐形成了“地产—基建—金融”三角循环驱动经济增长模式。其主要支撑因素和相互作用的机理包括：①在经济全球化浪潮下，我国融入全球产业分工体系，具有显著比较优势的劳动密集型产业快速发展；②产业快速发展吸引人口大量入城，为房地产发展提供了强劲动能；③房地产发展使地方政府土地出让收入大幅增加，地方政府更有财力开展基础设施建设，进而为产业发展创造更好条件；④产业发展促进出口增长，我国外汇储备和外汇占款不断增加，央行被动投放大量基础货币，房地产等资产价格持续攀升，吸引了大量金融资源，形成了更强的循环反馈力量。这一模式曾对经济增长起到很大作用，2001—2022 年，仅房地产开发投资和基础设施建设投资对我国 GDP 增长的年均贡献率就超过 25%，如果加上房地产和基础设施建设带动的上下游产业发展和相关消费增长，贡献率更大。

然而，进入新时代尤其是近年来，“地产—基建—金融”三角循环驱动经济增长模式逐渐式微，必须转向“科技—产业—金融”良性循环驱动经济增长模式。

从国际形势看，当前世界面临百年未有之大变局，经济全球化遭遇逆流，特别是随着我国经济实力的不断上升，以美国为首的西方国家对我国发动科技战、贸易战，我国参与全球产业分工的风险挑战变多，在经贸往来中获取科技溢出红利、推动产业升级之路变得更加崎岖。在此背景下，我国必须加快构建以国内大循环为主体、国内国际双循环相互促进的新发展格局。构建新发展格局最本质的特征是实现高水平的自立自强，其中的重要支撑力量就是形成“科技—产业—金融”的良性循环。

从国内形势看，我国进入新发展阶段，诸多经济驱动因素发生转折性变化。一是我国十年前即跨过“刘易斯拐点”，2022年总人口出现新中国成立以来（三年自然灾害除外）的首次负增长，逐渐进入深度老龄化社会，劳动力数量大、成本低的比较优势不再明显。二是我国房地产市场迎来拐点，城镇人口人均居住面积已达40平方米，超过德国、英国、日本、韩国等发达国家。现在房地产面临的主要问题不是总量问题，而是结构性问题。如果任由房地产继续高歌猛进、房价飙升，不仅会加剧房地产与实体经济的失衡，而且会造成不同人群贫富差距的拉大。三是我国基础设施建设在很多领域已经“超英赶美”，地方政府负债率也不断上升，并且高度依赖土地出让收入，存在较大风险隐患。四是我国金融体系在房地产、地方政府领域的资源投入占比较高，对实体经济和民生消费等领域形成了较强挤出效应。在此背景下，“地产—基建—金融”三角循环日益松动。

历史经验表明，钢铁水泥抵挡不住船坚炮利，大国复兴最终要靠科技创新，实体经济是立国之本和财富之源，因此必须把科技创新、产业升级摆在极端重要位置。同时，正如习近平总书记深刻指出的，“经济是肌体，金融是血脉，两者共生共荣”。经济兴，金融兴；经济强，金融强，金融的可持续发展建立在经济的高质量发展基础上，必须增强大局意识，加大创新作为，有力有效参与构建“科技—产业—金融”良性循环。

二、商业银行服务“科技—产业—金融”良性循环的重点领域

“科技—产业—金融”良性循环涵盖科学探索、技术创新、产品研发、产业培育、金融赋能等诸多环节，涉及科研工作者、高校院所、企业、政府、金融机构等诸多市场主体，商业银行服务空间很大，要充分发挥融资工具多、连接客

户多、信息多、渠道多、人才多等优势，着力服务解决各环节和各市场主体面临的盲点、断点、难点问题。

（一）着眼硬科技时代，服务基础研究和原始创新

我国 2022 年在全球创新指数报告中已经排名第 11，科技创新快速进步，特别是在科技应用和商业模式创新方面进步较大，但硬科技明显不足，面临的“卡脖子”威胁较大，能够与发达国家“掰手腕”的科技较少。对此，国家实施创新驱动发展战略，大力推动基础研究和原始创新，努力从根本上改变受制于人的局面。

基础研究和原始创新通常进入壁垒高、所需人才多、前期投入大、回报周期长，需要集中力量办大事，比较倚重高校院所。2020 年我国基础研究经费投入中，高等院所和研发机构合计占比近 90%。目前我国正在重大创新领域组建一批国家实验室，各地也在积极创建省级实验室、工程实验室、技术创新中心、工程技术研究中心、产业技术研究院、企业技术中心等。这些都规模宏大，仅广州国家实验室的总面积就达近 20 万平方米，建设总投资达 500 亿元人民币，未来总人数将达 5000 人。商业银行在其中大有可为，要通过金融与非金融的多元组合工具，在基础设施、试验设备、智慧校园等方面给予充分支持，为科学家、工程师等专业人才提供优质服务，为实验室顺利建设运营、人才心无旁骛做科研创造良好环境。特别是，各类实验室、研究中心一般地处房价较高的中心城市，住房问题牵动人心，商业银行要积极参与租赁住房、人才公寓等项目建设，让科研人员安居安心。

同时，商业银行要在积极应用科技成果的基础上，强化基础研究和原始创新，努力在金融科技领域抢占全球制高点，为国家反制“筑墙设垒”“脱钩断链”威胁提供关键利器。2021 年，仅我国上市国有银行和股份制商业银行的研发人员就超过 12 万人，科研投入高达 1685 亿元人民币，约占当年科创板和创业板全部上市公司研发费用的 75%，是科技创新的重要力量。商业银行要减少重复性投入和低水平竞争，将更多资源集中起来投向硬科技。一方面要加快关键领域软硬件的国产替代，在服务器、数据库、存储及关键的核心业务系统、资金交易系统、风险管理系统、行政办公系统领域逐步实现自主可控。商业银行是科技应用的“大户”，要敢于尝试国产新技术，通过使用国产新技术不断推动其迭代升级完善。另一方面要努力在金融科技的前沿领域引领时代，同步培养新

时代的经济学家和科学家，敢于突破传统的经济金融理论和管理思想，积极尝试大数据、大模型、元宇宙、区块链、数字货币等前沿科技创新应用，适当开展一些颠覆性科技创新项目，打破对发达国家的亦步亦趋状态，成为金融科技更多领域的执牛耳者，形成对西方国家的威慑力量。

（二）搭建连接桥梁，促进科技成果转化为现实生产力

世界各国普遍存在大量科技成果难以商业化应用、规模化生产的问题，市场称这一现象为“死亡谷”（Valley of Death）。我国也不例外。仅从“学”转“产”来看，2020 年我国 3554 家高校院所，以转让、许可、作价投资、技术开发、咨询、服务方式转化科技成果，合同总金额达 1256 亿元人民币，仅占全国技术合同成交金额的 4.4%，且占比呈现下降趋势。为推动这一问题解决，商业银行可以从三个方面努力。

一是联合其他市场主体，与高校院所合作前置培养人才、开展创新，使科技研究创新同国家需要、人民要求、市场需求更加适应。比如，商业银行在服务“双碳”目标的过程中，切实感受到在碳捕捉、碳监测、碳核算等方面的科技供给仍然不足；在支持数字经济发展的过程中，切实感受到在数据接入、数据存储、数据流转、数据定价、数据安全、算法创新、算力优化等方面存在很多亟待解决的基础性问题。这些问题，大多不是单一市场主体能够解决的，要引导和支持高校院所开展攻关，切实让现实问题成为创新方向。

二是在科研工作者开始创业时，积极对创业者进行全方位辅导，帮助他们补强在投资融资、企业管理、市场营销、商业谈判、团队建设等方面普遍存在的能力短板，助力“科学家”顺利转变为“企业家”。

三是在客户准入、授信审批等方面优化标准和条件，推动企业更加积极地运用新科技、新工艺、新模式，不断转型升级，扩大科技创新的使用场景和市场空间。在此过程中，要着力解决“创新者窘境”，一方面要大力支持追赶型企业使用颠覆性技术，力争跨越发展、后来居上，另一方面要防范已经建立市场优势的企业为了守住既有利益，恶意收购专利并将其束之高阁，扼杀创新。

为推动科技成果转化为现实生产力，国家推动建立了很多机制创新。20 多年前，习近平总书记在福建工作期间就大力推广科技特派员制度，并很快推广到全国，目前全国共有科技特派员 85 万人。在此基础上，兴业银行组建了一支科特派金融服务队伍，作为科技特派员的金融助理，为科技特派员领办、创办、

服务的新型农业经营主体、企业等市场主体，提供涵盖“科技+金融”更加全面的服务方案，有力推动科研工作者把论文写在祖国大地上，把科研成果产业化。

（三）创新服务方式，助力科创企业高质量发展

围绕科创企业生命周期中的现实问题，商业银行要着力做好以下工作。

一是帮助科创企业跨越融资的高山。早期的科创企业普遍具有规模小、资产轻、增信手段少等特点，很多面临融资难、融资贵的问题。其中很多企业不希望过早稀释股权，对于间接融资需求很大。商业银行要转变传统的过于依赖资金流、抵质押的授信审批观念，更加注重企业的人、技术和发展前景，对企业进行更加全面客观的画像，实现信贷精准投放。兴业银行的“技术流”评价体系是一个积极尝试。相对于银行传统以企业财务状况为依据的“资金流”评价体系，“技术流”评价体系从知识产权数量和质量、发明专利密集度、科研团队实力、科技资质、科技创新成果奖项等 15 个维度考察企业，然后在客户准入、授权管理等方面实行差异化政策。2022 年，“技术流”评价体系推出满一年，由此审查的客户融资需求过万亿元人民币，说明客户需求量很大，年末审批通过投放的业务余额突破 2000 亿元人民币，取得了很好的实际效果。

二是帮助科创企业跨越市场的冰山。商业银行要充分发挥连接百业的优势，从产业链全局着眼，帮助科创企业找准位置、搭建场景、构建生态、拓展客户、提升市场知名度、形成稳定的造血能力，支撑可持续的研发投入。商业银行自身也在积极搭建场景，而几乎所有的场景都指向企业，要在搭建场景中给予科创企业更多机会，为科创企业有效引流，帮助科创企业迅速拓展市场。在此过程中，商业银行要积极参与科创企业的数字化转型，以数字为纽带，推动上下游企业以及企业和终端消费者一体化发展，充分利用其中形成的各类数据资源，把数据变为信用，把信用变为信贷，进一步帮助科创企业拓展融资渠道、提高融资效率、降低融资成本。

三是帮助科创企业跨越转型的火山。在科技日新月异的时代，科创企业也面临不断转型变革的问题。商业银行不仅要在融资方面做好支持，也要在企业的技术升级、赛道更换、产地转移乃至从市场顺利退出等方面做好服务工作。以产地转移为例，我国的科创企业集中在东部地区，很多企业随着科技的产品化、产品的规模化、经营的数字化，算力需求迅猛增长，能耗约束越来越紧，在能源更为丰富的西部地区建设数据中心，使产地迁至西部地区的需求不断上升。

兴业银行也根据自身的数字化转型需要，规划在贵州贵安新区建设能够容纳20万台服务器的新型数据中心。在此背景下，商业银行要发动各地分支机构，深入研究东西部地区的能耗政策、税收政策、营商环境、市场空间、供应链情况，积极为产业转移赋能，同时促进东西部更加协调发展。

（四）担当财务顾问，协助地方政府有效发挥作用

我国的地方政府在经济发展中一直发挥着重要作用，“有为政府”和“有效市场”相辅相成。在新形势下，地方政府仍然会在“科技—产业—金融”良性循环中承担重要角色，商业银行要做地方政府的好帮手。

1. 帮助培育科创企业

商业银行要积极帮助地方政府分析产业链，从补链强链角度出发，找准产业方向，配合招商引资，支持地方政府设立的各类产业引导基金、知识产权收储基金等，为基金市场化运作提供管理经验，提升引进和孵化科创企业的能力。截至2022年年底，我国共设立政府产业引导基金2107只，已认缴规模约6.51万亿元人民币，为股权投资市场提供了重要补充。兴业银行也利用综合化经营优势，做了很多尝试，比如由江苏省财政厅作为基石投资人，由兴业银行作为基金管理人，成立江苏疌泉绿色产业股权投资基金，成为江苏省内规模最大的专注投资节能环保、新能源、新材料领域的私募股权投资基金之一，已投10多个项目，投资额超过10亿元人民币，已有被投企业在内地科创板或香港联交所成功上市。

2. 帮助完善基础设施

完善基础设施的重点是服务产业园区。目前全国399个国家级经开区、高新区的生产总值超过全国的1/4，再加上其他各类产业园区，它们在经济发展中的地位十分重要，是“科技—产业—金融”的集聚之地。商业银行要积极为园区管委会、园区运营商、区内企业和居民提供综合化、绿色化、数字化服务，促进产业链融合、产城人融合，为科技创新和产业集群发展创造更好的硬环境和软环境。

3. 帮助扩大综合财力

2022年我国国有土地使用权出让收入达6.7万亿元人民币，比上年下降2

万亿元人民币，对地方政府综合财力造成很大影响，限制了“有为政府”更好发挥作用。地产周期的下行将使土地财政更难延续。商业银行要把握从平台融资到专项债融资，从基础设施建设到基础设施盘活，从土地财政到产业财政、股权财政、数据财政、生态财政等发展趋势，扩大政府业务空间，帮助地方政府增强综合财力。在产业财政、股权财政方面，合肥等地已经探索出比较成功的模式，通过招商引资、投资入股等方式兴产业、强科技，获取更多税收收入和投资收益，支撑城市运转。在数据财政方面，也有很多地方政府在做尝试，据不完全统计，目前全国 30 多个省市地区设立了约 40 家数据交易平台，期望通过盘活数据这个关键生产要素，促进数字经济发展，获取合理收益。不过，数据交易平台基本还都在起步探索阶段，成立以来交易金额过亿元的只有 5 家，最高的约为 12 亿元人民币。商业银行作为数据的重要需求方，要积极参与数据交易市场建设，完善数据交易规则，开发数据标准产品，开展数据托管服务，推动大数据形成大市场。

（五）整合行业资源，形成服务科技创新和产业升级的合力

构建“科技—产业—金融”良性循环，很大程度上类似求解多元多次方程，必须发挥多方作用，形成方程组。商业银行在账户管理、支付结算、流动资金、财资管理等方面具有独特优势或比较优势，同时也要积极构建金融生态圈，充分调动其他金融机构力量，提供综合服务方案，更好解决复杂问题。尤其要重视 3 个方面的问题。

1. 筹资管理

商业银行要根据客户特定生命周期的实际需要，通过联合保险、券商、基金、租赁、信托、理财等金融机构，提供“流动贷款+项目贷款”“信贷+债券”“债权+股权”“定增+上市”等多种性质、多种期限资金搭配的融资服务，帮助客户形成健康的资产负债表，通过发挥所长、互补优势增强应对科技创新、产业升级中各种不确定性的能力。

2. 风险管理

金融业本质上是管理风险的行业。商业银行要联合各类金融机构，利用相对成熟的风险管理经验，推动客户强化 ESG 理念，完善合规内控管理体系，更好应对利率和汇率波动不断加剧、反制裁和反洗钱要求不断提高的局面。对于

一些境外上市的科技企业，在大国博弈大背景下面临的做空、退市、回归、私有化等压力可能有增无减，根据兴业银行服务中概股回归的经验，必须由银行、券商、私募、理财及金融中介服务机构等多方形成合力，才能提供有效的问题解决方案。

3. 资产管理

创新创业必然伴随试错和失败。商业银行要与有关金融机构配合，做好客户的资产管理和不良处置预案，最大程度减小沉没成本，降低对社会的影响。对于企业主体，要促进房产、工厂、设备及知识产权顺利交易流转，尽量盘活资源，防范问题企业的资源浪费和金融资源被动消耗。对于企业主，要提供合适的信托服务方案，做好个人资产与企业资产的风险隔离，防范创业失败导致的一切归零，为企业家保持企业家精神、从头再来提供一个基本条件。

三、有效构建“科技—产业—金融”良性循环的几点思考

（一）有效管控科技创新带来的风险挑战

新时代十年，科技进步对我国经济增长的贡献率从 52.2%升至超过 60%，创新驱动发展的理念深入人心。与此同时，也要对科技创新伴随而来的问题给予高度关注。一是科技本身带来的创造性破坏，像最近横空出世的人工智能大模型，普遍认为将引领新一轮工业革命，也有很多机构预测全球数亿人将面临失业风险，数百万企业服务领域的中小微企业将失去生存空间。二是科技巨头滥用支配地位造成的市场失灵。三是金融市场面对科技发展经常出现的非理性繁荣，从“大萧条”到“互联网泡沫”，历史不断重演。

这些问题一旦出现，将使全社会付出巨大代价，而商业银行连接社会方方面面，会直接或间接承受更大伤害。要推动全社会在保持创新激情的同时保持应有的理性，完善科技治理体系，防范过度追逐风口、制造泡沫、挤占宝贵的金融资源，为科技创新营造更加健康的生态环境。

（二）认真做好全球货币紧缩的准备

2008 年国际金融危机以来，全球基本保持货币宽松状态，近几年更为明显，尤其是美联储在疫情期间快速扩表，为市场注入了大量流动性，科创企业也迎

来了一轮“资金狂欢”。但自 2022 年美国开启暴力加息，全球流动性短期内迅速从充裕到紧缩转换，给企业经营、金融市场稳定带来了巨大冲击，科技产业寒意料峭。2021 年全球共诞生 596 家“独角兽”企业，而 2022 年仅为 308 家。2023 年美国硅谷银行因流动性危机而关闭，主要由科技企业因融资不足而出现大量取款造成的。

我国科技创业企业同样面临融资压力。2022 年，我国私募股权投资市场的新募资金量为 2476 亿美元，其中来自美元的募资金额约为 350 亿美元，同比下降了 33%。另据中国基金业协会披露的数据，备案成立的私募股权投资基金，2022 年募集规模同比下降了近 50%。

在全球流动性由“丰”转“歉”的背景下，创新创业企业要聚焦主业，把握合理的扩张节奏，打造更加健康的资产负债表，同时商业银行等金融机构也要提高流动性管理水平，增强对于赛道和项目的识别能力，完善投资的存续期管理和退出预案，做好投资者教育和陪伴工作，打好有准备之战。

（三）妥善处理好间接融资与直接融资的关系

为更加有力推动创新创业，必须进一步提升直接融资比重，繁荣资本市场，这已成为社会共识。同时，也要立足我国国情，更好发挥间接融资的作用。一是我国银行业总资产规模巨大，2022 年年底已达 420 万亿元人民币，如果完全隔离于直接融资市场，将是巨大的资源浪费。二是我国长期存在崇尚节俭、热爱储蓄、信赖银行的社会文化心理，未来随着人口老龄化的加速，整个社会的风险偏好可能还会有所下降，商业银行短期内仍有其他金融机构难以比拟的优势。三是从微观运行机制看，商业银行账户管理、支付结算等基础服务功能众多，可以通过“商行+投行”、投贷联动等方式，将与“投”相伴的低成功率、高风险因素内部化，提升科创企业获得权益融资的覆盖面和普惠性。

应改变非此即彼的观念，尊重我国客观现实，走中国特色金融发展之路，适当扩展商业银行在权益投资方面的功能边界，让商业银行有更多方式参与直接融资的提升、资本市场的发展，充分发挥商业银行的优势，更好促进储蓄向投资转化，更加有效推动科技创新和产业升级。

（四）高度重视经济转型中银行业分化的问题

科技革命和产业变革带来的影响往往是非均衡的，也常常造成银行业分化。

美国联邦存款保险公司（FDIC）的统计数据显示，2001—2020年，美国银行机构总体数量缩减近一半，从9614家缩减至5001家，几乎全是中小型银行，而资产规模大于2500亿美元的大型银行资产份额占比从19.59%升至56.19%。我国也要高度重视这一问题，尤其要更好应对中小型银行的转型风险。一是中小型银行的区域集中度或行业集中度更高，分散风险的能力相对较差。二是中小型银行在从“砖头文化”走向“数字金融”的道路上，面临引进专业人才难、数字化转型滞后等问题，而大型银行具有规模经济优势，容易出现强者恒强局面。三是任何一个中小型银行出问题，对于当地社会稳定都会产生重大影响，甚至成为当地财政的“不可承受之重”。

全社会要把中小型银行的安全问题摆在更加突出的位置，进一步优化中小型银行的功能定位和发展策略，支持大型银行向中小型银行输出数字金融、风险管理等方面的专业人才、工作经验、IT系统，维护银行生态体系的多样性和稳定性，牢牢守住不发生区域性、系统性风险的底线，为经济平稳转型营造良好环境。

【作者简介】

吕家进先生，兴业银行股份有限公司党委书记、董事长，正高级经济师，享受国务院政府特殊津贴专家，中共福建省委委员，党的二十大代表。曾任中国邮储银行行长、中国交通银行副行长、中国建设银行副行长。长期从事商业银行经营管理和金融改革创新，被评为2016“十大经济年度人物”。

金融助力产业链可持续发展的举措

上海浦东发展银行股份有限公司　　郑　杨

党的二十大报告指出，要“以中国式现代化全面推进中华民族伟大复兴”。建设中国式现代化需要有现代化经济体系强力支撑，其中现代化产业体系是现代化经济体系的重要内涵和战略重点，着力点就是要实现产业链可持续发展。金融是现代经济的血脉，也是推动产业链高效畅通和安全稳定的重要支撑，为实现产业链的可持续发展，加快打造自主可控、安全可靠、竞争力强的现代化产业体系，金融业需要发挥更大的作用。

一、当前产业链可持续发展的重要意义

产业链可持续发展不仅是我国工业经济平稳运行、增强制造业竞争力的重要基础，而且对于积极应对国外不确定性、加快建设现代化经济体系、推动高质量发展、实现中国式现代化也具有重要意义。

一是产业链可持续发展是提升我国综合国力、积极应对外部不确定性的重要保障。党的二十大报告指出，要“增强维护国家安全能力”，确保“重要产业链供应链安全”。只有充分掌握产业链自主权、控制权，实现产业链可持续发展，才能保障国内国际双循环更加畅通，持续提升我国综合国力，有效应对国外各种不确定性，夯实国家安全和社会稳定。

二是产业链可持续发展是加快建设现代化经济体系的必由之路。构建现代化经济体系，着力点就是要加快构建现代化产业体系，首要任务就是要加快产业基础高级化、产业链现代化，实现产业链可持续发展，提升国内大循环、国内国际双循环的竞争力与影响力，吸引全球要素资源，加快推动形成新发展格局。

三是产业链可持续发展是推动高质量发展、实现中国式现代化的必然要求。实现高质量发展是中国式现代化的本质要求，是全面建设社会主义现代化国家的首要任务。站在新的历史节点上，只有推动产业链安全稳定、畅通运转，实现可持续发展，才能提升我国经济发展的稳定性，保障经济的良性循环，达到高质量发展，最终实现中国式现代化。

二、当前产业链可持续发展面临的主要问题

经过多年发展，我国产业体系更加完备，产业链更加健全；重点产业链、供应链保持安全稳定，韧性和弹性明显提升；部分领域全产业链优势、国际竞争优势持续增强，产业链可持续发展取得较大成就。但面对新时代、新征程、新要求，产业链可持续发展及基于产业链的供应链、创新链和资金链的相互融合发展还存诸多问题。

（一）产业链核心竞争力和自主可控能力仍须加强，稳定性和安全性有待提高

一是核心竞争力和自主可控能力仍须加强。我国拥有完整的工业体系和“世界工厂”的地位，但产业链“大而不强”“全而不优”的问题突出。《产业基础创新发展目录（2021年版）》，编制聚焦“五基”，即基础零部件和元器件、基础材料、工业基础软件、基础制造工艺及装备、产业技术基础，共编制、收录了1047项产业基础产品和技术。同时，各类产业要素相互支撑、产业链上下游相互协同、大中小企业融通发展的产业生态体系建设有待持续完善。

二是稳定性和安全性面临逆全球化和气候变化风险冲击。全球地缘政治事件频发，逆全球化思潮抬头，保护主义盛行，部分跨国公司将业务向本国收缩，以实现产业链的近岸化、友岸化和本土化。同时，气候变化引起的物理风险、气候政策驱动的产业转型和能源转型，也对中国产业链的安全稳定、应对外部冲击的能力形成较大挑战。

（二）供应链运行畅通性有待提升，供应链金融顺周期特征明显

一是新冠疫情、地缘政治冲突等因素叠加造成供应链畅通受阻。在新冠疫

情的冲击下，全球供应链运行效率下降，部分国家为避免极端情形下可能出现的断链问题，保障本国生产供应稳定，可能减少在我国的供应链布局。同时，俄乌冲突、中美贸易冲突等地缘政治造成工业品原材料短缺，引发高精尖技术脱钩，增加商品和服务贸易壁垒，部分行业面临供应链中断风险。

二是经济下行趋势下供应链金融顺周期特征可能加剧供应链的不稳定性。经济下行期间，金融机构出于风险控制的考虑，增加了供应链上企业特别是中小企业的融资难度。同时，我国供应链金融信用评价体系建设尚处于起步阶段，信用信息归集和评估难度较大；部分供应链较长，链上企业众多，信用信息在传递过程中可能失真，造成金融机构不敢贷、不想贷及不愿贷，进一步加大了供应链企业的融资难度。

（三）创新链市场环境和机制有待进一步完善，区域及链上企业协同创新能力有待提升

一是激励企业创新的市场环境和机制有待完善。高校和科研机构更重视理论创新和早期科研活动，企业作为市场化运营主体，更注重商品生产和推广，导致从基础研究到科技成果转化的环节运转不畅。同时，由于投入大、周期长、风险高，以及激励机制和创新生态环境不完善，企业向创新链前端拓展的条件、动力和意愿不足，创新链拓展受阻。

二是区域整体创新效能及链上企业协同创新能力有待提升。各地区在就业环境、公共服务及社会保障等方面存在差异，叠加“利益共享、成本共担”分配机制问题，影响了人才流动和跨区域技术创新。同时，不同区域企业在创新领域合作规模小、融合程度不高，尚未实现紧密的创新平台共建、高端技术共研，抱团、组团创新等模式有待推进。

（四）资金链运行在结构性、稳定性方面仍存不足，支撑产业链可持续发展的作用亟须进一步放大

一是资金供给的结构性有待持续优化平衡。2022 年，在新增社会融资中，新增人民币贷款占比 65.3%，直接融资占比 10.1%，其中企业债券占比 6.4%，直接与间接融资、债权与股权融资结构不够均衡，尚不能有效满足科技创新和新兴产业的发展，也影响了产业链稳定发展。同时，相比于我国高技术产业的

快速发展，主板、科创板、创业板、新三板以及区域性股权交易市场架构有待进一步完善，多层次资本市场的全球竞争力有待进一步加强。

二是资金链稳定性仍面临多种风险挑战。近年来，我国防范化解重大金融风险攻坚战取得重要阶段性成果，整体金融风险趋于收敛。但是，随着全球政治经济格局变化，内外部形势严峻复杂，全球经济复苏不稳定、不平衡，灰犀牛和黑天鹅风险叠加，全球资金链的稳定运转依然面临较大挑战。同时，在国内需求收缩、供给冲击、预期减弱三重压力下，叠加房地产市场下滑，社会融资依然面临有效需求不足、偏弱等问题，逆周期调控政策下资金供给与需求匹配度不够，资金链运转的畅通性和效率亟须进一步提升。

三、金融助力产业链可持续发展的若干举措

（一）强化金融服务产业链的完整性，依托链主企业加大金融服务供给，进一步推动短板产业补链、优势产业延链

一是聚焦重点领域实施产业链金融服务全覆盖，打通重点产业链国内大循环。金融机构积极响应国家号召，按照产业基础高级化、产业链现代化的发展路径，将产业链绿色转型和《产业基础创新发展目录（2021年版）》下的“五基”等作为重点领域，努力提升产业链核心竞争力。对于集成电路、生物医药、人工智能、高端装备、新材料、新能源等高端制造业领域和“卡脖子”领域，搭建快速响应、高效运转的金融机构—重点产业链对接长效机制，切实保障技术研发及产品生产资金的充分供给，并针对不同产业链的特点制订个性化金融服务方案。

二是以产业链中的“链主”企业为核心，加大对产业链上下游企业金融服务的供给力度。金融机构更多聚焦产业链中的“链主”企业，为产业链上下游企业提供一揽子综合金融服务方案，配套形成一条覆盖全产业链环节、全生命周期的金融产品线，以贯通和稳定上下游产业链条。具体而言，在风险可控的前提下，可以通过提高授信额度、降低融资门槛等方式，开发针对重点领域产业链的标准化、批量化链式服务模式，将资金有效注入重点产业链上下游企业，提高产业链整体运营效率和运转能力。

三是加强对跨境产业链企业的支持保障，支持企业深度参与全球产业分工和合作，提升我国产业链外循环竞争力。外资企业在中国投资，以及中国企业

在海外建立分支机构，构建了我国跨境产业链网络，跨境金融服务需求持续提升。除传统标准化金融服务外，金融机构提供定制化的贸易融资解决方案、多币种的外汇套保方案、全球联动的财资管理解决方案、全方位的投资银行服务，更好地为国内外跨国企业提供高质量的全球金融服务。通过持续高效的跨境金融服务，助力企业更好地走出去，不断提升我国产业链外循环的竞争力。

（二）加强供应链金融逆周期调控，持续完善供应链金融服务生态，助推传统产业升链

一是强化供应链金融的逆周期调控，持续健全供应链金融服务体系。发挥政府政策和资金引导作用，鼓励金融机构加大对中小企业转型带动作用明显的“链主”企业和转型成效突出的“链星”中小企业的支持力度，激励金融机构研究并提供面向供应链中小企业的逆周期金融产品和服务，维护链上现金流脆弱的中小企业的正常运营。

二是加快完善全国性中小企业信用体系，持续优化供应链金融服务生态。相关部门充分考虑供应链结构及链上企业特点，加快构建新时期全国中小企业信用评价体系，引导金融机构加快建立新型、规范、完整、统一的信用评价标准，为供应链金融健康发展稳定信用基础。同时，引导金融机构结合大数据、物联网、人工智能、区块链等前沿技术，通过批量运作与量身定做相结合的方式，为企业供应链融资提供更加高效的解决方案。

（三）创新产学研金融服务模式，打造面向创新链的整体金融服务体系，加快助力新兴产业建链

一是打通资金投入创新链前端的渠道，创新产学研金融服务模式。发挥政府引导基金的示范引领作用，鼓励并吸引天使投资、创业投资等风险投资类基金支持创新链前端项目开发。鼓励银行机构与风险投资类基金合作，加强“债权+股权”跨界联动。同时，鼓励金融机构深化同政府、高校、企业、资本、科研机构、产业协会以及创新创业孵化载体等的合作，拓展投贷联动合作场景，推动金融服务在创新企业生命周期中前移，建立健全产学研融合创新发展的资金链和服务链，制订专属服务方案。

二是加快推进科技创新与金融融合，打造面向创新链的整体金融服务体系。

立足科技创新活动规律，针对创新链不同环节的资金需求特点，鼓励金融机构设计差异化的科技与金融融合模式，充分运用创新创业金融工具和产品，开展全技术周期、全创新链的金融服务，精准支持处于不同阶段的科技型企业。通过知识产权质押融资、知识价值信用贷款、预期收益质押、知识产权证券化、科技保险等融资渠道，解决高价值企业在发展过程中的资金瓶颈问题，推动科技成果资本化，助力创新链良性循环发展。

（四）进一步深化金融供给侧结构性改革，持续优化货币和监管政策，加快推进资本市场深化开放，助力产业发展的接续性和竞争力

一是进一步深化金融供给侧结构性改革，以确定性的制度供给推动资金链的安全稳定。一方面，引导大型金融机构服务重心下沉、中小型金融机构深耕主业，同时创新中小银行资本补充工具，助力中小银行多元化资本补充，强化资金链服务产业链、供应链、创新链的韧性。另一方面，进一步深化资本市场改革，持续扩大直接融资占比，特别是股权融资的比重，为科技创新产业提供长期、稳定的资金链；进一步完善资本市场配套制度，推动特色化金融产品持续扩容，发展衍生品市场、风险对冲市场等互补性市场，不断丰富资本市场产品供给和风险分担渠道。

二是持续优化稳健的货币政策和审慎的监管政策，为产业链提供稳定的资金环境预期。强化总量型货币政策工具和结构性货币政策工具的落地实施质效，稳定资金持续供给的预期；完善利率市场化建设，并进一步降低信贷利率水平和中间服务收费水平，降低企业综合融资成本。进一步优化对信贷资金的监督激励办法以及政策鼓励的投放方向，减少金融机构因过度担心贷款投向违规、比例超标受处罚而降低放贷积极性的情况，增强资金供给的连续性。同时，进一步完善资本市场对外开放的制度框架，进一步破除资本项目开放中的隐性障碍，引导境外领先的市场机构与境内机构形成良性互动，通过资本市场的跨境互联互通，持续助推我国产业链的全球影响力。

（五）以“资金链”为纽带，促进多链渗透融合、织链成网，培育和发展新的产业集群

一是以银行等金融机构服务平台为枢纽，打造多链一体化产业服务体系。

加强产业链、供应链、创新链、资金链政策融合协同，依托金融机构自身服务平台，充分运用大数据、区块链等金融科技，有效整合关键产业链企业的资金流、信息流和物流等数据。同时，推动政府金融机构综合服务平台、产业公共服务平台、第三方供应链服务平台、创新服务平台等相互融合，助力产业链下游相关企业、科研院所、金融机构、协会商会和产业联盟等经济主体互联互通，有效解决产业生产、资金、要素、创新等供需矛盾，打造一体化产业生态服务体系，进一步增强我国产业链的自主权和控制权。

二是积极推动银行等金融机构融入重点产业园区，提升产业集群能级。依托承载产业链、供应链、创新链和资金链的产业园区、物流园区、科研院所及金融功能区，鼓励各类金融机构加大在国家级高新区、国家级经开区等各类园区设立分支机构；聚焦重点产业链，及时获取产业链在金融领域的需求及困难，提高产业链各类主体互动、资源共享、要素流动、市场开放等的效率，保障产业链资金供给的连续性，进一步完善多链融合金融服务体系，助力园区企业利用技术创新和规模效应形成的新竞争优势，推动形成一批协同、高效、集约的产业集群。

【作者简介】

郑杨先生，浦发银行党委书记、董事长，浦发硅谷银行董事长，上海市政协常委，教授级高级经济师。曾任国家外汇管理局副司长，央行上海分行副行长，央行上海总部副主任兼外汇管理部主任，上海市金融工委书记、市金融办主任、市金融局局长等。著有《全球功能监管实践与中国金融综合监管探索》等。

资本市场改革形成新经济产业发展的强大动力

东吴证券股份有限公司　　范　力

一、科技创新助推我国新经济发展由大到强

（一）党的二十大报告将创新推上史无前例的高度，引导未来发展

我国经济发展正从高速度增长模式转为高品质健康发展模式，正处在一个关键的转变时期，正在从科技大国走向科技强国，科技和高端制造业将成为推动经济发展的新动力。

近 10 年来，我国在载人航天、探月探火、深海深地探索、超级计算机、卫星导航、量子信息、核电科技、大飞机研制、生物医药等方面取得了重要突破，跃升为创新型大国。我国正处于一个关键时期，要加快形成新的发展模式，推动经济高质量发展，创新驱动的内涵型成长将发挥重要作用。只有不断提升创新能力，才能开拓新的发展领域，创造新的发展优势。

（二）科技自立自强：国家安全之要

当前全球局势日趋不确定，国家安全的重要性愈加突显。因此，推动举国体制科技技术创新，解决关键技术“卡脖子”问题是保障国家安全的关键环节。科技自立自强在当今经济全球化时代发挥着举足轻重的地位，它不仅是推动经济增长的重要动力，也是塑造中华民族在国际大循环中主导地位的关键因素。全球创新型大国纷纷加快投资，寻求技术创新的突破口，国际竞争加剧，但我国技术创新仍存在结构性障碍，“卡脖子”等关键问题也日渐凸显。只有坚持自主创新，加强科技实力，才能更好地应对外部重大风险挑战，增强抗压、应变、对冲和反制能力，以主动创新夺取发展的主动权，以自立自强的精神为民族奠定坚实的基础。

（三）科技自立自强：新经济、新动能

近年来，我国经济进入“换锚期”，“十四五”规划提出要“坚持创新驱动发展，全面塑造发展新优势”，技术创新已变成拉动经济发展的重要动力。关键技术是国之利器，它不仅可以促进经济增长，还可以保证国家安全。由于我国经济社会建设步入新的阶段，核心技术受制于人已变成阻碍经济社会高质量增长的重要因素。因此，我们必须加快重要技术的攻关，力争在重点领域做到独立自主，保证产业链安全可靠，以便更好地带动行业的增长，把握增长的主动性。通过技术创新和自主发展，为新经济的蓬勃发展提供强有力的支撑，同时也促进传统经济的数字化转型和信息化转型，将经济数字化转型与国家发展战略紧密结合，推进技术融合创新，有效地维持经济的中长期增长。

二、资本市场改革助力我国科技创新

（一）资本市场改革引领创新驱动发展

近年来，我国的资本市场改革与经济的转型升级关系密切。当前我国经济正处在转型升级的关键时期，需要不断培育新兴产业，为新时代的经济发展提供新动能。企业是技术创新的重要推动者，资本市场可以有效地调节资金需求，帮助高新技术企业融资，从而实现企业的规范化建设和竞争力提升。过去，由于我国许多高质量高新技术公司无法满足A股上市的要求，它们不得不远赴境外上市，如百度、京东、阿里巴巴等大型公司，这使我国资本市场失去了大量优质资产，因此市场改革已经成为当务之急。目前我国资本市场改革主要分为两个方向：①深化多层次资本市场建设；②资本市场基础制度改革。随着资本市场的快速蓬勃发展，我国已经形成“主板+科创板”的板块结构；深交所的“主板+创业板”布局，以及北交所、新三板和区域性股权市场等共同构成了多样化的资金交易市场。这样的资本市场为各个发展阶段和不同类型的企业都提供了合适的融资渠道，使得金融机构的规模和产品属性得到了更好的界定，为金融机构技术创新和快速蓬勃发展提供了更多的支持。资本市场基础制度改革主要集中在股票发行制度改革，除了对发行条件进行修改优化，注册制改革也是重要内容，2022 年政府工作报告中提到要“全面实行股票发行注册制”，它可以帮助我国资本市场更好地满足新经济企业进行股权融资的需求，帮助企业进一步

发展壮大，赋能实体经济。

（二）资本市场改革为创新型企业提供融资平台

相比于传统行业的一般投资，创新型行业由于其特殊性，负债融资难度远远大于传统行业。同时创新型行业通常有以下特点：①创新型行业进行科研项目成功的概率较低，这导致创新型行业的投资回报是倾斜且不确定的；②创新型行业涉猎的领域通常需要艰深的专业知识，这导致投资者对于潜在投资公司存在信息差；③通常，处于创新型行业的公司具有的抵押品价值有限，因此国家的股权融资体系发展程度会直接影响其创新型行业的发展情况。

过去我国金融体系直接投资占比较低，同时上市要求较为严格，无法满足新经济企业的融资需求，导致过去我国大量的优质高新科技企业由于不符合A股市场上市要求而远赴海外上市。随着多层次资本市场的完善和注册制的实施，企业融资难题有所减少，投资效率也得到了增强，同时我国也为优秀创新型企业搭建了更加方便快捷的投融资管理网络平台。此前，审核制下部分高新科技企业无法满足A股发行规范，但是在注册制的推动下，这些企业可以在科创板或创业板发行，比如未盈利的企业被允许在科创板上市挂牌，这提升了内资市场发展的包容性。同时，注册制也为符合国家经济发展策略、攻破关键性高新技术的科技企业创新带来了更多的发展机遇，从而促进了技术创新能力的发展。

（三）资本市场改革为创新型企业的定价提供依据

创新型企业在面对资本市场时存在一个挑战：由于其产品的特殊性，无法对标市面已有的产品，因此无法正确定义其产品的商业价格及其公司估值。价格发现是证券市场的重要功能，它不仅是市场经济蓬勃发展的重要标识，也是给创新型企业提供合理定价和估值的关键因素。

随着证券市场的不断完善，《证券发行与承销管理办法》等多项法规不断修改，为创新型企业的定价提供了有力的依据。为了更好地鼓励机构投资者积极参与询价并科学高效地进行风险约束，监管部门将要求询价对象出具研究报表，以更好地体现长期投资和价值投资的理念，减少投融资者承担的经营风险。主承销商应当向监管部门提交项目汇总资料及各企业的评估报表，以便券商机构部和证券业协会对参与询价的机构实行严格的审查和考核。通过严格的法律法规，让机构投资者们发挥其专业知识技能，承担起为证券市场提供合理报价的职责，帮助创新型企业实现合理化定价。准确的价格估值是投资人高效投资的关键，也是维护市场稳定的基础。

（四）资本市场改革为创新型企业提供反馈

资本市场对企业创新提供的反馈，有助于企业进行技术创新。资本市场鼓励企业进行多重路径创新，综合反馈社会大众选择，鼓励多重路径创新并进。

自《上市公司证券发行管理办法》（2020 年修订版）公布实行至今，中国证监会积极推进 A 股并购重组和再融资，为我国实体经济发展提供了有力的扶持和指导，增添了新的动能。资本市场推动创新企业快速成长，对已上市企业提供再融资支持和并购支持，促进成熟优势企业向产业链的上下游延伸，带动整体产业链加速成长。反馈机制具体来看包括以下两类：①资本市场给予二级市场创新业务以较高估值，会吸引传统企业跨行入局，从而利用资本市场高估值带来的红利更好地发展自身相关业务；②传统企业成功转型或者将要转型时，资本市场会迅速给予正向反馈，相应估值会迅速攀升；并且资本市场会迅速对创新企业相关业务发展实力和进度情况给予提升估值或降低估值的即时反馈。最终在二级市场的均衡博弈下，资本市场通过不断地反馈引领创新型企业更好地发展，培育一批具有生态主导力和核心竞争力的龙头企业，整个行业也将受到优质企业的引领带动作用，从而实现正向发展，同时助力我国创新领域不断突破，提高核心竞争力。

（五）资本市场改革已取得显著成效

随着资本市场改革，资本市场为新经济企业提供融资支持的效果越发显著，市场结构持续优化。具体来说，改革优化了资源配置功能，促进了创新资本的形成。此外，改革还围绕“国之大者”，推进了科学创新产业集聚。根据中国证监会的统计数据，在 5000 多家上市公司中，国家战略性新兴产业公司达到 2500 家，占比约达 50%。此外，行业布局也更加均衡，上市公司中实业公司的利润占所有公司利润的 57.3%，甚至超越了金融公司，这表明金融公司和实业公司之间的结构性失衡已得到明显改善。近年来，创业板企业总数突破 1200 家，总值突破 11 万亿元人民币，在引领制造业生产、数据经济、环保低碳等方面发挥着重要作用，涵盖了新一代信息技术、新能源、新材料、生物医药、高端设备等九大重要新产业，总计市值占比突破 70%，为创新孵化提供了新的模板，为世界经济提供了强大的推动力。截至 2022 年 11 月，科创板已经顺利挂牌 486 家科创公司，首次公开募股融资超过 7300 亿元人民币，占同期 A 股市场首发融资的 40%之上，总市值超过 6 万亿元人民币，为技术、资金和产品的有序轮回提供了有力支撑，并且促进了大批具有积极创新性的重点企业成功挂牌，从而带动了国内互联网技术产业链体系的完善、自主性和安全升级。

三、资本市场助力打响“苏州制造”品牌

2021 年，苏州市工业发展生产总值突破 4 万亿美元，其中电子信息、装备制造、生物医药、先进材料四个主导产业集群占全市工业发展生产总值的 95%以上，这些成果得益于国内外资本市场的强力支持，它为苏州市科技创新提供了有力的支持，为市场经济蓬勃发展提供了强大的动力。展望未来，苏州市将围绕“育林计划”和“参天计划”，进一步借力资本市场助推四大主导产业发展。

（一）苏州资本市场推动“苏州制造”

2021 年，《“苏州制造”品牌建设三年行动计划》发布，旨在以世界顶级水平和标准为目标，加快构建世界优秀制造业生产基地，推动苏州工业园区实施高质量建设，开启新的经济发展征程。2022 年，江苏省人民政府大力推进金融创新产业集群建设；同年 6 月，登记注册资金 180 亿元人民币的苏州创新投资集团成立；8 月，《推进苏州上市公司做优做强若干措施》出台，并提出“育林计划”和“参天计划”，为企业提供更多的创新发展机遇，助力苏州市成为高端要素集聚的创新平台，打造“资本+科技”创投生态。苏州市委、市政府重视人才市场的建立，以最好的诚心和最实的政策，为企业提供全面的服务和保障，帮助苏州工业园区企业完成腾飞，以上市为新出发点，在资金助力下做优做强，打造苏州工业园区企业创新发展成才的“参天树木”、苏州工业园区优质增长的“压舱石”，促进苏州工业园区市场经济的跨越式增长。

（二）苏州市产业创新已取得显著成效

近 5 年来，苏州市积极推进制造业转型升级，集聚国内外高端资源要素，培养、发展、壮大国家战略性新产业，打造“苏州制造”品牌，推进制造业领域生产从“大而不强”向“又大又强”转型，走上一条富有苏州特点、彰显苏州水

准的高品质道路，为苏州市经济社会进步灌注新的生命力。

2022 年，苏州市在资本市场取得显著成绩，新增上市公司达 29 家，其中 A 股上市公司达 25 家，在国内城市中名列第 4 位，仅次于北京、上海和深圳。此外，这 25 家 A 股上市公司中有 24 家是高新技术企业，占比达到 96%，上市公司结构得到了进一步优化。苏州上市公司的首发募资金额超 352 亿元人民币，创下历史高峰，比 2021 年增长了近 76%。上市公司不仅是我国常规制造业生产区域的一部分，而且在持续地转变升级，涉及新一代信息技术、高端制造、生物医药、新能源等领域。苏州市目前共有 48 家科创板上市公司，它们都属于国家战略性新兴产业。苏州市上市公司协会有关负责人表示，这种情况不仅反映出苏州企业的高质量，也是新旧动能转换和经济社会蓬勃发展的有力印证。此外，资本市场也是促进企业直接融资的重要渠道，为中小企业提供了更多的成长机遇。

（三）苏州市“资本+科技”未来发展展望

苏州市未来有望通过与金融机构的合作进一步推动“资本+科技”创投生态。苏州市已经有 56 家报会和报所公司、80 家辅导备案公司，为 2023 年资本市场的发展打下了扎实的基础。“新年第一会”和新能源汽车产业创新集群建设总计投资 916 亿元人民币，142 个新能源汽车产业建设项目将在苏州市域内集聚开建并逐步投入使用。苏州市正在努力实现“打造万亿级汽车产业”的目标，即在未来 5 年内，成为我国国内引领、全球一流的汽车行业科技创新聚集区。为此，苏州市将积极推进资本的发展，力争每年募集超过千亿元人民币的资金，到 2025 年，全市新增科技上市公司 100 家以上，上市公司总数超过 300 家，并实现千亿市值上市公司 5 家以上。

【作者简介】

范力先生，东吴证券股份有限公司党委书记、董事长、总裁，高级经济师，江苏省人大代表。兼任江苏省证券业协会会长，中国证券业协会专业委员会副主任，上海证券交易所理事会战略发展委员会副主任。著有国内首部研究创新创业公司债券的专著《创新创业公司债券的探索与实践》。

资本市场助力新经济发展路径分析
——以新能源汽车产业为例

国金证券股份有限公司　　冉　云　任　鹏

我国正处于经济新旧动能转换的关键时期，以新技术、新产业、新业态、新模式为主要内容的新经济成为推动中国经济高质量发展的强力引擎。基于自身创新特征，新经济产业的融资需求普遍较高。近年来，以新能源、新一代信息技术、高端装备制造、医药生物等为代表的新经济产业迅速发展，资本市场在其中扮演了不可或缺的角色。

本文基于新能源汽车这一代表性新经济产业，通过分析资本市场在其产业发展中的支持作用，探索资本市场服务新经济产业的具体路径。

一、中国新能源汽车产业方兴未艾，资本市场重要性凸显

（一）抓住弯道超车历史机遇，新能源汽车产业进入快速发展期

新能源汽车是指采用非常规车用燃料作为动力来源，综合动力控制和驱动方面先进技术形成的，具有新技术、新结构的汽车，主要包括纯电动汽车、插电式混合动力（含增程式）汽车、燃料电池汽车等。目前，我国以电为主要驱动力的新能源汽车发展尤为突出。在传统燃油车领域，中国汽车产业起步晚，技术与工业化水平较西方国家存在一定差距；但在新能源汽车领域，各国几乎处于同一起跑线。基于此背景，我国在“十五”期间前瞻性地启动了“863”计划电动汽车重大科技专项，开展新能源汽车试点，意图通过布局新能源汽车产业，在国际汽车工业新一轮竞争中获取先发优势，抓住弯道超车机遇，实现由“汽车大国”到“汽车强国”的转变。

在“三纵三横”研发布局、“十城千辆”示范工程及各类支持性政策的引导下，中国新能源汽车产业在 20 余年间实现了跨越式发展。目前，我国已经形成较为成熟的新能源汽车一体化产业链。产业链上游主要为电池、电机核心原材料及电控核心元器件制造商，代表性企业包括深耕动力电池的宁德时代、国轩高科等，专注正负极材料的容百科技、德方纳米等，掌握车规级 IGBT 芯片制备技术的中车时代、比亚迪半导体等；产业链中游主要为新能源汽车整车厂，既包括“蔚小理”等造车新势力，也包括积极转型的传统整车厂，如比亚迪、上汽集团等；产业链下游包括充电服务提供商及汽车后市场服务提供商，代表性企业包括充电设备提供商奥特迅、电池回收企业天奇股份等。

目前，中国新能源汽车产业已经步入快速发展期。根据中国汽车工业协会数据，2022 年我国新能源汽车产销分别完成 705.8 万辆和 688.7 万辆，同比分别增长 96.9%和 93.4%，产销量连续 8 年位居世界第一。在独特的政策与产业链优势下，我国新能源汽车产业已经成为引领全球汽车产业转型的重要力量。

（二）持续创新攻坚关键技术，补齐产业链短板

虽然我国新能源汽车产业已经步入增长的快车道，但部分关键零部件仍然面临着“卡脖子”难题，动力电池、汽车芯片、车载系统、智能控制等核心技术尚待突破。以汽车芯片为例，作为新能源汽车智能化的核心部件，汽车芯片的主要市场份额仍掌握在欧美国家手中。目前，国产汽车芯片的产业链仍然存在技术短板，面临着进口依赖、人才短缺等问题。2021 年全球汽车产业因芯片供应短缺，减产规模约 1000 万辆，中国平均减产 20%。[1]

目前国际秩序复杂多变，世界经济形势仍然严峻，核心零部件的进口依赖会成为威胁国家经济安全的隐患。因此，解决“卡脖子”难题，实现核心零部件的自主可控迫在眉睫。《新能源汽车产业发展规划（2021—2035 年）》提出发展愿景：到 2025 年，我国新能源汽车市场竞争力明显增强，动力电池、驱动电机、车用操作系统等关键技术取得重大突破，安全水平全面提升。科技攻关需要投入大量资源，资金是其中不可或缺的一环。持续的研发投入使得新能源汽车企业普遍存在较高的融资需求。

1 数据来源：Auto Forecast Solution。

（三）产业进入市场和政策双轮驱动新阶段，资本市场重要性凸显

补贴政策曾经为我国新能源汽车产业成长创造了良好的土壤。但自2016年起，国家针对新能源汽车企业的补贴开始逐渐退坡。根据财政部、工业和信息化部、科技部和国家发展改革委于2021年年底发布的《关于2022年新能源汽车推广应用财政补贴政策的通知》，2022年新能源汽车购置补贴政策于2022年12月31日终止，2022年12月31日之后上牌的车辆不再给予补贴。补贴退场会倒逼新能源汽车企业进行研发攻关、降本增效，能在一定程度上促进市场主体的充分竞争，实现优胜劣汰，也推动产业进入了市场和政策双轮驱动的新阶段。

面对补贴退场与技术攻坚带来的资金压力，发挥资本市场在构建新发展格局中的战略支撑作用是破局之核心。资本市场作为现代金融体系的核心，是资源优化配置的枢纽平台。资本市场各项功能的有效发挥，对于提高直接融资比重、推动科技创新、支持实体经济发展和产业链完善、促进消费扩大和升级等具有重要作用。资本市场在政府干预逐渐减弱的新能源汽车行业中的作用将会愈发变大，补贴的退场同时意味着各种社会资本的进场，从初创期的天使轮融资，到成长期的PE/VC融资，再到成熟期的IPO和再融资，资本市场在新能源汽车企业发展的各个阶段都将进一步发挥作用。与政府的纯财政支持相比，资本市场在融通资金过程中带来的其他战略资源也将进一步推动新能源汽车产业的良性发展。

二、资本市场扩宽新能源汽车产业融资渠道

（一）一级市场扶持初创新能源汽车企业孵化成长

新能源汽车产业是公认的“资本+技术”密集型产业。在整个新能源汽车产业高速发展的背景下，产业内企业都有强烈的融资需求。尤其对初创的中小型企业而言，一方面，新能源汽车产业具有较强的科技属性，需要持续加大投资，推动技术突破与产业升级，其对资金的渴望使金融力量对于新能源汽车产业发展的作用日益凸显；另一方面，高资金需求、高经营不确定性影响了银行体系

资金支持力度，导致新能源汽车企业的产品和技术升级驻足不前，企业经营压力巨大。作为直接融资的重要力量和多层次资本市场的重要组成部分，一级市场风险投资资金具备较高的风险承受能力，在支持创新创业方面发挥了重要作用，为初创新能源汽车企业成长提供了早期资金。2015—2021 年，我国新能源汽车产业的投融资热度波动上升，2021 年新能源汽车产业的投融资热度为近年来最高，投融资事件达 83 起，金额达 832.0 亿元。[1]

以第一批造车新势力“蔚小理”为例，蔚来汽车自成立至上市共进行了 6 轮融资，总融资额达 150 亿元，小鹏汽车在上市前的累计融资额为 188 亿元，理想汽车则约为 120 亿元。在强大资本市场的支持下，“蔚小理”代表的造车新势力逐步实现了从造车计划落地到对燃油车造成强势冲击，并先后成功 IPO，在相当一段时间内无论是销量还是影响力都成为国产新能源汽车的代表。

此外，随着全面注册制在 2023 年 2 月正式落地，风险投资资金的退出通道将进一步扩大和可预期。“募投管退”的最后一环被打通，资金周转效率再提升，科技创新与资本将形成良性循环，推动更多社会资金支持创新创业，助力我国初创新能源汽车企业成长。

（二）二级市场助力成熟新能源汽车企业持续发展

2022 年 2 月，中国证监会针对《关于金融支持智能电动汽车企业高质量发展的建议》答复表示，下一步，将完善新能源汽车金融服务体系，引导金融机构按照风险可控、商业可持续原则，满足新能源汽车企业合理融资需求，支持符合条件的新能源汽车企业在资本市场上市融资。全面注册制的正式实施明确了多元包容的发行上市条件，让成熟的新能源汽车企业能加快上市进程，从而到二级市场融资，加速企业发展。目前正在冲刺 IPO 的新能源汽车企业将从全面注册制改革中受益，如专注于动力电池的蜂巢能源科技股份有限公司、电池级碳酸锂和氢氧化锂生产商江苏容汇通用锂业股份有限公司等，这些企业基本覆盖新能源汽车全产业链。

作为我国成熟的新能源汽车企业的代表，中证新能源汽车产业指数共有 76 家上市公司，其成份股上市及融资情况如表 1 所示。

1　数据来源：IT 桔子数据库。

表 1 中证新能源汽车产业指数成分股上市及融资情况 [1]

成分股情况	数量	76 家
	总市值	超 4 万亿元
	代表企业	宁德时代、比亚迪、汇川技术、亿纬锂能等
首次公开发行募资情况	金额	超 660 亿元
	代表案例	宁德时代于 2018 年 6 月登陆创业板，共募资 54.62 亿元； 璞泰来于 2017 年 11 月登陆上海证券交易所主板，共募资 10.53 亿元； 德方纳米于 2019 年 4 月登陆创业板，共募资 4.47 亿元
增发情况	数量	50 次
	金额	超 1700 亿元
	代表案例	宁德时代于 2022 年 7 月募资 500 亿元； 亿纬锂能于 2022 年 12 月募资 90 亿元； 国轩高科于 2021 年 12 月募资 73.03 亿元

首发募集资金和增发募集资金为成熟新能源汽车企业打开了新局面，并为其持续发展奠定了基础。

三、金融服务助力新能源汽车产业价值提升

全球新能源汽车发展进入了新的阶段，行业竞争从传统的单一电动化转型成“电动化、网联化、智能化”三者融合的形式，新形势、新技术有望重塑新能源汽车产业竞争格局。加快布局下一代核心技术，我国才能在全球新能源汽车竞争中占领制高点。金融服务是支持我国新能源汽车产业实现上述产业目标的关键力量。新能源汽车产业体量大、产业链条长、资金和技术密集，引领整体汽车产业发展方向，对金融服务支持力度和多样化提出了更高的要求。

（一）PE/VC 提供投后管理服务，为初创新能源汽车企业的发展赋能

PE/VC 能够在投后管理中利用自身的社会资源与专业能力为新能源汽车企业赋能。一方面，PE/VC 的投后团队能够基于对行业的全面研究与深刻理解，在战略规划、业务线布局、管理组织体系构建等方面为新能源汽车企业提供有效建议，助力“技术—业务—金融”循环的推进；另一方面，PE/VC 的投后团队能够凭借自身的行业影响力，促进同一领域企业之间的合作，协助企业对接

1 数据来源：万得（Wind）数据库。

上下游的产业资源，促进“原材料—零部件—整车生产—终端应用”的全产业链协作，构建多维链接、竞合共赢的产业生态圈，实现产业升级和结构优化。此外，投后团队能够为企业引入跨领域的有益外部资源，例如，为新能源汽车企业对接互联网智能化领域的行业专家和上市公司，促进跨领域合作，加速新技术、新模式的落地进程，实现“电动化、网联化、智能化”融合发展的产业目标。

（二）证券公司提供多维度服务，助力成熟的新能源汽车企业价值提升

党的二十大报告指出，“推动战略性新兴产业融合集群发展”“推动经济社会发展绿色化、低碳化是实现高质量发展的关键环节”。政府在国家层面强力推进新能源汽车行业的高质量发展，鼓励企业兼并重组做大做强，提高产业集中度，构建布局合理、运行高效、发展有序的汽车市场，引导新能源汽车企业掌握核心技术，提高产业链管控能力。并购重组相比于其他形式的对外直接投资可以更快的速度获得先进技术、资源、营销渠道、市场和整合产业链，也是传统汽车企业向新能源汽车领域转型的有效途径。证券公司在企业并购重组的过程中提供多维度服务。行业研究部门通过持续深入的多维度、跨时空、跨类别的行业研究，深刻理解行业的长期内在发展规律和业务逻辑，准确把握市场的变革要素和时点，引领新能源汽车企业正确的行业发展方向，顺应产业趋势，实现与市场并进且引导市场的可能。同时，基于研究成果协助企业把握关键时点和关键机会，寻找适宜的投资标的，助力企业价值提升，成为市场领先龙头。投资银行部门在企业的并购重组过程中提供顾问服务，不仅完善公司内部财务和业务流程的梳理，而且时刻关注企业在当前市场环境下面临的各种不确定性，从政策、行业、财务管理等多个维度防范企业并购重组的潜在风险，最大限度地降低企业的试错成本。

同时，对于成熟的新能源汽车企业来说，随着并购重组后的规模扩大，人力资源比较稀缺。首先，证券公司利用自身新能源汽车行业的人才库储备从外部引荐专业人才，针对性解决桎梏发展的症结问题。其次，证券公司提前“预测”企业的未来人才需求，紧盯行业中具备潜力的潜在外部人才的成长并适时引荐，为企业战略的长期布局打下基础。针对企业现有的内部人才，证券公司提供技能提升培训服务，以此增强内部人才的技能储备和提高团队的整体效率，且作为内部人员激励的“催化剂”，提供股权激励相关服务，使员工成为公司的

“所有者和经营者”，提升企业经营的共同动力，有效增加企业黏合度和员工忠诚度，助力企业保留核心人才，保持竞争力。

四、总结和展望

我国汽车产业从传统汽车向新能源汽车的转型，是经济新旧动能转换的一个缩影。作为经济高质量发展的基石和动力，新经济产业的发展离不开资本市场的支持。从新能源汽车这一代表性新经济产业的发展历程来看，资本市场弥补了新能源汽车企业因持续研发和补贴退坡产生的资金缺口，提供持续发展资金，并通过提供投后管理、财务顾问等金融服务，帮助新能源汽车企业逐步实现技术攻坚与产业链整合。由此可见，资本市场能够以拓宽企业融资渠道、提供多维度金融服务的方式支持新经济产业发展。

多层次资本市场的建立与完善更好地满足了不同类型、不同阶段企业的融资需求。全面注册制的推行强化了资本市场的价值发现功能，在提高直接融资效率的同时，也使资源配置更加市场化。在此背景下，证券公司、PE/VC 等金融机构作为资本市场的重要参与者，只有不断强化综合实力，提高风险管理水平，才能更好地服务包括新经济在内的实体经济。此外，通过深耕细分领域、跨部门协同等方式为处于不同细分产业、不同发展阶段的新经济企业提供多维度金融服务，也是金融机构未来发展的重要方向。

【作者简介】

冉云先生，国金证券股份有限公司董事长，国金鼎兴投资有限公司董事，国金金融控股（香港）有限公司董事。兼任四川省证券期货业协会会长，四川省上市公司协会副会长，上海证券交易所自律委员会委员代表，深圳证券交易所市场风险委员会委员。

任鹏先生，国金证券股份有限公司副总裁，上海证券交易所上市委员会委员。

注册制改革助推新经济持续发展

中信证券股份有限公司　　马　尧

近年来，中国新经济发展迅速，形成了我国经济全面转型升级的新动能。党的二十大报告提出，要“加快实施创新驱动发展战略”“不断塑造发展新动能新优势”。资本市场作为新经济发展的重要支持力量，经过多年注册制改革实践，于 2023 年 2 月 17 日开始全面实行股票发行注册制相关制度规则。这必将进一步促进新经济企业直接融资，全面助推新经济持续发展。

一、注册制改革取得积极进展

自设立科创板并试点注册制以来，A 股市场股权融资金额及全球占比不断增长，影响力日益增强。A 股股权融资规模从 2018 年的 1.2 万亿元提升至 2022 年的 1.7 万亿元，2022 年全球股权融资市场占比 38%。同时，A 股市场 IPO 融资占比从 2018 年的 11.4%提升至 2022 年的 34.8%，股权融资占比趋近国际重要市场（美国 IPO 近 5 年平均融资占比为 35%）。

试点注册制以来，科创板、创业板为高新技术企业、战略性新兴产业企业和成长型创新创业企业提供了有力的融资支持。截至 2022 年年底，科创板开市 3 年以来，已上市 501 家企业，总市值突破 7 万亿元；科创板企业 IPO 融资额累计超 7600 亿元，占同期境内 A 股市场首发融资总额的 42.28%。创业板 IPO 上市企业达 412 家，总市值达 2.55 万亿元，IPO 融资额达 3932 亿元；累计再融资 423 家，融资规模达到 4350.66 亿元。战略性新兴产业企业市值占比持续提升，由之前的 3.69%提升至 18.13%。A 股注册制下首发上市的“两创板”913 家企业中，有 880 家属于战略性新兴产业企业，总募集资金达 1.12 万亿元，总市值共计 8.43 万亿元。

2023 年 2 月 17 日，中国证监会正式发布全面实行股票发行注册制相关制度规则，中国资本市场全面实行注册制。全面实行股票发行注册制结合了科创板增量市场和创业板存量市场的改革经验，既考虑了资本市场整体制度的一致性，又兼顾了各板块市场不同定位的要求，是我国加快资本市场高质量发展、更好服务实体经济的一项全局性重大改革部署，必将在支持新经济发展中发挥更大作用。

二、中国特色注册制助力新经济发展

（一）板块定位明确，助力新经济发展，服务国家战略

全面实行注册制以来，上海证券交易所、深圳证券交易所的四大板块定位更加明确，形成互补的整体布局，多层次资本市场的构建日趋完善。主板进一步突出“大盘蓝筹”的市场特色，重点支持业务模式成熟、经营业绩稳定、规模较大、具有行业代表性的优质企业。科创板对于“科创属性”的定位要求在实践摸索中逐步确立，“硬科技”已经成为科创板的代名词，板块定位愈发鲜明，主要服务于战略性新兴产业，服务于最具代表性的光电芯片、人工智能、航空航天、生物技术、信息技术、新材料、新能源、智能制造等“硬科技”领域。创业板的“三创四新”板块定位得以加强，在深入贯彻创新驱动发展战略的基础上，定位于更多依靠创新、创造、创意发展思路的企业，主要服务成长型创新创业企业，支持传统产业与新技术、新产业、新业态、新模式的深度融合。北京证券交易所在借鉴注册制改革成功经验的基础上，结合新三板深化改革，坚持服务“专精特新企业”“创新型中小企业”的市场定位，补充多层次资本市场发展的普惠金融服务要求，进一步完善我国的多层次资本市场体系。

（二）坚持制度创新，提升 A 股市场包容性与价值发现功能

试点注册制以来，科创板、创业板设立了多元包容的发行上市条件，允许未盈利企业、特殊股权结构企业、红筹企业上市，契合了科技创新企业的特点和融资需求。特别是一批处于“卡脖子”技术攻关领域的“硬科技”企业登陆科创板，畅通了科技、资本和实体经济的高水平循环。全面实行注册制后，主板也在原有以利润为核心指标的上市财务标准基础上，新增了两套 IPO 指标，A

股市场的包容性进一步提升、服务面进一步扩大。

注册制强调资本市场的价值发现功能。多元、包容的上市条件增加了创业投资机构通过 IPO 退出的可能性，而科创板推出的做市商制度、询价转让制度等，也提升了市场流动性，优化了股东退出机制，让各类创业投资机构更有意愿将资本投入有潜力、有价值的早期新经济企业。注册制改革完善了常态化的退市机制，过去几年退市公司数量不断增加，2022 年达到 46 家，市场的新陈代谢功能和生态得到持续改善。

（三）市场化发行定价，有效助推经济转型升级

试点注册制以来，科创板和创业板优化了发行承销制度，对新股发行价格、规模等不设行政性限制，完善了以机构投资者为参与主体的询价、定价、配售等机制。相比于核准制下发行市盈率 23 倍的要求，注册制新股定价过程中的市场决定权更为充分，自试点注册制至 2022 年年底，科创板及创业板 IPO 平均发行市盈率达到 55.94 倍。同时，企业上市后交易活跃，截至 2022 年 12 月底，科创板上市公司市盈率（TTM）的中位数约达到 42 倍，市场给予了正面的估值。

新股定价的市场化促使投资者进一步提升风险意识，具有研发创新能力、成长空间大的企业更易受到投资者青睐，竞争力不强的企业则面临估值压力，这对证券市场的投资理念也产生了重大影响，对改善市场生态环境、提升资本市场服务实体经济的能力与效率、有效助推经济转型升级都具有重大作用。

（四）吸引更多科技企业，形成科技企业产业集群

自试点注册制至 2022 年年底，科创板与创业板均保持常态化发行，IPO 企业达到 913 家，已初步形成科技企业的产业集群效应。如科创板聚集了一大批具有打破国外垄断、自主创新能力的科创龙头企业，带动了战略性新兴行业的全面发展，提升了产业链、供应链的韧性和稳定性。以集成电路产业链为例，科创板目前已汇聚中芯国际、沪硅产业、龙芯中科、澜起科技等 80 多家企业，占 A 股同行业公司约六成，涵盖芯片设计、代工、封装测试及半导体设备、半导体材料全产业链，极大提升了我国关键行业的完整性、自主性和安全性。龙头企业的产业聚集将吸引更多产业链科技企业的加入，形成良性循环、互相促进的产业生态。

三、注册制支持新经济发展的未来展望

（一）注册制支持新经济发展的机遇广阔

“健全资本市场功能，提高直接融资比重”，是党的二十大报告为新经济发展趋势下资本市场改革部署的重要任务。近年来，我国直接融资呈现快速发展的积极态势，已从2017年的11.3%增长至2022年32.3%，但与国际重要市场相比仍有较大提升空间。根据世界银行、国际清算银行（BIS）相关数据，资本市场较为发达的美国，2020年直接融资占比达到81%，而以间接融资为主导的德国和日本，近年来也在加速融资结构的转变，2020年直接融资占比分别达到了43%和54%，均明显高于我国目前水平。

全面实行注册制，是提高直接融资比重的核心举措。资本市场作为市场化资源配置的重要基础，注册制全面实行后将能更好地发挥枢纽作用，担当历史使命，服务新经济持续发展。发展战略性新兴产业是当前经济结构动能转换的主要着力点，这需要突出企业科技创新的主体地位，利用资本市场优势来培育自主创新能力。注册制通过发挥科创板、创业板和北京证券交易所服务“硬科技”企业、创新创业企业、“专精特新”企业的作用，支持优质上市公司整合上下游产业和技术资源，鼓励创业投资机构向更具创新性的方向配置资源，有效促进科技、资本和产业的紧密融合，满足实体经济融资需求。相信随着全面注册制改革的深入发展，注册制将进一步增强我国资本市场对实体经济和科技创新的支持力度，为我国的新经济发展做出新的更大贡献。

（二）注册制支持新经济发展的持续挑战

1. 支持符合国家战略的重点行业与全面支持市场经济之间的平衡

当前，我国经济处于新旧动能转换的关键时期，从高速增长阶段向高质量发展阶段转变，各个行业发展也处于不同的阶段，传统产业与新经济产业也在深度融合，都急需资本市场的支持。然而市场经济是一个有机整体，各行业的整体发展相互促进、相互依存，资本市场给予实体经济支持的全面性与均衡性也有着内生的动态平衡机制。股票发行市场将发挥产业政策导向作用，在全面注册制下，各板块将错位发展，主板主要服务于成熟期大型企业，科创板突出

“硬科技”特色，创业板主要服务于成长型创新创业企业，北京证券交易所主要服务于创新型中小企业。科创板、创业板已经有了明确的重点支持的企业及行业负面清单，对符合国家战略的重点行业给予支持。但资本市场的资源如何在符合国家战略的重点行业与其他行业中进行有效分配、如何随着国家战略的调整及时引导资本市场资源的分配方向可能成为长期持续的课题。

2. 监管政策与市场化运行的有效匹配

全面实行注册制以来，市场的规范度和透明度将得到进一步贯彻和落实，监管职责定位更加明确。注册制改革是“放管结合”的系统工程。注册制坚持以信息披露为核心，发行条件仅保留了企业公开发行股票必要的资格条件、合规条件，将核准制下的实质性条件尽可能转化为信息披露要求，监管机构不再对企业的投资价值做出判断，而是以投资者需求为导向，信息披露的内容更加侧重于投资者做出投资决策所需要的重大信息。实行注册制也绝不意味着放松质量要求，审核仍须保持严格要求，主要通过问询来进行，督促发行人真实、准确、完整地披露信息。近年来的注册制改革试点，在监管机构的实践要求下进行了充分信息披露，许多法律问题、会计问题的处理和分析更加透彻、透明，标准也更加明确。但是，哪些信息是“可能对交易价格产生较大影响”的重大信息、哪些或者哪种程度的规范性问题可以通过充分信息披露解决而不构成发行上市障碍、如何判断一个企业是否符合板块定位等问题还需要在实践中探索解决。

此外，目前已经建立起的监管体系，包括中国证监会研究和拟定的证券期货市场的方针政策、发展规划，对证券期货市场实行集中统一监管，依法对证券期货违法违规行为进行调查、处罚，在注册制下对发行人是否符合国家产业政策和板块定位进行把关；各地证监局对辖区内的上市公司及相关证券服务机构进行监督管理，查处监管辖区范围内的违法、违规案件；各交易所具有对会员、对上市公司进行监管的职能，在发行注册制中承担全面审核并判断企业是否符合发行条件、上市条件和信息披露要求的责任，具有对重大事项及时向中国证监会请示报告的职能。上述机构同时具有对证券公司、证券从业人员、上市公司等进行评价和出具行政处罚、监管措施、自律措施的职能。为保持预期相对稳定的市场环境，同一事项在不同监管部门之间是否可能重复处罚，以及同一监管部门或不同监管部门的裁量标准一致性等问题也是市场关注的事项。

3. 法治建设与注册制发展的适应性

法治化是资本市场繁荣发展的基本保障。目前，资本市场法律体系的“四梁八柱”已经初步形成，以《中华人民共和国公司法》《中华人民共和国证券法》《中华人民共和国证券投资基金法》等法律为核心，以《中华人民共和国刑法》《中华人民共和国企业破产法》等法律为支撑，以行政法规、司法解释、部门规章、规范性文件为主干，以证券期货交易所、登记结算公司、行业协会自律规则为配套的有中国特色的中国资本市场法律体系，为全面注册制的实施奠定了良好的法治基础。但是，我国注册制的全面实行才刚刚开始，而美国早已在《1933年证券法》中规定注册制为证券首次公开发行的核心制度，迄今已经历长达约90年的时间，其间经过不断的探索，积累了大量的公开案例，强化了对市场各参与方的指导性，形成了比较完善的法律体系并仍在不断修正。从国内情况看，资本市场作为现代市场经济体系活跃的组成部分，不断面临着新情况、新挑战，因此我们对完善法治建设的需求是强烈且持续的。加强资本市场法治建设，为全面注册制保驾护航，还需要立法、司法、行政等多方持续总结自身实践经验，借鉴国际最佳实践，不断丰富和完善法律体系，才能更好地指导中国特色注册制，支持新经济的发展。

注册制的改革试点与全面实行，标志着中国资本市场改革发展开启新篇章、进入新征程，相信坚持市场化、法治化的原则，坚持在改革发展中解决问题，中国资本市场在服务实体经济与新经济产业高质量发展方面，将有更大的贡献。

【作者简介】

马尧先生，中信证券股份有限公司执行委员会委员、全球投资银行管理委员会主任。曾任中信证券风险控制部副总经理、债券销售交易部副总经理、交易部副总经理、资本市场部行政负责人、金融行业组负责人、投资银行管理委员会委员。长期从事证券业工作，具有丰富的理论和实践经验。

可持续投资助力新经济企业高质量发展

银华基金管理股份有限公司　　王立新

数字经济、新一代信息技术、人工智能、集成电路、生物医药、高端装备制造、新材料、新能源等新经济产业是全球经济发展和人类社会进步的重要推动力量，也是“十四五”时期中国经济高质量发展的重要引擎和新动能。在过去的 10 年中，我国新经济业态迅猛发展，大批高新技术取得巨大进步，已成为拉动我国经济增长的重要力量，另外，部分行业也已经在引领全球发展趋势。党的二十大报告提出，“以中国式现代化全面推进中华民族伟大复兴”“推动经济实现质的有效提升和量的合理增长”，为中国经济的发展进一步指明了前进方向。未来，“质”在经济发展中的重要性将明显提升，代表我国产业升级和推动实现中国特色高质量现代化的新经济产业将迎来快速成长、持续发展的战略机遇期。

一、新经济发展面临的环境和挑战

新冠疫情暴发前，我国经济新旧动能转换已经比较明显，旧经济产业占比下降，新经济产业占比提升，无形资产快速增长，经济可持续发展取得突出成就。从工业部门各行业收入占比来看，2012—2019 年，计算机通信和电子行业比重从 8.5%升至 11.9%，提升幅度最大；煤炭开采、纺织、农副食品加工、钢铁、化工等高耗能和劳动密集型行业比重均下降 1%以上。从 A 股市场无形资产占比来看，2012—2019 年无形资产占总资产的比重从 1.1%提升至 1.2%，商誉占总资产比重从 0.1%提升至 0.5%。[1]

2022 年中央经济工作会议指出，当前我国经济恢复的基础尚不牢固，需求

1　数据来源：万得（Wind）数据。

收缩、供给冲击、预期转弱三重压力仍然较大，外部环境动荡不安，给我国经济带来的影响加深。数字经济、新一代信息技术、人工智能、高端装备制造、集成电路、生物医药、新能源等代表性新经济产业作为新一轮科技革命和产业变革的兵家必争之地，全球化的分工与合作在逐渐降低，对抗与竞争在逐渐显化，各主要经济体都在陆续出台贸易限制、产业补贴、歧视性税收优惠等各种政策。同时，在内部环境面临环境资源压力、能源转型、人口老龄化等问题的背景下，我国经济要实现绿色、包容性增长的目标，也对新经济企业的可持续发展和履行社会责任提出了更高要求，不能重复以往或是部分传统经济企业粗放发展、无序扩张的老路。在这样的大环境下，我国的新经济产业在迎来政策、资源倾斜和行业发展提速的同时，也会面临既定时代背景下实现高质量、可持续发展的新要求和新挑战。为应对上述挑战，新经济企业做大、做强亟须解决两大问题。

1. 更大体量、更具耐心的外部资金投入

新经济企业既需要进行技术的攻关与市场的开拓，又需要提前布局应对时代发展的新需求，研发投入和资本开支较大，难以依靠自身力量解决资金瓶颈，存在较为明显的投融资缺口。以人工智能产业为例，根据中国信息通信研究院数据，2021 年全球人工智能产业投融资金额为 714.7 亿美元，同比增长 90.2%；中国人工智能产业投融资金额为 201.2 亿美元，同比增长 40.4%，可见产业资金投入压力较大，投融资需求较为旺盛。

新经济产业资金缺口的弥补离不开资本市场的配合。长期以来，我国金融体系以间接融资为主，商业银行承担为实体经济提供资金运转的主要任务，但银行信贷投放存在信贷规模、资本充足率、存贷比等监管约束，难以满足实体经济日益增长的多元化融资需求。随着产业结构的优化和我国金融体系的发展完善，直接融资势必会发挥更强的作用。2019 年科创板的设立引入了 5 套不同的上市标准，使得未盈利、同股不同权、存在红筹架构的科创企业得以登陆资本市场；2020 年创业板注册制的试点进一步调整优化了上市条件，促进了科技、资本和实体经济高水平循环功能日益增强。突出硬科技特色的科创板、定位于“三创四新”的创业板、主要服务成熟期大型企业的主板等板块各有侧重、相互补充、错位发展，为资本市场支持新经济发展打下了良好基础。根据万得（Wind）数据，电子、医药生物、电力设备、机械设备、计算机 5 类行业市值合计占科

创板的86%、创业板的67%和主板的23%;“专精特新”中小企业市值占科创板的35%、创业板的29%和主板的12%。2023年，随着全面注册制的正式启动，未来资本市场将继续赋能新经济产业，支持实体经济更高质量、更可持续发展。这是当前阶段我国资本市场的新使命、新任务，也将成为推动可持续投资快速发展的重大推动力量。

2. 针对治理能力和管理水平的外部支持

新经济企业处在发展早期，高管背景、股权结构、客户集中度、市场竞争环境等因素决定了企业或面临较高风险。与此同时，新经济企业高层管理人员往往偏技术出身且精力有限，对有实质性影响的环境、社会、公司治理因素不够熟悉，管理机制也难免具有不系统、不稳定、不规范的特征，可能难以单纯凭借内部力量应对好时代背景下的新要求和新挑战，以及各利益相关方对企业的期待。

二、可持续投资推动新经济发展的途径

可持续投资或ESG（环境、社会、治理）投资强调在投资研究中纳入可持续性视角，通过深入挖掘企业经营与环境和社会的协调性、公司治理的有效性、公司发展战略的稳健性等长期驱动性因素的投资理念，构建具有高度前瞻性的评价维度，为评估企业发展的可持续性以及具备财务实质性的非财务表现提供了崭新的视角。另外，也注重在投后管理中积极参与公司治理和对ESG议题的管理，在为全社会创造价值的同时，为投资者带来长期稳健的回报。可持续投资在助力我国新经济做大做强上具有天然的匹配性。

（一）可持续投资如何助力新经济企业做大

可持续投资可以帮助解决新经济发展的直接融资问题，帮助企业做大。其作用主要体现在以下几个方面。

1. 可持续投资正在进入主流投资视野

近年来，可持续投资正在进入主流投资视野，投资规模快速扩张，资金增量明显。联合国支持的负责任投资原则（PRI）数据显示，截至2021年年底，

其签署方全球管理资产总规模达到 121 万亿美元，较 2006 年增加了 18 倍；万得（Wind）数据也显示，2021 年年底中国可持续投资基金规模达到 2121 亿元人民币，较 2006 年增加了 25 倍，均明显高于整体市场增速。即使在下行周期，可持续投资也表现出更强的资金吸引力和投资者黏性。根据晨星的海外数据，2022 年以来，由于大众对经济衰退的担忧升温，全球可持续投资的资金流入速度有所放缓，一到三季度分别净流入 870 亿美元、339 亿美元、225 亿美元，但明显好于全球基金总体市场对应的三个季度的资金流动情况（分别为 1410 亿美元、-2780 亿美元、-1980 亿美元）。

2. 可持续投资的资金规模还有进一步增长空间

我国资本市场属于处在转型期的新兴市场，具有高成长高波动、信息披露质量不高、治理水平还有待提升等突出特征，引入可持续投资可以起到规避风险、降低波动、缓释回撤的效果。站在资产管理人的角度，在投资分析、决策和投后管理中，整合的相关考虑因素与现有的受托义务相吻合；站在养老金、社保等资产所有者的角度，可持续投资与其对最终受益人的义务相吻合，可持续投资存在较为明确的市场价值和市场需求，潜在资金增量仍然较大。

3. 可持续投资对长久期资金的吸引力较强

可持续投资对长久期资金的吸引力较强，非常匹配新经济企业投入大、周期长的资金需求。可持续投资在中长期的业绩优势更为明显——晨星数据显示，美国 ESG 基金在 3～5 年维度上表现较好，有 74%的产品收益高于市场平均水平；《2021 年度中国资管行业 ESG 投资发展研究报告》中的调研结果也表明，国内绝大多数基金公司也认为 ESG 产品的业绩优势在 3～5 年的维度上更加明显，因此大型养老基金等长久期资金一直是 ESG 投资最有影响力的驱动力量。可持续投资能够发挥桥梁作用，成为长久期资金与新经济企业的重要桥梁。

4. 可持续投资的资金投向对新经济产业表现出明显偏好

从 MSCI 列出的前 20 大海外 ESG 基金来看，基金对信息科技的偏好较高，持仓比例中位数为 27.3%；对传统能源的偏好较低，持仓比例中位数为 0.2%。考察国内 ESG 产品，基金三季报显示其前三大重仓行业是电池、能源金属、光伏设备，分别占比 24.6%、12.4%和 8.7%。海外和国内 ESG 产品的行业配置均倾向于新经济产业，表明可持续投资与新经济主题具有较好的契合度。

（二）可持续投资如何助力新经济企业做强

可持续投资可通过更积极、深入的投后管理实践，推动新经济做强。

资管机构投研力量强大，具备资金、研究和人员的优势，不仅熟悉传统的产业、行业、财务研究，一些领先的机构也逐渐对环境、社会、公司治理问题更加关注和熟悉。在可持续投资的理念支持下，资管机构可以通过多种渠道和方式积极参与公司治理，推动企业在决策和管理过程中不只考虑传统财务因素，还要纳入更多影响偏中长期的非财务因素，以此促进公司治理的完善，提高运营业绩与绩效，降低潜在风险敞口，实现股东和其他利益相关方的共赢，避免对环境、社会造成负面影响，并积极创造正面影响。具体而言，通过可持续投资和尽责管理支持新经济企业做强可围绕以下两个思路展开。

首先，基于可持续投资的理念和从产业到公司的研究，资管机构可通过积极沟通重大的 ESG 议题，通过投票表达对公司治理和重要运营决策的观点，帮助新经济企业增强发展韧性，提升新经济企业的长期价值。新经济行业增长的核心动力主要是创新带来的效率提升，因此新经济企业更加具有轻实物资产、高人才依赖、重研发投入的特征。轻实物资产的特征意味着企业需要重视公司治理的完善，包括治理制度和内控机制；高人才依赖的特征意味着企业需要重视员工满意度、激励和认同感的提升；重研发投入的特征意味着企业科技创新投资周期长、规模大、风险高，具有高度不确定性，需要重视潜在风险敞口的把控，尤其需要把握气候变化、人口老龄化、地缘政治等长周期变量和趋势。从投资者的角度来看，这些考虑因素对于为企业进行更全面的分析和定价都至关重要。

其次，投资者推动企业改善可持续性管理水平和绩效也有助于新经济企业提升竞争力，并获得更多海外投资者的关注。随着可持续投资理念逐渐深入人心，新经济企业通过发布可持续发展报告展现可持续发展水平，可以建立客户、供应商、监管机构、投资人等国际利益相关者对公司的信任，满足更多国家对其产品和服务的监管要求，获取更多的国际订单、资金和资源，更快成长为具备国际竞争力的一流企业。尤其是参与国际供应链的新经济企业，针对日益加强的绿色标准、劳工标准等问题，需要提前建立产品原材料溯源机制，完善供应链追踪和管理体系，做好环境影响管理、劳工合规管理和证据留存等工作，同时面对成本和竞争压力、供应链稳定等约束条件，也可能要面临在满足国内合规要求基础上的一些权衡。国内外的可持续投资者都需要与新经济企业加强针对可持续议题的沟通和讨论。

（三）可持续投资能够与新经济发展形成正向反馈

可持续投资有望通过与新经济主题的结合表现出更强的业绩优势，盘活更多的资金与资源，推动可持续投资与新经济的做大做强。从海外经验看，1973年至今，美国经济增长中枢逐渐下移，国债利率也在20世纪70年代的通胀过后开始下降，但在经济、利率下行的大背景下，美国的科技和消费板块占国内生产总值的比重持续提升，保持了业绩的稳定增长，从而涌现出了美股近50年年化收益率最高的几个行业。当前中国经济面临新旧引擎加速切换，股票市场也将出现风格和行业上的切换，新经济产业作为未来重要的增长点，将有较为确定的业绩增长和估值提升机会，投资价值较高。通过丰富的可持续投资产品和优秀的管理业绩，资管机构将更好地服务于机构和个人投资者的财富管理需求与可持续发展偏好，吸引更大规模、更高质量的资金，提升积极行使股东权利的动机与能力，形成新经济做大做强、可持续投资加速发展、进一步推动新经济成长的正向反馈。

三、可持续投资助力新经济发展的未来方向

随着国内经济发展质量的要求提升和国际贸易规则的完善规范，过往一些偏粗犷的发展模式将不再适用，而管理好对企业生产经营和长期发展有实质影响的环境、社会、公司治理因素已经成为国内外龙头企业的共识，以及投资者评价资产与证券的重要考虑维度。展望未来，可持续投资对企业的评价将更多考虑新经济行业特色和企业特点，挖掘具有实质性影响的议题。新经济企业处于发展初期，可支配资源相对不够充足，可持续投资将在深刻把握宏观、中观背景和企业特质的前提下对具体问题开展具体分析，定位对企业长期发展而言最关键的实质性议题，从而在资源有限的前提下有效挖掘机遇、规避风险，开拓引领未来新增长，促进新经济产业和企业的高质量发展。可持续投资也将更加重视投后管理，基于投研积累与产业资源，更加系统、积极地参与到企业的治理和ESG问题的管理中，同时识别不同行业、不同类型企业共同面临的ESG热点议题，撬动新经济企业的发展杠杆。

可持续投资的理念与银华基金“坚持做长期正确的事”的核心价值观不谋而合。为了更加有效地推进可持续投资落地，银华基金在公司文化建设、治理和制度层面高度重视可持续投资，也在将 ESG 理念融入投研实践中积极布局，成立了独立 ESG 研究团队，建立了内部 ESG 评估模型，并将传统行业研究和 ESG 研究密切配合。未来银华基金将继续在投资研究中整合可持续性因素，在践行自身社会责任、为持有人带来高质量的投资回报的同时，通过可持续投资助力中国新经济高质量发展。作为贯彻可持续理念的投资者，我们也期待新经济企业与我们相向而行，更加主动关注、管理和讨论对于企业发展意义重大的可持续性议题，促进金融行业服务实体经济高质量发展、经济社会可持续发展的美好愿景。

【作者简介】

王立新先生，银华基金公司董事、总经理、投资决策委员会主席，经济学博士。中国基金行业最早的从业者，参与创始的南方基金和银华基金是中国优秀的基金公司。兼任中国证券投资基金业协会兼职副会长，香山财富论坛发起理事、秘书长，北京香山人和财富管理研究院院长等职。

政府产业引导基金支持区域经济高质量发展

清控金信资本管理（北京）有限公司　　薛嘉麟

“十四五”期间，面对国际发展环境和国内发展条件的深刻变化，我国区域经济发展也将发生较大变化。习近平总书记在中央财经委员会第五次会议上发表的重要讲话强调：“要根据各地区的条件，走合理分工、优化发展的路子，落实主体功能区战略，完善空间治理，形成优势互补、高质量发展的区域经济布局。”面对新时期的新机遇、新挑战，实现区域经济高质量发展，必须要发挥政府集中力量办大事的优势，加强资金引导和支持力度，以科技创新深度链接产业创新，构建政产学研协同新机制，赋能区域经济高质量发展，为区域经济注入新的动能。

一、区域经济高质量发展面临的机遇和挑战

（一）新经济是区域经济高质量发展的驱动力

当前，全球科技创新进入空前的活跃期，新经济形态快速发展，新兴科学不断涌现，云计算、物联网、人工智能等新一代科学技术正加速向传统产业渗透，推动传统产业释放新的动能。随着以新技术、新业态、新模式为核心的新经济时代的到来，我国经济也逐步进入高质量发展阶段。

新经济作为经济发展的高阶形态，逐渐成长为拉动经济增长的主要动力；而区域经济作为我国自主创新和产业发展的重要载体，正以新经济理念引领区域创新生态和现代化产业体系的构建，从高投入、高消耗、低效率的粗放式发展方向，向均衡、协调、高效的集约式经济发展方向转变，肩负起引领经济高质量发展的战略使命。

在发展进入新常态、经济步入“换挡期”的大背景下，新经济作为区域竞争的关键变量，在经济转型升级、区域地位提升中发挥的作用愈加彰显，并成为各区域在激烈的竞争中占据有利位置、实现率先突围的决定性因素。

（二）区域经济高质量发展的挑战

近年来，在国家加快产业升级和推动新旧动能转换的转型发展大背景下，一些区域简单地将摒弃劳动密集型产业和高能耗产业等同于改造旧动能，将引进新兴产业项目和培育新兴产业等同于打造新动能，由此造成原有的传统优势产业得不到技术升级而日渐萎缩，新动能短期内又未能培育壮大。有的区域在发展新经济产业上盲目追求“多干快上”，但由于存在明显的技术短板或产业配套体系不完备，即使引进了高端的新经济产业落户，也无法参与产业链的高端技术环节，只能承担来料加工或零部件组装的中低端生产环节，最终在新经济产业上重蹈低端锁定的覆辙。

因此，新经济要促进区域协调发展，需要按照客观经济规律调整完善区域政策体系，发挥区域比较优势，促进各类创新要素合理流动和高效集聚，立足区域资源禀赋整合产业链，培育优势的特色主导产业，围绕产业链形成上下游分工协作，引导企业攻克支持产业和区域发展的关键核心技术，实现产业、研发、技术攻关和产业发展的一条龙，引领区域经济发展迈向中高端阶段。在市场经济条件下，投资者在哪里投资、企业在哪里发展都可以自主选择，而获取较高的效率和收益是其选择的基本原则。因此，区域经济发展规划、产业发展规划、金融配置规划、空间载体规划和区域政策体系规划应顺应这一规律，为新经济及创新要素集聚开辟道路。

二、政府产业引导基金是区域经济转型发展的重要手段

整体而言，新经济不仅是一种经济现象或技术现象，而且是一种技术—消费—经济演进、虚拟经济到实体经济生成连接、资本与技术深度黏合、科技创新与制度创新相互作用的经济形态。同时，由于创新的正外部性和高风险性，创新主体往往面临内源融资不足的问题。因此，要实现新经济离不开资本市场与货币市场的推动。与传统金融相比，实现新经济需要的工具和方式有所不同，在这样的需求背景下，政府产业引导基金应运而生，成为区域经济金融配置中

的重要手段。

（一）政府产业引导基金推动新经济产业招引

2022年，在区域经济转型压力的推动和部分城市成功经验的鼓舞下，政府产业引导基金在全国各地“四处开花”。在长三角和珠三角地区，政府产业引导基金从省会城市、地级城市加速向区县下沉，基金体系化、纵向渗透化、垂直专业化等新的趋势不断呈现；而在中西部地区，政府产业引导基金的设立速度也明显加快，呈现出规模大、落地快、返投宽的新趋势。政府及政府产业引导基金管理人使出浑身解数吸引优质VC/PE子基金落户，进而争抢新经济产业项目的招引落地。清科研究中心数据显示，截至2022年上半年，国内累计设立2050只政府引导基金，目标规模约为12.82万亿元，已认缴规模约6.39万亿元。政府产业引导基金已成为中国创投领域最大的LP群体。

正所谓“引导基金强则创投聚，创投活跃则产业兴”，政府产业引导基金为区域经济带来哪些嬗变，合肥案例带给我们一些很有意义的启示。2005年，与当时大多数城市主要采取的资金补贴模式相比，合肥开始探索以政府产业引导基金推进项目引进，政府产业引导基金可以集中资金，用投资的方式办大事，从而取代传统的“撒胡椒面”模式。若有了投资收益，则基金有成熟的退出机制，可以继续投资孵化新项目、培育新产业；若出现了投资亏损，则相当于传统补贴模式补助企业失败。同时，政府作为重要投资方，对于企业的经营具有一定的话语权。在这种资本招商模式下，合肥打造了总规模超过600亿元的国有基金群，有效满足了企业在不同发展周期的资金需求。2007年，合肥以当时全年财政收入的1/3重点投资以京东方为代表的面板产业；2011年，又以100多亿元投资以长鑫和兆易创新为代表的半导体行业；其后，又先后投资安世半导体、闻泰科技、蔚来汽车。通过一系列投资组合拳，合肥在赢取较高投资回报的同时，也培育出一批高科技产业，打造出全国瞩目的新兴产业集群。20年间，合肥GDP增长近30倍，战略性新兴产业增加值占全市规上工业比重达56.26%。

通过以上案例可以看出，无论是加速纵向渗透向区县下沉还是基金的体系化发展，通过政府产业引导基金对优质战略新兴项目进行支持已成为政府招引项目的标准政策工具，有助于直接引进优质项目落地。政府产业引导基金投资更加前瞻、更符合地方产业布局方向的项目，有助于支持地方产业转型升级。基金引导作用已经不限于财政资金放大的杠杆性，而将注意力更多放在了是否可以打造基于“基础研究+技术攻关+成果产业化+科技金融+人才支撑”全过程的区域创新生态链。

（二）政府产业引导基金发展现阶段主要的痛点和难点

1. 投资方向不明确

由于缺少详细明确的本地产业规划、分工合理的基金体系布局及科学清晰的资金诉求，政府产业引导基金出现了基金设立定位与当地产业格局匹配度低，甚至基金功能定位重复等问题，投资方向不明确致使资金使用效果不达预期。大多区域设立的政府产业引导基金通常按投资阶段划分为天使母基金、产业母基金等，方向也明确为本地重点发展的产业，如集成电路、生物医药、新能源、新材料等。各区域产业基础不同，投资环境成熟度不同，甚至所处地理环境都有巨大差异，对于细分的产业链、配套等也没有盘清家底，仅仅是照本宣科，若套用省、市级的政府产业引导基金管理办法，则大概率将会是虎头蛇尾，并且难以真正为区域产业经济带来本质上的发展。

2. 投资策略同质化

因为缺少政府产业引导基金的顶层设计，基金的投资策略同质化严重。不同政府产业引导基金的投资领域、投资阶段高度重合，大批政府产业引导基金出现在同一赛道上，对赛道上的头部 VC/PE 管理机构及优质投资项目的争夺日趋激烈，政府产业引导基金都抱着只要能投进头部机构管理的基金，那么投资项目的质量、投资基金的收益、返投任务的完成都有了切实保障的想法。政府产业引导基金的投资策略也简化为对头部 VC/PE 管理机构的认知、判断与投资。

3. 头部机构投不进

头部 VC/PE 管理机构基于历史、业绩、品牌效益，更多追求募资端的向上突破，即如何拿到国家级基金的资金、社保基金与保险资金，其市场化投资管理机制使得他们对于以招商引资为第一诉求的政府产业引导基金敬而远之，仅考虑产业基础相对丰富区域的政府产业引导基金；腰部和尾部的 VC/PE 管理机构则迫于募资压力进行下沉的尝试，通过各种渠道想方设法拿到区域级政府产业引导基金的资金。因此，对于下沉区域的政府产业引导基金而言，如何能吸引与自身产业发展定位和区域资源基础大致匹配的投资机构进行合作成为必须要解决的难题。

4. 招商返投难完成

很多区域级政府产业引导基金在缺乏上述顶层设计的情况下一味将返投指标压给合作的投资机构，坐等机构去跑，这种方式是跑不来优质项目落地的。有些区域级政府产业引导基金更是明确表示一定要引来指定数量的企业甚至明星企业，并且附加的条件很多，返投比例都不被当作首要考虑了，这对于投资机构而言很难接受。同时，很多下沉区域的产业基础比较薄弱，正常完成返投难度极大；而越是基础薄弱地区，对返投比例越看重，越把返投达成视为兜底性的条款。所有这些问题又导致容易出现“逆淘汰”现象，一些政府产业引导基金最终只能选择本地的投资机构，几乎不具备招引增量的能力。

5. 投资人才留不住

政府产业引导基金机制中缺乏能够对基金管理团队产生有效激励的制度，政府产业引导基金本身虽然不直接参与项目投资，但需要把有限资源匹配给既有投资能力又符合产业引导方向的投资机构，这对政府产业引导基金的专业能力要求并不低。但相比于市场化机构，大部分政府产业引导基金很难给出有竞争力的薪酬，导致对人才的吸引力不足，同时由于激励机制所限，难以调动政府产业引导基金管理团队优选投资机构的积极性，从而导致政府产业引导基金的资金使用效率较低。即便是一线城市的政府产业引导基金，人才流失问题也一直存在。

三、探索政府产业引导基金运作的新范式

受新冠疫情影响，近两年来很多区域政府财政收入不及预期，尤其地方债务问题，也导致对政府产业引导基金的资金支持力度减小，出资也相应放缓。部分号称百亿、千亿规模的政府产业引导基金，实际出资规模只有计划出资的1/3，甚至有些政府产业引导基金因为后续资金跟不上，投资业务陷入了停滞状

态。要解决这些痛点和问题，必须探索出政府产业引导基金运作的新范式。

（一）区域产业发展图谱是引导基金投资布局的基础

在设立产业引导基金前要有明确的产业赛道规划、协同规划及科学清晰的资金诉求，不仅要强调落地，更要有目标主导产业、目标支撑产业和推动产业链形成的基础及要素配置，一方面为产业引导基金管理团队寻找匹配的投资机构指明方向，另一方面也为投资机构指明清晰的招引返投方向。政府产业引导基金一定要深度分析当地的优势产业，寻找产业链环节较长、总体产值较大、具备引进条件的若干产业链，专注挖掘其上下游的典型企业与周边配套企业，建立独特的具备信息优势、产业优势、资源优势的区域产业发展图谱。区域产业发展图谱的规划使得产业引导路径更加精准，政府产业引导基金也会更加青睐具有细分产业集群认知、资源的投资机构。明确的赛道和方向规划也让社会资本能够清晰、全面了解产业导向，从而让社会资本与政府产业引导基金的诉求在一定维度上达成一致，为投资机构的社会化募资打下良好的基础；同时还能有效提升政府产业引导基金赋能产业发展的有效性和针对性，为基金体系化发展提供内在逻辑支撑。因此，区域产业发展图谱是政府产业引导基金投资布局的基础，只有懂招商、懂产业、懂区域需要什么样的产业，并能结合区域优势围绕产业链发展布局政府产业引导基金才能突破公开征集子基金的合作管理机构的“坐堂”模式，主动出击，挖掘和吸引在区域产业发展图谱规划中以及在产业链领域具备产业纵深能力的优秀投资机构落地合作，充分发挥这些机构对产业的调研与洞察能力、对产业的投资与布局能力，以及对产业生态的影响力，更好地服务区域产业经济的发展。

（二）市场化运作是政府产业引导基金高效发展的保障

对进入资本市场的政府产业引导基金，要实现市场化运作的成功破题及未来良性发展，需要从本质上形成对政府产业引导基金属性的正确理解，这有利于政府自身对产业引导基金进行明晰定位，也有利于市场形成对政府产业引导基金的恰当评价。政府产业引导基金本质上属于公共财政资金，但同时也是一种市场资金，是我国资本市场发展过程中出现的特别现象。从政府审计角度讲，凡是政府承担支出责任或信用背书的任何引导资金和投资资金，都属于财政专项，都接受政府审计监督；但是，从资金运行状况看，由于这部分资金已形成支出，并以资本方式进入了市场，其资金运行的途径、手段等都具有了市场属性。政府产业引导基金作为进入市场的社会化资本也要从市场化运行中获得投资回报，实现其商业价值。因此，政府产业引导基金的市场属性决定了只有通过市场化运作才能保障其高效持续发展。

最近，对政府产业引导基金返投比例的行政性限制要求已经在逐步弱化，毕竟这种限制从根本上并不符合我国市场经济改革的基本要求及建立“统一大市场”的规划方向，也不符合资本流向的客观规律。并且返投方式也在逐步放开，允许有多种形式的返投，允许投资外地，同时在基金注册地、投资人锁定及头部机构进入等方面，也都做出了许多灵活改变。政府产业引导基金市场化的开放度不断提高，在全国统一大市场范围内配置机构、资金及项目资源已成为新的趋势。

政府产业引导基金的主要目标是吸引和撬动更多社会资本进入国家或区域急需发展的产业领域，助力科技创新和产业转型升级，实现其政策性目标；同时政府产业引导基金作为市场资金，其目标即为盈利，只有这样，引导基金才能持续发展，所有量化考核也才能落实。政府产业引导基金具有公共财政属性，对回报的期望是间接的和长期的；而它也具有市场化资本的属性，也存在对现实回报的诉求。从历史经验来看，通过资本运作，政府产业引导基金能够实现一定期限内的财务投资回报，但对一个产业项目进行投资，则需要在较长时期才能看到战略投资回报，政府产业引导基金需要兼顾短期财务和长期战略两种投资回报的实现。

随着政府产业引导基金的发展以及资本市场成熟度的提高，政府产业引导基金的市场属性将会更多展现，这是我们准确理解和把握政府产业引导基金运行机制的底层认知，也是政府与市场形成投资共识、携手共创全国区域经济高质量发展的行动根基。

（三）完善的创新—产业—资本生态圈是政府产业引导基金的核心目标

随着技术创新和新经济产业的变革与融合发展，战略性新兴产业项目的落地越来越关注关联的产业生态及场景供给。从政府产业引导基金发展较好的区域来看，要么有丰厚的产业基础，要么全链条发力，利用政策优势及市场机制，充分打造适合地方的创新—产业—资本生态圈。

在推动区域经济高质量发展的过程中，政府产业引导基金拥有独特的优势。一方面，政府产业引导基金肩负政府使命，在连接政府与市场、引领社会投资方面具有巨大的潜力，许多跨地区、跨行业的前瞻性、基础性、共性问题，如共性技术研发、产品实验和产业化推广等，都可以由政府产业引导基金协调解决。另一方面，政府产业引导基金又是政府和社会资本合作并按照商业思维运营的，能够规避政府直接决策的长官意志和主观决策，从而减少决策失误和投资浪费。上述两方面结合在一起，决定了政府产业引导基金在深入研究产业路线图及技术发展、链接科技创新、推动产业重点突破和跨越式发展、利用资本工具推进重大项目投资落地、加快新经济生态体系建设等方面的关键核心作用。

政府产业引导基金是一项崭新的实践，是精准引导金融资本服务创新的有效方式，是区域打造产业集群、推动产业升级的重要工具，是打造完善的新经济生态圈的关键路径，同时也需要更加客观务实的评价机制，营造长效宽容的发展环境，这应该是社会上下要追寻的共同目标。

【作者简介】

薛嘉麟先生，清控资产管理集团总裁、清控金信资本管理（北京）有限公司董事长，中关村并购促进会理事长。主导和参与设立超过 20 只产业投资基金和 VC、PE 直投基金，具有丰富的高新技术产业投资经验。曾任美国贝尔实验室高级研究员。

04　区域发展篇

创新产业政策，优化产业布局，完善产业链条，营造创新发展环境。发挥新经济引领区域产业发展的积极作用，依托资源优势，构建优势互补、高质量发展的区域经济布局，创建新经济产业集群和智慧城市，打造各具特色的产业转型升级和高质量发展的新引擎。本篇重点介绍若干主要城市和经开区、高新区的成功发展经验。

加快产业集群化发展
推动高精尖产业迈上新台阶

北京经济技术开发区管理委员会

制造业是我国经济命脉所系，是立国之本、强国之基。没有自主可控的现代产业体系，中国式现代化就无从谈起。北京经济技术开发区（以下简称“北京经开区”）紧紧立足实体产业，因改革而生，伴开放成长，凭创新而强，创造性地把党中央、国务院的方针政策和北京市委、市政府的决策部署转化为生动实践。始终坚持以新时代首都发展为统领，紧紧围绕北京国际科技创新中心“三城一区”［包括中关村科学城、怀柔科学城、北京未来科学城、北京创新产业集群示范区（顺义）］主平台建设和“四区一阵地”功能定位，着力打造创新驱动的前沿阵地，不断培育制度优势、产业优势、国际竞争优势，成为首都实体经济主阵地、高质量发展的开路先锋。

一、近年来取得的重大进展

当前，北京经开区已形成新一代信息技术、高端汽车、产业互联网、生物医药四大千亿级产业集群，以北京 0.35%的土地贡献全市近 30%的工业增加值。企业数量超过 7 万家，工业企业产值超亿元的有 185 家，超十亿元的有 54 家。国家高新技术企业共 1868 家，国家级专精特新“小巨人”企业 85 家，在全国经开区中排名第一。

（一）新一代信息技术产业做强做优

积极打造全产业链协同发展产业生态，中芯国际、北方华创等一批企业在关键装备及材料、先进工艺开发及产业化等方面取得了一系列代表国家最高水平的成果。以京东方为龙头，打造显示技术和物联网技术创新策源地，在 2022 年的北京冬奥会上，全球最大的 8K 超高清地面显示系统、“雪花”主火炬台 LED 灯珠等“亦庄智造”贡献了科技力量。

（二）汽车产业加快转型升级

以“小步快走、迭代完善”全面推动“车路云网图”五大体系建设，打造全球首个车路云一体化高级别自动驾驶示范区。目前，车路云一体化“中国方案”得到充分验证，区内 60 平方千米实现全域覆盖，快速规模化测试的城市级工程试验平台建成，国家新能源汽车技术创新中心等国家级创新中心发挥引领作用，带动产业链上下游融合发展。持续提升整车制造能力，北京奔驰提前实现年产 90 万台发动机的规划目标，戴姆勒全球第二研发中心投入使用，促进新能源整车龙头企业长城汽车的落地。

（三）生物医药大健康产业稳步提升

坚持大平台、大品种、大生态发展，完善“孵化—加速—转化落地”全生命周期服务体系。不断优化生物医药产业生态，支持康龙化成制剂开发及生产 CDMO 平台、昭衍生物 10 万升生物药研发生产基地建设，实现国家药监局六大中心落地。赛诺菲、拜耳、GE 等药品和设备新品种不断增加，北京生物制品研究所建成了全国第一、全球最大的新冠灭活疫苗 P3 生产线。

（四）机器人和智能制造产业突破发展

在我国已发布的 285 项智能制造国家标准中，区内企业贡献超 1/3，成为我国智能制造标准制定主力军。持续加快智能工厂、重点产业基地和应用生态示范区建设，获批全国首个人工智能高新技术产业化基地，小米黑灯工厂等智能制造示范企业落地，搭建起国际一流的机器人和智能制造创新合作平台。

（五）数字经济高质量发展

按照“一基、两化、多场景”的总体思路，打造全球数字经济标杆城市先行区。利用国家“5G+8K”实验室、京东数字科技等平台资源，大力发展工业互联网、基础软件、人工智能等科技创新服务业，推动数字技术与产业深度融合。深化制造业数字化转型，支持企业实现关键工艺与工序段、生产单元与产线、车间与工厂的数字化改造升级。先行先试构建数据基础制度，提升数据治理能力，聚焦产业升级、城市治理、民生服务等重点领域，推动高清视听、智能制造、自动驾驶等数字技术应用场景建设。

二、过往采取的重要举措

聚焦主责主业，加强产业谋划，整合创新要素，深化重点领域改革，扩大对外开放，持续优化营商环境和政府服务，努力建设好全球产业新城综合发展标杆。

（一）以科技创新积蓄发展潜力

以创新引领、转化推动、生态保障为重点，推进产学研用深度融合，提升对高端发展要素的吸附力和竞争力，着力打造出活力迸发的创新生态。凸显企业创新主体作用。以龙头企业和技术创新中心为核心，整合区内 25 个国家工程研究中心、工程实验室，与高校院所组建 31 个联合实验室，打造以企业为中心和纽带的创新联合体。营造富有活力的创新生态。支持大企业带动小企业融通发展，发挥链主企业的产业链整合链接作用，大力培育和招引专精特新、关键配套企业，提升创新生态整体效能。产学研用的深度融合不断加强，北京集成电路产教融合基地揭牌，获批教育部卓越工程师创新研究院。扎实推进与北京航空航天大学、北京工业大学等高校合作，搭建“百企出题、院所答题”的合作对接平台。不断优化创新服务体系。搭建北京市首创的“概念验证平台—公共技术服务平台—打样中心—中试基地”全链条创新服务体系，探索“科创+产业+资本”发展路径，建设专业化园区和产业服务平台，精准匹配科技成果转化所需的空间、资金、人才等要素资源，构建“政产学研用金”六位一体的科技成果转化服务体系。

（二）以深化改革激发发展动力

大力推进重点领域和关键环节改革，提高要素资源配置效率，不断优化和完善区域营商环境。持续深化“放管服”改革。在北京率先成立行政审批局，实现“一枚印章管审批”，审管执全链条管理、告知承诺改革、五级供地模式、产业用地标准化、“6+4”一体化综合监管机制等一批改革举措在北京先试先行。集约高效利用土地资源。创建“50 年（国家战略项目）+20 年弹性出让+先租后让+国企代建标准厂房+产业用地城市更新”五级供地的“亦庄模式”，高效推动土地精细化管理。按照“区域评估+标准地+告知承诺制+政府配套服务”的改革思路，推进产业用地标准化改革，探索建立产业项目全生命周期服务链、土地利用全过程监管链。推行“先租后让、达产出让”的工业用地弹性出让制度，在北京率先出台《北京经济技术开发区关于促进城市更新产业升级的若干措施（试行）》，研究土地复合利用、分层出让等土地创新政策。不断深化体制机制改革。实施“大部制”机构改革和人事制度改革，实现“小政府、大社会、专业化”治理模式。建设亦企服务港，构架起“阵地建到园区边、力量沉到港里面、服务送到厂门口、支部设到生产线”的企业服务体系。

（三）以高水平对外开放焕发发展活力

着力推动“两区”建设走深走实，将“两区”建设作为高质量发展的战略支点，打造市场化、法治化、国际化的营商环境。持续推进制度创新。2022 年，北京经开区有 3 项全国或全市复制推广的案例，其中，“服务工业固体废物全生命周期的数字管理新模式”和“完善生物医药产业全链条创新发展服务体系”在全国推广。开设“两区建设服务中心”，设立 RCEP、“双碳”加速器等特色窗口。坚持“引进来”和“走出去”并重。大力吸引外资，SMC 在区内设立中国总部，戴姆勒、GE 医疗设立了本土以外唯一一家研发中心。支持企业加快拓展国际市场，京东方智能显示终端产品占全球 25%，连续 5 年总出货量全球第一；区内企业生产的新冠检测及治疗药物、呼吸机、CT 机等 120 余种产品驰援全球。充分运用和搭建对外开放平台。世界机器人大会、世界 5G 大会已经成为北京经开区国际高水平交往的金名片，积极承办世界新能源汽车大会、博鳌亚洲论坛全球健康论坛、京台科技论坛等，同时积极用好中国（北京）国际服务贸易交易会、中国国际进口博览会和中关村论坛等平台，全面展示区域开放政策、制度创新成果和产业环境整体风貌。

三、今后发展的主要构想

作为北京国际科技创新中心的主平台、高精尖产业的主阵地，北京经开区将紧紧立足高水平科技自立自强和产业链自主可控等国家战略需求，紧紧抓住甚至引领新一轮科技革命和产业变革，把首都创新势能切实转变为产业发展的动能，抢占高精尖产业制高点，不断提升规模和效益，推动产业协同创新、跨界融合、群体跃进，突破一批核心部件，推出一批高端产品，形成一批中国标准，开辟一批全新赛道，加快构筑具有世界影响力的“中国芯”“网联车”“创新药”“智能造”。

（一）加快高精尖产业主阵地建设

在构筑“中国芯”方面，以自主可控、代际领先为方向，加快布局新一代信息技术产业核心环节，加快基础材料、关键芯片、高端元器件、新型显示器件、关键软件等重大项目建设，推动下一代移动通信、物联网和云计算等产业形成多极支撑，打造具有自主主导权、全球影响力的新一代信息技术产业集群。在构筑“网联车”方面，聚焦产业发展趋势和核心技术突破，强化新能源智能网联汽车产业布局，构建技术领先、生态完整、集群显著的新能源智能汽车产业高地。在构筑“创新药”方面，聚焦疫苗、细胞治疗、基因治疗、肿瘤靶向药物、高端医疗器械和人工智能大健康，优化创新生态体系，建立研发、临床、审批、产业化紧密衔接的服务机制，打造医药健康产业创新策源地。在构筑“智能造”方面，聚焦发展智能机器人、智能制造装备、航空航天产业，提升智能制造系统集成能力，加快推动智能工厂、重点产业基地和应用生态示范区建设，带动一批超级工厂项目落地，培育形成“优势产品+标杆工厂”的智能制造产业生态。在培育新兴产业方面，紧盯科技革命和产业变革的发展趋势，基于现有的产业基础、产业要素和产业生态，加快形成自成长、自进化的内生发展动力，着手布局种子项目、种子企业和种子赛道。

（二）深入完善产业发展模式

在新的发展阶段，随着劳动力、土地等传统优势弱化，资源环境约束趋紧，必须推动生产函数变革调整，着力提高全要素生产率，塑造新的、长远的、可持续的竞争优势。不断深化对产业规律的认识，更加准确地把握产业的底层逻辑、要素节点、现状趋势，更加清晰地勾勒出产业发展蓝图，建立起产业集群动态发展机制。立足重大基础研究成果产业化，把握产业发展范式的变化趋势，早研究、早介入、早布局，缩短原始创新到产业化的周期，不断促进首都科技成果转移、转化，让科技创新的势能迸发出来。立足产业链供应链自主可控，打好关键核心技术攻坚战，获得新一轮世界产业变革的主动权，赢得新一轮的发展周期。立足不同技术路线下的产业链联盟竞争，围绕骨干企业—产业链—产业集群—特色产业基地，推进实施“强链壮大一批、补链吸引一批、延链拓展一批、育链储备一批”，着力增强产业链的完整性和产业集群的协同性。

（三）持续探索产业组织模式

发挥市场在资源配置中的决定性作用，按照市场规律来推进经济治理，参照企业的产品线模式来管理产业集群，对区域企业情况做到底数清、信息准、方向明，并根据该产业的发展规律，做好技术生命周期管理，把握并解决企业的发展瓶颈和风险，切实改变区域发展只能被动跟着企业形势走的局面。以市场化运营、专业化赋能、差异化竞争为目标，以产业专班为抓手，加大经济治理的市场化改革力度，根据产业规律提供精准服务，实行“一个产业、一个专班、一个规划、一个平台、一批项目、一只基金、一套政策、一套考核”工作机制，真正实现政策链、资金链、创新链、产业链、供应链的有效组合。同时，通过数字化系统优化服务手段，切实提高产业赋能效率，实时掌握辖区企业的性能、成本、增速、市场、效益等关键指标。

（四）不断优化产业空间匹配

北京面临城市减量发展和产业转型升级的双重压力，北京经开区必须依靠城市更新手段实现新城建设。一方面，要基于提质增效推进城市更新，疏解非首都功能，为腾笼换鸟提供充足的空间资源，保证大项目能够落下来。另一方面，要立足现代化基础设施体系推进城市更新，以新基建支撑新产业、新模式。新一轮产业变革不仅带来新赛道，也给产业园区带来新的定义标准。比如，轻资产模式是科技创新企业的重要成功经验，代工模式、共性产线、试验验证体系、产业协同创新平台等都将成为新产业落地的关键要素；信息化、数字化、智能化发展必然要求基础算力建设，这将决定区域产业的创新效率和变革速度；新技术运用必然要求广泛布设智慧城市应用场景，这将决定区域新兴产业的商业化速度、产业化速度以及产品技术迭代速度。

（五）着力提升科技创新活力

产业变革要求科技创新，科技创新要求人才集聚，人才集聚要求城市功能。科技是第一生产力、人才是第一资源、创新是第一动力。引进一名高端人才，就能集聚一个创新团队，培育一个创新企业，甚至带动一个创新产业。北京经开区将更加关注各类创新人才的个性化需求，立足人才引得进、留得住、用得好，全力保障创新领军人才、靶向吸引创新核心人才、综合服务创新一般人才。通过构建高度契合的多元环境、服务配套和氛围营造，打造适应科技创新业态特征和发展规律的创新环境，为科技创新的发展提供土壤和支撑。顺应科技创新发展规律，培育科技创新与文化、国际交往、商务商业、生态宜居等功能深入融合的创新特色融合区，培育面向科技创新与文化、金融等功能的高端要素集群，推进科技成果应用、展示、销售与城市功能融合，营造适合创新创业的文化氛围。

（六）不断深化改革和对外开放

发挥开路先锋、示范引领、突破攻坚作用，从产业发展的全链条、企业发展的全生命周期出发来谋划设计改革，形成一批制度成果、实践成果，为体制机制改革做出示范引领。更好统筹国内国际两个市场、两种资源，依托国内超大规模市场优势和区内高精尖产业体系，增强全球科技创新成果的资源配置能力，进而提高对资金、信息、技术、人才等要素配置的全球性影响力。深入推进规则、规制、管理、标准等高水平制度型开放，持续打造国际化、法治化、市场化的国际一流营商环境。

【作者简介】

北京经济技术开发区，作为北京市唯一的国家级经济技术开发区，根据国际科技创新中心建设和“四区一阵地”的区域定位，坚持高端引领的发展方向，持续推进产业基础高级化、产业链现代化。目前，已形成 4 个千亿级产业集群，工业总产值居全市第一，成为全市高精尖产业发展的主阵地。

前瞻布局未来产业　着力打造创新高地

上海市经济和信息化委员会

未来产业立足未来科技和产业发展方向，既代表前瞻性新兴产业，又是构建未来发展新优势的重要抓手。为贯彻习近平总书记关于抓紧布局未来产业的重要指示，落实党的二十大精神和上海市第十二次党代会精神，强化高端产业引领功能，积极布局未来发展新赛道，上海市政府印发了《上海打造未来产业创新高地 发展壮大未来产业集群行动方案》，为前瞻布局未来产业指明了方向。

一、强化系统观念，统筹谋划未来产业

上海推动未来产业发展，主要有三个方面的考虑。一是落实国家战略部署。按照国家“十四五”规划要求，组织实施未来产业孵化与加速计划，前瞻谋划布局一批未来产业；实施产业跨界融合示范工程，打造未来技术应用场景。二是对标国际前沿技术趋势。全球科技和产业变革加速演进，聚焦智能、健康、绿色等方向，上海结合产业创新发展基础和优势，明确提出未来健康、未来智能、未来能源、未来空间和未来材料五大方向。三是进一步拓展本市产业体系内涵。如果说“3+6”新型产业体系是上海产业的“今天”，那么数字经济、绿色低碳、元宇宙、智能终端等新赛道领域就是上海产业的“明天”，未来产业就是上海产业的“后天”，这些产业领域融合演进，为上海建设现代化产业体系不断增添新的内涵、注入新的动能。

上海谋划未来产业布局方向，主要考虑五个标准：一是技术的“前沿性”，未来产业是技术和市场都还处于孕育期的产业，需要探索最优技术路径、加快发展壮大；二是需求的“突破性”，未来产业主要面向未来需求，代表人类对信

息计算、生命质量、资源利用、空间拓展的突破愿景；三是影响的“颠覆性”，未来产业是对传统技术领域和技术路线的颠覆，为生产力和生产关系带来变革性影响；四是价值的“战略性”，未来产业涉及的领域在全球产业竞争合作中具有战略意义，将促进形成国际标准，树立行业风向标；五是前景的“爆发性”，未来产业技术成熟后，会形成效益产出的爆发力，对经济、生活、社会等各方面产生广泛带动作用。

二、立足基础优势，抢抓发展机遇

一是创新资源加快集聚。已有和在建的科学基础设施达到 14 个，实现了蛋白质、光源等直接服务于未来技术的科学发现和创新研发。上海集聚了众多诺贝尔奖获得者、海外院士、中国两院院士等顶级科技人才，其中，中国两院院士（不包括外籍院士）达到 185 位。上海目前拥有 64 所普通高等学校，其中 15 所高校进入国家“双一流”建设行列，2021 年企事业单位委托科研经费超过 70 亿元，占高校年度科技总经费近 30%，与企业共建研发机构超过 800 个，产出了一批重大原创成果。上海在集成电路、生物医药、人工智能等优势产业还集聚了一批海外高层次人才和产业领军人才，拥有 24.1 万名生物医药产业人才，生命科学与医学领域的院士、长江学者占全国 1/4，集聚了全国近 40%的集成电路产业人才，从业人员达到 20 多万人，人工智能领域人才规模超过 23.2 万人。

二是产业基础不断夯实。依托“3+6”新型产业体系，上海已经具备发展未来产业的扎实基础，在五大领域集聚了一批行业领军企业和高水平研究机构。在未来健康领域，上海是中国合成生物学的发源地，是全国最具创新活力的基因和细胞治疗产业集聚地之一，集聚了全国 1/3 的细胞治疗研发企业，在干细胞和免疫细胞治疗、类器官和基因治疗等领域领跑全国，在合成基因线路与精准治疗、智能细胞药物等方面取得了突破性进展。在未来智能领域，上海连续 5 年成功举办世界人工智能大会，打造了国际人工智能领域的上海“朋友圈”，2021 年人工智能产业规模达到 3057 亿元，在智能计算、通用 AI、扩展现实（XR）、量子科技、新一代通信等领域集聚了一批创新企业，张江人工智能岛、西岸智慧谷等区域将成为未来智能创新实践的集聚区。在未来能源领域，上海是能源装备产业的重要研发基地和制造基地，不仅在火电清洁高效利用、第三代先进核能装备、重型燃气轮机、海上风电、太阳能装备、智能电网等领域走在行业前列，而且在高温气冷堆、铅基堆等第四代先进反应堆及聚变堆技术、新型储能技术等领域具有先发优势，集聚了一批创新资源。例如，临港“国际氢能谷”、嘉定“氢能港”等特色产业园区吸引了燃料电池电堆、系统集成、整车、关键零部件等产业链落地上海。在未来空间领域，集聚了一批链主企业和核心设备配套企业，在深海资源开采、极地科考用海洋装备、新一代空天运载工具与载荷设备，以及基础材料和共性技术研究方面集聚了一批“大院大所大企业”和创新型中小企业。在未来材料领域，材料是产业发展的基础，也是上海产学研资源最丰富的领域。上海不仅在高端的金属材料和非金属材料领域有传统优势，在新兴领域也拥有全国领先的高性能膜材料研究与应用团队，产业链上下游集聚优势明显，形成了碳纤维及复合材料从原料到树脂、预浸料、构件、制品、终端应用的全产业链和创新链布局。高温超导、石墨烯等新材料的创新应用加快推进。

三是创新主体蓬勃发展。在企业创新主体建设方面，构建“行业领军企业—单项冠军—专精特新企业—高新技术企业”的创新梯队，近 3 年全市科创板上市企业超过 70 家，专精特新企业近 5000 家（专精特新“小巨人”企业 500 家），形成了以 93 家国家级企业为引领、841 家市级企业为骨干、2000 家区级企业为支撑的企业技术中心创新网络。据统计，80%的科创板上市企业、80%的专精特新“小巨人”企业和 80%的制造业百强企业都拥有企业技术中心。在产业链融通创新方面，根据重点产业链图谱进行梳理，上海在能源装备、高技术船舶、新能源汽车、高端医疗装备、航空航天装备等领域，发挥链主企业需求牵引作用，通过重大项目、重大工程建设带动整个配套产业链零部件、材料、软件、控制器件及芯片的发展，为众多创新型中小企业提供市场和舞台。在创新联合体布局方面，聚焦智能计算、智能机器人、材料数字引擎等方向，鼓励发展一批产业生态型创新联合体，集聚产业链上下游重点企业、研发机构和典型用户单位；聚焦基础底层技术和行业共性技术，在技术创新、标准互认、产业配套等方面形成协同关系，推动产业链创新链深度融合。

三、面向未来趋势，布局五大方向

上海综合国际权威机构对前沿技术的预测方向，借鉴世界上主要国家在未来产业领域布局的重要方向，立足城市产业基础和生态优势，提出布局五大方向、16 个细分领域的未来产业（见图 1）。

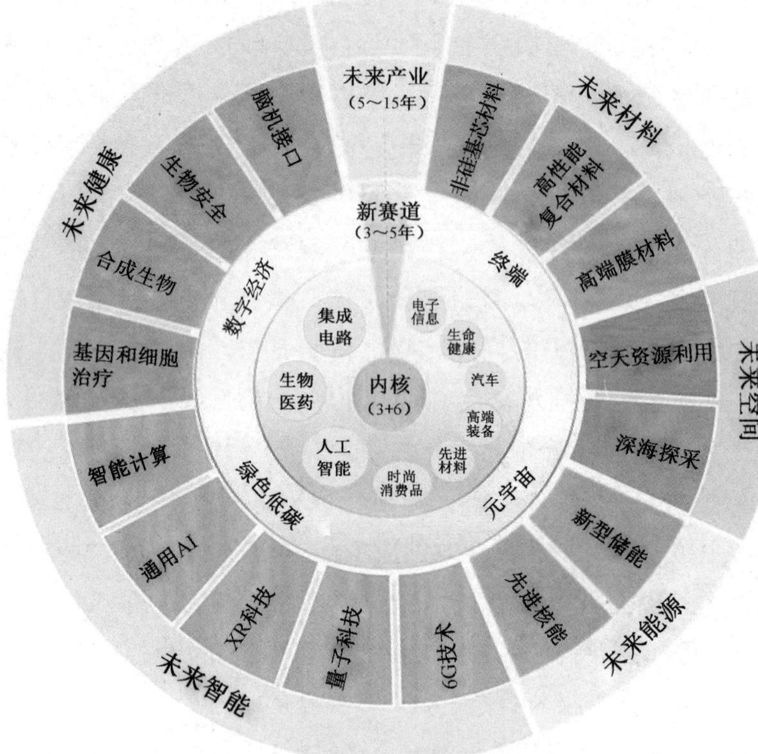

图 1　上海市未来产业布局领域

一是面向人类进步，布局未来健康。面向人民生命健康需求，以前沿突破、临床应用为导向，打造张江研发核心功能区，推动脑机接口、生物安全、合成生物、基因和细胞治疗等技术研发突破及产业化，打造未来健康产业集群。例如，在脑机接口领域，上海拥有中国科学院上海微系统与信息技术研究所、复旦大学类脑智能科学与技术研究院等研究机构，上海企业的“微创植入式高通量柔性脑机接口技术”领先国内外同行水平。

二是面向认知拓展，布局未来智能。面向数字化、智能化发展方向，以技术策源、广泛赋能为导向，推动智能计算、通用 AI、扩展现实（XR）、量子科技、6G 等技术研发突破及产业化，打造未来智能产业集群，为城市数字化转型提供更加智能、更加可靠、更加集成的技术底座。发挥在线新经济生态园、数字化转型示范区等载体功能，推动未来智能应用落地，赋能经济社会高质量发展。

三是面向资源永续，布局未来能源。面向能源安全和可持续发展，以核心突破、首创示范为导向，推动先进核能、新型储能等技术研发突破及产业化，壮大未来能源产业集群。例如，在氢能领域，计划到2025年，建设各类加氢站70座左右，建成3～5家国际一流的创新研发平台，燃料电池汽车保有量突破1万辆，氢能产业链产业规模突破1000亿元。

四是面向深海空天，布局未来空间。面向深海空天利用和空间拓展，以战略牵引、突破极限为导向，推动深海探采、空天利用等技术研发突破及产业化，打造未来空间产业集群。例如，发挥上海装备产业优势，研发深远海、极地船舶与海洋工程装备，发展重型破冰船、高冰级LNG船等极地装备，服务国家战略；突破关键飞行技术，研制载人电动垂直起降飞行器等，探索空中交通新模式。

五是面向功能突破，布局未来材料。面向材料应用的功能性突破，以前沿布局、培育需求为导向，推动高端膜材料、高性能复合材料等技术研发突破及产业化，打造未来材料产业集群。重点是提升膜材料基础结构设计和原料自主化能力，做强高性能纤维产业链，为智能终端、高端装备等提供基础性、战略性支撑，为人民美好生活赋能。

四、突出功能定位，强化产业空间布局

根据未来产业不同领域、不同环节、不同类型、不同阶段的发展需求，建设未来产业先导区、加速园和试验场，布局适合未来产业发展的空间载体。

一是建设未来产业先导区，主要承担创新策源、产业引领和制度示范功能。根据区域创新资源分布，在全市打造15个左右未来产业先导区，在若干细分产业领域发挥引领示范作用，在产业发展路径模式上、体制机制上、制度政策上探索创新，成为未来技术策源地、基础研究发源地。目前正在推动第一批3个未来产业先导区建设，分别是张江科学城、临港新片区和紫竹高新区。其中，张江科学城拥有大量研究未来科技的科研机构和科学设施，将聚焦未来健康打造中国药谷，已经在全国形成一定影响力。临港新片区依托氢能谷打造未来能源的策源地，依托生命蓝湾等打造未来健康的重要引领区，依托信息飞鱼等打造未来智能的示范区。紫竹高新区将促进大学校区与产业园区“双轮驱动”，加强未来产业领域的核心技术攻关和成果转化，打造未来能源、未来空间等领域的技术策源地和产业引领区。

二是建设未来产业加速园，主要承担技术成果转化和产业加速功能。依托全市特色产业园区和重点大学科技园，瞄准未来产业细分领域，加快推动一批未来产业技术成果转化。目前，上海已经发布 3 批 53 个特色产业园区，推动产业链和创新链融合，是上海未来产业的核心承载区。下一步，上海还将谋划更多以未来产业为主题的特色产业园区建设。上海还拥有复旦大学、上海交通大学、同济大学、东华大学等 14 个国家级大学科技园，有效推动了产学研一体化发展，将成为学术成果转化、科技企业孵化、未来技术产业化的重要加速器。

三是建设未来产业试验场，主要承担未来技术和产品应用场景示范功能。围绕生产、生活、生态等多个领域，推出一批融合性、综合性应用场景。例如，以“产业未来化”为试点，支持创新型企业打造一批承载新技术、新场景、新变革的“未来工厂”，通过融合扩展现实（XR）、元宇宙等新兴技术，在目前标杆性智能工厂的基础上再升级、再迭代。以“生活未来化”为试点，在全市范围内选取一批重点社区、三甲医院和智慧商圈进行先行先试，打造一批改变未来生活方式的“未来社区”“未来医院”和“未来商业”。

五、实施六大计划，竞逐未来赛道

一是实施未来技术“筑基计划”。筹划一批未来技术学院，加强高校学科建设和前沿技术人才培养。依托中国工程院院士专家成果展示与转化中心，建设未来产业研究院。组建一批未来产业创新中心和创新联合体，加强行业关键共性技术研发和产业化。完善全球创新网络，布局一批海外技术转移转化网络节点、国际技术转移和创新合作中心。

二是实施未来布局“响应计划”。谋划未来产业先导区，聚焦临港新片区、张江高科技园区、紫竹国家高新技术产业开发区等地区打造前沿产业集群高地。建设未来产业加速园，遴选一批特色园区布局未来产业，发挥未来产业科技园作用，打造一批推动创新成果转化的加速器。打造未来产业试验场，布局一批“未来社区”，建设“未来工厂”“未来医院”“未来商业”“未来农业”等标杆示范场景。

三是实施未来伙伴“携手计划”。培育一批产业生态主导型企业，鼓励国有企业加大未来产业布局。引进培育一批创新型企业，打造一批在细分赛道有望引领的“未来之星”。构建“科学家+企业家+投资家”力量整合的未来产业项目挖掘甄别机制，依托“浦江之星”计划，储备一批硬核科技企业。

四是实施未来场景“开源计划”。实施一批早期示范场景，探索未来技术产业化可行性，加速“0—1”创新突破。实施一批行业典型场景，支持企业和科研院所联合打造中试基地和试验验证平台，推动“1—100”产业加速孵化。实施一批综合应用场景，以大规模推广推动“100—100 万”的爆发式增长，加速应用迭代与产业化。

五是实施未来人才“雁阵计划”。实施“未来科学家”计划，推出一批面向全球的“揭榜挂帅”重点项目，充分赋予科学家人财物自主权和技术路线决策权。引进国际顶尖人才和科研团队，建立以市场化为导向的科研利益风险分担机制。发挥上海院士（专家）工作站、博士后科研工作站平台功能，跟踪未来技术研究创新成果，培育未来产业创新人才。探索设立未来研究大奖，支持未来产业人才申报各类人才计划。

六是实施未来生态“雨林计划”。探索设立市场化主导的未来产业引导基金，鼓励金融机构面向未来产业开展产品和服务创新。推动国际性行业组织落户，支持企业成立标准化联盟，参与制定未来产业标准规范。建立未来产业知识产权保护体系，注重数据安全、产业安全和伦理制度建设。举办全球未来产业峰会，举办未来产业大赛。

【作者简介】

上海市经济和信息化委员会，是主管全市产业经济和信息化工作的政府组成部门，主要负责工业、生产性服务业和信息化领域规划、政策的研究制定，促进产业空间布局优化调整和转型升级，指导全市行业技术创新和技术进步，统筹招商引资和企业服务，推动新兴产业和产业信息化发展。

建设知识产权强市
推动新经济产业发展

深圳市知识产权局

近年来，深圳市积极推动构建良好的知识产权生态体系，促进知识产权转化运用，知识产权助推新经济产业快速、健康、高质量发展的作用日益凸显。全市新能源、先进制造、数字经济等产业链优势日益明显，知识产权数量和质量持续领先全国，企业创新活力不断提升，面向新经济企业的金融服务和专业服务体系日益完善。

一、深圳市新经济产业发展特点及新经济与知识产权的关系

深圳市是中国特色社会主义先行示范区，是粤港澳大湾区四大中心城市之一，市场经济发达，高新技术产业基础雄厚，科技金融体系日趋完善。

（一）新经济产业发展特点

深圳市一直坚持制造业立市之本，先进制造业增加值占规模以上工业增加值的比重超过 7 成，拥有华为、腾讯、比亚迪等世界级企业。近年来不断加强以企业为主导的科技创新力度，把战略性新兴产业作为实体经济发展的重中之重，持续夯基垒台，为新经济高质量发展注入充沛动力。据统计，深圳市的国家级高新技术企业超过 2.1 万家，总数位居全国第二，其中战略性新兴产业增加值约为 1.3 万亿元，占 GDP 比重突破 40%。2022 年 6 月，深圳市发布“20+8”产业集群政策，规划和培育壮大 20 个战略性新兴产业集群，前瞻布局八大未来产业，推动 20 个先进制造业园区建设。

近年来，深圳市积极把握双区发展机遇，把握先行先试机会，逐步形成以下新经济产业发展特点。

一是产业集群发展质量较高。新型显示器件、智能制造装备、人工智能 3 个产业集群入选国家战略性新兴产业集群发展工程。同时，积极探索“产业园区+创新孵化器+产业基金+产业联盟”一体化推进模式，推动形成“链式整合、园区支撑、集群带动、协同发展”的新发展格局。

二是产业链高端化、智能化、绿色化发展特征显著。深圳市的代表性产业链高度集中在新经济的各类“新赛道”。以新能源产业链为例，它已经成为现象级的先进制造产业链。在比亚迪集团全球总部所在地坪山区，新能源汽车与智能网联汽车“交相辉映”。据统计，坪山区的智能网联汽车规上企业数量已经从 2017 年的 22 家增加至 2022 年的 86 家。同时，出现了一批自动驾驶、操作系统、智能座舱、激光雷达等关键核心零部件制造企业，坪山区已经成为国内自动驾驶产业发展高地。再以数字经济产业链为例，2022 年数字经济核心产业增加值占全市 GDP 的比重超过 30%，成为深圳市高质量发展的新引擎。深圳市数字经济产业链较为完善，软硬件发展齐头并进，既包括具有传统优势的电子信息制造业、信息服务业，又涵盖各类融合衍生的新兴业态。工业互联网、人工智能、大数据、金融科技、智慧城市等领域均涌现出一批优秀企业。深圳数据交易所揭牌、数字经济产业条例实施等一系列举措，也让“新引擎”在引领发展、创造就业、助力国际竞争等方面持续发力。

此外，在人工智能、云计算、5G 等前沿技术引领下，先进制造业与数字经济产业深度融合创新，正给传统制造业注入新活力。

（二）知识产权与新经济的关系

知识产权的数量和质量，以及高价值专利的运用和转化情况，是新经济持续健康发展的重要支撑。据统计，深圳市的专利授权量、发明专利授权量、商标注册量、有效发明专利拥有量等核心指标均长期居于全国领先地位。2022 年，深圳市全社会研发投入占地区生产总值的比重达 5.5%，全市专利授权量达 27.6 万件，PCT 国际专利申请量达 1.6 万件，发明专利授权量达 5.2 万件，有效发明专利拥有量达 24.4 万件，商标注册量达 37 万件，均居全国城市前列，PCT 国际专利申请量连续 19 年居全国城市首位；每万人口有效发明专利拥有量达 137.9 件，约为全国平均水平的 5.8 倍；每万人口高价值发明专利拥有量达 81.5 件，同比增长 20.7%。其中，发明专利与科技企业，实用新型专利与加工制造业，外观设计专利与消费品制造产业，商标与传统消费行业、电子商务行业，版权与时尚创意、印刷出版、软件、游戏等行业，均形成了良性的正反馈效应。

一是发明专利的形成以科技企业为主体，增速全国领先。在三种类型的专利中，发明专利更能体现技术水平，也更能代表创新能力和创新程度。近 10 年来，深圳市的发明专利申请量整体呈上升态势，而且表现出更加强劲的创新动力[1]。据统计，2021 年，深圳市的发明专利授权量同比增长 45.2%，比全国平均水平高 12.2 个百分点，增速高于北京（25.2%）、上海（35.7%）。

从专利申请人（创新主体）的构成来看，企业占据绝对第一。2021 年，获得发明专利授权的高新技术企业有 4629 家，获得授权的发明专利共 3.4 万件，同比增长 47.3%，占全市发明专利授权总量的 74.4%；有发明专利授权的高新技术企业数占全市高新技术企业总数的 21.9%，较 2020 年同期增长 6.8 个百分点。这也说明，深圳市的科技创新始终以企业（尤其是民营科技企业）为主体，创新活动主要由企业组织，创新成果主要在企业转化，这是深圳市依靠市场经济逐渐形成的独特创新生态。

二是发明专利申请量最多的行业主要集中在新经济领域。其中，计算机通信、电信专用设备等产业的发明专利申请量最多。深圳市在移动通信等高技术产业领域的优势尤其突出，以华为、中兴、鸿海、腾讯等为代表的计算机与通信产业正是深圳市最具代表性、创新程度最活跃的产业。深圳市的新经济企业在创新发展的同时，也在持续加大对科技创新成果的知识产权保护。以华为、大疆等为代表的中国科技企业在国际竞争中能做到游刃有余，这与企业“大胆创新、重视保护”的发展理念是分不开的。

三是商标申请与注册量增长显著。商标虽然不直接反映创新能力，但是商标申请与注册情况能够在一定程度上说明地区企业的市场化水平及实体经济的发展活力。2021 年，全市商标申请量达 57.5 万件，占全省申请总量的 33.1%，占全国的 6.3%；商标注册量达 46.4 万件，同比增长 28.0%，占全省注册总量的 32.3%，占全国的 6.2%；马德里商标国际注册申请量达 818 件，同比增长 9.8%，占全省总量的 54.1%。商标类别申请排名往往能反映出行业的市场活跃程度。在深圳市，除服装产业外，科技产品、科技服务、广告、教育、文娱等新经济产

1　2018 年有所下降，但幅度不大，主要原因为中美经贸摩擦，使部分制造业外移。

业活跃在市场最前沿，这正是深圳市作为创新型城市的显著特征。

总体而言，深圳市的市场化已经发展到较为成熟的阶段，知识产权保护基础较好，知识产权保护意识相对较高，新经济企业在知识产权创造和运用方面均取得了一定的成绩。反过来，知识产权对科技创新成果及发展的促进，也更加坚定了深圳市及经营主体持续进行科技创新与技术研发的信心。

二、知识产权推动新经济发展的具体举措和实践

知识产权转化效率决定了其对新经济的支持程度。一个良好的、市场化的生态系统是提高知识产权转化水平的必要条件。与发达国家不同，我国目前的知识产权转化生态体系还在逐渐完善，需要政府的不断引导和培育。政府的作用体现在：一是提供一个良好的知识产权保护体系，有力维护知识产权的财产权利，充分激发市场创新活力；二是吸引多种知识产权供需方，包括科研院所、企业、投资机构等积极参与，这些主体越多样、越活跃，则越能增加知识产权转化的成功率；三是汇聚更多的金融资源，为转移转化的各环节提供必要的资金支持；四是培育一批专业化的知识产权运营、评估和咨询等中介服务机构，以促进知识产权转移转化的实现。

近年来，深圳市深入贯彻《知识产权强国建设纲要 2021—2035 年》和《“十四五”国家知识产权保护和运用规划》，成功创建了首批国家知识产权示范城市，2022 年获批创建知识产权强市建设示范城市，2023 年获评首批国家知识产权保护示范区。知识产权部门在推动构建良好的知识产权转化生态上成效显著，包括完善相关法规体系、推进知识产权金融、构建专业服务体系、支持知识产权交易平台建设等，有力助推了新经济产业快速、健康、高质量发展。

（一）不断完善新兴产业高质量发展的政策法规体系

修订全国首部综合类知识产权保护地方性法规《深圳经济特区知识产权保护条例》，创新建立惩罚性赔偿、行政禁令、技术调查官等重大制度。出台科技创新条例、营商环境条例、数字经济产业促进条例，制定反不正当竞争条例，制定知识产权相关政策文件近 30 件，不断夯实“严保护”基础。推进新型法律保护试点，开展数据知识产权保护和“区块链+版权”试点，创新建立香港陪审

员制度、集中快审机制，出台全国首个数字经济知识产权司法保护实施意见，制定大数据、生物医药、电子商务、直播电商、植物新品种等新领域、新业态知识产权保护指引，“建立新兴领域知识产权保护新机制”入选深圳综合改革试点典型经验。

（二）加大知识产权转化方面的资金支持，增强对新经济的财政支持力度

深圳市聚集了一大批金融机构，证券公司的主要指标在全国排名第 2，私募基金实缴资本在全国排名第 3，拥有全国顶尖的金融资源。近年来，深圳市深入推进科技金融深度融合先行区建设，形成了包括创投、银行、保险等在内的金融支持体系。深圳市知识产权局加大财政投入，积极支持新经济产业发展，于 2022 年修订《深圳市市场监督管理局知识产权领域专项资金操作规程》，专项资金总额为 2.94 亿元，重点加大对“20+8”产业集群的扶持力度。2022 年，深圳市财政安排的知识产权经费达 10483 万元，其中知识产权专项资金达 6320 万元，工作经费达 4163 万元。

（三）创新知识产权金融产品，促进新经济领域的高价值专利有效运营

首创“国资主导、政府补贴、市场参与、企业获益”的知识产权证券化模式，累计发行规模达 125.5 亿元的知识产权证券化产品，持续领跑全国。推进深圳市知识产权金融公共服务平台建设，试点开展银行业金融机构知识产权质押登记线上办理，推出全国首单线上质押融资保险业务。推动构建市、区两级质押融资有效衔接的惠企政策体系，健全质押融资风险补偿和质物处置机制，指导成立全国首家知识产权金融协会。2022 年办理知识产权质押登记数达 694 件，同比增长 26.0%，登记金额达 194.77 亿元，同比增长 64.0%，在全省排名第 1。

（四）构建面向新经济的全门类、全方位、全链条服务体系

推动国家知识产权局商标受理窗口、粤港澳版权登记大厅、世界知识产权组织技术和创新支持中心等重大平台落户深圳市。建成专利、商标、版权、集成电路布图设计等“全门类”服务大厅，设立新能源、互联网、高端装备制造、

珠宝加工预审领域，开展集成电路布图设计登记与审查、外观设计专利权评价报告预审、专利申请批量预审、专利复审与无效案件多模式审理、香港特区申请人专利优先审查等多项试点，平均预审周期压缩至 4.9 天、授权周期压缩至 59 天。建成“一站式”协同保护平台，设立 9 个区级分窗口。

（五）支持建设技术市场连接资本市场的全国性综合服务平台，完善新经济高质量发展所需的金融基础设施

2022 年，根据党中央国务院相关部署，经过两年多的努力，深圳市包括市知识产权局在内的多个相关部门积极支持深圳证券交易所设立深交所科技成果与知识产权交易中心有限责任公司（以下简称“科交中心”），开展科技成果和知识产权交易，以及相关科技企业投融资对接服务。科交中心是深圳证券交易所建设的国家级科技成果与知识产权交易机构，建成后有望成为深圳市新经济发展的又一重要基础设施。科交中心是技术市场连接资本市场的全国性综合服务平台，旨在充分发挥资本市场优势，提升科技成果和知识产权转移转化效率。截至 2022 年年底，科交中心发展政府部门、商业银行、投资机构等战略合作机构和高校院所 23 家，签约知识产权运营代理、融资评估、法律仲裁等专业服务机构 16 家，另有 19 家机构提交了合作意向；累计服务各类科技成果、科研资源和科技企业项目 300 余项，促成技术交易 8 单，其中 4 单为专利许可交易、1 单为职务发明转让、3 单为技术投融资对接。

三、知识产权推动新经济发展的思路

党的二十大报告提出，“加强知识产权法治保障，形成支持全面创新的基础制度。”中共中央、国务院印发的《知识产权强国建设纲要 2021—2035 年》指出，要“实施知识产权强国战略，回应新技术、新经济、新形势对知识产权制度变革提出的挑战”。下一步，深圳市将继续高标准创建国家知识产权强市建设示范城市、国家知识产权保护试点示范区，加快打造全球一流的科技和产业创新高地，积极支持深圳“20+8”产业集群建设和未来产业发展，为广东“制造业当家”战略提供有力的支撑和保障。

具体而言，深圳市知识产权局将深化落实《深圳市知识产权保护和运用“十

四五"规划》，以继续完善知识产权转化生态体系为目标，开展以下几方面工作。一是提升专利预审、专利优先审查质效。扎实做好专利预审服务、专利优先审查推荐业务，进一步缩短重点产业、高价值专利的授权周期，降低企业寻求发明专利授权的时间成本，使真正有价值的技术创新更快得到专利法保护，激发企业研发创新热情，促进技术迭代和产业升级。二是进一步提升知识产权运营服务水平。推进建立专利开放许可制度，推动全市高价值专利面向产业发展需求实现高效益转化，促使高校、科研院所的"沉睡专利"向产业移转；实施专利导航工程，以支撑政府投资项目决策、关键核心技术攻关及地方产业规划为重点，推进供需对接，强化成果运用，充分发挥专利导航服务于产业创新发展的效能，助力提升产业链、供应链韧性和安全水平。三是完善协同保护工作体系。持续完善"一站式"协同保护平台，探索"技术调查官+专利侵权判定"专业服务模式；深入开展知识产权领域"双随机、一公开"检查，推进知识产权纠纷快速处理试点建设，优化知识产权快速协同保护工作流程。四是优化知识产权公共服务。加快推进深圳市知识产权平台培育工作及区域布局信息化工作，为全市产业转型升级和企业知识产权分析利用提供数据支撑。资助知识产权公共服务体系建设，支持引进和规范使用知识产权数据资源。依托世界知识产权组织技术与创新支持中心，统筹推进数据分析、金融创新、专利检索、专业培训等服务。

【作者简介】

深圳市知识产权局，负责全市专利、商标、版权等知识产权行政管理。目前已构建有效服务于深圳市产业集群发展的知识产权全链条生态体系，创造了知识产权保护的深圳经验。近年来，深圳市获评首批国家知识产权强市建设示范城市、国家知识产权保护示范区。

发展新经济产业　引领消费新趋势

福州市人民政府　　黄建雄

新经济时代新技术、新业态、新模式不断涌现，促进线上线下相融合的消费市场的繁荣发展，涌现了新文创、新零售、新医疗等新消费业态，拓展了首店经济、夜经济等新消费场景，给人类社会生活方式带来了深刻变革。2022年，福州市委市政府提出全力打造国际消费中心城市的总体目标，明确以大数据、物联网、人工智能、区块链等数字技术为支撑，推动数字技术与生活服务业深度融合，打造消费数字化应用场景，促进福州市消费市场提质扩容与高质量发展。“激发消费市场活力，提振消费经济动力”是福州市建设国际消费中心城市最关键的主线，以新经济促进新消费[1]是福州消费市场提质扩容、繁荣发展最有力的杠杆。福州市积极把握新经济发展新趋势，创新消费新场景，培育消费新业态，塑造具有显示度的新消费品牌，促进线下市场与线上市场“双融合”，加快打造国际消费中心城市。

一、新经济产业对消费的引领促进作用

随着世界经济政治形势的深刻变化，叠加新冠疫情的持续影响，消费作为我国经济高质量发展的核心动力将进一步显现。在新经济时代，人工智能、物联网、大数据等数字技术快速迭代，平台经济、共享经济、社交经济等迅速发展，不断重塑消费产业链与供应链，带来消费模式与消费业态的变革与升级，也为消费市场的升级扩容带来持续动力。

1　新消费是指全球消费发展新趋势，主要指消费升级。

（一）人工智能、虚拟现实等新技术应用深入，不断创新消费业态

随着人工智能、物联网、虚拟现实、增强现实、数字孪生等技术的创新应用，VR 眼镜、智能家电、智能可穿戴设备、服务机器人等智能硬件产品层出不穷。传统商业企业敏捷洞见商机，加强新技术、新产品的融合应用与推广。各大商圈商户积极运用 5G、全息光影投影、VR/AR 等技术，通过营销创新与场景创新，数字文娱、智能购物、全息光影餐厅等沉浸式消费业态加快涌现。无人零售、智慧零售等新零售技术与传统零售业的融合示范，智慧停车、无人驾驶出租车等带来的出行方式变革，给消费者带来了更便捷新颖的消费体验，同时增强了消费者的黏性。

（二）网络经济、社交经济成为新商业主流模式，有效刺激新消费需求

在移动互联网时代，共享经济、社交经济、创意经济发展繁荣，以“90 后”与“Z 世代”（出生于 1995—2009 年）为代表的新时代人群，自出生起便与互联网深度绑定，是当代最富有个性表达、最具备潮流活力的新消费群体，拥有更高的消费意愿和边际消费倾向，也是“流量”“爆款”“话题”的制造者与消费者。在新生代群体网络社交、网红打卡等社交方式下，社交消费、国潮消费、网红消费等新消费赛道全面爆发，通过抖音、微博、小红书等社交媒体平台，以自流量和规模效应带动消费模式与产品推陈出新，不断引爆国货、电竞、潮玩等新消费需求。

（三）线上化与平台化模式持续发展，加快居民消费方式迭代升级

大数据、云计算技术与各类商业业态加速融合，实体零售企业转型“线上线下”一体化运营模式，在线消费、无接触消费发展日趋成熟，线上消费与线下消费相互渗透叠加，销售渠道不断拓展。新冠疫情暴发以来，消费者对消费安全性、便利度、快捷化的要求明显增加，远程医疗、在线教育、线上生鲜超市等赛道实现高速增长，线上化与平台化深度改变了居民的生活消费模式。2022 年，全国网上零售额约为 137853 亿元，占社会消费品零售总额的比重为 31.3%，中国成为全球第一大网络零售市场，居民消费潜力进一步显现。

（四）大数据赋能供应链管理，推动生产端与消费端供需精准匹配

在新经济时代，电商与内容平台等快速发展，渠道营销能力、供应链管理

水平同步升级。云计算、大数据、物联网进一步打通产业互联网，贯通原材料采购、生产制造、仓储物流、销售管理、交易结算、售后服务环节，生产端到消费端匹配效率大幅提升，市场投放、产品设计与人群定位更加精准，满足了不同消费阶层的需求，并涌现了数字仓储、智慧物流、数字交易等新赛道。

（五）新经济催生共治共享机制，营造高效便捷的消费环境

在数字化时代，消费者对产品与服务的安全性、可靠性提出了更高的要求，大数据、区块链技术赋能信息共享、信息溯源，信用体系、市场监管、交易结算、消费者维权体系建设完善。电子商务、共享经济、网络信贷等领域通过大数据共享共治，为消费提供用户信息安全、交易结算监管、智慧预警提示等服务，营造更加安全放心的消费环境。

二、福州市发展新经济，促进新消费的优势与机遇

福州市作为东南沿海重要的省会城市，正深入实施“强省会”战略，持续做大城市能级、提升城市影响力。福州市民营经济活跃，商业经济繁荣，近年来全力打造“数字应用第一城”，新经济发展呈现良好势头，并为消费市场提质扩容注入强劲动力，加快形成以消费为核心的增长引擎，支撑万亿级城市高质量发展。

（一）全力推动“数字福州”建设，增强数字消费对经济的带动力

福州市全力推进“数字福州”建设，全方位打造“全国数字应用第一城”。2022 年，全市数字经济增加值达 6500 亿元以上，占 GDP 比重达 55%以上，成为推动全市经济社会高质量发展的核心引擎。福州市抢抓建设国际消费中心城市的重大战略机遇，加快建设数字消费标杆城市，推动数字消费设施建设，深化人工智能、大数据等技术的创新应用，打造消费数字化应用场景，培育直播电商、在线文娱、智慧旅游等数字消费新业态。2021 年，福州市社会消费品零售总额约为 4549.4 亿元，其中网络零售额约为 1019.7 亿元，占比超过 22%；2022 年，在疫情频发对消费市场的不利影响下，社会消费品零售总额仍实现 4%的增长。

（二）加快培育数字经济核心产业，赋能传统消费转型升级

近年来，福州市布局新一代信息技术“543X”新赛道体系，进一步做大做强软件服务、新一代通信技术、物联网、新型显示、光电信息五大优势赛道，培育发展大数据、产业互联网、人工智能、网络安全四大新兴赛道，前瞻布局元宇宙、空间信息、未来网络三大未来赛道，先后打造大数据产业基地、物联网产业基地、软件产业基地、显示产业基地等，获批“中国软件特色名城”，集聚了 3000 多家软件企业、230 多家大数据关联企业、150 多家物联网关联企业。福州市大力支持工业互联网、人工智能等数字技术应用创新，大力发展服务业新业态，推动数字消费，深入推进数字人民币试点工作，发展生鲜电商、智慧购物、互动文娱等数字消费业态，培育高水平动漫、电竞文旅、数字教育、影视音乐等新消费增长点，推动商圈、商超、餐饮等线下消费载体线上化、数字化、智能化转型，2022 年获批“国家综合型信息消费示范城市”。

（三）集聚一批平台型、生态型企业，消费新赛道新业态加速涌现

2018 年，福州市率先提出打造全国知名“新零售之都”，加快探索以互联网、大数据赋能传统消费模式，持续推进智慧商圈、无人零售、社区团购、线上生鲜等新赛道、新业态发展，永辉生活、超级物种、淘鲜达、见福便利店、朴朴超市等新零售、新消费主体相继涌现，打造全新的消费生态体系。与此同时，福州市推动市属国有企业发挥优势开展供应链业务，培育福州金控供应链、一二三三国际供应链等本土供应链龙头，引进京东等国内知名供应链企业，推进供应链平台经济发展，提升供应链现代化水平，集聚了百家供应链企业，覆盖钢材、纺织、食品、医药等领域，构建现代化、系统化的供应链体系，推动福州消费产品“买全球、卖全球”，加速消费市场国际化发展。

（四）布局建设数字应用场景，着力塑造全球城市文旅品牌

早在 2019 年，福州市就已建成全国首个智慧商圈可视化管理平台，通过数字技术改造等手段应用，将传统商圈升级为“百货+购物中心+街区”复合模式的“超级商圈”，营业额增速超 20%；大力升级新型城区智慧市场，推动全市数十个农贸市场智慧升级。依托本土企业福建网龙计算机网络信息技术有限公司搭建远程教育、智慧课堂、VR 沉浸式教学、AI 教学管理等应用场景。新年伊

始，福州以“有福之州 福满新年”为主题，围绕古厝国风、温泉养生、生态清新、民俗潮玩、迎春送福等元素场景，推出“福派年味”“福派好戏”“福派豪礼”“福派新场景”四大系列共 180 余项文旅活动，运用全息投影技术于“闽江之心”上演全景光影秀，利用区块链技术发行“福州温泉数字藏品”等，进一步塑造以“福文化”为内涵的城市消费品牌。

（五）创新数字监管与治理模式，营造一流数字消费环境

为提升市场监管力度与准确度，福州市开发上线“福州市市场监管预警平台”，运用“数据挖掘+技术分析+分类建模”智能预警模式，对所归集的企业登记许可、日常监管、行政处罚、投诉举报、检验检测、舆情信息、异常名录等“互联网+监管”数据进行融合、挖掘、分析和自动预警，实现监管风险和违法违规线索的有效定位，形成“一企一档”数据 101 万条，累计产生证照到期预警、检验检测合格率异常、热点投诉问题等 7000 余条预警信息，对市场食品安全、产品质量进行有效监测，切实保障消费者权益，营造安全、放心的数字消费环境。

在新经济快速发展的同时，福州市在消费市场繁荣发展方面还存在诸多短板问题，核心表现为居民收入与消费能力较低，叠加房价等因素，消费意愿低迷，且高端消费供给与制造业水平薄弱，旅游消费与新业态活跃度不高，下沉市场潜力也尚未充分发挥。从根本上讲，福州市消费市场仍处于转变发展方式、优化经济结构、转换增长动力的攻关期。福州市要抢抓建设国际消费中心城市的重大契机，把握经济复苏的重大机遇，持续推动科技创新与数字技术的应用，将消费作为经济发展的核心驱动力，进一步释放市场消费活力，提升福州在全国乃至全球的城市影响力。

三、福州市以新经济促进消费经济繁荣发展的未来设想

福州市建设具有全球知名度、竞争力、影响力的国际消费中心城市，关键是要发挥新经济对新消费的杠杆作用，以新消费体验、新消费业态、新消费场景构建更具品质内涵的消费供给体系，发掘福州城市文化底蕴品位，探索美好生活消费新方式，促进福州市消费市场全面升级，增强消费对经济发展的基础性作用，打造具有国际美誉度、显示度、繁荣度的国际消费中心城市。

（一）以新经济促进消费模式融合，打造国际消费中心城市

福州市要发扬借重福州山水、温泉、古厝、湿地等资源禀赋，厚植福州山水海滨底蕴，彰显古城现代气质，打造国际知名消费集聚区。以新模式、新业态、新场景促进全客群、多领域消费融合，为消费空间、消费形态、消费产品、消费载体、消费活动植入新营销模式，打造“福渔”海产品、福州温泉、福州山水、闽都文化、闽菜文化、数字消费品牌矩阵，全面塑造福州消费供给生态，推动福州传统文化与消费服务不断“破圈”“出圈”，加快“榕货”“闽货”走向全球。发展在线消费、社交消费等流量型赛道，大力支持体验消费、国潮消费、精神消费等创意型赛道，鼓励多元力量，吸纳各类资本参与，活跃福州消费市场投资生态。

（二）以大数据推动精准招商，培育新消费市场主体

搭建福州市消费大数据招商平台，构建福州市消费地图、新消费赛道图谱与重点项目资源库。围绕在线消费、网红消费、国潮消费等新消费赛道，瞄准北京、上海、杭州、成都、长沙等消费经济活跃区域，招引全国独角兽企业等新物种主体。创新“福州新消费”城市营销策略，集成福州消费市场最具特色、最具优势与最具个性的消费要素、资源与文化，编制福州市消费城市宣传手册，并打出招商宣传组合拳，持续提升福州“消费新印象”。

（三）贯通数字化供应链，构建新消费平台体系

实施“全域消费平台化工程”，通过大数据、云计算等平台建设，推动旅游景区、商业综合体等消费载体建设“云游福州”“云商场”等云消费平台体系，满足群众便利消费的需求，构建全域数字消费服务矩阵。开展“实体零售企业平台化转型行动”，加快推进“网上菜场”“网上餐厅”“网上超市”“网上课堂”等数字生活新服务。搭建全球供应链平台，引进龙头型、平台型企业落地设立区域总部或分中心，建立实施“进口商品白名单”制度，改善进口商品供给，强化全球进口商品集散功能。

（四）强化数字营销，推广“福”文化品牌

联合新媒体平台与行业头部 MCN 机构，开展“福山福水福文化”等内容营

销，以短视频、直播、图文、游玩攻略等内容形式全方位展示福州城市形象。建设“闽都文化秀场”，塑造全球IP，依托“闽江之心”、三坊七巷等城市标志性载体，借重海外华侨资源，推出“福州坊巷、全球缩影”等系列活动，推动福州文化走向国际。打造“福州新潮聚场”，焕发商圈活力，联合重点商圈，定期举办“城市音乐节”“美食文化节”等不同主题的活动，推动商圈引流导流。

（五）植入新场景体验，谋划新消费业态创新

持续探索创新休闲娱乐、生活休憩、特色餐饮等机会场景，在城市商圈、街区重点引进实景剧本杀、盲盒潮玩店、共享茶室等沉浸式新消费业态，鼓励商家举办动漫展、潮玩节、电竞赛等潮流活动，带动商圈街区流量；融合健身、亲子等主题，在公园等绿地发展生态体验、运动健身、亲子互动等业态；创新理疗温泉、美颜温泉、山涧温泉、海上温泉等新模式，打造全客群消费场景；融合体验、时尚等主题，鼓励餐饮机构与各类新锐品牌联名互动，提升餐厅文化艺术主题特性，丰富餐饮包装、餐饮内容、场景空间等。

（六）推进新城市建设，探索新消费空间提升

打造世界“闽江之星”，推动主题酒店、美食广场、夜色秀场等业态设计与业主落位。实施商圈街区旧改提升，推动传统商圈硬件设施、营销管理、场景营造等综合改造，建设体验消费、娱乐消费与精神消费新型载体，打造多个城区消费中心，形成若干“金”街“银”市，增强新消费业态活力。开展全市土地空间、重点载体摸底工作，统筹开展空间用地的摸底调研，梳理与评价用地现状，探索政府主导/引导的市场化开发运营模式，制订老旧、低效用地的盘活、改造升级计划。

【作者简介】

黄建雄先生，福州市人民政府党组成员、副市长，工程师。曾任福州市软件园管理委员会副主任，福州市台江区委常委、副区长，福州市政府副秘书长、市双拥工作领导小组办公室主任、市“智慧福州”管理服务中心常务副主任，福州高新区党工委书记、管理委员会主任。

全力发展具有国际影响力的物联网产业

无锡城市发展研究中心

2009年，国务院正式批准同意支持建设无锡国家传感网创新示范区，这是我国唯一的国家传感网创新示范区。在无锡市委、市政府的领导下，经过十多年的探索实践，无锡在技术研发、应用示范、产业集聚等方面先行先试、开拓创新，全面完成国家确定的示范区建设目标，无锡物联网集群创建成为全国唯一一个物联网国家级先进制造业集群，无锡物联网创新促进中心创建成为全国唯一一家物联网国家级先进制造业集群促进机构，物联网产业迈向高质量发展新阶段。

一、物联网产业的发展现状

从“感知中国中心”概念提出，到高水平建设无锡国家传感网创新示范区，无锡物联网产业技术创新多点突破、融合集群特征明显，呈现出良好的发展态势。

（一）产业规模增长迅速，成为城市产业新地标

创建超600亿元规模的“产业基金+银行信贷+保险服务”物联网领域综合性金融服务体系，建成100多个物联网公共服务平台，以专业园区为载体，不断集聚物联网企业，基本形成以新吴区（高新区）为核心、滨湖区和梁溪区为重点、专业园区和特色小镇多点开花的“一核两翼多元”的物联网产业格局。13年来，无锡物联网产业营收年均增长25%，规模增长超过20倍，2022年预计超过4000亿元，稳居江苏省第一；聚集物联网企业约4000家，形成了关联芯片、感知设备、网络通信、智能硬件和应用服务的完整产业链，成为城市十

大超千亿规模的产业之一；与集成电路、生物医药、软件和信息服务业一起，被确定为全力推动发展的城市四大地标性产业。

（二）“物联网+”积极推进，不断拓展应用新空间

一是“物联网+金融”，赋予现实场景中货币等价资产动态变化的远程可视化、存在感和真实性，使动产与不动产的固有界限被打破，价值利用可趋同化，为金融服务提供全新视角和经营模式，推动现有金融业收益模型、风险管控模式、信用管理体系及行业监管规则等发生深刻变革。截至2022年，物联网科技已累计服务百余家商业银行、头部保险公司和金融租赁机构，总计为企业纾困资金超1000亿元；累计服务30多个行业大类、3000多家实体企业、6000多条生产线、4000多亿元资产管理，涉及近20万次的权属转移。

二是“物联网+司法”，助力审判体系和审判能力现代化。开发“物联网电子封条”监管系统，实现多方式感知、全方位取证，实现对拆除、搬移等外来事件的全面感知，做到在司法执行过程中既保证被执行人财产价值不减少，又能让企业正常生产经营，做到查封企业不停产、稳就业，保障债权人更大程度受偿、债务人更大程度处置资产，实现被查封财产的保值增值。截至2022年，该系统已在人民法院的财产保全执行中累计应用近百次。目前，这一系统已由江苏省高级人民法院在全省推广，最高人民法院专门召开现场会研究、部署应用推广。

三是“物联网+环保”，更好推进无锡生态优先、节约集约、绿色低碳发展。无锡是国家环保物联网重大应用示范工程建设地，获国家环境保护物联网技术研究应用（无锡）工程技术中心（以下简称“国家环保物联网工程技术中心”）落地，承担了国家发展改革委的“环境监控物联网应用示范工程项目”，其中，国家环保物联网工程技术中心已获得相关项目技术专利51项、软件著作权6项、标准规范9项，达到国内领先的示范效应。建成投运“蓝藻水华遥感监测系统建设项目”，全市45个国省考断面水质自动站和83个镇（街道）大气自动站实现全覆盖；协同构建国家、省、市三级联网的全省机动车遥感监测系统平台，形成“天地车人”一体化机动车排放监控系统。截至2022年，无锡市智慧环保产业覆盖水、土、声、气、固、仪及配套产品7大类、200多个系列、3000多个品种，3万余家企业环保数据接受在线实时监控，实现环境监测监控的智能化和环境管理的智慧化。

此外，“物联网+农业”“物联网+税务”“物联网+消防”“物联网+交通”等，

为城市数字经济发展、数字政府建设、数字社会治理增添动能、加持动力，有力推动物联网产业拓展应用空间、提升发展能级。

（三）产业标准、设施建设和创新成果丰硕，构筑多维竞争新优势

一是高站位、前瞻性布局行业标准工作。2006年，联合中国电子技术标准化研究院率先启动传感网标准化工作；2018年，中国主导的物联网架构国际标准《物联网 参考体系结构》（ISO/IEC 30141：2018）正式发布；2021年，作为主编辑制定的物联网金融国际标准《物联网（IoT） 基于物联网和传感器网络技术的动产资产监测集成平台的系统需求》（ISO/IEC 30163：2021）正式发布，这是中国专家作为主编辑制定的全球首个物联网金融领域国际标准。截至目前，无锡相关团队主导或参与制定的物联网国际标准12项、国家标准62项、行业标准17项，实现50%以上的国际标准由无锡制定，有力推动中国掌握物联网标准的全球话语权。

二是发挥先发优势，加快推动物联网领域5G、IPv6等信息基础设施建设。截至目前，无锡已累计建成5G基站近万个，实现市域全覆盖；建立NB-IoT基站5500个，覆盖商业用户150万户，成为全国首个NB-IoT全域覆盖的地级市。同时，率先建成全国首个IPv6规模商用网络，覆盖用户700万户。

三是积极推动物联网等新一代信息技术相互融合，并向传统优势行业加速渗透，计算机虚拟化、工业大数据处理、多源异构数据处理等多项创新成果达到国际领先水平，填补国内空白。近年来，无锡物联网相关专利授权量超7000件，其中发明专利2000多件，近40件科技成果获得国家科技进步二等奖和国家技术发明二等奖；“神威·太湖之光”获得全球超级计算机四连冠，集成电路特色工艺及封装测试创新中心获批国家制造业创新中心。无锡还是亚洲唯一入选“IEEE智慧城市试点计划”的城市，获批建设全国首个国家级车联网先导区，入围国家综合型信息消费示范城市，入选国家首批智慧城市和智能网联汽车协同发展试点城市。

二、发展物联网产业的主要举措

无锡作为物联网“首航之城”，坚持多措并举，勇于探索实践，下好“先手棋”、打好“组合拳”，全力竞速物联网产业“新赛道”。

一是优化政策供给。先后20余次制定物联网产业相关的规划纲要、行动计划、工作方案、实施细则等成体系的配套政策和激励措施，推动物联网产业在技术标准研究、应用示范和推进、产业培育和发展等领域取得长足进步。此外，还设立物联网发展专项资金，统筹安排省、市两级财政专项资金，优化配置金融资源，促进金融资源与物联网产业深度融合、相互赋能、共同发展。

二是完善产业生态。按照2012年国务院正式批复实施的《无锡国家传感网创新示范区发展规划纲要（2012—2020年）》，对目标任务进行分解落实，编制了具体任务分工方案。同时，通过打造“专业园区”和“特色小镇”，加快物联网发展所需的各类要素集聚，加强示范区和周边地区的协调配合与区域联动，拓展发展空间，增强示范区的辐射带动效应。此外，在招引大项目、设立引导资金、建设研发中心、打造公共服务平台、成立产业基金、促进行业联盟、建立协会等方面全方位、体系化做优服务，打造物联网产业发展需要的全产业链生态系统。

三是坚持市场主导。在物联网产业发展初期阶段，着重加大政策支持力度、完善标准体系、优化产业布局，创造良好环境；积极对上争取、承建国家重大应用示范工程，通过应用示范，促进物联网核心技术和关键设备研发，探索新兴商业模式，不断总结和积累产业发展经验。随着物联网应用示范的逐渐推广，应用模式逐步由政府引导向市场主导转变，以发挥市场配置资源的决定性作用和更好发挥政府作用，推动产业走上发展壮大的良性轨道。

四是大力引育人才。在产业发展初期，精准实施“1113”工程，即用3年时间在物联网特色产业基地、企业和研发机构引进并重点支持100名以上物联网科技领军型创业人才、100名以上物联网科技领军型创新人才、100名以上物联网企业高级经营管理人才。2017年以来，无锡市发布“太湖人才计划”，至今已进化为5.0版本，不断加大物联网产业创新型人才、创业型人才、就业型人才引进力度，加大校企人才合作对接深度和广度，有效拓宽专业技能人才引入渠道。此外，在税率、投资资金、风险承担、行政特惠、住房及教育等方面，无锡市政府都给予了较大力度支持，以解决研发队伍的后顾之忧，促进物联网人才加速汇聚。而且，无锡市政府对物联网产业重点学科研究的投资力度也不断加大，鼓励辖内各大专院校积极开设相关专业，扩大专技、工匠人才培养规模，为物联网产业可持续发展夯实人才保障。

五是拓展品牌展会。坚持将产业驱动力与会展拉动力有机结合，以会展促产业，以产业促会展，在推动物联网产业持续发展中占得先机。从 2010 年起，中国国际物联网（传感网）博览会连续六届在无锡举办；从 2016 年起，中国国际物联网（传感网）博览会正式更名为世界物联网博览会，至今已成功举办七届，有力推动“物联网+”元素全方位渗入和推进无锡产业强市历史进程，“物联之都”品牌效应进一步彰显，世界物联网深深烙下“无锡印记”。

三、未来物联网产业的发展思路

无锡紧紧抓住先发优势，物联网产业发展取得明显成效，但挑战仍然不小，主要表现为：原始创新能力仍须加强，核心技术关键领域面临“卡脖子”问题，强链补链工作亟待推进等。着眼解决这些问题，主要做好以下几个方面的工作。

（一）实施创新驱动

重点突破物联网关键共性技术，支持关键产品开发，依托国家级车联网先导区，加速车联网关键技术研究、应用场景验证，推进物联网产业基础高端化。统筹完善科技创新体系，打造高端传感器等核心技术研发平台，系统布局产业创新中心、技术创新中心、工程研究中心、制造业创新中心等平台载体，联合国内外顶尖科研力量和高等院校、科研院所建立各类技术创新联合体，推动各级各类研发机构技术成果项目快速转化。联合高等院校、科研机构、服务机构、协会等社会组织实施物联网知识产权战略，主导、参与制（修）订一批国际、国家物联网标准，深度参与物联网及相关技术分技术委员会（ISO/IEC JTC1/SC41）等国际标准化组织、全国信标委物联网分技术委员会等国家标准化组织，巩固提升无锡在国际、国家标准化组织中的影响力；构建物联网标准服务体系，搭建物联网标准综合服务平台，鼓励企业构建技术、专利、标准联动创新体系，以标准化助推无锡物联网技术产品市场化、产业化和国际化。

（二）巩固特色优势

培育物联网核心关键产品，通过“补链、强链、延链”，打通物联网产业上下游环节，推动传感器向物联网集成模组发展，重点支持 5G 模组、融合通信模组、智能车机模组、小型化低功耗高集成传感器，以及 NB-IoT、Cat1、低功耗蓝牙、LoRa、UWB、eMTC 等专用芯片和智能化终端的开发。打造物联网特色产业载体，按照“协同联动、点面结合、产城融合”的布局理念，持续夯实以新吴区为核心，滨湖区、梁溪区为重点的“一核两翼”物联网产业发展格局，因地制宜建设一批具有较高应用体验感和产业技术创新能力的物联网专业园区与特色小镇，形成以点带面、扩散发展的格局；鼓励优质资源向特色小镇（园区）集聚，完善创新创业平台、基础设施配套和公共服务保障，强化功能叠加效应，推动融合集群发展。

（三）丰富示范场景

着力打造制造业领域示范应用，研发重大装备物联网关键技术，推进工业管理系统、工业无线传感网、工业智能传感器在自动化生产线上的应用，研制融入多种传感器的产业监测平台。加快垂直行业领域示范应用，面向农业、物流、能源、环保、医疗等重要领域，组织实施行业重大应用示范工程，支持物联网与行业深度融合。深化信息消费领域示范应用，促进车联网、智能家居、健康服务等消费领域应用的快速增长，推动家庭安防、家电智能控制、家居环境管理等智能家居应用的规模化发展。加快新型智慧城市领域示范应用，统筹推进市政基础设施智能化改造、感知设施部署及智能运行中枢建设，重点在数字经济、市政管理、数字政务、安全生产、应急救灾、社会治理、智慧生活等领域打造一批新型智慧城市示范应用。

（四）深化跨界融合

拓展物联网应用领域，通过“物联网×”模式培育物联网应用新业态，促进物联网融合应用，积极利用物联网技术改造传统产业，推进精细化管理和科学决策，提升生产和运行效率，促进节能减排，保障安全生产，培育物联网工业应用新模式，带动传统工业转型升级。围绕重点行业制造单元、生产线、车间、工厂建设等关键环节进行数字化、网络化、智能化改造，推动生产制造全过程、全产业链，以及产品全生命周期的深度感知、动态监控、数据汇聚和智能决策。通过对现场级工业数据进行实时感知与高级建模分析，形成智能决策与控制，开展信息物理系统、工业互联网在离散与流程制造行业的广泛部署应用，形成跨界融合的产业新生态。

（五）提质配套服务

夯实新型基础设施支撑，部署泛在感知的智能物联感知终端体系，构建总体性能水平国内领先的 E 级智能超算平台，推进存量数据中心绿色节能改造，落实存算一体的边缘计算基础设施建设，布局低轨道卫星通信网络。培育物联网集群促进机构，增强集群促进组织承接职能和统筹协调能力；深化物联网国家级先进制造业集群促进组织建设，支持无锡物联网创新促进中心深化体制机制改革创新。打造物联网平台服务体系，开展创新创业平台、应用推广平台、数据交换平台等功能性平台建设，健全物联网发展所需的各级各类服务机构和配套设施。加强物联网产业交流合作，办好世界物联网博览会，深化与 ISO、ITU、IEEE 等国际组织的合作，积极开展产业推介招商活动。注重行业知识产权保护，加强产业高层次经营、研发和高技能蓝领、工匠人才体系建设。提升物联网安全保障能力，加强探索新技术新应用，满足物联网安全防护新需求，构建物联网安全防护体系。

【作者简介】

无锡城市发展研究中心，是无锡市政协和江南大学合作成立的新型智库机构。成立以来，重点调研新能源汽车产业、城市更新、居家养老等课题，形成了一批高质量研究成果；创设了“蠡湖论坛”，先后邀请了多位中国工程院院士担任调研课题领衔专家并作专题讲座。

经开区推动数字经济高质量发展的实践

宁波经济技术开发区管理委员会

当前，大力发展数字经济已成为全球各国的普遍共识。习近平总书记在党的二十大报告中提出“加快发展数字经济，促进数字经济和实体经济深度融合，打造具有国际竞争力的数字产业集群”。近年来，宁波经济技术开发区围绕浙江省提出的数字经济“一号工程”，加快推进数字产业化、产业数字化转型升级，在产业体系、企业主体、创新平台、产业融合、场景建设等方面，已具备较好的基础条件，形成一定的特色优势。

一、经开区数字经济的发展现状

全区数字经济在“十三五”期间不断蓬勃壮大，成为高质量发展的关键动能。2020 年，数字经济核心产业增加值达到 139.12 亿元，占全区 GDP 的比重为 6.8%。进入“十四五”时期后，2021 年全区实现数字经济核心产业增加值 186.9 亿元，同比增长 34.3%，占全区 GDP 的比重为 7.8%，比全市平均水平（6.9%）高 0.9 个百分点。

（一）集成电路与电子信息材料产业起势

在集成电路领域，2021 年，集成电路及相关产业链产值达到 238.8 亿元，先后引进 ArF 光刻胶、5N8 电子级超高纯铝、高端研磨液等一批高端项目，集聚中芯宁波、比亚迪半导体、金瑞泓科技等芯片制造企业，在 IGBT 高压硅外延片、SiC 新型功率半导体芯片等领域形成了一批特色工艺集成电路产品。在电子信息材料领域，以高端电缆、稀土磁性材料为重点，成功培育了东方电缆、韵升磁体、科宁达工业等一批国家级专精特新“小巨人”企业。

（二）数字元器件与智能终端产业初具规模

2021年，全区相关产业产值达到372.6亿元。在数控系统领域，海天集团成功孵化安信数控、海迈克精密机械、海迈克自动化等一批优秀企业。在高性能显示器件领域，群创光电、璨宇光电等企业成功开发出Mini LED屏、车联网大屏等一批创新性产品。在智能终端领域，呈现多元产品布局，汽车电子终端与前端集成电路有机串联，拓普电子、艾弗森电子、继峰股份等零部件头部企业嵌入智能座舱、感知系统等新能源与智能网联汽车产业链关键环节。在工业机器人领域，构建起以伺服系统、控制系统等核心优势为驱动，本体制造企业联动发展的产业链。在智能家居领域，德业科技、凯耀照明等企业加强关键技术创新，构建全场景生态。

（三）工业互联网与软件信息服务融合发展

2021年，全区相关产业产值达到63.7亿元，形成“前端平台育能+后端场景释能”的产业发展模式。在工业互联网与软件信息服务领域，涌现出天德创新、创元信息、海模智云等一批PaaS、SaaS技术平台企业。在工业软件领域，集聚大树科技、易豹网络、海天智联等一批应用型软件企业。在智能制造工程服务领域，集聚德图科技、博微（宁波）新技术、帮手机器人等企业，成功开发EDA设计软件、工程开发软件、人工智能软件等一批代表产品。

（四）制造业数字化转型加速推进

全区制造单元智能升级、工艺流程改造加速推进，累计培育12家国家级两化融合贯标企业、1家省级未来工厂、36家市级以上智能工厂（数字化车间）；企业经营管理数字化加速普及，ERP、SCM、PLM、MES应用率以及装备数控化率、机器联网率等多项关键指标高于全市平均水平，超7000家企业触网“上云”。

（五）贸易数字化水平显著提升

围绕全省建设数字自贸区，构筑新型国际贸易发展优势，在跨境电商、金融科技、供应链管理等领域集聚一批平台型企业，形成一批典型应用场景。易豹网络搭建数字化一站式外贸服务平台，集聚海量外贸进出口数据，提供智能通关、智能物流、供应链金融、大数据应用等服务；六六云链搭建覆盖仓储、车船运输的能源化工供应链数字平台；铝拓网围绕云 ERP、电商、物流、云仓储等服务环节，为有色金属产业链客户提供一体化解决方案；大宗易行基于区块链技术解决大宗商品国际贸易的核心单据传输问题。

（六）数字科技创新平台加快集聚

大企业成为数字科技创新主体，全区拥有东方电缆、拓普集团两家国家级企业技术中心。新型研发机构相继落地，通过院企合作构筑创新合作网络，中科宁波（北仑）系统工程应用研究院与中芯宁波的联合项目获批市“科技创新2025”重大专项立项。产业服务平台形成垂直布局，智能装备、集成电路等 4 家产业创新服务综合体运行成效逐步提升。实施数字人才培育集聚工程，坚持平台引人、事业留人，截至 2021 年年底，全区累计拥有列入各类人才计划的数字经济高层次人才 12 人，数字经济核心产业规上企业从业人员总数超过 6.69 万人。

相较于国内先进地区，全区数字经济发展仍存在不少短板。

一是核心产业结构亟待优化，数字经济制造业增加值占比 65%，相当一部分由低附加值的电线电缆、显示器件制造等行业构成；软件和信息技术服务业增加值占比仅为 6.4%，服务业规模体量较小。

二是地标产业规模有待提升，尚未培育出具备较强竞争力的头部企业，最具有辨识度的集成电路产业尚处于导入成长期，数字核心元器件、数字智能终端等产业缺链明显，大企业平台化生态效应薄弱，大中小企业融通发展格局尚不突出。

三是人才创新要素集聚不足，技能型人才和应用型人才占比偏高，缺乏数字技术型高端人才及复合型人才，源头创新能力偏弱。

四是全域统筹力度有待加强，临港产业路径依赖明显，数字经济发展顶层谋划、路径探索、资源配置、创新举措相对不足。

五是产业空间布局有待保障，具有科技特色、高显示度的地标性数字经济园区、产业社区较少，工业园区转型受制于空间不足、可利用土地资源有限。

二、经开区数字经济的发展方向与重点举措

坚持以习近平新时代中国特色社会主义思想为指导，全面贯彻党的二十大精神，深入实施数字经济“一号工程”升级版，以数字化改革为引领，以推动高质量发展为导向，践行“数字经济增量培育带动实体经济存量跃升”基本方针，

遵循“数字转型赋能内外循环”战略主线，坚持以数智科技、智能制造、港城流量、数字城市、都市治理“五位一体”激活数字经济发展活力，着力推进“五化协同”全域数字化转型路径的创新实践，加快构建“22X”数字经济产业新体系，拓展数字经济开放发展圈层，构筑数字治理综合能力，营造数字转型质优生态，为建设现代化滨海大都市高能门户提供战略支撑和创新引擎。

（一）打造两大数字核心产业集群

把握数智科技发展趋势、路线和重点，立足全区资源禀赋和产业基础，做大做强集成电路与电子信息材料“新动能”，加快培育工业互联网与软件信息服务“新名片”，持续增强核心产业支撑力。

（二）聚焦两大数字特色产业赛道

聚焦智能制造，集聚一批数控装置、伺服单元、测量装置等核心环节的优质企业，提升装备制造行业价值链环节。发挥显示器制造项目的“主干”牵引力，突出存量企业关键产品升级，拓展高附加值新型显示材料企业及应用环节核心材料企业。以座舱电子产品的综合创新和升级塑造地区品牌效应，以电机、电控产品优势强化动力系统配套能力，延伸布局感知系统核心零部件。做强伺服电机、控制器等核心部件优势，挖掘跨区域配套合作潜力，围绕典型应用场景拓宽机器人本体应用种类。聚焦新型储能、低碳节能产品终端，通过核心器件终端延伸、场景牵引等路径，形成产品发展特色。

（三）培育若干数字经济融合业态

围绕石化产品、农产品、金属产品等，推动铝拓网、支点信息等大宗商品交易产业平台服务做大做强，集聚一批平台型总部企业。做强跨境电商进口，推动汽车零部件、宠粮、农产品等列入跨境电商零售进口正面清单，争取OTC药品进口试点。扩大跨境电商出口，拓展同亚马逊、速卖通等国际头部平台的合作空间，提升出口海外仓业务规模；引导制造业企业利用跨境电商平台或独立站拓展产品海外市场。支持数字港航平台服务商结合区块链等新一代技术，以贸易链、物流链和政府监管链中的重要单证、信息和协作节点为抓手，开展数字港航服务模式创新；支持建设数字港航“一站式”企业服务平台，打通航运信息、航运保险、航运金融等各个领域，培育航运数据服务商。支持物流企业部署数字化管理平台，向第三方、第四方供应链集成商转型。建设一批智慧物流综合服务平台，以平台赋能多式联运体系高效运作。积极发展供应链金融，支持供应链管理平台企业搭建数据治理架构，将经营大数据融入信贷模型，创新金融服务产品。依托自贸区建设平台，围绕支付结算、汇兑避险、融资担保等关键业务需求，创新发展跨境金融及平台服务。培育金融科技，提升金融科技（区块链）产业园业态集聚度，重点吸引利用安全加密、数字认证、区块链等技术在跨境支付、票据管理、证券发行等领域开展业务的金融服务类企业。

（四）前瞻布局数字经济未来产业

聚焦 L4/L5 自动驾驶商用化路线，拓展汽车电子未来赛道方向，围绕“车、路、云、网、图”关键领域招引关键企业，布局无人驾驶测试场景、自动驾驶系统集成、车路协同交通系统项目，提升自动驾驶/无人驾驶产业配套能力。聚焦供应链金融、港航服务、跨境贸易溯源等场景，吸引高水平“区块链+行业应用”解决方案企业，建设工业区块链应用实验室，支持生产管理、数据流通、供应链协同等智能制造领域区块链关键技术研发。结合“应用场景模块化+软硬件配套集成”发展路径，吸引多形态 VR/AR 虚拟现实、多通道交互设备等终端产品制造商，培育 XR、数字孪生等新型信息通信技术与实体工业融合的未来工业生态。培育水下无人航行器、无人观测艇、观测机器人等无人航运终端，前瞻布局北斗定位、通信导航等空天信息、自动监测与数据服务业态。

（五）加快推动产业智改数转

突出智造标杆引领示范效应，分批次、分阶段推动企业数字化改造“三个全覆盖”，实现规上工业企业数字化改造、重点（细分）行业数字化改造、企业上云上平台全覆盖。推动“产业大脑+未来工厂”融合发展，示范建设模具产业大脑、文体用品产业大脑等一批试点平台，建设公/私域数据融合中心、知识计算中心、能力开放中心，探索垂直行业数据价值化路径。支持服务业企业“上云、用数、赋能”，推动数字技术在海上运输、多式联运、物流仓储、港口作业、口岸通关、国际贸易、金融服务、检验检测服务等重点领域的融合应用，培育数字服务业新生力量。

（六）实施数字科技创新攻坚

支持龙头企业发挥创新主体作用，瞄准行业关键核心技术开展协同攻关，重点围绕IC设计、先进半导体材料、高端电子化学品、新型磁材、特种光缆、智能传感、智能控制、精密驱动等领域，引导龙头企业、科创企业申报和承接国家级、省级重大科技项目，以及市级科技重大攻关“揭榜挂帅”项目，提升战略科技创新力量。推动数字经济重点企业建设重点实验室、企业研究院、企业工程技术中心等，支持企业创新平台与高水平研发机构开展平台共建，面向中小企业提供研发资源、开放场景，共同打造开放式联合创新矩阵。深入实施“强港强区引才工程”，编制数字经济高层次人才目录，用好省、市各类人才政策，通过“揭榜引才”“平台引才”“柔性引才”等模式，吸引一批高水平科技创新人才和高层次创业人才。鼓励龙头企业通过设立“研发飞地”，加强人才资本资源支撑。

（七）打造数字经济企业梯队

实施数字经济“明星企业”培育计划，挖掘一批后备上市企业，壮大数字经济上市企业队伍，引导数字经济企业通过资本市场融资，提升资源配置能力。试点建设大企业开放创新中心，利用天使投资和风险投资、研发平台搭建、孵化空间创建等方式，培育一批行业生态内数字经济企业；统筹产业、科技、金融等各类资源对认定的开放创新中心给予支持，构筑协同生态。

（八）营造数字经济活跃生态

组建和运行北仑区（开发区）数字经济产业联盟，构建融合政府机构、骨干企业、高等院校、科研院所等相关者主体的业界共治生态圈。发挥数字经济产业基金撬动作用，联动国有资本、社会资本，采取设立子基金、跟投等形式，与市场化基金相结合开展数字经济重点项目投资。聚焦重点领域，加强与金融机构合作，鼓励金融机构推出面向数字经济科创企业的创新科技金融产品和服务。

（九）强化智慧城市基建支撑

构建新型高速通信网络体系。扩大5G覆盖范围，在工业园区、老旧厂房、老旧楼宇等区域实施 5G 小基站改造和建设，围绕企业应用场景需求搭建一批

5G 专用网络，打造 5G 示范园区、5G 示范商务区、“5G+智慧社区”“5G+智慧港口”。依托自贸区宁波片区建设，探索和建立国际互联网数据专用通道。试点数字孪生城市场景项目，重点推动 BIM、CIM 技术在城市规划建设及城市建筑、地下管网中的应用，融合城市运行感知数据和采集数据，构建城市地理信息和实景三维基础模型，实现城市立体化、全方位、安全可控的“全景智控、全维分析”，重点突出在应急管理、公共安全、未来社区等场景建设中的示范效应，提升城市运行效率。

【作者简介】

新的宁波经济技术开发区，整合了原宁波开发区、宁波保税区、北仑港综合保税区、梅山综合保税区、大榭开发区五大国家级开发园区，是浙江自贸试验区宁波片区核心区，总面积达 618 平方千米。主导产业包括绿色石化、高端装备制造、整车及零部件、半导体与集成电路、国际贸易等。

多措并举推进新能源产业集群化发展

厦门火炬高技术产业开发区管理委员会

党的二十大报告提出，要“积极稳妥推进碳达峰碳中和”“立足我国能源资源禀赋，坚持先立后破，有计划分步骤实施碳达峰行动。”这充分体现了党中央对能源转型的高度重视，也为能源行业未来发展指明了方向、提供了根本遵循。“双碳”目标是新发展阶段赋予当代能源人的时代课题，必然会对我国经济社会发展方式、国家治理理念产生重大而深远的影响。

后危机时代的新能源产业是国际经济竞争的制高点，也是转方式、调结构、促发展的重大战略举措。近年来，厦门经济进入提质升级攻关期，新能源产业成为产业转型升级、经济持续增长、创新型城市推进建设的强劲动力。当前，厦门火炬高技术产业开发区（以下简称厦门火炬高新区）正集聚资源、集中优势、重点布局，着力打造新能源产业集群化发展的新高地。

一、新能源产业的发展现状与挑战

2020 年，我国在第 75 届联合国大会上正式提出 2030 年实现碳达峰和 2060 年实现碳中和的目标，新能源由此上升到国家战略层面。“十三五”时期，福建先后发布《关于进一步加快新能源汽车推广应用和产业高质量发展推动“电动福建”建设三年行动计划（2020—2022 年）》和《福建省“十四五”制造业高质量发展专项规划》。在“十四五”开局之年，率先发布《福建省“十四五”战略性新兴产业发展专项规划》，明确了新材料与新能源产业是重点新兴主导产业。作为后起的电动之城，经过十多年发展，厦门已形成以材料、电池、整车为发展主体，充电、储能、梯次利用及能源管控等配套完善的新能源汽车产业链和产业集群，是国内锂电池产业发展较为完整的头部城市之一。

近年来，作为厦门市新能源产业发展主力军的厦门火炬高新区，积极按照市委市政府的部署大力培育和引进新能源产业企业，初步形成以动力电池、储能电池为发展主体，以上游材料和核心零组件、下游车联网和充换电等为配套的新能源产业链与产业集群，并积极争取引进动力电池头部企业总部、储能电池系统集成项目及新能源汽车整车制造项目，推动新能源储能产业、可再生新能源电力产业由“点状式分布”转变为“链条式推进”格局，着力打造一个公共配套设施齐全、产城融合的新能源产业集聚区。

一是聚焦链条招商。根据厦门资源禀赋和园区产业发展情况，明晰招商图谱，以上中下游产业项目为招商目标，注重价值链、企业链、供需链和空间链的优化配置与提升。同时，与各行政区紧密合作，联合同安区、翔安区共同成立新能源产业招商工作专班，打通从招商到落地各环节。2019 年以来，重点聚焦动力及储能电池等产业项目，先后引进中创新航、海辰储能、宁德时代等大项目，签约恩捷锂电隔膜、中科华联锂电隔膜、杰瑞硅碳负极材料等一批上游电池材料和关键零组件，以及下游应用项目。紧盯龙头企业，围绕消费电子、动力电池、储能电池三大应用领域，探索“联合招商”新模式，联合龙头企业锁定招商引资目标，主动策划和发挥已落地产业的龙头带动效应，积极引入和发展配套企业，放大产业招商效应。培育科华数据、ABB、火炬新源电力等下游配套的重点本土企业。目前，厦门火炬高新区聚集了一批新能源电池上游材料、中游制造和下游应用企业，逐步构建起具有一定规模的锂电池产业集群。

2020 年，厦门火炬高新区组建总规模 30 亿元的产业引导基金，依托在新能源产业招商领域有丰富经验的厦门火炬产业股权投资管理有限公司，以“市场运作、科学决策、防范风险”的原则，精选符合园区战略发展定位的投资机构到园区设立产业子基金。目前，厦门火炬高新区产业引导基金已批复中兵国调、联和二期、芯跑、惠友豪嘉、昆桥二期等 8 只产业背景深厚的子基金，总规模超 105 亿元，财政杠杆比例放大近 20 倍，为重点招商项目在落地和产能爬坡阶段提供相应的资金支持。2021 年以来，通过子基金及相关机构引荐，与产业投资机构及子基金管理机构密切配合，先后推动恩捷、中科华联、通力行等项目落地。以投资、融资、投融互转等方式撬动社会资本，协助洽谈引进厦门时代、中创新航等百亿级产业项目。举办跨区投资论坛、基金招商项目对接会、产业投资对接会等活动，拓宽产业相关项目资源渠道。

二是汇聚产业合力。把握新能源及各细分领域发展趋势，在动力电池领域，重点培育发展上游的正极、负极、隔膜等关键主材、集流体、结构件等核心零组件企业，布局下游制造需要的相关设备企业，构建完整的动力电池“材料/设备—制造—应用—回收”产业链条。例如，依托园区企业海辰新能源，围绕电化学储能全生命周期产业链布局，迅速做大做强以锂离子储能电池、储能系统部件、综合解决方案等为代表的电化学储能产业规模，构建完整的电化学储能“材料—储能电池—储能系统—综合解决方案”产业链条。加强国家实验室、技术研发中心等建设，打造从基础研究、应用研究、技术研发到产业化的“产、学、研、用”深度融合的创新全链条。目前，已落地厦门时代思康新能源研究院等各类创新赋能平台200多个。成立旨在跨界融合、整合资源、抱团发展的厦门火炬高新区产业联合会，推动联盟内企业供需对接，鼓励和引导中小微企业为大企业配套生产。打造全国高新区首个非学历产业人才培养平台——厦门火炬大学堂，目前已为430家企业在创新合作、产业交流等方面发挥积极作用，其中规上企业155家。

坚持“产业立区，项目为王”，按照项目轻重缓急、成熟程度和已有计划指标，合理编制年度土地供应计划，实现土地资源要素精准供给。4年来，争取新增建设用地计划指标7983亩，完成处置批而未供和闲置土地717亩，确保不因建设用地指标影响重大产业项目落地。通过向上争取和自身挖潜，抢抓“增存挂钩”政策机遇“以小换大”，用少量的指标规模激活大量的存量用地。2019年以来，出让产业项目用地65宗8700亩，实现土地总成交价款33亿元，全力保障海辰项目（一期）、科华数据云产业等重大项目用地。同时，以“小平衡”支持“大平衡”，在厦门岛外东北部的同翔高新城重点布局发展新能源产业，加快“以城兴业、以产促城、产城融合”建设。同翔高新城总规划面积为47.6平方千米，其中工业产业用地为13.5平方千米，围绕职住平衡、产城融合、共享共生建设理念，累计启动新城各类专项规划34个，打造15分钟居住生活圈、30分钟休闲娱乐圈。

厦门火炬高新区的新能源产业虽然具备一定基础，但仍处于发展起步阶段，存在产业规模偏小、产业配套不够完善、关键人才缺乏、研发能力较弱、推广应用不够等问题。具体表现在：一是厦门新能源电池及材料产业布局较晚，基础略薄，现有的产业链企业中涉及锂电池的企业数量总体偏少，本地配套企业仍不够完善，缺乏正极材料等核心配套企业和下游应用企业，且本地企业间未形成有效的合作及联动机制；二是产业各细分领域的关键核心人才"青黄不接"，尤其是电池结构件、电池及电源管理等人才的招、引、育、留难，本地学校的研发资源、人才供给难以长期为新能源企业的创新研发提供有力的前端技术支撑；三是产业融合程度有待进一步深化，新能源与先进信息技术融合发展水平亟须提升，应用场景不足。未来，厦门火炬高新区将重点聚焦产业链缺失环节、产业配套、专业人才、市场应用等短板，推动新能源动力电池、储能电池、车联网等产业快速发展。

二、下一步新能源产业发展的主要举措

厦门火炬高新区将重点围绕动力电池及储能电池，持续推进中创新航、海辰储能、厦门时代等龙头增资扩产做大产业规模，面向新能源汽车等行业拓展高端应用。积极推动高校院所研发成果转化落地，培育发展硅负极、电池隔膜等材料技术。鼓励传统优势高分子、铝箔、膜材料企业转型发展，力争到2025年，新能源产业产值超500亿元；2027年新能源产业产值达700亿元。

（一）着力招大引强，构建"闭环式"产业生态圈

以链式思维健全"招大商、大招商"机制，引入专业招商机构和投资咨询机构，重点培养一批"能策划、能谈判、能带队"的招商骨干，加强"大项目、好项目"专业策划能力，以链式招商方式，重点聚焦动力电池、储能电池两大领域，提前布局固态（半固态）锂电池、钙钛矿等新型技术路径下的电池技术，促进"链主型"企业和优势零部件配套企业落地。依托现有的新能源汽车产业基础，吸引下游充换电站、电池回收再利用技术研发企业及装备制造企业来厦门发展，并适时引入新能源乘车、储能系统集成等企业。建设同翔高新城片区"双碳"试点园区，加强新能源产业本地应用市场供给，打造从生产到应用的全产业供应，推动产业链协作水平不断提高。

继续依托"链主型"企业集聚效应，统筹整合资源力量，争取落地一批强链、补链、延链项目，拓展产业链上中下游。鼓励"链主型"企业通过投资、合资、开放配套资源、采购订单等方式引进产业链上下游关键、薄弱、缺失环节企业。支持现有动力电池、储能电池、永磁电机等企业做大做强，支持相关配

套企业扩大产业规模。鼓励企业形成互动机制，通过“强中端”，让“链主型”企业带动产业链上下游，实现转型突破；通过“延后端”，支持企业在应用市场发力，提高产业附加值。同时，推动新能源产业在关键零部件、电池回收等细分领域快速发展，推动产业链供应链协同联动价值链、创新链，实现产业链延伸、供应链补缺、价值链跃迁和创新链提升，力争实现产业规模倍增，逐步构建“材料/设备—制造—应用—回收”此类具有一定规模的完整新能源锂电池产业链条。

（二）着力创新驱动，提升产业技术创新“源动力”

坚持“自创为主，引创结合”，研判国际新兴产业发展新趋势，梳理各重点领域的系统性技术、产业瓶颈突破技术、跨领域技术，整合国内外高端创新要素资源，组建厦门火炬高新区新能源产业联盟，加强共同缺失环节的技术培育和引进，构建以市场为导向的新能源技术创新体系。重点加强新能源产业相关领域的基础科学研究，依托装备制造关键技术、共性技术，改造和提升传统制造业群体。

建立健全龙头企业、国家重点实验室、国家制造业创新中心，聚合国家、行业、省内优质“产、学、研”资源，聚焦核心工艺、专用材料、关键零部件、制造装备等短板弱项，从不同技术路径探索关键共性技术供给能力，加快技术创新和突破。例如，在动力电池、智能电网等领域创建国家级创新平台，加大关键核心技术及共性技术攻关力度，在光伏、储能领域支持企业组建一批市级以上创新载体，布局一批中试试验、应用验证、材料检测等功能型科技产业创新平台，建设公共技术服务平台、新能源汽车发动机及“三电”（电池、电机、电控）系统关键技术研发机构，形成一批先进技术创新成果。支持龙头骨干企业、行业协会牵头或参与制定智能电网、储能、氢能等领域技术标准，推动技术专利化、专利标准化、标准国际化。引导汽车、能源、交通、信息通信等跨领域合作，建立面向未来的新能源产业与智慧能源、智能交通融合创新平台，联合攻关基础交叉关键技术，建立科技成果向中小企业转化的直通渠道，提升新能源产业各细分领域与其他产业的融合创新能力。同时，以企业需求为核心，借助政府、行业协会、高校科研院所和社会团体等力量，建立涵盖技术支持、技术服务和技术交易等功能的保障性创新平台。通过创新平台构成要素的有机联结，实现各种内外部创新资源的互动，促成核心技术、关键技术、特色技术的产生，创造与应用产业共性技术研究成果，实现重大技术的迅速商业化。

（三）着力引育协同，完善“全链条”聚才汇智机制

围绕新能源产业的电源产品，以及技术、储能、电池回收、空气处理设备等细分领域人才需求，坚持“选、育、引、用”并举，绘制“人才地图”，分类制订关键领域、核心技术和重点产业发展急需的紧缺人才目录，大力引进和培育一批具有国际水平的战略科技人才、科技领军人才和世界一流水平的创新团队。紧盯创新型、应用型、技能型产业人才，以“高精尖”产业人才、高级工程师、高技能产业工人、高校毕业生为重点，以优质的政策供给、服务供给、要素供给和完备的市场体系做强产业人才链，大力建设门类齐全、梯次合理、素质优良的新能源产业人才队伍，推动人才链与产业链同频共振。

坚持向企业问需求、向机构要资源、向市场送服务，构建更加灵活开放的引才模式和更加丰富的育才载体。依托各类行业技术研究院、新型研发机构等创新研发载体，建立厦门市人力资源服务产业园（火炬园）、“金砖人才创业基地”等人才引育平台，构建“企业出题、政府答题”的人才招引机制，加强与国内外猎头公司、人力资源公司、各类行业（人才）协会开展人才引进合作，对口推送产业人才。以同翔高新城为主体，建立特色产业工程师协同创新中心，鼓励企业加大各细分领域工程师的招引力度，对工程师参与项目研发、技术服务给予资金支持。建立新能源领域长效人才引进培育机制和博士、博士后技术研发、科研成果转化机制，为新能源企业转型升级提供智力支持。实施新能源人才培养专项计划，支持有条件的本地高校、职业院校等扩大专业人才培养规模，开设新能源相关课程模块等，培养储能技术、动力电池等专业人才。支持科研院所、高校、企业、职业院校间开展多种模式的合作交流，通过联合培养研究生和技术人员、专项项目合作等方式，培养一批技术研究、产品开发和应用检测等实用型人才。加强人才服务智慧化建设，推动人才信息共享、人才资源盘活和人才工作效率提升。

（四）着力打造品牌，提升东南新能源集聚区影响力

做实做厚新能源企业在质量和服务方面的“基础”工程，尤其注重提高企业对品牌保护的意识和责任感，提升产业集聚区的品牌影响力和示范效能。例

如，整合园区优质资源，发挥品牌价值推动产业发展的优势，搭建能源界“产、学、研、用”交流平台，联络上中下游企业，汇集新能源运营企业、优势设备生产制造企业、金融机构和科研单位，育龙头、引项目、建平台、抓创新，推动项目、人才、技术、资本等优质资源集聚，形成龙头带动、产业集聚、配套齐全、协同创新的新能源产业发展体系。借助中国能源研究会在能源领域的研究优势和影响力，助推能源品牌传播推广、交流对接，促进能源企业的新技术、新产品得以广泛应用，推动能源产业清洁高效、可持续发展。

加快推动新能源产业结构优化升级，突出以优势骨干企业为主体，培育一批拥有自主知识产权、核心技术和市场竞争力强的知名企业，让产业集聚区效应日益凸显，提高品牌知名度。例如，推进电动汽车续航、蓄能示范应用，引进一批有影响力的锂电池相关企业，推动锂电池产业链企业加快产品升级换代，提升锂电池规模和产业化水平。制定新能源产业品牌集群战略发展规划，做好新能源产业品牌价值链中高端的提升工作，推动新能源产业发展的品牌研究、标准体系建设等战略规划。例如，研究制定品牌管理标准，举办可持续发展国际能源品牌论坛，参与起草具有国际先进水平和认可度的产业品牌评价标准，开展新能源产业领域基础性、前瞻性、战略性问题研究，不断提升“含金量”“含绿量”及国际市场竞争力，向世界推广厦门新能源产业领域的优秀企业、优质产品、先进技术，从而带动中国标准、中国模式走向世界。

【作者简介】

厦门火炬高技术产业开发区，是全国首批国家级高新区，是全国 3 个以“火炬”冠名的国家高新区之一，是福厦泉国家自主创新示范区厦门片区核心区。经过 30 多年的发展，已成为厦门创新驱动发展主引擎、创新创业主平台、“三高”企业集聚地，以及厦门千亿产业链（群）主要载体。

聚力推进产业优化转型
加快建设制造强市

长江经济带研究院

从发展阶段看，我国总体已迈入工业化中后期。宜宾市作为我国西部地区重要工业城市，工业化仍处于中期向中后期转型的推进期，以新型工业化引领全域现代化仍然是建设现代化宜宾的当务之急。近年来，宜宾市大力发展以新技术、新产业、新业态、新模式为特征的新经济，加快推动新型工业化，初步实现特色产业集群集聚发展，为加快建设制造强市提供坚实的产业基础。

一、推进新型工业化的主要进展

进入21世纪以来，全球科技创新进入空前密集活跃的时期，新一轮科技革命和产业变革正在重构全球创新版图、重塑全球经济结构。在一系列重大原创性科技创新的引领下，智能制造、“互联网+”等新科技、新经济、新业态不断萌发，带来了巨大商机，世界正进入以信息产业为主导的新经济发展时期。宜宾市大力实施“产业发展双轮驱动”战略，在巩固提升传统优势产业的同时，不断拓展经济新内容、培育经济新动能、塑造经济新优势，实心干事、科学作为，并取得了显著成效。

（一）形成特色产业发展集群

坚定把发展经济的着力点放在实体经济上，坚持工业兴市，实施制造强市战略，以动力电池、晶硅光伏、数字经济及新能源装备为重点的“一蓝一绿”战略性新兴产业加快发展，成为比翼白酒等优势传统产业的又一增长引擎。

动力电池产业集群加速形成。抢抓国内新能源制造业西迁机遇，成功招引以宁德时代为链主企业，涵盖锂盐、正极、负极、隔膜、电解液等的动力电池全产业链在宜宾市落地布局，累计完成签约项目 89 个，协议投资达 2100 多亿元，将建设年产能量达 305GW・h 以上的全球最大动力电池产业基地。2022 年，四川时代等项目建成产能达 150GW・h，居全国第一，全年产销动力电池能量达 72GW・h，占全国产销动力电池总能量的 15.5%，全市动力电池产业实现工业产值 889 亿元，宜宾锂宝被认定为 2022 年四川省新经济示范企业。

数字经济产业集群初具规模。信息基建加速推进，长江上游区域大数据中心项目部分建成投运，主城区 5G 网络实现全覆盖，宜宾市成功建成全国千兆城市。电子信息产业与智能终端产业在四川省居于领先水平，2022 年全市 89 家智能终端企业实现产值 490.8 亿元，同比增长 11.1%。产业数字化转型提速升级，依托龙头企业，打造了以“白酒产业园区”“锂电产业园区”“汽车产业园区”等为代表的一批智慧工厂、智慧车间，企业数字化、信息化、智能化水平不断提升。

晶硅光伏等新能源产业发展蹄疾步稳。科学布局晶硅光伏产业新赛道，创新推进招商引资，2022 年签约落地英发德耀、广东高景太阳能科技等晶硅光伏产业项目 9 个，总投资 660 亿元，英发德耀晶硅太阳能电池和四川高景硅棒切片项目实现当年签约、建设和投产。新能源汽车、智能轨道交通系统、高端装备制造等绿色新能源装备产业不断壮大，以天原、丝丽雅为龙头的新材料产业蓬勃发展，共同构建起宜宾市现代化产业体系。

（二）强化科技创新能力支撑

始终坚持创新驱动发展，深入推进“科教兴市”战略，以大学城和科创城建设为抓手，着力推动产学研一体融合，宜宾市获批为全国首批、西南地区唯一的产教融合试点城市和四川省唯一的“学教研产城一体化试验区”。坚持“城市围绕大学建、产业依托教育兴”，办学高校达 12 所，在校大学生突破 9 万人；聚焦重点产业，吸引院士专家 152 名、硕博士 3000 余人；引进诺贝尔奖专家联合工作站 2 个、欧阳明高等院士（专家）工作站 5 个、产研院 13 家，建成四川省数字经济研究院等国家级创新平台 21 个、省级以上研发（孵化）平台 107 个，以及国家技术转移西南中心川南分中心，“双城”高校、科研机构获得国家专利

825 项，为新经济发展提供了有力的人才科技支撑。目前，全市认定备案的高新技术企业有 200 家，科技型中小企业有 1070 家，宜宾高新区入选科技部“百城百园”，科技创新对经济增长的贡献率超过 60%。

（三）打造众多新经济应用场景

坚持把打造新经济应用场景作为打通数字蓝海经济“血脉”、建设智慧城市的关键举措，宜宾市公布《宜宾市数字经济应用场景项目清单》，主要含基础设施类、产业创新类、政务和民生类、社会治理类、生态环保类 5 大类 106 个项目。目前，全市建成 4G 基站 16241 个，实现全市城乡全覆盖；建成 5G 基站 3710 个，市际出口带宽达到 5.82Tbps。引导五粮液集团、天原集团、四川时代、凯翼汽车等重点企业，加快实施“5G+工业互联网”项目，其中，五粮液集团被工业和信息化部列入工业领域数据安全管理试点企业，获批四川省第一批数字化转型促进中心。全面实施“电动宜宾”工程，全球首条智能轨道快运系统在宜宾安全运行 3 周年，并拓展马来西亚、卡塔尔等海外市场；全市建成充电站点 298 处、充电接口超过 8000 个，公交车、出租车、环卫车、公务用车等积极推行新能源化，获批为全国新能源汽车换电模式应用试点城市。

二、推进新型工业化的基本做法

站在转型发展的关键十字路口，宜宾市坚定不移地走新型工业化道路，抢抓国家重大战略机遇，通过找准赛道、选准伙伴、建好集群，推动战略性新兴产业强势崛起。

（一）找准赛道，实现制造业后发高点起步

赛道具有竞争竞赛、比学赶超的意蕴，新赛道源于重大技术创新和转化应用。党的二十大报告提到，“开辟发展新领域新赛道，不断塑造发展新动能新优势。”宜宾市在深刻把握全球、全国产业发展趋势和自身实际的基础上，找准当前及今后一个时期全球工业增长最快的绿色新能源产业赛道，其中万亿规模的主赛道就是动力电池和晶硅光伏。宜宾市以发展智能轨道交通及新能源汽车产业为契机，于 2019 年成功引进动力电池巨头宁德时代，在宜宾市布局西部地区

第一个动力电池产业基地，并于 2021 年势如破竹般实现产能全国第一。在竞争趋于白热化的动力电池细分赛道，宜宾市以一己之力成功抢占先机，正加快建成世界级动力电池产业集群。与此同时，晶硅光伏作为煤电替代的能源方式，在“双碳”目标下，未来将会成为能源供应的主渠道，市场空间极为广阔。经测算，2023 年装机量预计达到 380GW 以上。宜宾市地处长江上游世界清洁能源走廊，发展高载能晶硅光伏新赛道具有比较优势，宜宾市以高新区为核心载体，全力招引头部企业快速落地，在短期内已形成产业链聚合效应。

（二）选好伙伴，保障产业链安全高效

锚定正确的赛道，招商引资是关键，招引赛道产业链各环节最佳合作伙伴是核心。宜宾市充分发挥国有资本优势，创新“产业链招商+基金招商”模式，以有限的国有资本和财政资金设立基金，通过基金进行招商引资，特别是在沿海地区开展基金招商获得显著成效，为产业发展提供了源源不断的项目。但从众多的项目中评判识别好项目是寻找合作伙伴过程中最关键的一环，需要招商引资团队具备扎实的专业素养和综合能力。在长期高频招商引资的过程中，宜宾市锻造了一支由市经济合作和新兴产业局、市经济和信息化局、市金融工作局等骨干部门组成的专业招商引资专班，能够在众多项目中评判识别出符合宜宾实际、招商成本较低、发展前景好、落地见效快的项目合作伙伴，避免了项目招引的盲目性。近年来，智能终端、动力电池、晶硅光伏等战略性新兴产业项目投资大、落地早、集聚好、投产快，得益于招商引资团队的专业化素养，为宜宾市产业发展选好了一大批优质合作伙伴。

（三）建好集群，培育塑造竞争新优势

经过多年的实践发展，产业集群以其独特的集聚效应、规模效应、外部效应和区域竞争力，已经成为推动未来区域经济增长的“加速器”。近年来，宜宾市深入实施产业集群发展战略，中共宜宾市委六届五次全会提出打造四大产业集群，全市各类要素资源通过打造产业集群的方式来强化保障。在实践中，一方面推动招引企业加快落地并扩大产业规模，迅速形成物理反应，同时让相关企业彼此成为上下游和行业伙伴，建立产业生态，形成内生的增长动力和化学反应；另一方面注重强化政府服务，积极搭建检验检测、市场销售、金融服务

等产业共性平台，大力推动大学城和科创城建设，源源不断汇聚人力资源，强化科技研发支撑，不断助推产业链集群成势。

三、全面推进新型工业化的重点领域

当前，全球新一轮科技革命和产业变革正在加速演进，将重塑世界各国和地区的比较优势、分工地位和竞争格局，科技创新和新经济正成为博弈角逐的主战场。随着颠覆性、前沿性技术的不断涌现，会催生一批新产业、新业态、新模式，将对人们现行的生产方式和生活方式产生前所未有的深刻影响。在宜宾市，以战略性新兴产业为主要内容的新经济在近年来逆势而起，实现从无到有、由弱变强，但仍然面临基础尚不稳固、周边城市竞争激烈等挑战，下一步必须继续坚定贯彻党的二十大精神，全面落实党中央、国务院决策部署，以"一蓝一绿"战略性新兴产业集群集聚发展为重点，大力建设新经济产业生态圈，为加快建设制造强市提供强有力的支撑。

（一）坚持做大做强，建设全球一流动力电池产业集群

从国内动力电池产业发展现状来看，东南沿海地区起步较早，已经形成一些产业集群，产业配套和应用市场较为成熟。然而，以四川省、重庆市为代表的西南地区，虽然起步较晚，但近几年发展势头迅猛，已成为动力电池产业的新高地。在竞争激烈的动力电池赛道，宜宾市须通过优化产业发展布局，进一步加强应用场景建设，实现动力电池产业"做大做强"。一方面，加快动力电池产业链布局，发挥教育、科技、人才和区位等优势，推动产业链、供应链和创新链融合发展；优化空间发展布局，以龙头企业为引领，加快建设以三江新区为核心、以翠屏区长江工业园等产业园区为支撑的"1+6"动力电池产业生态圈；充分发挥动力电池全产业链规模效应，大力培育"链主企业"四川时代，建设动力电池产业集群生产基地，引导正负极材料、电解液、隔膜、铜箔等产业上下游配套项目集聚。另一方面，锚定建设全球一流动力电池产业集群的目标，用好世界动力电池大会等的影响力，加大推广应用力度，主动创造一批、打造一批、示范一批国际化应用新场景，推动供需两端协同发展。

（二）坚持招大引强，建设国家级晶硅光伏产业集群

晶硅光伏产业正值第三轮高增长风口，也是动力电池产业链的上游产业。

近几年，晶硅光伏、动力电池产业已成为四川省绿色低碳优势产业的“双子新星”，特别是在晶硅光伏产业领域，四川省正在加快构建成都—眉山—乐山千亿晶硅光伏产业“经济走廊”和“产业集群”。宜宾市须进一步巩固扩大晶硅光伏的产业基础，重点围绕招大引强，坚持“引培并举”，瞄准硅片、电池、组件、应用示范等关键环节，大力培育隐形冠军企业，加快建设10000亩晶硅光伏产业园，着力建成国家级的晶硅光伏产业集群和全产业链生态圈。

（三）坚持生态打造，建设全国同类城市领先的数字经济产业集群

数字经济是驱动宜宾市创新发展的重要引擎，是宜宾市产业转型、实现经济高质量发展的主要抓手。下一步需要着力巩固和扩大智能终端产业的比较优势，围绕5G产业技术研发和手机制造基地建设，积极促进信息技术和制造业的深度融合；以大数据产业基地建设和产业大数据应用为重点，建设完善数字经济发展的基础环境，积极推进产业的大数据应用，助推宜宾市大数据产业跨越式发展；健全完善数字经济发展机制，强化数字经济专项支持，制定科技信息服务业发展专项规划和扶持政策，加大专项资金和补贴力度，对重大引领性项目“一事一议”重点扶持，积极推进信息服务业3年连续倍增计划，保障数字经济健康发展。

（四）坚持技改升级，持续推动传统产业高端化、智能化、绿色化转型

以白酒为核心的传统产业是宜宾市的特色优势产业和支柱产业，特别是以五粮液为龙头的白酒产业产值规模逐年增加。未来应注重运用现代企业管理制度和现代先进数字技术，推动企业数字化转型和绿色低碳升级改造，挖掘企业发展潜能，实现降本增效。大力实施传统产业倍增计划，在白酒、纺织等领域生产环节推广应用新技术、新工艺、新装备，向机械化、自动化、信息化、智能化模式转变；在能源化工、建材等领域进一步聚焦市场需求、丰富场景供给、拉动创新需求，实现更高质量发展。推进数据分析应用，建设产业大数据中心，为五粮液、天原、丝丽雅等企业提供研发、生产、经营、销售、服务等环节的大数据分析服务，进一步赋能产品品质和品牌价值向更高端迈进。

（五）坚持优化服务，切实增强发展新经济的保障

打造一流的营商环境是宜宾市建设现代化产业链、产业集群的重要保障。

具体工作中应大力提升政府服务质量，进一步加强大数据、互联网在政务服务中的应用，提高终端自助办理使用率，深入推行“一网通办”和“互联网+”政务，促进政务服务进一步提质增效；大力推动金融产品和业态创新，拓展贷款抵（质）押物范围，推动直接融资发展，着力解决企业发展过程中的“融资难”“融资贵”等问题，提升发展新经济的金融服务水平；进一步梳理企业发展需求与面临的问题，细化对相关产业的扶持政策，强化新经济发展的政策保障；持续优化营商环境，以“有为政府”破解宜宾市在新经济发展过程中面临的各种制度壁垒和市场壁垒，助力开辟发展新领域、新赛道，合力塑造发展新动能、新优势。

【作者简介】

长江经济带研究院，是宜宾市人民政府与中国人民大学合作共建的宜宾市市属研究机构，自 2019 年成立以来，立足推动长江经济带发展、成渝地区双城经济圈建设等国家重大区域发展战略，潜心开展学术研究、决策咨询及高端论坛等。

05 政策法规篇

新经济发展需要国家政策支持。近年来，党中央、国务院及国家有关部委出台了一系列政策文件，支持、鼓励和引导新经济产业快速健康发展，为新经济企业发展创造了良好体制和政策环境。本篇节选 2022 年 1 月至 2023 年 3 月的政策文件，供读者研读和比照，为从事新经济实践的企业家和研究者提供参考。

一、2022 年文件节选汇编

（一）中共中央、国务院

习近平,《高举中国特色社会主义伟大旗帜 为全面建设社会主义现代化国家而团结奋斗——在中国共产党第二十次全国代表大会上的报告》，2022 年 10 月 16 日

建设现代化产业体系。坚持把发展经济的着力点放在实体经济上，推进新型工业化，加快建设制造强国、质量强国、航天强国、交通强国、网络强国、数字中国。实施产业基础再造工程和重大技术装备攻关工程，支持专精特新企业发展，推动制造业高端化、智能化、绿色化发展。巩固优势产业领先地位，在关系安全发展的领域加快补齐短板，提升战略性资源供应保障能力。推动战略性新兴产业融合集群发展，构建新一代信息技术、人工智能、生物技术、新能源、新材料、高端装备、绿色环保等一批新的增长引擎。构建优质高效的服务业新体系，推动现代服务业同先进制造业、现代农业深度融合。加快发展物联网，建设高效顺畅的流通体系，降低物流成本。加快发展数字经济，促进数字经济和实体经济深度融合，打造具有国际竞争力的数字产业集群。优化基础设施布局、结构、功能和系统集成，构建现代化基础设施体系。

中共中央、国务院,《中共中央 国务院关于做好 2022 年全面推进乡村振兴重点工作的意见》，2022 年 1 月 4 日

大力推进种源等农业关键核心技术攻关。全面实施种业振兴行动方案。加快推进农业种质资源普查收集，强化精准鉴定评价。推进种业领域国家重大创新平台建设。启动农业生物育种重大项目。加快实施农业关键核心技术攻关工程，实行“揭榜挂帅”、“部省联动”等制度，开展长周期研发项目试点。强化现代农业产业技术体系建设。开展重大品种研发与推广后补助试点。贯彻落实种子法，实行实质性派生品种制度，强化种业知识产权保护，依法严厉打击套牌侵权等违法犯罪行为。

中共中央、国务院,《中共中央 国务院关于加快建设全国统一大市场的意见》，2022 年 3 月 25 日

加快培育统一的技术和数据市场。建立健全全国性技术交易市场，完善知识产权评估与交易机制，推动各地技术交易市场互联互通。完善科技资源共享服务体系，鼓励不同区域之间科技信息交流互动，推动重大科研基础设施和仪器设备开放共享，加大科技领域国际合作力度。加快培育数据要素市场，建立健全数据安全、权利保护、跨境传输管理、交易流通、开放共享、安全认证等基础制度和标准规范，深入开展数据资源调查，推动数据资源开发利用。

中共中央、国务院，《中共中央 国务院关于构建数据基础制度更好发挥数据要素作用的意见》，2022 年 12 月 2 日

培育数据要素流通和交易服务生态。围绕促进数据要素合规高效、安全有序流通和交易需要，培育一批数据商和第三方专业服务机构。通过数据商，为数据交易双方提供数据产品开发、发布、承销和数据资产的合规化、标准化、增值化服务，促进提高数据交易效率。在智能制造、节能降碳、绿色建造、新能源、智慧城市等重点领域，大力培育贴近业务需求的行业性、产业化数据商，鼓励多种所有制数据商共同发展、平等竞争。有序培育数据集成、数据经纪、合规认证、安全审计、数据公证、数据保险、数据托管、资产评估、争议仲裁、风险评估、人才培训等第三方专业服务机构，提升数据流通和交易全流程服务能力。

中共中央、国务院，《扩大内需战略规划纲要（2022—2035 年）》，2022 年 12 月 14 日

壮大战略性新兴产业。深入推进国家战略性新兴产业集群发展，建设国家级战略性新兴产业基地。全面提升信息技术产业核心竞争力，推动人工智能、先进通信、集成电路、新型显示、先进计算等技术创新和应用。加快生物医药、生物农业、生物制造、基因技术应用服务等产业化发展。发展壮大新能源产业。推进前沿新材料研发应用。促进重大装备工程应用和产业化发展，加快大飞机、航空发动机和机载设备等研发，推进卫星及应用基础设施建设。发展数字创意产业。在前沿科技和产业变革领域，组织实施未来产业孵化与加速计划，前瞻谋划未来产业。推动先进制造业集群发展，建设国家新型工业化产业示范基地，培育世界级先进制造业集群。

中共中央办公厅、国务院办公厅，《“十四五”文化发展规划》，2022 年 8 月 16 日

推进国有文化企业转型升级，优化资源配置和布局结构，打造知名文化品牌和企业集团。鼓励、支持、引导非公有资本依法进入文化产业，保护民营文化企业产权和企业家权益。积极支持中小微文化企业发展，鼓励走专精特新发展路子。加快发展数字出版、数字影视、数字演播、数字艺术、数字印刷、数字创意、数字动漫、数字娱乐、高新视频等新型文化业态，改造提升传统文化业态，促进结构调整和优化升级。推动文化与旅游、体育、教育、信息、建筑、制造等融合发展，延伸产业链。建设国家文化产业发展项目库、全国广播电视和网络视听产业公共服务平台。

国务院办公厅，《国务院办公厅转发国家发展改革委等部门关于加快推进城镇环境基础设施建设指导意见的通知》，国办函［2022］7 号，2022 年 1 月 12 日

加大财税金融政策支持力度。落实环境治理、环境服务、环保技术与装备有关财政税收优惠政策。对符合条件的城镇环境基础设施项目，通过中央预算内投资等渠道予以支持，将符合条件的项目纳入地方政府专项债券支持范围。引导各类金融机构创新金融服务模式，鼓励开发性、政策性金融机构发挥中长期贷款优势，按照市场化原则加大城镇环境基础设施项目融资支持力度。在不新增地方政府隐性债务的前提下，支持符合条件的企业通过发行企业债券、资产支持证券募集资金用于项目建设，鼓励具备条件的项目稳妥开展基础设施领域不动产投资信托基金（REITs）试点。

国务院办公厅，《国务院办公厅关于印发“十四五”中医药发展规划的通知》，国办发［2022］5 号，2022 年 3 月 3 日

加强重点领域攻关。在科技创新 2030—重大项目、重点研发计划等国家科技计划中加大对中医药科技创新的支持力度。深化中医原创理论、中药作用机理等重大科学问题研究。开展中医药防治重大、难治、罕见疾病和新发突发传染病等诊疗规律与临床研究。加强中医药临床疗效评价研究。加强开展基于古代经典名方、名老中医经验方、有效成分或组分等的中药新药研发。支持儿童用中成药创新研发。推动设立中医药关键技术装备项目。

国务院办公厅，《国务院办公厅关于进一步释放消费潜力促进消费持续恢复的意见》，国办发［2022］9 号，2022 年 4 月 20 日

创新消费业态和模式。适应常态化疫情防控需要，促进新型消费，加快线上线下消费有机融合，扩大升级信息消费，培育壮大智慧产品和智慧零售、智慧旅游、智慧广电、智慧养老、智慧家政、数字文化、智能体育、“互联网+医疗健康”、“互联网+托育”、“互联网+家装”等消费新业态。加强商业、文化、旅游、体育、健康、交通等消费跨界融合，积极拓展沉浸式、体验式、互动式消费新场景。有序引导网络直播等规范发展。深入开展国家电子商务示范基地和示范企业创建。深化服务领域东西协作，大力实施消费帮扶，助力中西部地区特别是欠发达地区提升发展能力和消费水平。

国务院办公厅，《国务院办公厅关于印发“十四五”国民健康规划的通知》，国办发［2022］11号，2022年4月27日

促进高端医疗装备和健康用品制造生产。优化创新医疗装备注册评审流程。开展原创性技术攻关，推出一批融合人工智能等新技术的高质量医疗装备。鼓励有条件的地方建设医疗装备应用推广基地，打造链条完善、特色鲜明的医疗装备产业集群。完善养老托育等相关用品标准体系，支持前沿技术和产品研发应用。围绕健康促进、慢病管理、养老服务等需求，重点发展健康管理、智能康复辅助器具、科学健身、中医药养生保健等新型健康产品，推动符合条件的人工智能产品进入临床试验。推进智能服务机器人发展，实施康复辅助器具、智慧老龄化技术推广应用工程。

国务院办公厅，《国务院办公厅关于印发深化医药卫生体制改革2022年重点工作任务的通知》，国办发［2022］14号，2022年5月4日

强化药品供应保障能力。持续深化审评审批制度改革，加快有临床价值的创新药上市。持续推进仿制药质量和疗效一致性评价工作。优化国家基本药物目录，完善目录管理机制。完善公立医疗机构优先配备使用基本药物政策，鼓励城市医疗集团、县域医共体等建立药品联动管理机制，促进上下级医疗机构用药衔接。健全药品协同监测机制，强化药品短缺分级应对。加强小品种药（短缺药）集中生产基地建设。加强罕见病用药保障。健全药品临床综合评价工作机制和标准规范，将评价结果作为医疗机构用药目录遴选、上下级用药衔接等的重要依据。分类推进医疗器械唯一标识实施工作，深化唯一标识在监管、医疗、医保等领域的衔接应用。探索完善药品流通新业态新模式。

国务院办公厅，《国务院办公厅转发国家发展改革委国家能源局关于促进新时代新能源高质量发展实施方案的通知》，国办函［2022］39 号，2022 年 5 月 14 日

推进科技创新与产业升级。建立产学研一体化平台，建设国家级新能源实验室和研发平台，加大基础理论研究投入，超前布局前沿技术和颠覆性技术。推行“揭榜挂帅”、“赛马”等机制，推动企业、科研院所、高校等针对新能源占比逐渐提高的电力系统安全稳定可靠等问题开展系统性研究，提出解决方案。加大对产业智能制造和数字化升级的支持力度。编制实施智能光伏产业发展行动计划，提升产品全周期智能化、信息化水平。推进高效太阳能电池、先进风电设备等关键技术突破，加快推动关键基础材料、设备、零部件等技术升级。推动退役风电机组、光伏组件回收处理技术和相关新产业链发展，实现全生命周期闭环式绿色发展。

国务院办公厅，《国务院办公厅关于印发“十四五”现代物流发展规划的通知》，国办发［2022］17 号，2022 年 5 月 17 日

促进物流网络化升级。依托重大物流基础设施打造物流信息组织中枢，推动物流设施设备全面联网，实现作业流程透明化、智慧设备全连接，促进物流信息交互联通。推动大型物流企业面向中小微企业提供多样化、数字化服务，稳步发展网络货运、共享物流、无人配送、智慧航运等新业态。鼓励在有条件的城市搭建智慧物流“大脑”，全面链接并促进城市物流资源共享，优化城市物流运行，建设智慧物流网络。推动物流领域基础公共信息数据有序开放，加强物流公共信息服务平台建设，推动企业数据对接，面向物流企业特别是中小微物流企业提供普惠性服务。

国务院办公厅，《国务院办公厅关于深化电子电器行业管理制度改革的意见》，国办发［2022］31 号，2022 年 9 月 17 日

完善基础电子产业投融资制度。发挥国家制造业转型升级基金、中小企业发展基金等政府投资基金引导作用，按照市场化原则，对符合条件的基础电子企业加大支持力度，鼓励有关地方投资基金和社会资本投资，着力培育行业优质企业，支持产业链“链主”企业、制造业单项冠军企业和“专精特新”中小企业发展。（工业和信息化部、财政部、国家发展改革委按职责分工负责）鼓励各类金融机构创新金融产品和服务，加大对基础电子产业的金融支持力度。（人民银行、银保监会按职责分工负责）支持符合条件的基础电子企业上市融资。（证监会负责）

（二）国务院各部委、各直属机构及最高人民法院

国家发展改革委，《国家发展改革委关于印发<“十四五”现代流通体系建设规划>的通知》，发改经贸［2022］78号，2022年1月13日

推广集约智慧绿色物流发展新模式。拓展物流信息平台功能，优化车、船、仓等分散物流资源供需对接，提升物流规模化组织水平。打造国家物流枢纽运营平台，集成储、运、仓、配等物流服务，创新一体化物流组织模式。搭建供应链服务平台，提供信息、物流等综合服务。加快发展智慧物流，积极应用现代信息技术和智能装备，提升物流自动化、无人化、智能化水平。扩大新能源运输工具应用范围，推广绿色包装技术和物流标准化器具循环共用。鼓励构建线上线下融合的废旧物资逆向物流体系，促进废旧物品、包装等回收再利用。

国家发展改革委，《国家发展改革委关于做好近期促进消费工作的通知》，发改就业［2022］77号，2022年1月14日

进一步激发智慧零售新活力。推动实体商场、超市、便利店等数字化改造和线上线下协同，发展仓储会员店、“门店到家”服务等零售新业态，加快培育体验式、沉浸式消费新场景，提升消费智慧化、便利化水平。鼓励办公楼宇、住宅小区、社区商圈等加快布局配套智慧超市、智慧商店、智慧书店、智慧药房，优化自提柜、云柜等新业态服务，发展无接触交易服务，满足“宅经济”、“云生活”等新消费需求。

国家发展改革委、国家能源局，《国家发展改革委 国家能源局关于印发<“十四五”现代能源体系规划>的通知》，发改能源［2022］210号，2022年1月29日

锻造能源创新优势长板。巩固非化石能源领域技术装备优势，持续提升风电、太阳能发电、生物质能、地热能、海洋能等开发利用的技术水平和经济性，开展三代核电技术优化研究，加强高比例可再生能源系统技术创新和应用。立足绿色低碳技术发展基础和优势，加快推动新型电力系统、新一代先进核能等

方面技术突破。提高化石能源清洁高效利用技术水平，加强煤炭智能绿色开采、灵活高效燃煤发电、现代煤化工和生态环境保护技术研究，实施陆上常规油气高效勘探开发和炼化技术攻关。

国家发展改革委、国家能源局，《国家发展改革委 国家能源局关于完善能源绿色低碳转型体制机制和政策措施的意见》，发改能源［2022］206 号，2022 年 1 月 30 日

加强新型电力系统顶层设计。推动电力来源清洁化和终端能源消费电气化，适应新能源电力发展需要制定新型电力系统发展战略和总体规划，鼓励各类企业等主体积极参与新型电力系统建设。对现有电力系统进行绿色低碳发展适应性评估，在电网架构、电源结构、源网荷储协调、数字化智能化运行控制等方面提升技术和优化系统。加强新型电力系统基础理论研究，推动关键核心技术突破，研究制定新型电力系统相关标准。推动互联网、数字化、智能化技术与电力系统融合发展，推动新技术、新业态、新模式发展，构建智慧能源体系。加强新型电力系统技术体系建设，开展相关技术试点和区域示范。

国家发展改革委、工业和信息化部、财政部、人力资源社会保障部、自然资源部、生态环境部、交通运输部、商务部、人民银行、税务总局、银保监会、能源局，《关于印发促进工业经济平稳增长的若干政策的通知》，发改产业［2022］273 号，2022 年 2 月 18 日

加快新型基础设施重大项目建设，引导电信运营商加快 5G 建设进度，支持工业企业加快数字化改造升级，推进制造业数字化转型；启动实施北斗产业化重大工程，推动重大战略区域北斗规模化应用；加快实施大数据中心建设专项行动，实施“东数西算”工程，加快长三角、京津冀、粤港澳大湾区等 8 个国家级数据中心枢纽节点建设。推动基础设施领域不动产投资信托基金（REITs）健康发展，有效盘活存量资产，形成存量资产和新增投资的良性循环。

国家发展改革委、工业和信息化部、农业农村部、商务部、国务院国资委、市场监管总局、国家知识产权局，《国家发展改革委等部门关于新时代推进品牌建设的指导意见》，发改产业［2022］1183 号，2022 年 7 月 29 日

壮大升级工业品牌。大力实施制造业“增品种、提品质、创品牌”行动，形成有影响力的“中国制造”卓著品牌，培育一批先进制造业集群品牌。引导装备制造业加快提质升级，推动产品供给向“产品+服务”转型，在轨道交通、电力、船舶及海洋工程、工程机械、医疗器械、特种设备等装备领域，培育一批科研开发与技术创新能力强、质量管理优秀的系统集成方案领军品牌和智能制造、服务型制造标杆品牌。鼓励消费品行业发展个性定制、规模定制，在汽车、纺织服装、消费类电子、家用电器、食品、化妆品等领域，培育一批高端品牌、“专精特新”企业。推动电子信息产业创新发展和原材料产业关键技术攻关，培育一批竞争力强的品牌企业。加强工业产品质量安全监管，督促企业落实质量主体责任，提升质量管理数字化水平，提高产品技术质量性能、稳定性和可靠性。

国家发展改革委、商务部、工业和信息化部、自然资源部、生态环境部、交通运输部，《国家发展改革委等部门印发<关于以制造业为重点促进外资扩增量稳存量提质量的若干政策措施>的通知》，发改外资［2022］1586号，2022年10月13日

优化外商投资结构。对标“十四五”规划《纲要》要求，在先进制造业和高新技术方面，重点鼓励外商投资高端装备、基础元器件、关键零部件等领域。在现代服务业方面，重点鼓励外商投资研发设计、现代物流等领域。在节能环保方面，重点鼓励外商投资新能源、绿色低碳关键技术创新和示范应用等领域。在区域布局方面，给予中西部和东北地区基础制造、适用技术、民生消费等领域政策支持。实施好鼓励外商投资产业目录配套政策，确保符合条件的外资项目和企业应享尽享。

国家发展改革委，《国家发展改革委关于进一步完善政策环境加大力度支持民间投资发展的意见》，发改投资［2022］1652号，2022年10月28日

支持民间投资参与科技创新项目建设。鼓励民间资本积极参与国家产业创新中心、国家技术创新中心、国家能源研发创新平台、国家工程研究中心、国家企业技术中心等创新平台建设，支持民营企业承担国家重大科技战略任务。鼓励中央企业、行业龙头企业加强对民营企业新产品、新技术的应用，引导民营企业参与重大项目供应链建设。在稳定产业链供应链相关项目招投标中，对大中小企业联合体给予倾斜，鼓励民营企业参与。支持平台经济规范健康持续发展，鼓励平台企业加快人工智能、云计算、区块链、操作系统、处理器等领域重点项目建设。

科技部、教育部、工业和信息化部、交通运输部、农业农村部、国家卫生健康委，《科技部等六部门关于印发<关于加快场景创新以人工智能高水平应用促进经济高质量发展的指导意见>的通知》，国科发规［2022］199 号，2022 年 7 月 29 日

围绕高端高效智能经济培育打造重大场景。鼓励在制造、农业、物流、金融、商务、家居等重点行业深入挖掘人工智能技术应用场景，促进智能经济高端高效发展。制造领域优先探索工业大脑、机器人协助制造、机器视觉工业检测、设备互联管理等智能场景。农业领域优先探索农机卫星导航自动驾驶作业、农业地理信息引擎、网约农机、橡胶树割胶、智能农场、产业链数字化管理、无人机植保、农业生产物联监测、农产品质量安全管控等智能场景。物流领域优先探索机器人分流分拣、物料搬运、智能立体仓储以及追溯终端等智能场景。金融领域优先探索大数据金融风控、企业智能征信、智能反欺诈等智能场景。商务领域优先探索多人在线协同会议、线上会展、盘点结算等智能场景。家居领域优先探索家庭智慧互联、建筑智能监测、产品在线设计等智能场景。消费领域积极探索无人货柜零售、无人超市、智慧导购等新兴场景。交通运输领域优先探索自动驾驶和智能航运技术在园区内运输、摆渡接驳、智能配送、货车编队行驶、港区集装箱运输、港区智能作业、船舶自主航行等方面的智能应用场景。

科技部，《科技部关于印发<“十四五”国家高新技术产业开发区发展规划>的通知》，国科发区［2022］264 号，2022 年 9 月 21 日

前瞻布局未来产业。支持国家高新区依托高校优势学科和学科交叉融合的优势，面向类脑智能、量子信息、基因技术、未来网络、氢能与储能等前沿科技和产业变革领域，前瞻部署一批未来产业。支持园区联合国家大学科技园建设未来产业科技园、未来产业技术研究院等，创新未来产业应用场景，打造未来产业科技创新和孵化高地。引导园区支持产业跨界融合，开展前沿科技、硬科技创业，加速形成若干未来产业。

科技部，《科技部关于印发<“十四五”技术要素市场专项规划>的通知》，国科发区［2022］263 号，2022 年 9 月 30 日

促进技术要素与资本要素融合。完善创业投资监管体系和发展政策。调整国家科技成果转化引导基金子基金考核指标体系，引导投资机构投早、投小，加强对种子期、初创期科技企业的支持。探索“投资+孵化”模式，鼓励创新创业载体设立天使投资基金。探索对科技成果概念验证、中试、产业化等不同阶段采取差异化的金融支持方式。办好中国创新挑战赛、中国创新创业大赛、科技成果直通车、颠覆性技术创新大赛等活动，为技术对接资本提供平台。支持金融机构设立专业化科技金融分支机构，引导金融机构优化科技型企业评价体系，丰富投贷联动等融资服务模式，加大对成果转化和创新创业人才的金融支持力度。鼓励有条件的地方开展科技成果转化贷款风险补偿试点。鼓励科技金融产品创新，通过采用知识价值信用贷款、预期收益质押、知识产权证券化、科技保险等方式，推动科技成果资本化。

科技部、财政部，《科技部 财政部关于印发<企业技术创新能力提升行动方案（2022—2023 年）>的通知》，国科发区［2022］220 号，2022 年 8 月 5 日

强化对企业创新的风险投资等金融支持。建立金融支持科技创新体系常态化工作协调机制。鼓励各类天使投资、风险投资基金支持企业创新创业，深入落实创业投资税收优惠政策，引导创投企业投早、投小、投硬科技。用好用足科技创新再贷款、重大科技成果产业化专题债等政策工具，发挥各类金融机构的作用。推广企业创新积分贷、仪器设备信用贷等新型科技金融产品，为 10 万家以上企业增信授信。推广科技项目研发保险、知识产权保险等新型科技保险产品。鼓励地方建设科技企业信息平台，共享工商、社保、知识产权、税务、海关、水电等信息，完善金融机构与科技企业信息共享机制。

工业和信息化部、科学技术部、生态环境部，《工业和信息化部 科学技术部 生态环境部关于印发环保装备制造业高质量发展行动计划（2022—2025 年）的通知》，工信部联节［2021］237 号，2022 年 1 月 13 日

培育优质企业。推动环保装备制造业加强产业链分工协作，构建大中小企业融通发展新格局，培育壮大产业发展新动能。在大气和水污染防治等集中度较高的领域，支持龙头企业争创产业链领航企业，带动全行业做大做强。引导环保装备企业在各自细分领域精耕细作，不断提高技术工艺水平和市场占有率，打造一批制造业单项冠军企业。充分发挥中小企业专业化创新优势，培育一批专精特新“小巨人”企业。

工业和信息化部、国家发展和改革委员会、生态环境部，《三部委关于促进钢铁工业高质量发展的指导意见》，工信部联原〔2022〕6号，2022年1月20日

增强创新发展能力。强化企业创新主体地位，营造产学研用一体的协同创新生态。采取“揭榜挂帅”等方式，推动行业公共服务创新平台和创新中心建设。重点围绕低碳冶金、洁净钢冶炼、薄带铸轧、高效轧制、基于大数据的流程管控、节能环保等关键共性技术，以及先进电炉、特种冶炼、高端检测等通用专用装备和零部件，加大创新资源投入。发挥新材料生产应用示范平台作用，建立健全关键领域钢铁新材料上下游合作机制，搭建重点领域产业联盟。鼓励有条件的地区建设钢铁行业创新平台，积极争创国家级创新平台。加强标准技术体系建设，制定发布一批基础通用的国家标准、行业标准，培育发展一批先进适用的高水平团体标准，满足市场和创新需求。

工业和信息化部、国家发展和改革委员会、科学技术部、生态环境部、应急管理部、国家能源局，《六部门联合印发关于“十四五”推动石化化工行业高质量发展的指导意见》，工信部联原〔2022〕34号，2022年3月28日

加快新技术新模式协同创新应用，打造特色平台。加快5G、大数据、人工智能等新一代信息技术与石化化工行业融合，不断增强化工过程数据获取能力，丰富企业生产管理、工艺控制、产品流向等方面数据，畅联生产运行信息数据“孤岛”，构建生产经营、市场和供应链等分析模型，强化全过程一体化管控，推进数字孪生创新应用，加快数字化转型。打造3～5家面向行业的特色专业型工业互联网平台，引导中小化工企业借助平台加快工艺设备、安全环保等数字化改造。围绕化肥、轮胎等关乎民生安全的大宗产品建设基于工业互联网的产业链监测、精益化服务系统。

工业和信息化部、国家发展和改革委员会、科学技术部、财政部、人力资源和社会保障部、中国人民银行、国务院国有资产监督管理委员会、国家市场监督管理总局、中国银行保险监督管理委员会、国家知识产权局、中华全国工商业联合会，《十一部门关于开展“携手行动”促进大中小企业融通创新（2022—2025年）的通知》，工信部联企业〔2022〕54号，2022年5月12日

提升中小企业配套支撑能力。梳理专精特新“小巨人”企业产业链图谱，按产业链组织与大企业对接，助力中小企业融入大企业产业链。同等条件下，将为关键产业链重点龙头企业提供核心产品或服务的中小企业优先认定为专精特新“小巨人”企业，通过中央和地方财政加强对专精特新中小企业的支持力度。

工业和信息化部、人力资源社会保障部、生态环境部、商务部、市场监管总局，《五部门关于推动轻工业高质量发展的指导意见》，工信部联消费〔2022〕68 号，2022 年 6 月 8 日

发展服务型制造新模式。推进轻工业与现代服务业深度融合，加快培育发展服务型制造新业态新模式，促进轻工业提质增效。引导轻工行业完善服务型制造评价体系。鼓励企业建立客户体验中心、在线设计中心等机构，分析客户需求信息，增强用户参与设计能力。

工业和信息化部、国家发展改革委、财政部、生态环境部、国务院国资委、市场监管总局，《工业和信息化部等六部门关于印发工业能效提升行动计划的通知》，工信部联节〔2022〕76 号，2022 年 6 月 23 日

强化中小企业能效服务能力。引导中小企业应用节能提效技术工艺装备，加大可再生能源和新能源利用，对标创建绿色工厂。分行业领域推动完善中小企业能效合作服务机制，面向中小企业开展各类节能服务，宣传推广节能提效改造案例。鼓励中小企业专注主业、深耕细作、强化创新，在节能提效技术装备领域培育一批专精特新“小巨人”企业和单项冠军企业。

工业和信息化部、发展改革委、生态环境部，《工业和信息化部 发展改革委 生态环境部关于印发工业领域碳达峰实施方案的通知》，工信部联节〔2022〕88 号，2022 年 7 月 7 日

推动绿色低碳技术重大突破。部署工业低碳前沿技术研究，实施低碳零碳工业流程再造工程，研究实施氢冶金行动计划。布局“减碳去碳”基础零部件、基础工艺、关键基础材料、低碳颠覆性技术研究，突破推广一批高效储能、能源电子、氢能、碳捕集利用封存、温和条件二氧化碳资源化利用等关键核心技术。推动构建以企业为主体，产学研协作、上下游协同的低碳零碳负碳技术创新体系。

工业和信息化部、财政部、商务部、国务院国有资产监督管理委员会、国家市场监督管理总局，《工业和信息化部 财政部 商务部 国务院国有资产监督管理委员会 国家市场监督管理总局关于印发加快电力装备绿色低碳创新发展行动计划的通知》，工信部联重装［2022］105 号，2022 年 8 月 24 日

培育推广应用新模式新业态。推进源网荷储一体化和多能互补，培育风电+、光伏+等多种应用新模式新业态，加快多层级多时间尺度多能互补协同优化。

工业和信息化部、教育部、文化和旅游部、国家广播电视总局、国家体育总局，《工业和信息化部 教育部 文化和旅游部 国家广播电视总局 国家体育总局关于印发<虚拟现实与行业应用融合发展行动计划（2022—2026 年）>的通知》，工信部联电子［2022］148 号，2022 年 10 月 28 日

推进关键技术融合创新。围绕近眼显示、渲染处理、感知交互、网络传输、内容生产、压缩编码、安全可信等关键细分领域，做优“虚拟现实+”内生能力，强化虚拟现实与 5G、人工智能、大数据、云计算、区块链、数字孪生等新一代信息技术的深度融合，叠加“虚拟现实+”赋能能力。推进云、网、边、端协同能力体系建设。支持产业链上下游协同、面向特定场景、具备商用潜力的应用技术研发。

工业和信息化部、国家发展改革委、国务院国资委，《工业和信息化部 国家发展改革委 国务院国资委关于巩固回升向好趋势加力振作工业经济的通知》，工信部联运行［2022］160 号，2022 年 11 月 21 日

持续壮大新动能。深入实施先进制造业集群发展专项行动，聚焦新一代信息技术、高端装备、新材料、新能源等重点领域，推进国家级集群向世界级集群培育提升。启动创建国家制造业高质量发展试验区，构建一批各具特色、优势互补、结构合理的区域增长极。加强新技术新产品的推广应用，推动新一代信息技术与制造业深度融合，构建新一代信息技术、人工智能、生物技术、新能源、高端装备、工业软件、绿色环保等一批新的增长引擎，大力发展新产业、新业态、新模式。加快发展数字经济，打造具有国际竞争力的数字产业集群。深入实施智能制造工程，开展智能制造试点示范行动，加快推进装备数字化，遴选发布新一批服务型制造示范，加快向智能化、绿色化和服务化转型。深入开展工业互联网创新发展工程，实施 5G 行业应用“十百千”工程，深化“5G+

工业互联网”融合应用，加快 5G 全连接工厂建设，推动各地高质量建设工业互联网示范区和“5G+工业互联网”融合应用先导区。落实 5G 扬帆应用行动计划，深入推进 5G 规模化应用。

财政部,《关于印发<财政支持做好碳达峰碳中和工作的意见>的通知》,财资环〔2022〕53号，2022年5月25日

健全市场化多元化投入机制。研究设立国家低碳转型基金，支持传统产业和资源富集地区绿色转型。充分发挥包括国家绿色发展基金在内的现有政府投资基金的引导作用。鼓励社会资本以市场化方式设立绿色低碳产业投资基金。将符合条件的绿色低碳发展项目纳入政府债券支持范围。采取多种方式支持生态环境领域政府和社会资本合作（PPP）项目，规范地方政府对 PPP 项目履约行为。

商务部、发展改革委、工业和信息化部、人民银行、海关总署、市场监管总局，《商务部等6部门关于高质量实施<区域全面经济伙伴关系协定>（RCEP）的指导意见》，商国际发〔2022〕10号，2022年1月24日

推动制造业优化升级。结合 RCEP 实施，增强制造业核心竞争力和开展技术改造，推进制造业补链强链，强化资源、技术、装备支撑。实施产业基础再造工程，建设产业技术基础公共服务平台。加大重要产品和关键核心技术攻关力度，鼓励企业应用先进适用技术，加强设备更新和新产品规模化应用。深入实施智能制造和绿色制造工程，发展服务型制造新模式，推动制造业高端化智能化绿色化。

商务部、中央宣传部、自然资源部、住房和城乡建设部、文化和旅游部、市场监管总局、文物局、知识产权局，《商务部等8部门关于促进老字号创新发展的意见》，商流通发〔2022〕11号，2022年1月25日

支持老字号跨界融合发展。引导老字号企业将传统经营方式与大数据、云计算等现代信息技术相结合，升级营销模式，发展新业态、新模式，营造消费新场景。推动电商平台设立老字号专区。鼓励有关旅游机构将符合条件的老字号企业纳入旅游路线进行重点推介。

商务部、发展改革委、教育部、工业和信息化部、财政部、交通运输部、农业农村部、人民银行、海关总署、税务总局、市场监管总局、银保监会、外汇局、知识产权局，《商务部等 14 部门关于开展内外贸一体化试点的通知》，商建函［2022］114 号，2022 年 5 月 9 日

优化内外贸发展环境。发挥自由贸易试验区等高水平对外开放平台的示范引领作用，对标高标准国际经贸规则推进高水平制度型开放，促进内外贸融合发展。健全知识产权保护体系，建立健全新技术、新产品、新业态、新模式知识产权保护规则，探索完善互联网领域知识产权保护制度，强化知识产权海关保护和国际执法合作，持续健全海外知识产权纠纷应对指导工作机制，加强知识产权海外维权援助服务，提高企业创新和拓展国内国际市场积极性。提高数字政府建设水平，加强数据开放共享，推广应用电子证照，充分依托已有平台，提供内外贸政务服务统一化、标准化、便利化的公共服务。鼓励金融机构创新产品和服务，为企业开拓国内外市场提供金融支持。引导金融机构为各类企业提供更加丰富的汇率避险产品，推动企业更好管理汇率风险。进一步扩大出口信用保险和国内贸易信用保险覆盖面。进一步提高贸易便利化水平，支持企业利用跨境电商、市场采购贸易等新业态新模式开拓国际市场。推动中欧班列运贸一体化发展，促进与贸易新业态新模式相融合，增强中欧班列支撑内外贸发展动力。创新监管措施，推进内外贸同船运输、内外贸泊位共享，提升资源利用综合效能。深入推进内外贸监管部门信息互换、监管互认、执法互助。对内外贸一体化新业态新模式实施包容审慎监管，鼓励创新发展。

商务部、中央宣传部、中央网信办、外交部、发展改革委、教育部、科技部、工业和信息化部、财政部、人力资源社会保障部、住房城乡建设部、文化和旅游部、人民银行、海关总署、税务总局、广电总局、体育总局、统计局、港澳办、银保监会、证监会、文物局、中医药局、外汇局、知识产权局、贸促会、外文局，《商务部等 27 部门关于推进对外文化贸易高质量发展的意见》，商服贸发［2022］102 号，2022 年 7 月 18 日

大力发展数字文化贸易。推进实施国家文化数字化战略，建设国家文化大数据体系。发挥国内大市场和丰富文化资源优势，加强数字文化内容建设，促进优秀文化资源、文娱模式数字化开发。支持数字艺术、云展览和沉浸体验等新型业态发展，积极培育网络文学、网络视听、网络音乐、网络表演、网络游戏、数字电影、数字动漫、数字出版、线上演播、电子竞技等领域出口竞争优势，提升文化价值，打造具有国际影响力的中华文化符号。

商务部、文化和旅游部、文物局，《商务部 文化和旅游部 文物局关于加强老字号与历史文化资源联动促进品牌消费的通知》，商流通函［2022］555 号，2022 年 12 月 6 日

营造体验消费场景。推动有条件的老字号企业以现有门店为基础，通过产品引导、艺术介入、空间改造等手段，打造还原历史场景、反映传承故事的历史文化体验场景。支持具备条件的文化馆、博物馆打造老字号、非物质文化遗产展示体验专区，面向参观者开展文化展示、技艺传习、手工体验等文化传播和体验活动。鼓励老字号企业与文化馆、博物馆加强联动，共同举办消费促进和文化传播活动，打造特色新业态和消费新场景。

中国证监会、国务院国资委，《中国证监会 国务院国资委关于支持中央企业发行科技创新公司债券的通知》，证监发［2022］80 号，2022 年 11 月 11 日

支持中央企业开展基础设施 REITs 试点。重点支持交通、能源、水利、生态环保及 5G、工业互联网等新型基础设施项目发行 REITs，鼓励回收资金用于科技创新领域投资，拓宽增量资金来源，完善科技创新融资支持。

最高人民法院，《最高人民法院关于为促进消费提供司法服务和保障的意见》，法发［2022］35 号，2022 年 12 月 26 日

助力培育新型消费。依法支持线上线下商品消费融合发展。助推传统线下业态数字化改造和转型升级，助力智慧超市、智慧商店、智慧餐厅等新零售业态发展。依法保护 5G 网络和千兆光网应用，依法支持自动驾驶、无人配送等技术应用。妥善处理“互联网+社会服务”、“互联网+医疗健康”服务等新服务类型引发的纠纷，既要依法保护消费者合法权益，又要依法支持无接触交易服务等新类型消费模式发展。妥善处理共享出行、共享住宿、共享旅游等共享经济领域产生的纠纷，合理认定相关民事主体的注意义务和法律责任，支持和引导新的生活和消费方式健康发展。依法保护新个体经济，支持社交电商、网络直播等多样化经营模式。

二、2023 年文件节选汇编

（一）中共中央、国务院

中共中央、国务院，《中共中央 国务院关于做好 2023 年全面推进乡村振兴重点工作的意见》，2023 年 1 月 2 日

培育乡村新产业新业态。继续支持创建农业产业强镇、现代农业产业园、优势特色产业集群。支持国家农村产业融合发展示范园建设。深入推进农业现代化示范区建设。实施文化产业赋能乡村振兴计划。实施乡村休闲旅游精品工程，推动乡村民宿提质升级。深入实施“数商兴农”和“互联网+”农产品出村进城工程，鼓励发展农产品电商直采、定制生产等模式，建设农副产品直播电商基地。提升净菜、中央厨房等产业标准化和规范化水平。培育发展预制菜产业。

中共中央、国务院，《数字中国建设整体布局规划》，2023 年 2 月 27 日

到 2025 年，基本形成横向打通、纵向贯通、协调有力的一体化推进格局，数字中国建设取得重要进展。数字基础设施高效联通，数据资源规模和质量加快提升，数据要素价值有效释放，数字经济发展质量效益大幅增强，政务数字化智能化水平明显提升，数字文化建设跃上新台阶，数字社会精准化普惠化便捷化取得显著成效，数字生态文明建设取得积极进展，数字技术创新实现重大突破，应用创新全球领先，数字安全保障能力全面提升，数字治理体系更加完善，数字领域国际合作打开新局面。到 2035 年，数字化发展水平进入世界前列，数字中国建设取得重大成就。数字中国建设体系化布局更加科学完备，经济、政治、文化、社会、生态文明建设各领域数字化发展更加协调充分，有力支撑全面建设社会主义现代化国家。

国务院办公厅，《国务院办公厅转发商务部科技部关于进一步鼓励外商投资设立研发中心若干措施的通知》，国办函〔2023〕7 号，2023 年 1 月 11 日

优化科技创新服务。落实支持科技创新税收政策，支持各地结合实际，为符合条件的外资研发中心优化核定程序、简化申报材料、提供更多便利。加强对外资研发中心申请认定高新技术企业的指导和服务，组织开展政策培训，加强政策宣传与引导，鼓励和引导外商投资更多投向科技创新领域。

国务院办公厅，《国务院办公厅关于深入推进跨部门综合监管的指导意见》，国办发［2023］1号，2023年1月13日

明确跨部门综合监管责任分工。行业主管部门要会同相关监管部门依照法律法规、“三定”规定和权责清单，逐项明确跨部门综合监管事项责任分工。对行业主管部门不明确、监管边界模糊、监管责任存在争议的新产业新业态新模式，与之相关的各部门都要主动履职、密切配合，防止出现监管空白；同时，要按照领域归口、业务相近原则和新产业新业态新模式的主要行为特征，会同有关方面及时对其研判定性、明确监管职责。县级以上地方人民政府要全面落实属地监管责任，对本地区涉及多部门监管的事项，要结合地方机构设置和监管力量配置等情况确定监管部门和职责划分，确保事有人管、责有人负。对存在部门管辖争议的行政执法事项，各级司法行政部门要加强协调。

国务院办公厅，《国务院办公厅关于印发中医药振兴发展重大工程实施方案的通知》，国办发［2023］3号，2023年2月10日

高质量建设中医药服务出口基地，探索中医药服务出口新业态新模式，培育中医药服务国际知名品牌。巩固中医医疗保健、教育培训等传统服务贸易优势，发展“互联网+中医药贸易”。鼓励有实力、信誉好的企业在共建“一带一路”国家构建中医药跨国营销网络，建设中医药产品物流配送中心。支持中医药企业通过中国进出口商品交易会、中国国际服务贸易交易会等平台“走出去”。

（二）国务院各部委、各直属机构及最高人民法院

工业和信息化部、教育部、科学技术部、中国人民银行、中国银行保险监督管理委员会、国家能源局，《工业和信息化部等六部门关于推动能源电子产业发展的指导意见》，工信部联电子［2022］181号，2023年1月3日

促进全产业链协同发展。把促进新能源发展放在更加突出的位置，积极有序发展光能源、硅能源、氢能源、可再生能源，推动能源电子产业链供应链上下游协同发展，形成动态平衡的良性产业生态。引导太阳能光伏、储能技术及产品各环节均衡发展，避免产能过剩、恶性竞争。促进“光储端信”深度融合和创新应用，把握数字经济发展趋势和规律，加快推动新一代信息技术与新能源融合发展，积极培育新产品新业态新模式。推动基础元器件、基础材料、基础工艺等领域重点突破，锻造产业长板，补齐基础短板，提升产业链供应链抗风险能力。

工业和信息化部、国家互联网信息办公室、国家发展和改革委员会、教育部、科学技术部、公安部、国家安全部、财政部、人力资源社会保障部、中国人民银行、国务院国有资产监督管理委员会、国家税务总局、国家市场监督管理总局、中国银行保险监督管理委员会、中国证券监督管理委员会、国家知识产权局，《工业和信息化部等十六部门关于促进数据安全产业发展的指导意见》，工信部联网安[2022]182号，2023年1月3日

布局新兴领域融合创新。加快数据安全技术与人工智能、大数据、区块链等新兴技术的交叉融合创新，赋能提升数据安全态势感知、风险研判等能力水平。加强第五代和第六代移动通信、工业互联网、物联网、车联网等领域的数据安全需求分析，推动专用数据安全技术产品创新研发、融合应用。支持数据安全产品云化改造，提升集约化、弹性化服务能力。

工业和信息化部、国家发展和改革委员会、财政部、生态环境部、农业农村部、国家市场监督管理总局，《工业和信息化部等六部门关于印发加快非粮生物基材料创新发展三年行动方案的通知》，工信部联原〔2023〕5号，2023年1月9日

重点聚焦非粮生物质糖化、非粮生物质替代粮食发酵生产、高效提纯浓缩等关键平台技术攻关，针对不同非粮生物质原料构建工业菌种培育体系与酶蛋白元件库，鼓励龙头企业牵头组建技术创新平台，支持地方政府结合本地实际建设分布式非粮生物质处置及糖化基地，深化生物技术、物理技术和化学工艺协同创新攻关，提高生物基材料生产效率，降低综合能耗和生产成本，减少污染物排放，夯实非粮生物质替代粮食生产生物基材料的技术经济基础。

工业和信息化部、教育部、公安部、民政部、财政部、人力资源社会保障部、住房城乡建设部、交通运输部、农业农村部、卫生健康委、应急部、市场监管总局、能源局、国防科工局、邮政局、矿山安监局、药监局，《工业和信息化部等十七部门关于印发<“机器人+”应用行动实施方案>的通知》，工信部联通装[2022]187号，2023年1月18日

到2025年，制造业机器人密度较2020年实现翻番，服务机器人、特种机器人行业应用深度和广度显著提升，机器人促进经济社会高质量发展的能力明显增强。聚焦10大应用重点领域，突破100种以上机器人创新应用技术及解决方案，推广200个以上具有较高技术水平、创新应用模式和显著应用成效的机器人典型应用场景，打造一批“机器人+”应用标杆企业，建设一批应用体验中心和试验验证中心。推动各行业、各地方结合行业发展阶段和区域发展特色，开展“机器人+”应用创新实践。搭建国际国内交流平台，形成全面推进机器人应用的浓厚氛围。

工业和信息化部、国家发展和改革委员会、教育部、财政部、国家市场监督管理总局、中国工程院、国家国防科技工业局，《工业和信息化部等七部门关于印发<智能检测装备产业发展行动计划（2023—2025 年）>的通知》，工信部联通装〔2023〕19 号，2023 年 2 月 21 日

培育优质企业。引导智能检测装备企业专业化、差异化发展，培育一批专精特新企业和系统解决方案供应商。培育具有生态主导力的链主企业，联合上下游企业、科研院所，共同开展检测技术研究、装备开发和集成应用服务。支持大中小企业融通发展，促进大中小企业创新链、产业链、供应链、数据链、资金链、服务链、人才链“七链”全面融通。

商务部、中央编办、外交部、发展改革委、教育部、工业和信息化部、财政部、人力资源社会保障部、自然资源部、住房城乡建设部、文化和旅游部、人民银行、海关总署、税务总局、国际发展合作署、移民局、外汇局，《商务部等 17 部门关于服务构建新发展格局 推动边（跨）境经济合作区高质量发展若干措施的通知》，商资发〔2023〕18 号，2023 年 2 月 7 日

前瞻布局中高端产业和新兴业态。鼓励边（跨）境经济合作区因地制宜有序发展新能源、有机食品加工、民俗旅游、生态康养等产业。支持有条件的边（跨）境经济合作区发展面向毗邻国家市场的电子信息、汽车零配件等生产。支持符合条件的边（跨）境经济合作区开展国家新型工业化产业示范基地建设，培育装备制造、仪器仪表等先进制造业，提升产业集群化、信息化发展水平。支持具备区位优势的边（跨）境经济合作区发展临港经济，培育运输组织、仓储中转、加工配送等功能。鼓励地方对边（跨）境经济合作区“双创”平台建设和适用技术研发转化工作给予特殊支持政策。

中国证券监督管理委员会，《首次公开发行股票注册管理办法》，证监会令【第 205 号】，2023 年 2 月 17 日

主板突出“大盘蓝筹”特色，重点支持业务模式成熟、经营业绩稳定、规模较大、具有行业代表性的优质企业。科创板面向世界科技前沿、面向经济主战场、面向国家重大需求。优先支持符合国家战略，拥有关键核心技术，科技创新能力突出，主要依靠核心技术开展生产经营，具有稳定的商业模式，市场认可度高，社会形象良好，具有较强成长性的企业。创业板深入贯彻创新驱动发展战略，适应发展更多依靠创新、创造、创意的大趋势，主要服务成长型创新创业企业，支持传统产业与新技术、新产业、新业态、新模式深度融合。

最高人民法院，《最高人民法院关于完整准确全面贯彻新发展理念 为积极稳妥推进碳达峰碳中和提供司法服务的意见》，法发［2023］5号，2023年2月16日

依法审理新业态新模式生产服务消费纠纷案件。把握好能源和生态环境市场被纳入全国统一要素和资源市场体系的重要契机，加大新类型生态资源权益司法保护力度，推进数字化赋能绿色低碳发展，强化对新类型环境权益交易模式、资源要素市场创新的规则指引，降低绿色项目开发和交易成本，形成节约集约、循环高效、普惠共享的生产服务新格局。妥善审理涉标的物包装方式争议的消费纠纷案件，对包装方式是否符合通用方式，是否足以保护标的物并且有利于碳减排、保护生态环境等因素作出合理判断，积极倡导电子商务平台绿色消费和可持续经营发展。

后　记

《中国新经济发展报告 2020》《中国新经济发展报告 2021—2022》《中国新经济发展报告 2022—2023》先后出版后，获得了国家有关部委和地方政府经济管理部门、大专院校、科研单位、市场机构和企业的热烈反响和普遍好评，许多部门和机构将该书作为推动新经济产业发展的教科书。

呈现在读者面前的《中国新经济发展报告 2023—2024》付梓得到了中国科学院和工业和信息化部、科技部、商务部、交通部等国家有关部委，北京市、上海市、深圳市、福州市、无锡市、宁波市、厦门市、宜宾市等城市政府有关部门的悉心指导和大力支持。国家部委有关负责同志、国内著名专家学者、两院院士、有关机构负责人和著名企业家、金融家在百忙之中为本书撰文，体现了他们对推动我国新经济产业发展的家国情怀和赤诚之心。中国工信出版传媒集团电子工业出版社承担了本书的设计、编辑和出版发行，董亚峰、李筱雅等编审人员较高的专业素养和认真负责的工作态度保证了本书的质量。王桂芸、何勇、张远舟、耿源浩等同志为本书的出版付出了辛勤劳动和积极贡献，在此一并表示最诚挚的谢意！

《中国新经济发展报告 2023—2024》编委会
2023 年 4 月 3 日

反侵权盗版声明